Mouson str.
Julius-Heymann-Str.
Baumweg
Synagoge
Königswarterstr.
Rotes Kreuz-Krankenhaus Königswarterstr.
Sandweg
Wittels
Herderschule
Krankenhaus d. Barmherzigen Brüder
Allerheiligenkirche
Unterer Atzemer
Pfungstr.
Fernsprechamt
U-Bahn-Station Habsburgerallee
Waldschm.
Thüringer Str.
Grzimek-Haus
Weiher
Zoologischer Garten
Gesellschaftshaus
Alfred-Brehm-Platz
Parkpl.
Pfingstweidstr.
Uhrtürmchen
U-Bahn-Station Zoo
Am Tiergarten
Tiergarten
Trinitatiskirche
Friedberger Anlage
Dkm.
Bunker
Grüne Str.
Theobald-Christ-Str.
Kinderkrankenhaus Clementine
Hölderlinstr.
Heinrich-von-Gagern-Gymnasium
Kindergarten
Zobelstr.
Mauerbeerstr.
Röderbergweg
Altenheim
Philippsruher Str.
Dörnigheimer Str.
Spielplatz
Bärenstr.
Kesselstädter Str.
Postfiliale
Danziger Platz
Ostbahnhofstr.
Hanauer Landstr.
Obermainanlage
Uhlandstr.
Turnhalle
Gerhart-Hauptmann-Schule
Uhlandschule
Lessing Dkm.
Weiherstr.
Rückertstr.
Windeckstr.
Ostendstr.
Howaldtstr.
Schichaustr.
Branddirektion Feuerwache 1
5. Pol. Rev.
Bahnhof Frankfurt a.M.-Ost
Grusonstr.
Schwanenstr.
S-Bahn-Station Ffm.-Ostendstr.
Sonnemannstr.
Holzmannstr.
Eytelweinstr.
Arbeitsamt
Obermainstr.
Großmarkthalle
Mayfarthstr.
Oskar-von-Miller-Str.
Importhalle
Tfg.
Gwhs.

Begleitbuch zu der gleichnamigen Ausstellung
vom 27. Mai bis 2. November 2000
im Jüdischen Museum Frankfurt am Main

Herausgegeben im Auftrag der
Stadt Frankfurt am Main,
Dezernat Kultur und Freizeit,
Amt für Wissenschaft und Kunst,
vom Jüdischen Museum Frankfurt am Main

Verantwortlich: Georg Heuberger

Redaktion: Helga Krohn, Ernst Benz

Ausstellung und Katalog wurden unterstützt
durch die Georg und Franziska Speyer'sche
Hochschulstiftung

Ausstellungsleitung:
Helga Krohn

Mitarbeit und Recherche:
Cilly Kugelmann, Tanja Kwiatkowski,
Simone Mergen, Carola Seiz

Buch- und Ausstellungsgestaltung:
Günter Maniewski

SOCIETÄTS**VERLAG**
Frankfurter Societäts-Druckerei GmbH
Herstellung: freiburger graphische betriebe

Frankfurt am Main 2000

Abbildungen auf dem Umschlag:

Synagoge Friedberger Anlage, 1931,
Foto: Dr. Wolff & Tritschler,
Institut für Stadtgeschichte

Altenzentrum der Jüdischen Gemeinde,
Foto: Klaus Meier-Ude

Aktueller Stadtplan, 2000
© Stadtvermessungsamt Frankfurt am Main

F.W. Delkeskamp, Malerischer Plan von Frankfurt
und Umgebung, 1864
Historisches Museum Frankfurt am Main

Die Deutsche Bibliothek – CIP-Einheitsaufnahme

Ostend: Blick in ein jüdisches Viertel; [Begleitbuch
zu der gleichnamigen Ausstellung vom 27. Mai bis
2. November 2000 im Jüdischen Museum Frankfurt
am Main] / Jüdisches Museum Frankfurt am Main.
Mit Beitr. von Helga Krohn . . . und einer Einl.
von Georg Heuberger. Erinnerungen von Wilhelm
Herzfeld . . . [Hrsg. im Auftr. der Stadt Frankfurt
am Main, Dezernat Kultur und Freizeit, Amt für
Wissenschaft und Kunst]. – Frankfurt am Main:
Societäts-Verl., 2000
ISBN 3-7973-0742-X

OSTEND

Blick in ein jüdisches Viertel

Mit Beiträgen von

Helga Krohn, Matthias Morgenstern, Salomon Korn, Ernst Benz, Simone Mergen, Lutz van Dick, Moshe Ayalon, Angelika Rieber, Monica Kingreen, Wolf v. Wolzogen, Cilly Kugelmann, Carola Seiz und einer Einleitung von Georg Heuberger

Erinnerungen von

Wilhelm Herzfeld, Paul Birnbaum-Rawer, Naftali Stern, Klara Erlanger, Yaakov Zur

Jüdisches Museum Frankfurt am Main

Jüdisches
Museum

Inhalt

Einleitung

Georg Heuberger

Mit der Ausstellung „Ostend – Blick in ein jüdisches Viertel“ und dem vorliegenden Begleitbuch knüpft das Jüdische Museum methodisch und teilweise auch inhaltlich an die 1990/91 gezeigten Ausstellungen zu den Frankfurter Vororten an. Die in der Reihe „Die vergessenen Nachbarn“ publizierten Begleithefte zur Geschichte der Juden in den ehemaligen Vororten und jetzigen Stadtteilen Frankfurts Bergen-Enkheim, Bockenheim, Heddernheim, Höchst und Rödelheim dokumentieren die jüdische Stadtgeschichte Frankfurts in einer besonderen Verbindung von Sozialgeschichte, Ortsgeschichte und biografisch eingefärbter „Geschichte von unten“.[1] Solche Spezialausstellungen sind notwendig, da es in der Dauerausstellung des Jüdischen Museums und im Begleitbuch[2] zur Geschichte der Juden in Frankfurt nicht möglich war, im Detail auf die einzelnen Stadtbezirke einzugehen. Die örtliche Spurensuche im Mikrokosmos der Lebens- und Arbeitswelt der Menschen in den einzelnen Bezirken ist aber unabdingbar, weil sonst lokale Besonderheiten und typische Lebensformen unter den Tisch fallen. Die Ausstellung zum Ostend will sich der Frankfurter jüdischen Geschichte also gewissermaßen „von unten“ her nähern und damit versuchen, auch einen Beitrag zur Frankfurter Stadtgeschichte zu leisten.

Eine der Frankfurter Besonderheiten ist sicher die Israelitische Religionsgesellschaft (IRG), gegründet in der Mitte des 19. Jahrhunderts von Samson Raphael Hirsch und finanziell unterstützt unter anderem von der Familie Rothschild. In ihren Ursprüngen war die IRG eine geistig-religiöse Bewegung, die grundlegende und neue Konzepte für postemanzipatorisches orthodoxes Leben in einer säkularen Umwelt entwickelte, die bis heute Gültigkeit haben und praktiziert werden, insbesondere in den USA und in Israel. Aber die IRG war nicht nur eine religiöse Kraft, sie war auch untrennbar mit der Stadt Frankfurt, mit den Frankfurter Traditionen, mit dem speziellen Fluidum dieser Stadt verbunden. Diese sehr speziellen Ausprägungen gehen bis hin in die Aussprache hebräischer Worte, – einer Kombination von Frankfurter Dialekt mit Hebräisch in aschkenasischer Aussprache könnte man sagen. Als weitere Beispiele könnte man die Kleidung nennen, die konservativ-bürgerlich war, aber dennoch die Vorschriften der Religion strikt befolgte, oder die liturgische Musik der Schire Jeschurun, einer Gesangesform für Kantor und Männerchor. All diese typischen Besonderheiten, die neben der allgemeinen geistig-religiösen Bedeutung der Austrittsorthodoxie die IRG prägten, gibt es heute nicht mehr. In der Erinnerung und der religiösen Praxis vieler orthodoxer Juden gelten sie heute noch als „Frankfurter Minhag“, als Frankfurter Tradition.

Frankfurt war auch ein wichtiges Zentrum jüdischer Einwanderer aus Osteuropa, der sogenannten Ostjuden, die in der Literatur und den Erinnerungen aber nur selten vorkommen. Daher ist es uns ein besonderes Anliegen, diese Bevölkerungsgruppe in der Ausstellung soweit als möglich zur Anschauung zu bringen. Die Ostjuden gaben gerade dem Ostend ein besonderes Gepräge, das zwar nicht mit den Verhältnissen im Berliner Scheunenviertel oder der „Mazzesinsel“ in Wien gleichgestellt werden kann, aber doch von der Ostendbevölkerung als ein eigenständiges Element wahrgenommen wurde. Bei allen Spannungen und Konflikten zwischen Ostjuden und einheimischen Juden, die es gegeben haben mag, sind doch die zahlreichen Initiativen und Beispiele von Hilfsbereitschaft und Aufeinanderzugehen bemerkenswert. Nicht nur durch Wohlfahrtsinstitutionen der Jüdischen Gemeinde, sondern auch auf kulturellem Gebiet war man sehr bemüht, diesen Menschen, die dem sozialen Elend sowie der Unterdrückung und Verfolgung in ihrer Heimat entflohen waren, entgegenzukommen und sie zu integrieren.

1 Die vergessenen Nachbarn. Juden in Frankfurter Vororten. Herausgegeben vom Jüdischen Museum im Auftrag der Stadt Frankfurt am Main, Frankfurt a. M. 1990.

2 Rachel Heuberger/Helga Krohn, Hinaus aus dem Ghetto... Juden in Frankfurt am Main 1800 – 1950. Begleitbuch zur ständigen Ausstellung des Jüdischen Museums der Stadt Frankfurt am Main. Frankfurt a. M. 1988.

Die Ausstellung fügt sich nicht zuletzt auch in die Bemühungen der Stadt Frankfurt am Main und insbesondere ihres Kulturdezernats um eine Topographie der NS-Zeit in Frankfurt ein, indem sie die wichtigste, aber nicht die einzige Opfergruppe behandelt. Besonders nachdenkenswert erscheint mir hierbei aber auch, dass nicht nur „Orte, Täter, Opfer, Nachwirken" thematisiert werden, sondern zum Beispiel auch Helfer der Opfer. So erfahren wir aus den in diesem Band abgedruckten Erinnerungen von P. Birnbaum-Rawer, wie seine Familie während der Tage des Novemberpogroms von ihrer christlichen Nachbarsfamilie versteckt und beschützt wurde.

Die heutige Jüdische Gemeinde in Frankfurt ist nicht die Fortsetzung der alten Frankfurter Jüdischen Gemeinde; sie fühlt sich auch nicht als solche, obwohl heute wieder Juden im Ostend wohnen und eine gewisse Kontinuität in Gebäuden besteht. So wie das Frankfurt von heute als „City of the Euro" nicht mehr das alte Frankfurt ist, so ist auch die Jüdische Gemeinde in Frankfurt heute etwas völlig anderes als ihre Vorgängerin. Gerade deswegen ist es aber auch für die Frankfurter Juden heute um so wichtiger, dass man aus solchen historischen Projekten, wie sie die Ausstellung und ihr hiermit vorgelegter Begleitband darstellen, ein Stück weit Identität schöpfen kann.[3]

Das Begleitbuch zur Ostendausstellung will mit den Textbeiträgen der Sachautoren nicht nur einen historischen und soziologischen Kontext für die Ausstellung herstellen, sondern auch viele Detailinformationen dem Leser nahe bringen, die schon aus Platzgründen gar nicht in die Ausstellung aufgenommen werden könnten. Ein weiteres Ziel dieser Publikation ist es aber auch, die Erinnerungen ehemaliger jüdischer Bewohner des Ostends direkt und unmittelbar zum heutigen Leser sprechen zu lassen. Gerade diese persönliche Form der „erlebten Geschichte" ist eine wertvolle Ergänzung zur oft recht trockenen historischen Dokumentation. Als topographische Einführung in das Thema wirft Helga Krohn einen Blick in die Frankfurter Stadtentwicklung und beschreibt die Entstehung und Ausprägung des „Ostends" als Stadtteil. Ein sehr anschauliches Bild von Alltagsleben und religiösem Leben einer gut situierten bürgerlichen jüdischen Familie in Frankfurt vor dem Ersten Weltkrieg zeichnen die hier in Auszügen erstmals veröffentlichten Erinnerungen von Wilhelm Herzfeld, der im Ostend (Bergweg, dann Röderbergweg) aufwuchs.

Wenig bekannt ist bisher die Bedeutung der oben schon erwähnten Israelitischen Religionsgesellschaft. Matthias Morgenstern, Autor eines kürzlich erschienenen Buches über Isaac Breuer,[4] skizziert in seinem Beitrag knapp aber umfassend die Entstehung und Entwicklung der IRG. Synagoge der IRG war die Synagoge Friedberger Anlage. Salomon Korn, Vorsitzender der Jüdischen Gemeinde Frankfurt und selbst Architekt, beschreibt Plan und Verwirklichung des Baus dieser Synagoge, die zu den bedeutendsten in Deutschland gehörte. In seinen „Erinnerungen an eine religiöse Jugend" schildert Naftali Stern, dessen Familie der Israelitischen Religionsgesellschaft angehörte, sehr anschaulich Ausformungen orthodoxen jüdischen Lebens im Allgemeinen und in der Frankfurter Neo-Orthodoxie im Besonderen.

Helga Krohn informiert über jüdische Schulen und Bildungseinrichtungen im Ostend, Auszüge aus dem Tagebuch von Klara Erlanger während ihrer Zeit im Mädchenpensionat Ettlinger geben einen seltenen Einblick in einen Teilaspekt jener versunkenen Welt jüdisch-deutschen bürgerlichen Lebens zu Beginn des 20. Jahrhunderts.

Wie aus dem Titel des Beitrags von Ernst Benz hervorgeht, dominierte unter den jüdischen Bewohnern

[3] Siehe zu dieser ganzen Thematik „Wer ein Haus baut, will bleiben. 50 Jahre Jüdische Gemeinde Frankfurt am Main. Anfänge und Gegenwart". Ausstellungskatalog des Jüdischen Museums zur gleichnamigen Ausstellung. Frankfurt a. M. 1998.

[4] Von Frankfurt nach Jerusalem. Isaac Breuer und die Geschichte des „Austrittsstreits" in der deutsch-jüdischen Orthodoxie. Tübingen 1995.

des Ostends die besondere Personengruppe der Ostjuden. Eine Behandlung dieses Themas ist um so wichtiger, da in den einschlägigen Werken über Ostjuden in Deutschland Frankfurt gar nicht oder nur am Rande erwähnt wird. Die Kindheitserinnerungen des einer solchen ostjüdischen Familie entstammenden P. Birnbaum-Rawer stellen eine äußerst informative Quelle dar, aus der wir ein sehr anschauliches Bild jüdischen Lebens in seiner spezifisch ostjüdischen Ausprägung gewinnen. Auch der Blick von Helga Krohn auf das kulturelle Leben im Ostend zeigt, wie stark gerade auf diesem Gebiet der Beitrag der Ostjuden war.

Zwei weitere wichtige Aspekte jüdischen Lebens in Frankfurt werden in den beiden folgenden Artikeln behandelt. Helga Krohn gibt einen Überblick über das sehr stark ausgeprägte private Stiftungswesen, durch das ein dichtes Netz sozialer Einrichtungen, von der Suppenanstalt über Waisenhäuser, Kindergärten, Schulen und Lehrlingswohnheime bis hin zu Kinderhospitälern oder Siechenhäusern geknüpft worden war. Simone Mergen berichtet über das Schicksal jüdischer Fabrikanten und Großhändler und ihrer Betriebe, die vor allem entlang der Hanauer Landstraße angesiedelt waren.

Die Zeit des Nationalsozialismus markiert, wie im Allgemeinen, so auch im Frankfurter Ostend einen ganz entscheidenden Wendepunkt. Nach einem knappen einführenden Text von Helga Krohn zur allgemeinen Entwicklung der Jahre nach 1933 wird diese einschneidende Entwicklung im Folgenden durch persönliche Schicksale verdeutlicht: Yaakov Zur, der Autor einer Biographie über den Rabbiner Hoffmann ist,[5] erinnert sich an seine Frankfurter Jugendjahre im Dritten Reich. Allgemein bekannt ist, dass das Attentat von Herschel Grynszpan auf Ernst v. Rath in Paris von den Nazis zum Anlass für den Novemberpogrom genommen wurde. Aber nur wenige wissen, dass Grynszpan zuvor in Frankfurt die Hoffmannsche Jeschiwa in der Theobald-Christ-Straße besucht hatte. Überhaupt ist sehr wenig von der Person Herschel Grynszpan bekannt, die uns im Beitrag von Lutz van Dick näher gebracht wird.

Für die verzweifelten Bemühungen, den Verfolgungen des Nazi-Regimes zu entfliehen, steht stellvertretend für viele ähnliche Fälle die Familie Freund, deren Suche nach einer Auswanderungsmöglichkeit von Moshe Ayalon und Helga Krohn nachgezeichnet wird. Am Beispiel eines Hauses, Am Schützenbrunnen 13, sind Angelika Rieber und Monica Kingreen auf Spurensuche gegangen. Es gelingt ihnen in ihrem Beitrag, anhand des Schicksals der dort lebenden jüdischen Familien ein Panorama jener schrecklichen Zeit zu entwerfen.

Erinnerungen an die Zeit des Nationalsozialismus stehen auch im Mittelpunkt des Artikels von Wolf v. Wolzogen über Herbert Stein, der mit seinem Buchladen in Jerusalem, direkt neben dem Oberrabbinat, ein Stück Frankfurt am Main verkörperte, das heute nicht mehr existiert. Mit Menschen wie Stein wird endgültig auch die Geschichte des früheren jüdischen Lebens im Ostend zu Ende sein. Mit der Wiederbegründung der Jüdischen Gemeinde Frankfurt nach 1945 befasst sich der Beitrag von Cilly Kugelmann, der ergänzt wird durch ein Gespräch mit Frau Eleonore de Jong, die die unmittelbare Nachkriegszeit im Ostend selbst erlebt hat.

Wir haben der Ausstellung den Titel „Ostend – Blick in ein jüdisches Viertel" gegeben, weil wir es aufgrund der spärlichen Überlieferung, der geringen Anzahl an Objekten und Dokumenten und der wenigen Fotografien nicht wagen konnten, das reiche jüdische Leben im Frankfurter Ostend in umfassender Weise sichtbar werden zu lassen. Was an Spuren noch zusammengetragen werden konnte, haben wir versucht, vor dem

[5] Yaakov Zur, Rabbi Dr. Jacob Hoffman. The Man And His Era, Jerusalem 1999.

Leser und in der Ausstellung auszubreiten. Dass die Ausstellung gelingen konnte und viele interessante und vielleicht auch neue „Blicke“ ermöglicht, verdanken wir der Unterstützung zahlreicher Privatpersonen und Institutionen.

Wir danken an erster Stelle vielen aus ihrer Heimatstadt Frankfurt vertriebenen und emigrierten Menschen. Sie haben in Interviews und Briefen sowie mit Tagebüchern und unveröffentlichten Erinnerungen entscheidend dazu beigetragen, ein lebendiges Bild entstehen zu lassen. Leider konnte aus Platzgründen und aus inhaltlichen Überlegungen nur ein Teil der uns angebotenen Dokumente und Fotos in der Ausstellung berücksichtigt werden. Dafür bitten wir um Verständnis und betonen, dass dennoch alle Informationen für uns von großer Bedeutung waren.

Das Projekt „Jüdisches Leben in Frankfurt“ hat uns dankenswerterweise zahlreiche Tonbänder mit Interviews ehemaliger Frankfurter zur Verfügung gestellt, von denen einige Auszüge in die Ausstellung integriert werden konnten.

Wir danken der Leitung und den Mitarbeitern des Instituts für Stadtgeschichte, des Hessischen Hauptstaatsarchivs Wiesbaden, der Stadt- und Universitätsbibliothek, des Historischen Museums, des Jüdischen Museums Fürth und des Jüdischen Museums Wien, dem Zentralarchiv zur Erforschung der Geschichte der Juden in Deutschland, den Central Archives in Jerusalem und dem Leo Baeck Institute New York für die Unterstützung bei den Recherchen und für die wichtigen Leihgaben.

Ohne die Leihgaben privater Sammler von Postkarten und Werbemarken wäre die Ausstellung nicht so lebendig geworden. Der Verein der Freunde des Ostends hat uns das Ostend erschlossen und Informationen zur Verfügung gestellt. Die Autoren der Beiträge in dem Begleitbuch haben aus sehr unterschiedlichem Blickwinkel jüdisches Leben im Ostend beleuchtet. Ihnen allen sprechen wir unseren Dank aus.

Die Georg und Franziska Speyer'sche Hochschulstiftung hat mit einem erheblichen finanziellen Beitrag den Druck des Buches unterstützt. Dem Societäts-Verlag danken wir für die gute Zusammenarbeit.

Günter Maniewski hat die Gestaltung dieses Begleitbandes und der Ausstellung übernommen. Er hat das Motiv des „Einblicks“ in die Ausstellungsarchitektur aufgenommen und mit großem Ideenreichtum und technischem Geschick umgesetzt.

Renate Wolter-Brandecker hat sich schon sehr früh für das Projekt eingesetzt und das Entstehen der Ausstellung mit großem Interesse verfolgt. Ermöglicht wurde es aber erst, als die wissenschaftliche Erarbeitung, die Recherche, die Suche nach Exponaten und die vielfältigen Kontakte mit den ehemaligen Ostendbewohnern von Helga Krohn in Angriff genommen wurden.

Ihnen allen sei herzlich gedankt.

Ein „Gruss aus Frankfurts schönstem Stadtteil“ – Blick in die Frankfurter Stadtentwicklung

Helga Krohn

Wenn gegen Ende des 19. Jahrhunderts aus dem Ostend Postkarten verschickt wurden mit der Aufschrift „Gruss aus Frankfurts schönstem Stadtteil“, so muss das nicht ganz der Wahrheit entsprochen haben, wohl aber dem Lebensgefühl der dortigen Bürger. In der Zeit, in der Postkarten ein wichtiges Mitteilungsmedium waren, etwa zwischen 1890 und 1920, wurden Bildkarten mit Motiven der Friedberger Anlage, des Röderbergwegs, des Ostbahnhofs, der Synagoge, der Schulen und der breiten Alleen hergestellt, verschickt und gesammelt.

Postkarte um 1900

Die Entstehung dieses gutbürgerlichen Ostends zwischen Anlagenring und Tiergarten, zwischen Sandweg und Hanauer Landstraße, fand etwa zwischen 1860 und 1910 statt. Die Industrieansiedlungen infolge der Errichtung des Osthafens und des Ausbaus der Hanauer Landstraße führten zu einschneidenden Veränderungen; die Bomben des 2. Weltkriegs zerstörten den größten Teil dieses Stadtgebiets. Die Vernachlässigung in den folgenden Jahrzehnten erschwert uns den Blick in diesen einmal von Bewohnern als „schönen Stadtteil“ empfundenen Wohn- und Lebensbereich.

Auf älteren Stadtplänen lässt sich deutlich erkennen, dass die Innenstadt zwischen Zeil (Norden) und Main (Süden), dem Judenmarkt (Osten) und Großem Hirsch-graben (Westen) das dicht bebaute Lebens- und Wirtschaftszentrum der Stadt war, die um 1860 eine Bevölkerung von 70 000 Personen umfasste.[1] Im Halbkreis um diesen Stadtkern erstreckte sich eine lockere Bebauung bis zu der zickzackförmig verlaufenden ehemaligen Stadtbefestigung. Bei der 1806–1813 durchgeführten Entfestigung legte das „Wallstatut“ die Umwandlung der Bastionen in Anlagen fest. Sie sind bis heute im Stadtbild und in Straßennamen wie Taunus-Anlage, Bockenheimer Anlage, Eschenheimer Anlage und Friedberger Anlage zu erkennen. Entlang dieser Anlagen wurden Grundstücke verkauft und nach und nach von privaten Bauherren bebaut. So entstand stadteinwärts eine geschlossene Bebauung und eine innere Ringstraße (Neue Mainzer Straße, Hochstraße, Bleichstraße, Seilerstraße, Lange Straße). Die Erschließung, die ausschließlich von privaten Bauherren durchgeführt wurde, erfolgte von Westen nach Osten. Im Westen entlang der Neuen Mainzer Straße und entlang des Mains am Untermainkai entstanden herrschaftliche Häuser, sogenannte Stadt-Palais, erbaut von Kaufleuten und Bankiers. Entlang des nördlichen und östlichen Anlagenrings wurden überwiegend viergeschossige Mietshäuser errichtet, in denen die Eigentümer die großzügige untere Etage bewohnten.

Um die gleiche Zeit wurde zwischen der östlichen Innenstadt, die von der Judengasse, dem Judenmarkt und dem Wollmarkt begrenzt war, ein bedeutendes Neubauprojekt, die Neue Anlage, auf dem Fischerfeld in Angriff genommen. Dafür ließ die Stadt ein Überschwemmungsgebiet des Mains aufschütten und verkaufte Grundstücke an Privatpersonen und Bauherren. Bis etwa 1840 entstand ein geschlossenes Wohngebiet um die Straßen Schöne Aussicht, Fischerfeldstraße, Rechneigrabenstraße, Mainstraße und Schützenstraße. Die Häuser waren viergeschossig und klassizistisch gestaltet, die großen Wohnungen hell und heizbar, und es gab separate Toiletten pro Wohnung. Vom Main zur Rechneigrabenstraße wiesen die Häuser in Größe und Ausgestaltung eine sozial gestaffelte Wohnqualität auf.

[1] Beiträge zur Statistik der Stadt Frankfurt a. M., 2. Bd. 1. Heft 1866, S. 15.

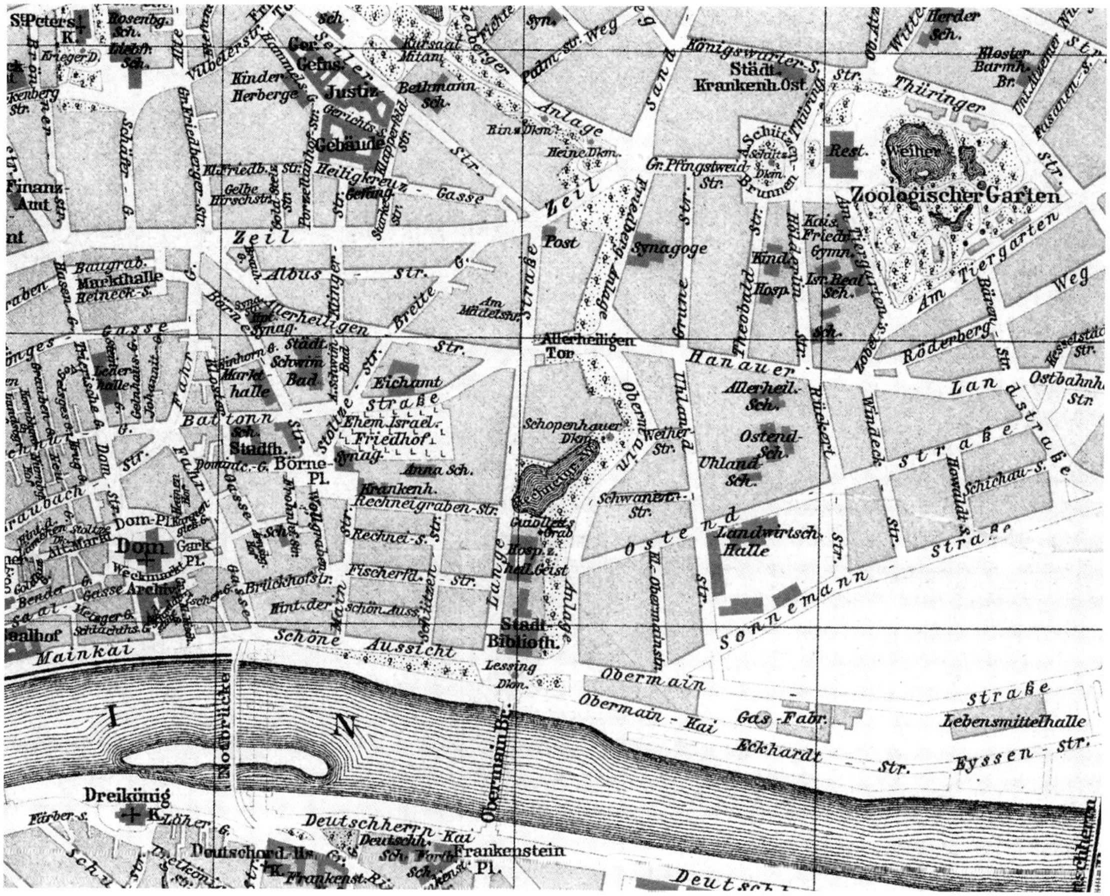

Ausschnitt aus einem Stadtplan von 1924

Die Nachfrage nach Grundstücken und Wohnungen war groß, da mit dem Aufschwung Frankfurts zum bedeutenden Handels- und Bankplatz die Bevölkerung stetig zunahm. Mit steigendem Wohlstand wuchs außerdem das Interesse an großen Wohnungen mit funktionaler Aufteilung. Deshalb kamen die Eigentümer und Bewohner der Neubauten überwiegend aus den kleinen Häusern und Wohnungen der Innenstadt. Eine Trennung zwischen Wohnen und Arbeiten wurde mit der Erschließung dieses Neubaugebiets eingeleitet. Handwerksbetriebe waren nicht zugelassen, in den weniger bevorzugten Seitenstraßen ließ sich im Parterre der Mietshäuser der Einzelhandel nieder, der in den großen Kellern ideale Lagerbedingungen fand.

Bis ins letzte Drittel des 19. Jahrhunderts blieben die Wallanlagen die Begrenzung des Frankfurter Stadtbildes. Jenseits, vor den Toren, lag das vorstädtische Gartengelände, die Gemarkung Frankfurt, durch das die Ausfallstraßen z.B. nach Hanau, Bornheim und Mainz führten. Das explosive Anwachsen der Bevölkerung infolge des wirtschaftlichen Aufschwungs nach der Einführung der Gewerbefreiheit 1864, der Aufhebung der Akzisegrenze und des Zuzugs nach Frankfurt nach Einführung des preußischen Freizügigkeitsgesetzes 1866 rief einen wachsenden Bedarf an Wohnraum und Gewerbefläche hervor. Außerdem stiegen die Ansprüche an die Größe der Wohnungen und die hygienischen Einrichtungen, und Wünsche nach Gärten wurden geäußert. Die private, zufällige und willkürliche Bebauung „Vor den Toren" der Stadt nahm zu und hatte zur Folge, dass im Jahr 1858 bereits 13 Prozent der Gesamtbevölkerung außerhalb der Tore, und damit außerhalb des Frankfurter Stadtrechts wohnten, 1864 waren es bereits 19,6 Prozent.[2] Deshalb wurden Stimmen laut, die eine geplante und weitsichtige Stadterweiterung forderten. Der Kartograph und Verleger August Ravenstein schlug 1857 eine vierte Stadterweiterung vor, die sich als Halbkreis in etwa 500 bis 1000 Meter um die Wallanlagen legte (etwa entlang des heutigen Alleenrings) und südlich des Mains Sachsenhausen einschloss. Die von Ravenstein vorgesehene Linie hätte das Stadtgebiet mehr als verdoppelt und eine großzügige Straßen- und Verkehrsführung ermöglicht, ebenso wie eine gleichmäßige Verteilung von öffentlichen Gebäuden und Einrichtungen im Erweiterungsgebiet. Aber die damalige Frankfurter Stadtverwaltung war nicht in der Lage zu einer so großzügigen Planung und überließ die Stadtentwicklung weiterhin Privatinitiativen, was sich vor allem in der planlosen Erweiterung der Außenstadt nachteilig auswirkte.

Stadtplanung und Stadterweiterung unter Bürgermeister Adickes

Erst in der Amtszeit von Oberbürgermeister Franz Adickes (1890–1912) wurde eine Gesamtplanung für die Stadt durchgeführt. Als zweiter Boulevardring entstand der Alleenring, der seine Fortsetzung in der Wittelsbacher Allee im Osten und der Zeppelinallee im Westen fand. Damit wurden auch die inzwischen eingemeindeten Orte Bockenheim und Bornheim ange-

Wittelsbacher Allee, Postkarte nach 1900

bunden. Das Baustatut teilte die damals westliche, nördliche und östliche Außenstadt genannten Flächen und Gebiete und Sachsenhausen in drei Zonen ein: Wohnviertel, in dem ausschließlich eine Wohnbebauung zugelassen war; gemischtes Viertel, in dem Wohnen und kleingewerbliche Produktion in unmittelbarer Nachbarschaft vorgesehen waren, und Fabrikviertel, in dem vorrangig Fabriken, Großhandelsunternehmen und Lagerplätze vorgesehen waren.

Diese neue Bauordnung schrieb eine bereits eingeleitete Entwicklung fest. Sie bestätigte den Erhalt einer hohen Wohnqualität vor allem im Westen und Nordwesten der Stadt, wo eine Villenbebauung sowie Plätze und Freiflächen vorgegeben wurden. Als weitere Villenviertel waren die Bürgerstraße (heute: Wilhelm-Leuschner-Str.), Areale entlang des Schaumainkais und des Roderbergwegs vorgesehen. Der Westen und Nordwesten der Stadt – bald Westend genannt – wurden das Wohngebiet des wohlhabenden Frankfurter Bürgertums.

In den übrigen als Wohnviertel ausgewiesenen Teilen der nördlichen Außenstadt entstanden damals die Neu-

[2] Beiträge zur Statistik 2. Bd, 1. Heft 1866, S 15.

baugebiete an der Günthersburgallee und Saalburgallee, um den Holzhausenpark, auf der Ginnheimer Höhe und im Dichterviertel, die vorrangig von der neuen Berufsgruppe der Angestellten bezogen wurden.[3] In gemischten Vierteln wie Gallusviertel, Ginnheim und Riederwald errichteten neu gegründete Gemeinnützige Wohnungsbaugesellschaften Wohneinheiten in mehrstöckigen Häusern und erste Arbeitersiedlungen. Als reine Industrie- bzw. Fabrikviertel wurden im Westen das Gebiet entlang der Mainzer Landstraße und um den Westhafen und im Osten das Gebiet um Hanauer Landstraße und den späteren Osthafen ausgewiesen.

Frankfurt war damals eine wohlhabende Stadt, die Reichseinigung verstärkte ihre wirtschaftliche Stellung als Bankenstadt, Handelsumschlagszentrum und Messeplatz. Die nach etwa 1870 einsetzende intensive öffentliche Bautätigkeit ist Ausdruck der infolge des Aufschwungs dringend erforderlichen Stadterweiterung, Stadterschließung und Sanierung: Weitere Brücken über den Main, Straßendurchbrüche in der Innenstadt und Straßenverlängerungen in die Außenstadt erleichterten den zunehmenden Verkehr für Handel und Gewerbe. Die Sanierung der östlichen Innenstadt sollte der drohenden Verslumung vorbeugen und die Innenstadt als Geschäftszentrum stärken. Straßenbahnlinien schufen Verbindungen über große Entfernungen; Parks wurden als Naherholungsgebiete eingerichtet.

Mit zahlreichen Eingemeindungen zwischen 1900 und 1910 stieg die Einwohnerzahl Frankfurts von 180.000 im Jahr 1890 auf 415.000 im Jahr 1910 und 471.000 im Jahr 1925. Der Anteil der in der inneren Stadt lebenden Bevölkerung ging dabei stetig zurück, war es 1880 noch die Hälfte, so betrug der Anteil 1910 noch 15 Prozent und 1933 nur noch knapp 10 Prozent.[4]

Das Ostend, eine gute Adresse

Erst in der Zeit unter Oberbürgermeister Adickes wurde das Ostend in die Planungen der Stadt einbezogen. Zu dem Zeitpunkt bestand bereits – gemessen an der Wohnqualität und der sozialen Zusammensetzung der Bevölkerung – ein Gefälle zwischen Westen und Osten. Aber erst durch die Stadtplanung unter Adickes und den Schwierigkeiten, die sich aus der bis dahin planlosen Entwicklung des Ostends ergaben, verstärkten sich die Unterschiede.

Die östliche äußere Außenstadt, bald auch – parallel zu den Außenstädten Westend und Nordend – Ostend genannt, war bis zum ausgehenden 19. Jahrhundert überwiegend durch die Initiative privater Bauherren geprägt. Der von dem Kartographen und Kupferstecher Friedrich Wilhelm Delkeskamp erstellte „Malerische Plan von Frankfurt und Umgebung" vermittelt einen anschaulichen Eindruck über den Zustand dieses Gebiets im Jahr 1864, weil er eine naturgetreue Darstellung jedes einzelnen Hauses und Gartens enthält: Vor dem Tor zum Osten, dem Allerheiligentor, waren zunächst Gartenhäuser wohlhabender Bürger entstanden, die eine immer stattlichere Größe erreichten und zunehmend als Dauerwohnsitz genutzt wurden. Solche Häuser standen entlang der Fahrwege nach Hanau, der Hanauer Chaussee, und Bornheim, dem Sandweg; sie breiteten sich aber zügig nach Osten und Süden aus. Nach 1849 war es erlaubt, jenseits der Wallanlagen auch 3- bis 4-geschossige Wohnhäuser im Stil des für Frankfurt typischen Spätklassizismus zu errichten. Auf dem Delkeskampplan sind sie an der noch namenlosen „verwandelten Festungsanlage" (später Friedberger Anlage), im Grünen Weg (später Königswarter Straße), der Theobald- und der Uhlandstraße zu erkennen. Diese Straßen sind aus Gartenwegen entstanden und einige Jahre vorher auf Stadtplänen noch nicht verzeichnet. Für viele bemittelte Frankfurter war der

[3] Dazu Jörg R. Köhler, Städtebau und Stadtpolitik im Wilhelminischen Frankfurt, S. 49f und 70ff.

[4] Werner Gley, Grundriß und Wachstum der Stadt Frankfurt a. M., S. 80f.

F. W. Delkeskamp, Malerischer Plan von Frankfurt und Umgebung, 1864, Ausschnitt

Erwerb von Gartenland interessant, andere erwarben vor allem nördlich der Hanauer Landstraße Grundstücke zur Spekulation oder für eine spätere Bebauung. Dieser Umstand erschwerte später die Anlage geschlossener Straßenzüge wie auch den Bau und die Erweiterung von Straßen. Die Errichtung der Stadtbibliothek am östlichen Ende des Fischerfelds im Jahr 1825 deutet darauf hin, dass damals eine Stadterweiterung nach Osten ins Auge gefasst war.

Zwei Krankenhäuser sind eingezeichnet: In der Theobaldstraße liegt das Christsche Kinderhospital mit einem umfangreichen Gartengelände. Es war 1845 eröffnet und ebenso wie die Straße nach dem Stifter

Dr. Theobald Christ benannt. Dicht dahinter liegt das Militär-Hospital mit ebenfalls großem Gartengelände.

Ins Auge fällt auf dem Stadtplan die Pfingstweide, ein großes Wiesengelände, das alle Frankfurter als Ausflugs- und Versammlungsplatz kannten. Ein Teil der Pfingstweide diente als Schießplatz der Schützenvereine, die dort auch ihre nationalen Treffen durchführten. Während des deutsch-französischen Krieges 1870/71 standen dort Baracken für verwundete Soldaten und Kriegsgefangene.

Zoogesellschaftshaus und Schützenbrunnen um 1910

Unmittelbar danach erhielt das Ostend eine besondere Attraktion durch die Verlegung des Zoos von der Bockenheimer Landstraße auf die Pfingstweide. Das gesamte Gelände wurde von der Stadt an die private Zoogesellschaft verpachtet und auf Kosten dieser Gesellschaft umgestaltet zu einem damals sehr modernen und vielseitigen Tiergarten. Als Pendant zu dem 1871 eröffneten Gesellschaftshaus im Palmengarten im Frankfurter Westend ließ die Gesellschaft auch am Zoo ein sehr aufwendiges und attraktives Gesellschaftshaus bauen. Neben den Tieren sollten zahlreiche Unterhaltungsprogramme wie Luftballon-Auffahrten und tägliche Konzerte mit einer eigenen Kapelle Besucher des entstehenden Stadtteils und aus ganz Frankfurt anziehen. Mit der Pfingstweidstraße entstand damals eine gradlinige Verbindung zur Innenstadt. Diese Straße erweiterte sich vor der repräsentativen Fassade des Gesellschaftshauses zu einem quadratischen Platz, in dessen Grünanlage der Schützenverein im Jahr 1894 den Schützenbrunnen aufstellte. Mit 14 Metern Höhe war der Brunnen ein ansehnlicher Monumentalbau, dessen Bronzefigur die Germania darstellte. 50 Jahre lang bildete er einen beliebten Treffpunkt. Während des 2. Weltkrieges dann wurde die Bronzefigur eingeschmolzen und der Brunnen durch Bomben zerstört.[5] Heute steht ein einfacher Brunnen an seiner Stelle.

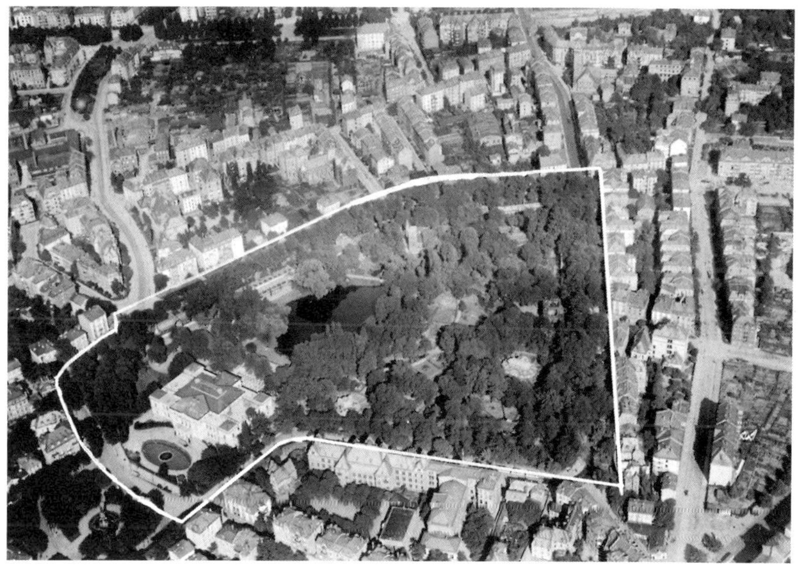

Zoologischer Garten und Umgebung, Luftaufnahme 1925

Südlich der Pfingstweide lag bis 1913 der Hanauer Bahnhof oder Ostbahnhof, der Endbahnhof der 1848 eröffneten Bahnlinie Hanau – Frankfurt, mit der in den 50er Jahren ein durchgehender Personen- und Güterverkehr nach Bayern und Sachsen hergestellt wurde. Zahlreiche Frankfurter kamen in die östliche Außenstadt, weil sie vom Hanauer Bahnhof (später

[5] Heinz Schomann, Die alten Frankfurter Brunnen, Frankfurt a. M. 1980, S. 152f.

Ostbahnhof) aus zu einem Ausflug nach Hanau-Wilhelmsbad aufbrachen. Die 1859 eröffnete städtische Verbindungsbahn entlang des Mains verknüpfte die rechtsmainischen Bahnhöfe mit dem Hanauer Bahnhof und dem Westhafen.

Auf dem Delkeskampplan sind erste, vereinzelte Fabrikanlagen zu erkennen: Am Main, oberhalb des Obermaintors, ist die Englische Gasfabrik der Imperial Continental Gas Association eingetragen. Sie speiste seit 1845 Gas in das Frankfurter Rohrnetz, das eine Beleuch-

Röderbergweg, Postkarte um 1910

tung der Straßen und Haushalte und Fabriken ermöglichte. Daneben hatte Ph. Holzmann 1855 eine Holzschneiderei eingerichtet, und an der Hanauer Landstraße stand die Holzschneiderei G.F. Ziem. Dieses Gebiet war traditionell Stapelgebiet für Baumaterial, und beide Firmen expandierten durch den Bau der Eisenbahnen. Am Röderbergweg und am Sandweg lagen weitere kleine Fabriken. Die Frankfurter Regierung reagierte bis ins ausgehende 19. Jahrhundert sehr zurückhaltend mit der Genehmigung für Fabrikanlagen, erst unter Adickes wurde die Industrialisierung in Frankfurt vorangetrieben.

Weiterhin weist der Stadtplan zahlreiche landwirtschaftlich genutzte Felder auf, die von den Riederhöfen bewirtschaftet waren. 1900 wurden die Gutshöfe mit den Ländereien von der Stadt erworben und nach und nach in Bauland umgewandelt.

Nicht aufgenommen sind die ausgedehnten Weinberge am heutigen Röderbergweg. Dieser Röderberg mit dem 1871 vom „Verschönerungsverein“ an seinem Ende errichteten Aussichtsturm und den Gastwirtschaften blieb lange ein beliebtes Ausflugsziel. Seine Bebauung schritt nur langsam voran, aber reiche Frankfurter Familien – darunter die Rothschilds – erwarben zahlreiche Grundstücke als Kapitalanlage und Spekulationsobjekte. Mehrere dieser Grundstücke kamen später der jüdischen Gemeinschaft zugute, weil die Familie Wilhelm Carl und Mathilde von Rothschild sie Wohlfahrtseinrichtungen stiftete.[6]

Knapp drei Jahrzehnte nachdem Delkeskamp den Zustand des Frankfurter Ostens für 1864 dokumentiert hatte, war ein großer Teil des Gebietes zwischen Sandweg, Waldschmidtstraße, Ostbahnhof und der westlichen Obermainanlage ausgebaut. Der Zoo war von repräsentativen Wohnhäusern umgeben. Nach Nordosten erstreckte sich eine lockere Bebauung am Röderbergweg und an der Rhönstraße. Immer mehr Bewohner verließen die Innenstadt mit den kleinen Wohnungen in teilweise baufälligen Häusern, den engen Straßen, in die kaum Licht fiel und die nicht kanalisiert waren, und ließen sich in der Außenstadt nieder. Der Auszug aus der Innenstadt, aber stärker noch der Zuzug nach Frankfurt aus ländlichen Gebieten bestimmten die Bevölkerungszunahme im Ostend. Nur noch die Hälfte der 1866 in Frankfurt lebenden Personen war hier geboren. Da der Wohnungsbedarf groß war, entstanden – wie

[6] siehe unten S. 128–143.

auch in der nördlichen und nordwestlichen Außenstadt – viergeschossige private Mietshäuser mit überwiegend 4 – 6 Zimmer-Wohnungen. Die meisten Häuser hatten kleine Vorgärten zur Straße und größere Gärten auf der Rückseite. Typisch waren die schmiedeeisernen Balkons und die mit kleineren Fenstern ausgestatteten Mansardenwohnungen für das Dienstpersonal. In jedem dritten Haushalt des Ostends wurden Dienstboten beschäftigt, im Westend war das in jedem zweiten Haushalt der Fall, im Nordend etwa in jedem fünften.[7]

Die Sozialstruktur der Ostendbewohner war sehr gemischt, was sich auch in der Größe des Wohnraums niederschlug. Großräumige Wohnungen mit 6 - 8 Zimmern in den zentralen Wohnstraßen des Ostends – Rückertstraße, Uhlandstraße, Hölderlinstraße, Theobaldstraße, Ostendstraße – ermöglichten einen exklusiven Lebensstil. In anderen Straßen überwogen 3-Zimmer-Wohnungen mit 6 bis 8 Personen. In zahlreichen Häusern gab es neben Wohnungen Geschäftsräume des Kleinhandels und Produktionsbetriebe. In den im Zusammenhang mit der Industrialisierung erschlossenen Straßen wie Wittelsbacher Allee, Rhönstraße und Bornheimer Landwehr überwogen 3-Zimmer-Wohnungen und Häuser mit geteilten Wohnungen. Bezüglich der Ausstattung der Wohnungen mit Wasseranschluss, sanitären Einrichtungen, Gas und Waschküchen lagen sie alle im ausgehenden 19. Jahrhundert über den Durchschnittswerten für Frankfurt.

Zusammenfassend kann festgehalten werden, dass das zunächst besiedelte westliche Ostend ein Wohngebiet des mittleren und gehobenen Bürgertums wurde. Das später erschlossene östliche und nordöstliche Ostend wurde eher von Familien mit geringerem Einkommen und Arbeitern bewohnt. Das galt allerdings nicht für die Alleen, wie die Luxemburger Allee, deren Bebauung und Ausgestaltung dem Bedarf der Wohlhabenden entsprach.

Infrastruktur, Schulen und Verkehrsverbindungen

Die wachsende Bevölkerung brauchte eine Infrastruktur, wozu neben den Straßen und der Kanalisation vor allem Schulen gehörten. Zunächst war das Ostend recht gut mit Schulen ausgestattet. Die Ostendmittelschule in der Hanauer Landstraße 24 (heute Gerhard-Hauptmann-Schule) war die erste Mittelschule in Frankfurt, d.h. zwischen Bürgerschule (=Volksschule) und Gymnasium angesiedelt und diente insbesondere zur Vorbereitung auf kaufmännische und gewerbliche Berufe. Erst ab 1905 richtete sie Klassen für Mädchen ein. Wegen der wachsenden Schülerzahlen, die die Zunahme der Bevölkerung im Ostend widerspiegeln, wurde 1910 die Tochterschule Brüder Grimm-Schule in der gleichnamigen Straße errichtet. In unmittelbarer Nachbarschaft lagen die Allerheiligenschule, eine christliche Bürgerschule, und die Uhlandschule, eine städtische Bürgerschule.

Mit dem Kaiser Friedrichs-Gymnasium (heute Heinrich-von-Gagern-Gymnasium) erhielt das Ostend 1888 ein humanistisches Gymnasium, das nicht unbedingt dem Bedarf der dortigen Bevölkerung entsprach. Es handelte sich um das erste Frankfurter Staatsgymnasium, das die preußische Staatsregierung der Stadt zur Entlastung des überfüllten städtischen Gymnasiums bauen ließ. Es wurde neben der seit einigen Jahren bestehenden Realschule der Israelitischen Religionsgesellschaft in der Straße Am Tiergarten errichtet.

Erst mehr als zwanzig Jahre später folgten zwei weitere von der Bevölkerung längst geforderte höhere Schulen: die Herderschule als höhere Mädchenschule, die 1927 zum Oberlyzeum ausgebaut wurde, und das Helmholtzgymnasium als Oberrealschule. Bei den Begründungen für beide Schulen wurde auf die Entwicklung der Bevölkerungszahlen hingewiesen und die

[7] Diese und die folgenden Aussagen über die Wohnqualität beruhen auf eigenen Auswertungen der in den Beiträgen zur Statistik der Stadt Frankfurt veröffentlichten Statistiken aus den Jahren 1880 – 1898.

Kaiser Friedrichs-Gymnasium und anschließende Realschule der Israelitischen Religionsgesellschaft, Postkarte um 1910

Bedeutung von Schulen für den erwarteten Zuzug bei weiterer Industrialisierung und dem Bau des Osthafens. In einem Schreiben einer Bürgerinitiative im Ostend zugunsten der geplanten höheren Mädchenschule im Jahr 1907 heißt es: „Die einzige höhere Lehranstalt für Mädchen im Ostend ist das Philanthropin; auch es soll ins Nordend verlegt werden. Die Bewohner des Ostends sind daher gezwungen, ihre Kinder in weit entfernte Schulen zu schicken. Viele Familien haben daher vorgezogen, ihre Wohnungen nach dem Westend zu verlegen; darin liegt der Grund, daß im Ostend viele größere 5 – 7-Zimmer-Wohnungen leerstehen und eine Nachfrage gar nicht vorhanden ist.“[8]

Jüdische Schulen ergänzten diese Schullandschaft: Die Realschule der Israelitischen Religionsgesellschaft, die zunächst am Rand des Fischerfelds, in der Schützenstraße, ihr Haus hatte, bezog 1882 ein großes neues Gebäude am Tiergarten. Eine eigenständige Israelitische Volksschule wurde 1891 im Röderbergweg/Ecke Bärenstraße eingeweiht.[9]

Die Interessen der wachsenden Ostend-Bevölkerung wurden seit 1877 von einem Bürgerverein, dem Ostendverein, vertreten. In seinen Stellungnahmen und Schreiben gab er die allgemeine Stimmung wieder: Die Ostendler, wie sich die Bevölkerung damals nannte, fühlten sich in der Förderung des Wohnungsbaus, beim Straßenbau und der Verkehrsanbindung gegenüber anderen Stadtteilen, vor allem gegenüber dem stark geförderten Nordend und gegenüber Sachsenhausen, benachteiligt.[10]

Aufgrund der sukzessiven Ausdehnung des Wohnbereichs in den Osten durch planlose Bebauung und nur langsame Bauverdichtung konnte in der Außenstadt keine eigenständige Struktur mit einem Ortskern und gewachsenen Geschäftsstraßen entstehen. Das Ostend blieb, wie alle Stadterweiterungen solcher Art, unspezifisch, gesichtslos. Im Sandweg und an der Hanauer Landstraße entstanden Geschäfte für den täglichen Bedarf, aber sonst waren die Altstadt und das um die Zeil und den Roßmarkt sich entwickelnde Geschäftszentrum sehr nah und wurden entsprechend benutzt.

Das Uhrtürmchen an der Kreuzung Friedberger Anlage, Sandweg und Pfingstweidstraße

[8] Fünfundsiebzig Jahre Herderschule. Gymnasium 1911–1986, Frankfurt a. M., 1986, S. 52. Das Philanthropin war die Schule der Israelitischen Gemeinde in der Rechneigrabenstraße, eine Schule, die Abteilungen für Jungen und Mädchen hatte und Juden wie Christen aufnahm. 1908 hat diese Schule ein neues Gebäude im Nordend, in der Hebelstraße bezogen.

[9] siehe unten S. 67f.

[10] Jahresbericht des Ost-end-Vereins für das Jahr 1911, Frankfurt 1912.

Die Mitglieder des Ostend-Vereins waren wohlhabende Bürger, Lehrer, Kaufleute, Architekten, die in der Lage waren, auch Geld zur Verschönerung des Stadtteils zur Verfügung zu stellen. 1894 stifteten sie das Uhrtürmchen an der Friedberger Anlage, das zum Wahrzeichen dieses Stadtgebiets und zum beliebten Treffpunkt wurde. Es hat Modernisierungsmaßnahmen und den Krieg überstanden, wurde allerdings mehrmals verschoben und steht heute am Beginn der Pfingstweidstraße. Die Friedberger Anlage und die Obermainanlage mit dem Rechneigrabenweiher, einem großartigen Baumbestand und mehreren Denkmälern, darunter das umstrittene Heine-Denkmal, waren beliebte Spazierwege.

Von einem Industrieviertel konnte Ende des 19. Jahrhunderts noch nicht gesprochen werden. Der überwiegende Teil der Einwohner lebte vom Handel oder von kleinen Gewerbebetrieben. In den Hinterhöfen der Wohnhäuser befanden sich zahlreiche Handwerker- und Gewerbebetriebe, deren Inhaber im Allgemeinen in den Vorderhäusern wohnten. An Betrieben mittlerer Größe existierten: Betriebe der Holzverarbeitung, Eisen- und Metallgießereien, Seifen- und Parfümeriehersteller, Wachstuchfabriken, Maschinenfabriken und Mühlenfabriken. Die Industrie siedelte sich zunächst im Westen Frankfurts an, und dieser Standort wurde durch den Bau des Hauptbahnhofs und die Anlage des Westhafens begünstigt.

Erst mit der Planung und dem Bau des Osthafens wurde ein Schwerpunkt im Osten der Stadt gesetzt, der dann den Charakter des Ostends wesentlich veränderte und es zu einem durch Hafen und Industrie geprägten Stadtteil machte.[11] Der Kern der Wohnstraßen östlich der Wallanlagen blieb dennoch ein gutbürgerliches Wohngebiet, und nördlich des Röderbergwegs und des neuen Ostparks entstanden zwischen Waldschmidtstraße und Saalburgallee weitere großzügige Wohnstraßen mit guter Wohnqualität. In dem im Zusammenhang mit dem Bau des Osthafens aufgestellten Generalbebauungsplan von 1909/10 waren die bis dahin noch unbebauten Flächen östlich der Rückertstraße zwischen Röderbergweg und Sonnemannstraße, das Areal östlich der Luxemburger Allee, Wittelsbacherallee, Pestalozzistraße und Seckbacher Landstraße als Wohnviertel vorgesehen.

Der Bau des Osthafens war die größte bisherige Stadterweiterung Frankfurts. Das Planungsgebiet umfasste eine Fläche, die fast die Größe des gegen Ende des 19. Jahrhunderts bebauten Frankfurter Stadtgebiets betrug. Zu der Festlegung des Bebauungsplans gehörten die Regulierung des bisherigen Überschwemmungsgebiets, großflächige Wohnanlagen für Arbeiter, Beamte und Angestellte zwischen Riederwald und Seckbach und auch die Anlegung des Ostparks als ein dem Wohngebiet zugeordneter Naherholungsbereich. Mit der Anlage des Ostparks wurde 1906/08 begonnen. Den Mittelpunkt des Parks bildete ein großer Weiher: Mit dem Zentralschulgarten und Sportanlagen und den Staudenterrassen am Röderberg entwickelte sich der Ostpark zu einem stark frequentierten Naherholungsgebiet.

Mit dem Bau der Großmarkthalle in dem nach der Aufdeichung bebaubaren Gelände zwischen Obermainstraße und Hanauer Landstraße fanden die das Ostend tangierenden großen Bauprojekte ihren Abschluss. Schon seit 1910 war eine große, zentrale Markthalle für die Lebensmittelversorgung der Stadt und der Umgebung gefordert worden. Die Suche nach einem geeigneten Grundstück und vor allem der Erste Weltkrieg verzögerten die Durchführung des Baus. Im Oktober 1928 fand dann die Eröffnung des von Martin Elsässer entworfenen großangelegten Gebäudes statt. Ein direkter Gleisanschluss an der Mainseite ermöglichte die Anlieferung der Waren mit Güterzü-

[11] Siehe dazu den Artikel „Firmensitz: Hanauer Landstraße“ in diesem Band.

gen, an der Straßenseite fand die Beladung der Lastwagen statt. Da die Markthalle für den Groß- und den Kleinhandel bestimmt war, brachte sie dem Ostend nicht nur viel Verkehr, sondern auch gute Einkaufsmöglichkeiten.

Die jüdische Bevölkerung im Ostend

Einen besonderen Charakter erhielt das Ostend zweifellos durch die jüdische Bevölkerung, die um und nach 1910 im westlichen Wohngebiet dieses Stadtteils etwa 44 Prozent betrug.

Die jüdische Bevölkerung Frankfurts folgte dem allgemeinen Trend des Auszugs aus der Innenstadt in die Außenstadt und später in die Außenbezirke, sie konzentrierte sich aber bis in die ersten Jahrzehnte des 20. Jahrhunderts in Richtung Osten. Nach der Aufhebung des zwangsweisen Wohnens in der Judengasse in der Zeit der französischen Besatzung unter Fürst-Primas Carl von Dalberg zog ein Teil der jüdischen Bevölkerung in die unmittelbare Nachbarschaft der Judengasse. Bis zur Mitte des 19. Jahrhunderts wohnte die jüdische Bevölkerung in den Geschäftsstraßen Fahrgasse und Schnurgasse und in den Straßen des Neubauviertels Fischerfeld: Wollgraben, Brückhofstraße, Fischerfeldstraße und Lange Straße. Die Umzugsgewohnheiten entsprachen den allgemeinen damaligen Gewohnheiten: Man wechselte den Wohnsitz meist nur über kurze Entfernungen und übersiedelte nicht von einem Ende der Stadt zum anderen. Bei den Juden kam hinzu, dass sie in der Nähe ihrer religiösen und sozialen Einrichtungen leben wollten: der Synagoge in der Judengasse, dem Krankenhaus und der Schule in der Rechneigrabenstraße, dem Friedhof an der Battonnstraße. Noch 1858 lebten unter den 1.803 Bewohnern der Judengasse 875 Juden, das waren fast die Hälfte der Einwohner, aber nur 15 Prozent der Juden in Frankfurt. In der Altstadt zwischen Fahrgasse und Wollgraben bildeten die 1.740 Juden gut ein Drittel der Bevölkerung.[12]

Blick in die Fischerfeldstraße mit der Bäckerei Schimmel

Einzelne Familien zogen allerdings schon in die ländliche Gemarkung: Laut dem Adressbuch von 1844[13] gehörten 13 Juden zu den Gartenhausbesitzern in der Hanauer Landstraße, sechs weitere hatten Häuser „Vor dem Allerheiligentor". Als in den nächsten Jahrzehnten die Zahl der Juden in Frankfurt erheblich zunahm, ergaben sich weitere Wohnverschiebungen in die neu erschlossenen östlichen Außenbereiche. Den höchsten Anteil an Juden hatte damals der Stadtbezirk 14, das war die östliche Außenstadt zwischen dem Anlagenring und dem Zoo. Ihr Anteil dort betrug 1895 44,4 Prozent, 1910 waren 40,4 Prozent aller Bewohner Juden.[14] „Dieses Wohnviertel...läßt sich geographisch ziemlich genau umreißen", schreibt Paul Arnsberg, der dort aufgewachsen ist, in seiner Erinnerung „Das 'Uhrtürmchen' um das Jahr 1900".[15] „Wenn man von dem Uhrtürmchen den Sandweg hinaufgeht, in

[12] Gley S. 93.

[13] In dem Adressbuch von 1834 und 1844 sind Juden mit einem Kreuz markiert.

[14] Gley, S. 95.

[15] Paul Arnsberg, Bilder aus dem jüdischen Leben im alten Frankfurt, Frankfurt a. M. 1970, S.12. Paul Arnsberg wurde 1899 im Sandweg 2 geboren und wuchs in der Hölderlinstraße 2 auf.

der Waldschmidtstraße nach rechts einschwenkt und dann von dort bis zum Röderbergweg geht, hat man die nord-östliche Grenze dieses Viertels fixiert, das sich bis zum Röderbergweg erstreckte. Diesen Röderbergweg südwestlich weitergehend bis zu dem Platz, wo der alte Ostbahnhof sich befand, stößt man dann in die Hanauer Landstraße. Die Hanauer Landstraße hatte eine zentrale Bedeutung in dem Ostend und alle die kleinen Straßen südlich bis zum Main ... können als der zentralste Punkt dieser 'jüdischen' Welt im Ostend gelten. Das Allerheiligen Tor war wohl die Grenze des von mir skizzierten Wohnviertels. Der angrenzende Bezirk Battonnstraße im Norden, Fahrgasse im Westen, Schöne Aussicht im Süden und Langestraße im Osten war kompakt jüdisch besiedelt."

Israel. Gemeindeblatt Nr. 4, Jan. 1936. Arno Katz war der bekannteste Portrait- und Familienfotograf der jüdischen Bevölkerung. Sein Geschäft blieb am Schabbat geschlossen.

Die östliche Neustadt, der Bezirk südlich der Allerheiligen- und Battonnstraße, den Arnsberg als „kompakt jüdisch besiedelt" bezeichnet hat, hatte 1910 einen jüdischen Bevölkerungsanteil von knapp einem Drittel, ebenso die nordöstliche Außenstadt zwischen Anlagen

Koscher geführte Bäckerei Grünebaum, Hanauer Landstraße 4

Anteil der jüdischen Bevölkerung im Ostend

Jahr	Bevölkerung in Frankfurt insgesamt	davon Juden	in Prozenten	Bevölkerung im Ostend insgesamt	davon Juden	in Prozenten
1858	63.742	5.733	9,0%			
1895	229.279	19.488	8,5%	16.013	4.136	25,8%
1910	414.576	26.228	6,3%	25.250	5.336	21,1%
1925	471.548	29.385	6,3%	38.229	6.384	16,7%

und Merianplatz. 1910 betrug der Bevölkerungsanteil der Juden in der nördlichen Außenstadt etwa 10 Prozent und in der der nordwestlichen und westlichen Außenstadt rund 20 Prozent. Für die Zeit der Weimarer Republik liegen keine vergleichbaren Angaben vor. Es wurden nur die Zahlen für die Stadtteile veröffentlicht. Sie zeigen, dass 1925 im Ostend (Stadtbezirke 14,25,26) die höchste Anzahl der Juden lebte, nämlich 6384. Sie bildeten aber nur noch einen Anteil von 16 Prozent der dortigen Bevölkerung, weil in den in Zusammenhang mit dem Osthafen erbauten Wohnquartieren verhältnismäßig wenig Juden wohnten. In der angrenzenden östlichen Neustadt lebten 2804 Juden, die fast 20 Prozent der Bevölkerung bildeten. Knapp ein Drittel der Frankfurter Juden lebten also in diesen beiden Gebieten (9188 Personen).[16] Im Bewusstsein und den Lebensgewohnheiten der jüdischen Bevölkerung bestand keine Trennung zwischen der östlichen Neustadt mit den zahlreichen jüdischen Geschäften und der östlichen Außenstadt, die primär ein Wohnbereich blieb.

Innerhalb dieses Wohngebietes existierten um 1885 in einzelnen Straßen fast ausschließlich jüdische Haushalte.[17] Sehr hoch zwischen 70 und 90 Prozent – war ihr Anteil in den kleineren Straßen zwischen Ostendstraße und Hanauer Landstraße: Rückertstraße, Uhlandstraße, Pfingstweidstraße, Weiherstraße und Schwanenstraße. Einen Anteil von 50 bis 70 Prozent wiesen die Königswarterstraße, Windeckstraße, Ostendstraße, Friedberger Anlage und die Kleine Pfingstweidstraße (heute Zobelstraße) auf. Das gleiche gilt für die beiden Geschäftsstraßen, die Hanauer Landstraße und den Sandweg (soweit sie zum 14. Bezirk gehören). Zwischen 20 und 40 Prozent lag der Anteil der jüdischen Bevölkerung im Bergweg, in der Obermainanlage, der Grünen Straße und der Theobaldstraße.

Mit der nach Osten und Nordosten sich ausdehnenden Bautätigkeit seit dem Ende des letzten Jahrhunderts und der Bauverdichtung traten Verschiebungen in der Wohnverteilung jüdischer Familien ein.[18] In Straßen mit hohem jüdischen Bevölkerungsanteil wie Rückertstraße, Kleine Pfingstweidstraße und Windeckstraße ging ihr Anteil zurück. Ein starker Zuwachs zeigte sich in den Straßen Am Tiergarten, Obermainstraße und Obermainanlage. Am Röderbergweg stieg der Anteil von 4 auf 28 Prozent. Einige Straßen, die 1880 noch gar nicht bewohnt waren, weisen 1910 einen hohen Anteil an jüdischen Haushalten auf. Zu diesen Straßen zählen: die Bärenstraße mit 60 Prozent und die Hölderlinstraße mit 78 Prozent jüdischen Haushalten. Juden zogen auch in das erst seit Ende des Jahrhunderts besiedelte Neubaugebiet des 25. Bezirks mit der Habsburgerallee, der Wittelsbacherallee und Luxemburgerallee.

Für spätere Jahre stehen uns keine statistischen Unterlagen für einzelne Straßen zur Verfügung.[19] Erinnerungen von ehemaligen Bewohnern des Ostends zufolge scheint es aber in den zwanziger Jahren im 14. Bezirk

16 Statistisches Handbuch der Stadt Frankfurt/M. 2. Ausgabe enthaltend die Statistik der Jahre 1906/1907–1926/27. Frankfurt a. M. 1928, S. 68f.

17 Berechnungen nach dem Mitgliederverzeichnis der Israelitischen Gemeinde von 1880 und den Angaben zur Anzahl der Haushalte und Einwohner aus: Beiträge zur Statistik der Stadt Frankfurt a. M., 1896.

18 Berechnet nach der Wählerliste der Israelitischen Gemeinde von 1910, den Einträgen in der Mitgliederkartei der Israelitischen Religionsgesellschaft um 1910 und den Ergebnissen der Volkszählung von 1910.

19 Die Auswertung der Volkszählung von 1925 ist nicht mit einer Differenzierung nach Straßen veröffentlicht worden, und die Unterlagen existieren weder im Statistischen Amt noch im Institut für Stadtgeschichte.

Anteil an den Frankfurter Juden	Jüdische Bevölkerung im Bezirk 14	in Prozenten	Jüdische Bevölkerung im Bezirk 25	in Prozenten	Jüdische Bevölkerung im Bezirk 26	in Prozenten
21,2%	3.470	44,4%	477	7,2%	189	12,2%
20,3%	3.770	40,4%	1.277	9,1%	289	15,4%
21,7%						

keine wesentlichen Veränderungen gegeben zu haben. In diesem Bezirk konzentrierte sich jüdisches Leben bis zur Vertreibung aus Frankfurt.

Die Zunahme der jüdischen Bevölkerung in Frankfurt war wesentlich zurückzuführen auf eine Zuwanderung aus dem ländlichen Bereich Süddeutschlands und Hessens. Die Zuziehenden ließen sich im Allgemeinen im Frankfurter Osten nieder, wo es preiswerten Wohnraum oder auch Zimmer zu mieten gab. Sie kamen im Allgemeinen aus konservativen jüdischen Gemeinden und suchten deshalb den Zusammenhang mit der jüdischen Gemeinschaft. Sie wollten in der Nähe einer Synagoge wohnen und brauchten koschere Geschäfte.

Rückertstraße, um 1895

Seit dem Ende des 19. Jahrhunderts kamen auch Juden aus Polen und Russland nach Frankfurt. Sie waren teilweise religiös-orthodox orientiert und errichteten ihr eigenes Milieu im Ostend. Andere waren Sozialisten und suchten Kontakte zu den Arbeitern des Industriegebiets. Arbeit fanden viele sogenannte Ostjuden in den neuen Industriebetrieben oder den kleinen Produktionsbetrieben im Ostend.

Die Statistik weist eine hohe Umzugsbewegung innerhalb des Ostends aus. Diese Mobilität wird durch Angaben in Erinnerungen bestätigt: Je nach Familienstand und finanziellen Möglichkeiten suchte man eine größere Wohnung oder musste in eine kleinere umziehen oder man konnte ein Haus erwerben, aber die meisten jüdischen Familien blieben im Ostend.

Die strenggläubige Religionsausübung prägte das Leben im Ostend. Sie war durch die Austrittsorthodoxie oder die konservative Gemeindeorthodoxie bestimmt. Der Zusammenhalt wurde gestärkt durch die bedeutenden jüdischen Einrichtungen, die im Ostend lagen oder dorthin verlegt wurden, als in der Altstadt und östlichen Außenstadt die Gebäude zu klein wurden. Hierzu gehören die Schulen der Israelitischen Religionsgesellschaft, das Krankenhaus in der Königswarter Straße, die Synagoge in der Schützenstraße und der 1907 eingeweihte Neubau in der Friedberger Anlage, die Synagoge am Börneplatz, jüdische Kindergärten in der Uhlandstraße und im Baumweg, Pensionate, Ausbildungseinrichtungen, zahlreiche soziale und religiöse Vereine und Gruppen der jüdischen Jugendbewegung.

Aus Erinnerungen ehemaliger Bewohner:

Selmar Spier

geb. 8. März 1893 in der Grünen Straße 40, nach 1900 Umzug in das Haus der Großeltern Eschersheimer Anlage 2. Sohn des Kaufmanns Simon Spier
(aus: Selmar Spier, Vor 1914. Erinnerungen an Frankfurt, geschrieben in Israel, Frankfurt am Main, 1961, S. 9–10; 15–16)

„Der Ruf des fremden Vogels drang jeden Morgen mit dem ersten Frühlicht durch die Gitterstäbe des Kinderzimmers. Er begann leise und stieg plötzlich zu äußerster Lautstärke an. Er schien aus bedeutender Höhe zu kommen. In Wirklichkeit kam er aus dem nahegelegenen Zoologischen Garten. Dem Kind, das von dem Ruf erwachte, kam es niemals in den Sinn, zu fragen, welcher von den vielen Vögeln es sei, der allein sich so früh bemerkbar machte. Der Ruf kam nun einmal. Er war da und gehörte zur Umgebung wie die Gitterstäbe des Fensters und die Gärten, auf die man hindurchblickte. Nur etwas Wildes lag in ihm. etwas, das anders war als die ruhige Ordnung des Häuservierecks, das die Gärten einrahmte.

Das Häuserviereck war die Welt. Einen eigenen Garten hatte das Haus nicht. Die Grüne Straße, an der es lag, hatte keinen Anteil an dem durch die Vorder- und Hinterhäuser der Pfingstweidstraße eingerahmten Gelände. Infolgedessen sah man vom Fenster aus dem zu, was drüben jenseits der Grenzmauer vor sich ging. Vor nicht langer Zeit – nicht weit vom Jahrhundertende – waren die Gärten echtes Gartenland gewesen. Daran erinnerte manches, die Obstbäume, die Holzzäune, die Tauben...

Der am weitesten entfernte Garten, ein von Bäumen eingefaßter Hof, war der interessanteste. Dort liefen viele Kinder herum. Im Winter war der Garten eine Eisbahn. Diese Kinder waren zu beneiden. Erst viel später erfuhr ich, daß es Waisenkinder waren, die dort lebten und von einer Jüdischen Stiftung erhalten wurden.[20]...

Der neue Hausstand [nach der Heirat der Eltern 1891] begann, wie eingangs erwähnt, in der Grüne Straße 40

[20] Es handelt sich um das Kinderheim der Julius und Amalie Flersheim'-schen Stiftung.

in Frankfurt am Main in einer Sechszimmer-Wohnung im 2. Stock. Das Haus war ein Neubau in dem alten Gartenland zwischen der in Anlagen verwandelten Umwallung und dem Zoologischen Garten. Gärten befanden sich noch reichlich in der Nachbarschaft auch der Hausfront gegenüber, zu denen man allerdings keinen Zutritt hatte. ... Die Wohnungseinrichtung ... war, wie sie zu sein hatte und wie man sie überall im neuetablierten Mittelstand traf, mit einem Speisezimmer in Renaissance und einem Salon in Louis XVI., einem Wohnzimmer undefinierbaren Stils, einem Schlafzimmer mit Himmelbett und Ampel sowie einem Schlaf- bzw. Spielzimmer für die Kinder, alles Imitation alten Kunsthandwerks, fabrikmäßig hergestellt und ziemlich teuer...."

Moritz Julius Bonn
geb. am 28. Juni 1873 in der Hanauer Landstraße 45 als Sohn von Julius Bonn, Teilhaber des Bankhauses Baruch Bonn
(aus: Moritz Julius Bonn, So macht man Geschichte, München 1953, S. 14–16)

„Das Haus Hanauer Landstraße, in dem ich zur Welt kam, war ein altmodisches Eckhaus. Es lag gegenüber der kleinen Station, von der die Bahn nach Hanau abging. In dem Gemischtwarenladen im Erdgeschoß waltete sein Besitzer, Herr Dietz. Er hatte seine Ersparnisse – wie viele andere kleine Leute – in einem Haus angelegt, das mit einer hohen Hypothek belastet war. Die Mieten kamen für Zinsen, Reparaturen und Steuern auf, die in jenen Tagen nicht unerheblich waren. Er wohnte mietzinsfrei hinter dem Laden und lebte von dem, was übrig blieb...

Wir wohnten im ersten Stock. Von der Straße aus führte eine breite Treppe zu einer Glastür, flankiert von Fenstern, die Licht in einen engen, klammerförmigen Vorplatz einließen. Eßzimmer, Wohnzimmer und ein Fremdenzimmer gingen nach der Straße. Das Schlafzimmer meiner Eltern und mein eigenes Zimmer bildeten das eine Ende der Klammer, die Küche und die Toilette das andere. Wir hatten kein Badezimmer, aber wir hatten eine Badewanne – und waren also nicht abhängig vom 'Roten Männchen', einer Anstalt, die nahe am Fluß lag und bei der man ein Bad bestellen konnte. Dann kamen zwei Männer mit einer Wanne und ein paar Kübeln heißen Wassers. Wenn man fertig war, holten sie alles wieder ab. Wir wärmten unser Badewasser selbst.

Das Schlafzimmer meiner Eltern beherbergte zwei riesige Mahagonibetten, zwei Mahagoniwaschtische und Mahagoninachttische mit Marmorplatten, zwei altmodische Mahagonischränke und einige Stühle mit geflochtenen Strohsitzen. Die Eßzimmereinrichtung bestand aus hellfarbigem, mit Ebenholz eingelegten Walnußholz. In dem kleinen Wohnzimmer war alles aus rotem Plüsch, dem schrecklichen roten Plüsch der bürgerlichen Ehrbarkeit und des Schlafwagenluxus. Im eigentlichen Salon standen in feierlichen Abständen Stühle, Sessel und Sofa... Dazu kamen ein paar kleine mit Messing eingelegte Ebenholztischchen...

Ein vernachlässigter Garten mit einem schieferverkleideten Gartenhaus lag hinter dem Wohnhaus – ein Stück Rasen, von Unkraut überwucherte Pfade, einige Fliederbüsche und Maulbeerbäume, das war alles. Seinen Glanzpunkt bildete ein großer Papyrus japonica (japanischer Birnbaum)..."

„Freitagabend wurde der Anzug gewechselt“. Erinnerungen 1887 – 1914

Wilhelm Herzfeld

Wilhelm Herzfeld wurde am 17. Juli 1887 in Frankfurt a. M. als Sohn einer gut situierten bürgerlichen Familie geboren. Sein Vater Siegfried, der aus Oberursel stammte, war Börsenmakler, seine Mutter Sarah geb. Stern kam aus einer sehr wohlhabenden Familie, die aus Schlüchtern nach Frankfurt zugezogen war.

1893–1903 besucht Wilhelm Herzfeld (wie schon sein Vater) das Philanthropin, nach dem Realschulabschluss absolviert er eine Lehre als Kaufmann in der Lederhandlung L. A. Mayer in Offenbach. 1907/08 dient er als Einjährig-Freiwilliger beim 1. Kurhessischen Infanterie-Regiment und lässt sich zum Reserveoffizier ausbilden. Anschließend arbeitet er fünf Jahre bei der Fa. Max Grünsfelder, Feine Lederwaren, Lange Str. 37, als Handlungsreisender (Vertreter). Im 1. Weltkrieg kämpft er an der Westfront und wird mit dem Eisernen Kreuz ausgezeichnet, nach dem Krieg arbeitet er wieder als Reisender in der Lederbranche, bei der Portefeuillefabrik H. Hirschfeld sen., Hanauer Landstr. 18.

Siegfried Herzfeld, geb. 1854 in Oberursel, Börsenmakler, der Vater des Autors

1920 heiratet er Irma Rapp aus Groß-Umstadt, der Ehe entstammen zwei Kinder: die 1921 geborene Tochter Ruth Sara und der 1925 geborene Sohn Siegfried Leopold. Zu Beginn des Jahres 1921 wird er Teilhaber der Firma Wilhelm Krämer & Co, Lederwarenfabrik; als diese in wirtschaftliche Schwierigkeiten gerät, eröffnet er 1929 als zusätzliche Einnahmequelle ein Ladengeschäft, trennt sich bald darauf von seinem Teilhaber und führt die Firma Krämer & Co. ohne ihn weiter. Große wirtschaftliche Probleme zwingen ihn 1932 zu einem Neuanfang, doch 1937 muss er „aus politischen Gründen“ die Beziehungen zu seinen neuen Geschäftspartnern abbrechen und sein Haus verkaufen. Am 1. September 1938 verlässt er Deutschland und siedelt nach New York über, wo er im Jahre 1944 verstirbt.

Noch in Frankfurt schreibt er seine Lebenserinnerungen mit der Widmung „In treuem Gedenken meiner unvergeßlichen Eltern. Worte der Besinnlichkeit meinen Nachkommen! Frankfurt a. M., 17. Juli1937“.

Wir danken Ruth Awner, geb. Herzfeld, und Siegfried Herzfeld für die Genehmigung zum Abdruck von Auszügen aus diesem unveröffentlichten Manuskript.

Schabbat – entrückte Stimmung, die alle Miseren vergessen ließ

Bevor ich nun auf die Einzelheiten meiner Jugend übergehe, will ich in kurzen allgemeinen Worten mein Elternhaus schildern, wie es mir lebhaft in Erinnerung steht. ... Der Kreislauf des Jahres stand in meinem Elternhaus im Zeichen der jüdischen Feste und Schabbate. Sie waren der große Regulator, der den Lebensrhythmus bestimmte. ... Schon als Kind fühlte ich die

Grundmauern, auf denen das Elternhaus ruhte. Es waren Frömmigkeit, Sittenreinheit, Gerechtigkeit, Enthaltsamkeit, Sparsamkeit und nicht zuletzt Vaterlandsliebe, aber auch grenzenlose Elternliebe, der andererseits Kindestreue entsproß.

Freitagabend wurde der Anzug gewechselt, und wir Kinder gingen mit dem Vater in die „Schule". Oft in die kleine Synagoge auf der Königswarterstraße, die zum Krankenhaus gehörte, meist aber auf den Börneplatz. Schon der Weg durch die Breite Gasse, die noch das Mittelalter an der Stirn trägt, versetzte uns in eine entrückte Stimmung. Im Gegensatz zu den anderen Verwandten, die aus der Gemeinde ausgetreten waren, der Religionsgesellschaft angehörten, war der Vater der eifrigste Verfechter des orthodoxen Flügels der großen Gemeinde. Er war einer der Palladine von Rabbiner Horovitz sel., und bis zu seinem Tode Synagogenvorsteher. Allen Gemeindemitgliedern ist noch heute der vornehme, würdevoll aufrechte, aber auch energische Mann in warmer Erinnerung.

Schon am Freitagabend lag ein feierlicher Glanz über dem Riesenraum der Synagoge. Ein Gottesdienst in diesen Hallen fügte der Gemütserbauung noch den Wert eines künstlichen Genusses hinzu. Wir Kinder tranken Kidduschwein, um dann vom Vater gebenscht [gesegnet] zu werden. Es war das ein Augenblick höchster Feierlichkeit, und immer war es mir, als hörte ich das leise Rauschen des Jordans. Kiddusch und Hawdolah[1] sind die Marksteine, die am Anfang und Ende des Schabbat standen. Dazu kam der Glanz der Lichter, die die Mutter inzwischen angezündet hatte, und die der Feier zu Hause das glanzvolle Gepräge gaben. Das Essen Freitagabend bestand aus Suppe, Fisch mit Mayonnaise, Braten oder Geflügel und Süßspeise. Altes Familiensilber zierte den schneeweißen Tisch, und es war eine Stimmung, die alle Miseren des Daseins vergessen ließ.

Postkarte um 1900

Samstag früh verrichtete der Vater vor dem Morgenkaffee das Gebet, und nie werde ich das Bild des stillen Beters, der sein Auge vor der Welt verschließt und sein Innerstes mit Gott Zwiesprache halten läßt, vergessen. Den Samstagmorgengottesdienst besuchte auch die Mutter. Noch der Nachhauseweg war eine Zeremonie. In Begleitung gleichgesinnter Freunde wurden alle Ereignisse der Woche diskutiert. Das Frühstück war an diesem Tage obligatorisch, und mit dem letzten Bissen im Munde stürmten wir Kinder in den Zoo, von wo uns die Eltern nach Absolvierung der Besuche abholten. Nach dem Mittagessen kam der Schlaf, die Ehrfurcht vor den Eltern gebot uns Kindern auf den Fußspitzen zu gehen, und kein Laut kam im Hause auf. Dann ging der Vater zum Lernvortrag und Minche, und anschließend, nicht ohne vorher schnell die Rätsel im Generalanzeiger geraten zu haben, ging es in großer Gesellschaft ins Freie, meist zu Neder auf dem oberen Röderberg, um das mitgenommene Nachtessen zu verzehren. Schabbesabend war großer Familiencercle auf der Hanauer Landstraße, auch davon später mehr. Erst wollen wir weiter im Bilderbuch der Feste blättern.

[1] Herzfeld folgt bei hebräischen Bezeichnungen der damaligen aschkenasischen Ausdrucks- und Schreibweise.

Bilderbuch der Feste

Das jüdische Jahr beginnt mit Pesach. Der Seder war so recht das Fest des Hauses. Das Gebot „Du sollst es Deinen Kindern sagen“ stand im Mittelpunkt des Abends. Gemeint war damit, daß die alten Gebräuche und Nigens sich fortpflanzen sollten von Geschlecht zu Geschlecht. So wird ja auch die wechselseitige Ergänzung der Generationen erreicht. Keine Feier hat sich auf das kindliche Gemüt so tief eingeprägt wie diese Abende. Die Überführung der verfeinerten Genußmittel zu österlichem Gebrauch war noch fremd, und des Strebens höchster Preis war für uns Kinder das honiggelbe Klundschen.

Nachdem wir uns durchgeomert hatten, winkte als Preis der Schewuaus-[Wochenfest]Käsekuchen. Denn auch im Bereich des Irdischen soll der Jude seine Lebensfreude zum Ausdruck bringen, so erklärte man uns den Sinn des Festes. Die Frühlingsboten schmückten alle Teile der Wohnung, die Synagoge verwandelte sich in ein Treibhaus, in dem sich der Chason Ogutsch[2] an diesen Tagen besonders anstrengte seinen Silbertenor, klangvoll wie das Liebeslied der Nachtigall auf einer Zypresse, zur Geltung zu bringen. Selbst der Ärmste – es gab wenige, die sich als arm fühlten, denn die Wohltätigkeit kannte keine Grenzen und war froh einen Schützling zu finden – setzte seinen Stolz darein, wenigstens mit einem neuen Kleidungsstück zu Ehren des Tages zu erscheinen.

Die Jomim Nauroim [Hohen Feiertage] waren von einer tiefschwarzen Wolke des Ernstes umhüllt. Lange Tage voraus standen schon im Bann dieser höchsten Feiertage. Die Festeskleider wurden gerichtet, die Mutter sel. ging ganz in weiß. Gratulationen wurden mit auswärtigen Verwandten ausgetauscht. Vor Tagesanbruch wurde Cafe getrunken, Vater blieb auf und ging schon um sechs Uhr zur Synagoge. Der Jomkipur [Versöhnungstag] atmete den ganzen Tag Weihe. Schon das Kind erfaßt den Ernst dieses gewaltigen Tages, lernt im Bilderbuch der jüdischen Seele lesen, übernimmt damit die frohgemute und zugleich innige Naivität der Welt- und sozialen Menschenauffassung, die geradlinig einfach die grundlegenden Gefühle menschlicher Gesittung vermittelt.

Eine Auflockerung dieser seelischen Stimmung brachten die Sukkothtage [Laubhüttenfest]. Der schönste Schmuck der Laubhütte waren die primitiven Arbeiten, die wir Kinder fertigten, Girlanden aus Glanzpapier, vergoldete Nüsse und Hagebuttenketten. Dabei erinnere ich mich noch der Sukko [Laubhütte], die wir gemeinsam mit Rothschilds aus unserem Hause hatten und die einem kleinen orientalischen Salon glich. Dieser Prunk ging gegen das Empfinden Vaters, der uns immer wieder erklärte, daß das jüdische Haus kein für die Ewigkeit gebauter Palast sein dürfe, sondern eine leichte Hütte, in der wir unter dem Schutze Gottes genau so sicher seien, wie in einem festen Hause. Nie besser als heute begreifen wir diese prophetischen Worte.

Im Kerzengeflimmer der Öllampen wurde inbrünstig Moaus Zur gesungen. Purim konnten wir nicht erwarten, maskiert vor die Eltern zu treten.

Ob wir es verstanden oder nicht, um was es geht, wir waren erregt und dachten, daß Vater und Mutter all das Festliche für uns gemacht hätten, bis wir später begreifen lernten, daß es auch ihnen Erlebnis war. Es war ein täglich gelebtes Judentum, aus dem heute nur gar zu oft ein Feiertagsjudentum geworden ist. Eine Pflanze in diesem Steingeröll gedeiht aber überall, wo jüdisches Empfinden zu Hause ist: die nie verblühende Blume der Pietät.

Alltag im Bergweg 10

Die Tage verliefen in seltenem Gleichmaß. Montag und Donnerstag ging Vater morgens zur Synagoge. Pünkt-

[2] Fabian Ogutsch, eigentlich Juda Feibisch, geb. 1845 bei Wilna, gest. 1922 in Frankfurt a. M., war 1883 –1921 Kantor in der Synagoge am Börneplatz und hat die künstlerische Entwicklung der Frankfurter Synagogengesänge wesentlich beeinflusst.

lich um sieben Uhr dreißig wurde der Cafe genommen. Man aß zwei trockene Brötchen, vom Bäcker Stern, Sandweg, früh eingeworfen; Butter und sonstige Zutaten waren verpönt. Die Mutter hielt den Haushalt in musterhafter Ordnung, alles stand wie ein Staketenzaun. Der erste Gang Vaters war jeden Morgen zur Großmutter, die damals mit dem ledigen Bruder meines Vaters wenige Häuser weiter wohnte. Anschließend erledigte er seine Geschäfte, d. h. er besuchte die verschiedenen Banken. Pünktlich um 11 Uhr begann das Mittagessen, denn um 12 mußte Vater auf der Börse sein, die um 3 Uhr zu Ende war. Mittlerweile war sie in einen Prachtbau Mitte der Stadt gerückt. Um 3 Uhr, wie gesagt, kam Vater nach Hause, ohrte Minche [betete das Mittagsgebet], schon war der Kaffeetisch gedeckt. Er nahm hastig den Kaffee ein, erzählte schnell der Mutter, was er verdient hatte, und eilte wieder zur Börse, die nochmals von halb fünf bis halb sieben abgehalten wurde. Wie oft wartete ich in meinem Leben auf diese Stunde klopfenden Herzens, wenn ich den Vater abholte. Er wußte es zu danken, denn immer nahmen wir den Weg erst auf die Katharinenpforte, um bei Giorgio für Mutter ein Täfelchen und für uns Kinder ein schwarzes Tütchen Chocoladenplätzchen mitzunehmen. Der Tag verlief wie das Uhrwerk, und selbst im Essen drückte sich die Regelmäßigkeit aus. Montag: Wurst und Kartoffelsalat; Dienstag: Aufschnitt; Mittwoch: Milchding; Donnerstag: siehe Montag; aber Freitag abend, da gings hoch her. Immer hatten wir Kostgänger, die Papa noch nebenher unterstützte; sein Wort war immer: „Besser ein großes Herz als ein großes Haus."

Allwöchentlich fand ein Spielabend statt, dem die Freunde Vaters beiwohnten. Es waren dies Moritz Strauss, Bernhard Igersheimer, Bernhard Schwarzschild, der später nach Hamburg übersiedelte. Große Freundschaft bestand mit Bernhard Müller in Northeim, halb geschäftlich, jedenfalls war er öfters bei uns zu Gast. Auch einem Schachverein gehörte Papa an, und manchen schönen Preis brachte er, für sein überlegenes Spiel, mit nach Hause.

Nun noch ein Wort zur Wohnung. Es waren fünf auf einen dunklen Vorplatz mündende Zimmer. Nach der Straßenseite das Wohnzimmer, das auf seiner Außentür ein Porzellanschild „Büro" trug, dann Salon, Speisezimmer, anschließend Schlafzimmer der Eltern und Kinder. Ein großer Balkon am Schlafzimmer bot einen reizenden Blick in einen gut gepflegten Garten, in dem Sträucher, Obstbäume, Blumenbeete üppig vegetierten. Auch ein Vorgarten, ein beliebter Spielplatz, mit weißem Kies belegt, war eine Zierde des sonst alten Hauses. Die Wohnung war in dem plumpen, unzweckmäßigen Stil der 80er Jahre eingerichtet.

Sehen wir uns mal den Salon an. Jede bessere Familie hatte einen „Salon", obwohl wahre Kunst selten anzutreffen war, und wenn, dann aus Zufall. Diese Familien mit dem Salon besuchten sich Samstagmorgen zwischen 12 und 1, dazu eben war der Salon nötig. In unserem Salon waren die Möbel glänzend schwarz. Ich fragte einmal den Vater, ob das das gleiche Holz sei, aus dem man Leichenwagen baue. Er sagte kurz nein, erklärte mir vielmehr, und zwar mit einem gewissen Stolz, daß unsere Möbel aus echtem Ebenholz seien, und wenn man mit dem Messer hineinschneide, seien sie immer noch schwarz. Meine Mutter sagte: „Unterstehe Dich, in die Möbel hineinzuschneiden". So ist es bis heute noch nicht geklärt, ob es echtes Ebenholz war. Vielleicht weiß es der Trödler, der sie später für ein Trinkgeld schluckte.

Sechs Tage lang lag der Salon im Dornröschenschlaf, nur das Glasgeklingel des französischen Lüsters schimmerte durch die Ritzen der Plüschportieren. Die vier Plüschfauteuils und ein Plüschsofa, Meisterwerke des

Polsterers Polian (Modell Salon Madame Stael) standen wie dicke, kurzbeinige Damen und trugen Schmuckwerk an den Beinen wie die Hosenfranzen besagter Damen. In der Mitte dieses Museums stand in gleicher Aufmachung ein Tischchen, darauf eine Visitenkartenschale, eine Nixe darstellend, die mit dem Schwanz auf der Schnauze eines Delphins balancierte und mit beiden Händen eine rauschende Meereswoge emporhielt. Wir hatten zwei Mädchen, aber im „Salon" durften sie nicht abstauben, sie könnten evtl. die zwei Öldrucke beschädigen, die den Genfer See darstellten, und die Schweiz hätte dann Protest eingelegt. Also die Mutter schlug eigenhändig die Plüschportieren zurück und befestigte sie an vier messingnen Ketten, die wiederum von vier Löwenköpfen getragen wurden. Auch ein lebensmüdes Klavier versperrte den Platz, auf welchem in echt italienischem Gips Beethoven, ein Geschenk von Onkel Hermann, thronte. Niemand kam natürlich je auf den Gedanken, dieses Heiligtum außer der Zeit zu betreten.

Werfen wir einen Blick ins „Wohnzimmer". Dieses Zimmer ließ jede einheitliche Linie vermissen. Papa hatte nur Interesse für die Uhr, die er so ziemlich jeden Tag nach der Sternwarte regulierte. Rechts von der Tür stand ein altmodisches Schränkchen, jedenfalls ein Erbstück aus Brückenau. Darauf stand ein Krug Nordhäuser, um jeden Morgen die Bankboten zu laben. An der langen Wand stand das Sofa, ein unmögliches Sofa, hölzerne Schnecken rollten sich auf der Mitte der Lehnen zusammen. Am Fenster stand der Nachttisch, in der Mitte des Zimmers ein Koloss von einem Tisch, und geradezu als Hauptmann dieser Burgergarde ein Schreibtisch. Er hatte Bogen und Türmchen und erinnerte an einen Fuchsbau. Zwei Schränkchen, die er rechts und links leicht trug, ungefähr wie ein Boxer zwei Hanteln hält, dienten als religiöse Rumpelkammer. Alle Ritualien hatten hier ihren Landungsplatz und vertrugen sich ausgezeichnet mit unförmigen Operngläsern und alten Bonbonschachteln. Die Schublade selbst nahm es mit jeder Schatzkammer auf. Geschäftsbücher und Belege, Markenalben, Formulare, Briefbogen und alte Luachs [jüd. Kalender] trieben sich da herum; ganz im Hintergrund die Siegellackstangen wie gefährliche Reptilien.

Das Speisezimmer war ein getäfelter, langer, düsterer Raum, der zuviel Kohlen verschlang. An der Längswand herrschte das Renaissancebüffet, mit schloßartiger Behausung. Das war der Aufenthaltsort des Silbers, Porzellans, aber auch der Keksdose, so daß es erforderlich war, daß ich mir von einem geschickten Mitschüler einen Nachschlüssel machen lassen mußte. Aber auch die Schokoladenwürfel von Schepler, die auf ihrer Frontseite einen Stern trugen und ein begehrtes Produkt zum Kochen waren, hatten es mir angetan, denn zur Not konnte man sie auch roh verspeisen, ich weiß es sogar mit ziemlicher Sicherheit.

Mittags nahm mich Mutter oft mit zur Stadt. Gewöhnlich nahmen wir die Straßenbahn, die mit Pferden betrieben wurde, und Ecke Bergweg und Sandweg eine Haltestelle hatte. Hier war auch Pferdewechsel- und Tarifstelle. Bis zur Hauptwache kostete es zehn Pfennige. Für dieses Verkehrsmittel hatte ich ein Hauptinteresse, und hat mich jemand nach meinem späteren Beruf gefragt, deutlich kam die Antwort: Trambahnkutscher. Mit vier Jahren stand ich schon als guter Freund bei dem Burschen, der die Pferde ein- und ausspannte und der mir genaue Eigenarten jedes Gaules erklärte. Es war eine belgische Gesellschaft, die später von der Stadt übernommen wurde, und dann mit Elektrizität betrieben wurde. Den ersten elektrischen Wagen habe ich als Weltwunder an der Friedberger Anlage 1897 auf dem Schulweg vorbeirollen sehen. Die alten Straßenbahnen waren lackierte Kästen, im Winter mit rotem Plüsch ausgeschlagen, im Sommer jedoch gab es meist offene Wagen. Also mit rechteckiger, geflochtener Einkaufstasche gings auf den Weg, mit der wir dann vollgepfropft nach Hause kamen.

Sonntagsmorgens gingen wir gewöhnlich auf die Myliusstraße [im Westend], damals mit die exclusivste Straße der Stadt. Vor den Häusern hielten Einspänner, Kutscher mit Livréen und gelben Gamaschen, in den Vorgärten machte sich gewöhnlich ein Diener mit blau-weiß gestreifter Jacke zu schaffen. Inmitten dieser Pracht wohnten Onkel Isaac Oppenheimer, Bruder der Großmutter, und seine Frau Sofie; im I. Stock ihre Tochter, die mit Bankier Merzbach verheiratet war. Für mich war das alles der Inbegriff der Eleganz und mein Herz pochte wie das einer Lady, die bei Hof eingeführt wird. Ein undefiniertbares Parfüm schlug uns auf der Treppe entgegen, und Minna in Haube und schwarzem Seidenkleid öffnete die mit arabeskenhaften Figuren verzierte Glastüre. Für mich waren der Kanarienvogel, die Bilder, die beiden Hunde auf dem Büffet und die Muscheln auf dem Nähkastendeckel, vielleicht auch das vorgesetzte Gebäck von Interesse. Gewöhnlich machte ich mich schnell dünne, um mit den drei Merzbach Buben, die wenige Jahre älter als ich waren, zu spielen. Onkel Isaac betrieb ein bekanntes Manufakturwarengeschäft im Großen und war in besten Verhaltnissen. Onkel Hermann Herzfeld lernte dort, überwarf sich aber schnell, wie es seine Art war. Tante Sofie war eine sehr aristokratische Dame, gewöhnlich das Intelligenzblatt vor der Nase, alle anderen waren für sie eine Art bessere Domestiken. Die drei Merzbach-Söhne hießen Georg, jetzt Bankier in London, Fritz und Paul. Paul war Ballonfahrer und lebt jetzt in Argentinien. Schon damals unterhielten wir uns vorzugsweise von der Ballonfahrerin Paulus, die im Sommer fast alle 14 Tage im Zoo aufstieg. Er tadelte ihre mangelhafte Technik.

Kurz, bei diesen Besuchen umfing mich schon die Traumluft, die das feine Gift lebensdurstiger Ahnungen in das kindliche Gemüt senkte. Heute weiß ich, daß alle Einflüsse der Kindheit Bedeutung haben, sie ziehen ihre leichten und sicheren Linien, die später nachgegraben und vertieft werden. Mit den gleichen Eindrücken schied ich aus dem Hause von Vaters Vetter, Lehmann Herzfeld, auf der Bockenheimer Landstraße. Sie hatten eine bildschöne Tochter, Irma, die damals schon voll von Wuchs mit reichen, festen Formen war. (Jetzt Frau Schweitzer, mit der uns ein Band der Freundschaft umschließt.) Ich könnte von der Wohnung, die von den mir bekannten bürgerlichen abweichend war, eine glühende Schilderung geben. Jedenfalls haben mir dort die vielen Kunstgegenstände den Atem geraubt. Noch erinnere ich mich eines Franzosen mit seinen traumhaften Tönen. Später habe ich das Wort geprägt: Die Kirchenmäuse wohnen schöner, die Feldmäuse essen besser, um einen Vergleich zwischen dem feudalen Westend und dem bürgerlichen Ostend zu ziehen. ...

Der Hauskauf macht Schule – Umzug in den Röderbergweg

... Schon lange hatten die Eltern es sich vorgenommen sich anzukaufen, jetzt wurde es Wahrheit. Sie kauften das Grundstück Röderbergweg 11, und April 1898 verließen wir die uns allen so lieb gewordene Wohnung Bergweg 10. Der sich allseits ausbreitende größere Hang zum Komfort war mitbestimmend zu diesem Entschluß. Beispielsweise mußten wir als Kinder in die benachbarte Wohnung von Katzenstein, nur um ein Bad zu nehmen.

Traurig entließ mich mein Freundeskreis – die „Bergweger Bube“ –, mit denen ich mich wegen eines Klickers so oft gerauft hatte, die aber wie ein Mann standen, galt es den Nachbarfeind – die „Atzemers“ – zu bekämpfen. Wir verabschiedeten uns im Haus von Resch,

Rosenthals und Assessor Mappes, gerührt von den lieben Freunden zur Rechten, Müllers, Rothschild, Blütenthal und Frau Ehrmann, zur Linken von Familie Heinemann, die ihren einzigen Sohn, meinen Freund Alfred, im Krieg verloren haben, gegenüber winkten uns Guttmann und Adlers zu, auch Herr und Frau Ginsberg, der spätere Schames, aber auch Holzer, die Künstlerfamilie Einzig, nur Mousons nahmen keine Notiz. Sie gehörten zu den ersten Aristokraten Frankfurts. Bei Holzers, deren Kinderzahl allmählich auf acht anwuchs, verkehrte ich besonders oft. ...

Abend für Abend trug ich mit Gretchen und Regine Körbe voller Kleinigkeiten in die neue Wohnung, bis Ende März die Kisten von Delliehausen kamen, und eines Morgens unser Hab und Gut wie von Heinzelmännchen umgesetzt wurde. Pesach waren wir in der neuen Wohnung, die mich bis zum heutigen Tag beheimatete, und unter deren Dach ich Leid und Freude erlebte. Die Einzugsgeschenke häuften sich stapelweise, aber da es meist jontofdicke Torten waren, sorgten Ernst und ich für Platz.

Unsere neuen Mitbewohner waren Schiff, Rotschild und Seligmann. Herr Schiff war nicht klar, die Söhne, die glänzende Positionen einnahmen, sorgten für den fürstlich geführten Haushalt. Frau Rotschild lebte zusammen mit ihrem Sohn Hugo, der nur mit Kavallerieoffizieren verkehrte, die den Verkehr in Anbetracht der großzügigen Aufwendungen ihres „Freundes" hinnahmen. Jedes Jahr richtete er die Wohnung neu ein und zog zu diesem Zweck erstklassige Künstler hinzu. Auch seine sonstigen Ideen wichen um ein kleines von denen seiner Mitmenschen ab.

Mit Seligmanns herrschte von dem Augenblick des Einzugs ab eine dicke Freundschaft. Als ich das erste Mal die Frau sah, mußte ich annehmen, daß sie sich gerade von einer Überschwemmung gerettet habe, ein paar Lappen eilig übergeworfen und die nassen Haarbüschel noch nicht geordnet. Sie wich nicht von der Seite ihres Mannes, immer ihren Kopf auf seinen Schultern, die ja das Ruhekissen liebender Frauen sind. ... Als Nachbarn nach hinten wohnte eine Familie Kuhn, die das villenartige Haus allein einnahmen. Der Garten war parkartig gepflegt. Wir standen auf Grußfuß, bis ich später mit dem Sohn verkehrte. Sie hatten einen Jagdhund, der Greff hieß und andächtig auf unsere Abfälle, die wir ihm vom Balkon aus zuwarfen, wartete. Das Nebenhaus von hinten hatte Schweizer Charakter. Das urwüchsige Baummeer des Zoos schloß den Blick ab. Nach vorne konnten wir die Gleisanlage des alten Ostbahnhofs, wie von einer Kommandobrücke aus, übersehen. Die Drehscheibe quietschte, und schon wußten wir Kinder, welche Maschine, sogar ihre Nummer, sich um ihre Achse drehte. Zwischen dem Bahnhof und unserem Haus stand auf einer Böschung ein kleines graues Häuschen, das von Bahnbeamten bewohnt wurde. Sommers wurde es von einem mächtigen Kastanienbaum mit unzähligen Blüten, die wie Ballettröckchen schaukelten, völlig zugedeckt.

Der Hauskauf machte Schule, Onkel Bernhard kaufte das wunderbare Haus am Tiergarten 38, wenige Häuser weiter in No. 44 siedelten sich Katzensteins an. Aber auch Onkel Hermann Herzfeld wollte nicht zurückstehen, und das Objekt Röderbergweg 43 wurde sein Eigentum. Schließlich war es Zeit, denn er hatte sich inzwischen mit dem halben Hermesweg und Palmstraße überworfen. Jetzt erst begann die reine Tyrannei. Er schikanierte seine Mieter aufs Blut, stand stets mit gezücktem Schwert hinter der Haustüre, im Sommer mit dem Gartenschlauch, nur einen guten Freund hatte er, und das war der Schutzmann an der Ecke, um den jeder anständige Bürger einen großen Bogen machte. Seine Tochter Minna, meine Cousine, kam um diese Zeit auf die Welt. In unserem Hause herrschte stets Leben, da gabs Einladungen und Besuche, das

Mittwoch-Mittag-Kränzchen erfüllte die Wohnung mit den Lauten einer Vogelvolière. ...

Ich möchte noch einen Samstag Morgen im Zoo schildern. Ich kann mir nur schwer vorstellen, daß das Leben etwa in Tel-Aviv solch jüdisches Gepräge hat, oder vielmehr was uns damit nachgesagt wird, wie es sich in beiden Stuhlreihen auf dem Hauptweg, die noch dazu in drei Schichten gestaffelt wurden, abgespielt hat. Die Herren alle im Zylinder, die Damen mit Schmuck überladen, den sie, unbewußt vielleicht, aufreizend trugen. ...

Januar 1900 begann ich meine Barmizwah-Vorbereitungen bei Kantor Levi auf der Obermainanlage. Levi war ein prachtvoller Mensch. Als Kandidat aus Bremen gekommen, war er gelegentlich seines Probesamstags bei uns auf dem Bergweg zu Gast. ...

Schulzeit und Bar-Mizwah – Nur glückliche Tage

Ostern 1900 nahm ich nun den Anlauf zu den höheren Klassen im Philanthropin. Untertertia war für uns Jungens ein Begriff, wie der Oberst in den Augen des gemeinen Soldaten. Würdige, ältere Herren schritten selbstbewußt ins Klassenzimmer, nicht ahnend wie wir Jungens ihren Stolz noch zu Schanden reiten würden. Nur einem der ihrigen schlug unser aller Herz entgegen, das war der neu aus Landsberg a. d. Warthe gekommene Direktor Dr. Adler. Ich kann mir auch keinen besseren Pädagogen vorstellen. Er unterrichtete bei uns zwar nur jüdische Geschichte, aber dieser Unterricht war so frisch, so lebhaft, wie er selbst. Ein Strahlenbündel schoß aus seinen Augen ins Gesicht der Schüler. Er verstand die große jüdische Vergangenheit in unser Zeitalter zu projizieren und so plastisch vorzutragen, daß wir noch in den Träumen Esther sahen, als hätten wir sie noch kurz vorher gesprochen.

Weniger begeistert waren wir von dem neuen Klassenlehrer Dr. Dobriner, der noch dazu Mathematik unterrichtete. Asthmatisch wie ein Dezimalbruch, glich sein Äußeres einer Ellipse, auf der eine Kugel ruhte. ... Mein Hauptinteresse in dieser Zeit (...) lag auf dem Barmizwahunterricht. Die Sidra mußte ich mit Karl Simon teilen, er bekam als Beigabe die Haftora, ich den Weja-a-saur.[3]

Abraham Goldfinger, ein typischer Frankfurter Bar Mizwa-Junge

Der ersehnte Tag kam heran und im Beisein der ganzen Familie fand die Prozedur statt. Für mich war es eine Entspannung, als ich meine Perches hinter mir hatte. Vorher wurde ich bei Bensheim und Herrmann ausstaffiert, nur der übliche Hartmann war von Schwerin

[3] D. h.: Den Wochenabschnitt mussten sie sich teilen. Der eine hatte zusätzlich die (abschließende) Prophetenlesung, der andere den hebr. Hymnus we je'essoju vorzutragen, der im deutschen Ritus am Neujahrstag und am Versöhnungstag gebetet wird.

auf der Fahrgasse, der jüdische Hoflieferant. Mama bekam eine hochelegante Robe von Odenheimer, mein jüngerer Bruder Ernst durchschleuste die Bekleidungskammern, nur Papa in seiner Bescheidenheit trug den gewohnten Schabbosgehrock. Schon beim Gabelfrühstück setzte der Besuchsstrom ein, der ohne Abreissen fast vier Stunden flutete. Honoratioren und einfache Menschen zogen an uns vorbei, einen sichtbaren Beweis abgebend für die übergroße Beliebtheit der Eltern. Zwei große gedeckte Tische faßten kaum die Berge von Geschenken. Da waren zum Teil erlesene Gaben von den Onkeln, von den Vettern Papas, den Bauernschwägern wie Eduard Feist, Isi Benjamin, von Marius Bender, von allen Zweigen Löwenthals, aus Schlüchtern, von den Geschäftsfreunden, von dem Heer anderer Freunde.

Das Festmahl am folgenden Sonntag war der Abschluß dieser Feier. In zwei Zimmern war durchgedeckt. Ich hatte an diesem Tage die Überzeugung, daß jetzt eine Wendung, ein Durchbruch ins große Leben seinen Anfang nimmt. Papa hielt die Begrüßungsansprache, ich stammelte ein paar Worte, und die eigentliche Festrede fiel Moritz Strauss, als geübter Redner bekannt, zu. Er schloß: „Nur glückliche Tage soll unser 1. Barmizwah in seinen ferneren Tagen sehen". Es ist kaum ein Glück zu nennen, wenn man nicht weiß, daß man glücklich ist. Damals wußte ich es; wie es das Glück weiter mit mir hielt, sollen die nächsten Aufzeichnungen bekunden.

Als großer Junge und angehender Kaufmann

Jetzt als großer Junge durfte ich abends schon mit in die nahe Gartenwirtschaft von Grossmann, dessen mit alten Bäumen bestandener Garten kühlenden Schatten im Sommer bot. Samstagabend war obligatorischer Familiencercle auf der Hanauer Landstraße bei Onkel Julius, an dem sämtliche Familienangehörige ohne triftige Entschuldigung nicht ausbleiben durften. So herzlich die Einladung, so mager die Aufwartung. Die Damen waren im Speise-, die Herren im Wohnzimmer, in jedem Zimmer Familie. Im Wohnzimmer standen Äpfel und Nüsse, aber Tante Therese überzeugte sich von Zeit zu Zeit im Interesse der öffentlichen Gesundheit, ob der Obstkorb auch noch für die nächste Zusammenkunft reicht. Die Damen spielten – Damen spielen immer – oder diskutierten auf dem kissenüberladenen Sofa, – zwei davon bildeten immer einen Tunnel – die sie bewegenden Dinge, als da waren: Dienstboten, Verlobungen, Schneiderinnen. Auch der von Tante Berta pünktlich wie der Nord-Express eingelaufene Brief, der sich auch nah an erwähnte Dinge anlehnte, wurde mit Begeisterung behandelt. Die Onkels wackelten unruhig im Zimmer umher, wie die Eisbären im Zoo, bis Onkel Julius den Auftakt zu einer Partie Glock-und-Hammer gab. Oft gelang es ihm in diesem geistesanregenden Glücksspiel die Unterhaltungskosten des Abends zu erwürfeln, gelang es ihm jedoch nicht oder erhöhte sich gar noch sein Defizit, verschwand er mit schlechtem Gewissen lautlos, als verlasse er ein Restaurant, ohne die Rechnung bezahlt zu haben (das Trinkgeld hat er gewöhnlich übersehen). ...

Im Familienrat, in dem Onkel Bernhard das große Wort führte, wurde beschlossen, daß ich Kaufmann werden soll, was mir bis heute zwar noch nicht gelungen ist. Umsomehr entschlossen sich die Eltern zu diesem Beruf, da sich eine vermeintlich gute Lehre bot. Carl Nathan Mayer, der Inhaber der Lederhandlung L. A. Mayer, war zusammen mit Papa bei Jacques Snatich gewesen. In der Loge offerierte er Papa diese Lehrstelle, und freudig wurde eingeschlagen, da auch die äußeren Bedingungen glänzend schienen. Dreißig Mark monatlich im ersten Jahr und vierzig Mark im zweiten Jahr waren kein alltägliches Angebot. Ich habe mir gleich eine panzerfeste Kasse gekauft, denn ich wollte nicht durch Diebeshand den Erlös meiner Arbeit einbüßen. Ein großer Teil dieses fürstlichen Honorars ging darauf, da ich gezwungen wurde, über Mittag in Offenbach zu bleiben und dort zu essen. Das Lokalbahnabonnement erforderte auch M. 3.20. Den Kassendeckel ließ ich fürs erste aufstehen. ...

Militärdienst – ein Jahr wie eine gut gespielte Revue

... (Ich) gehörte dem Jahrgang an, der durch öffentliche Plakate aufgefordert wurde, in sauberem Körperzustand vor einer Musterungskommission zu erscheinen. Das war ein Gedanke. Ich lenkte also eines schönen Morgens meine Schritte statt ins Geschäft vor besagte Kommission. Der Arzt durchschaute meine Wünsche und hielt mich mit zehn anderen von 110, die erschienen waren, zum Militärdienst tauglich. Das war mal ein Erfolg, wenigstens sah ich damals die Tauglichkeit als solchen an. Die Eltern wollten es mir nicht glauben, bis sie sich durch eine schriftliche Bestätigung vom Bezirkskommando davon überzeugen konnten. Ich meldete mich zum 1. Kurhessischen Infanterie-Regiment No. 81, das in Frankfurt in Garnison lag und somit die Kosten verringern half. Die Angelegenheit war für mich nur insofern außergewöhnlich, als ich eine Macht über mir spürte, die allein aufgrund des Geburtstages und Anfangsbuchstabens mit mir zu verfahren gedachte. Die Vorbereitungen erfolgten in Gestalt eines Regimentschneiders, der in Feldwebeluniform zur Wohnung kam. Er versprach mir, mich kraft seiner Beziehungen in der 3. Kompagnie unterbringen zu wollen, die als beste galt.

Als wir am 1. Oktober 1907 in der Kaserne verlesen und wie eine Ware flüchtig überschlagen wurden, war ich zur genannten Kompagnie eingeteilt. Jeder Vorstadtschneider benötigt mehr Zeit zu einer Anprobe als auf der Bekleidungskammer 60 Rekruten – so hieß jetzt mein neuer Titel – von Kopf bis zu Fuß eingekleidet waren. Mein Korporalschaftsführer war der bewährte Unteroffizier Spitz. Er war mein großer Beschützer. Bald trieb ich eine Herde militärischer Ausdrücke vor mir her, die mit der Uniform zugelaufen kamen. Mein Kamerad Lissa – der andere jüdische Einjährige – ließ ein Tier dieser Herde gegen einen Unteroffizier anrennen; da er noch nicht vereidigt war, ging der Anstoß unblutig aus. Vorerst mußten wir Einjährige in der Kaserne schlafen – nur Lissa hielt dies nicht für erforderlich – da wir nach militärischen Begriffen noch Embryos waren. Die Fibel schrieb als erste Lektion den Gruß vor. Das wurde nun morgens von 6 bis 11 und mittags von 2 bis 5 einstudiert. Der Arm wurde nicht geschwungen, es wollte mir scheinen als sei ein neuer, mit Rädchen am Körper eingesetzt. Das System wurde von Uniformen aus der Ferne bewegt, und die Künstlichkeit schloß jeden Irrtum aus. Nach 14 Tagen erschien der Kompagnieleutnant Locher und wählte die Vaterlandsverteidiger aus, die reif waren, allein auf die Straße geschickt zu werden. Für mich also war die Gefangenschaft zu Ende und stolz bezog ich mein Privatquartier Blücherstraße 5, bei Frau Thoennis. In schwarzem Kleid mit rosarotem Marzipangesichtchen weihte sie mich in die Hausordnung ein. Mittags hatten wir unseren Stammtisch im Café Ruhland. Alle Einjährigen des Regiments beteiligten sich daran und hatten somit Gelegenheit, sich gegenseitig kennenzulernen. Es nahmen daran teil mein Freund Bing, Isi Schames, Alder, Lissa usw.

Nachdem die erste Kompagnieschule in ehrlichem Schweiß überstanden war, ertönte eines Tages ein scharfes Kommando, und auf einem Gaul angesprengt kam im Galopp ein kleiner Herr und stellte sich als Hauptmann vor. Alle Chargen und die ganze Kompagnie stand fest wie eiserne Träger eines Hochhauses. Sein Name war von Hahnstein. Er war jovial und mit einem

Unteroffizier Wilhelm Herzfeld

Gerechtigkeitssinn ausgezeichnet, den Carl Mayer in den kühnsten Träumen nicht ahnte. Für meine Urlaubswünsche hatte er jederzeit volles Verständnis, zog mich auch in private Gespräche, für die ich mir schon im voraus respektvolle Antworten zurechtgelegt hatte.

Meine Urlaubsscheine ließ ich gewöhnlich in Oberursel abstempeln. Ich konnte bei dieser Gelegenheit Onkel Hermann besuchen, der sich inzwischen bemühte dort die Zivilbevölkerung einzukleiden. Bei einem kleinen Gefecht, das er ausnahmsweise mit seinem Hausherrn Dr. Heinrich vom Stapel gebrochen hatte, mußte er wieder den strategischen Rückzug nach Frankfurt antreten.

An dem Offiziersunterricht nahm ich bis Jahresende teil und wurde wie üblich befördert. Die Prüfung nahm der Bataillonskommandeur Major von Obernitz ab; Oberst von Wartenberg, der Regimentsführer, überwachte diese Prüfung.

Beliebte Nachmittagsausflüge waren zu den Schießständen, eine wohlfeile Volksausgabe ursprünglicher Wälder. Als ich merkte, daß die Trambahn auch zu diesem Ziel eilte – das Schießen hat sie zwar bis heute noch nicht gelernt – sparte ich die Stiefelsohlen für größere Wanderungen. Sie ließen nicht lange auf sich warten. Als das Thermometer hoch genug gekrochen war, hielten die Vorgesetzten den Augenblick für gekommen, vierzehn Tage Sommerfrische auf dem Griesheimer Exerzierplatz unweit von Darmstadt abzuhalten.

Die Bahn streikte damals, und wir machten den 35 km langen Weg zu Fuß. Der Platz schien wie ein ausgepumptes Riesenreservoir – ein von der Natur geschaffenes Übungsfeld. Niemals war ich auf den Gedanken gekommen, daß solche Wüste auch Einrichtungen für Essen und Trinken hätte. Das kam aber daher, daß uns Soldaten der Zusammenhang mit der Kantine angeboren war. Sogar Hotels gab es, und ich nahm mit den Kameraden im Haus Lünenschloß Quartier. Der Dienst begann gewöhnlich um 5 Uhr, die Sonne wurde geweckt, und stürmend gings auf Richtung Chimbarasso. Ab 8 Uhr gehörte der Tag uns, nur durch kurzen Appell unterbrochen. Wir erfreuten uns des Grammophons des Herrn Lünenschloß, aus dem Militärmärsche wie rauschende Kaskaden ausbrachen. Mittags stießen wir mit langen Lanzen in das grüne Billardtuch, das allmählich die Form einer sturmerprobten Fahne angenommen hatte. Oft auch gings per Tram in das nahe Darmstadt, eine gute Fledermausaufführung ist mir noch im Gedächtnis. Lünenschloß gab uns noch aus seinem großen Vorrat eine Stammutter Filsläuse mit auf die Rückreise.

Das Jahr verlief wie eine gut gespielte Revue, die im letzten Bild nochmals alle Szenen zusammenfaßt. Wir hatten das Glück, an einem Kaisermanöver teilnehmen zu dürfen. Unser Regiment, geführt vom Prinzen Friedrich Karl von Hessen, operierte südlich von Hagen. Zuerst lag ich vierzehn Tage im Stammquartier bei Stellmachermeister Bause in Niederberge, das den Bahnanschluß versäumt hatte. Mit seinem Dialekt konnten wir uns nicht abfinden. Auf dem weiteren Vormarsch lag ich meist bei Glaubensgenossen – in Plettenberg bei Metzger Ranzenberg, in Finnentrop bei Hartmann, in Arnsberg bei einer Familie Stern. Diese Familie bot alles auf, uns die Anstrengungen vergessen zu lassen. Die beiden Töchter scheuten selbst nicht den Weg ins Biwak, um uns Delikatessen und Wein zu bringen. Am letzten Tag wurden, wie das so üblich, als Symbol die Löffel vergraben. Mit klingendem Spiel gings zur Bahn, die auch jetzt für uns Dienst tat. Zwei Tage später half mir mein treuer Putzer Schäfer das letzte Mal aus der Kommisgarnitur. In Zivil nahmen wir Abschied von den Vorgesetzten.

Beruf „Reisender“ – Diese Zeiten waren ein Traum

Deutschland stand zu dieser Zeit in wirtschaftlicher Blüte, und es hielt nicht schwer unterzukommen. Ich nahm einen Reiseposten bei der Firma Hermann Moehlenbeck in Mühlheim a.d. Ruhr an. Diese Firma machte in erster Linie Auto- und Wagenleder, war leistungsfähig und gut eingeführt. Durch Zureden gab ich leider diesen Posten auf, um mich an einer Offenbacher Lederwarenfabrik zu beteiligen. Diese Firma war sanierungsbedürftig, und ich schied, nachdem ich dies erkannte, wieder aus. Wohl kam ich mit einem blauen Auge davon, war jedoch seelisch ob dieser Niederlage sehr gedrückt. Nie besser als damals erkannte ich den wunderbaren Charakter Papas, der statt über den Verlust zu jammern, mich wie ein Kind beruhigte und aufrichtete. Er gebrauchte den Vergleich: Wegen eines kleinen Unglücks geht der Zugbetrieb doch weiter. Wenige Tage später traf ich auf der Kaiserstraße Herrn Grünsfelder, der mir einen in seinem Hause frei gewordenen Reiseposten anbot. Ich nahm gerne an, und kann mit Nachdruck behaupten, daß die Jahre in seinem Hause mit die schönsten meines Lebens waren. Schon das Äußere Herrn Grünsfelders zog mich an. Der hohe Ernst auf seiner Stirne, das Wohlwollen in seinen warmen Augen, die Entschiedenheit seines Mundes, seine freie, ruhige Haltung und einfache Liebenswürdigkeit. Er hatte einen großen Lederwarenbetrieb, dazu noch drei Detailgeschäfte, die er von der Zentrale aus leitete. Mit wahrem Eifer stürzte ich mich in die Arbeit, und es gelang mir, die vernachlässigte Tour zu einer ertragsreichen umzugestalten. Herr Grünsfel-

Wilhelm Herzfeld als Reisender, 20er Jahre

der hat dies in großzügigster Weise anerkannt und war mir – und ist es bis auf den heutigen Tag geblieben – ein zweiter Vater.

In diesem Jahr hat auch Ernst die Qual der Schule beendet und kam zu Gebrüder Herzfeld in die Lehre. Ich zweifle nicht, daß er dort seine kaufmännischen Fähigkeiten auf Tour gebracht hat, verdient hat er jedoch dort nicht die Stiefelsohlen. Dies bewog ihn, nach der Lehre auszuscheiden, zumal er Gelegenheit hatte bei Beer, Sondheimer & Co – damals eine der größten Metallfirmen – unterzukommen. Es war dies auch, wie man heute übersieht, der Ausgangshafen, von dem sein Lebensschiff glückliche Fahrt ins Meer der Wirtschaft nahm. Zu dieser Zeit machte ich eine Übung von acht Wochen bei den 168. in Offenbach. Zu Grünsfelder brachte ich auch später meinen Vetter David unter, der mir für all die Gefälligkeiten, die ich ihm brachte, schlecht gedankt hat. Auch meine Cousine Minna Herzfeld bekam dort durch meine Vermittlung einen Posten.

Es würde den Rahmen dieser Aufzeichnungen sprengen, wollte ich all die Erlebnisse, die mir in fünfjähriger Reisetätigkeit begegnet sind, aufzählen. Nur in großen Zügen, aus der Vogelschau wollen wir einen Blick darüber werfen. Nahezu zehn Monate des Jahres war ich unterwegs. Meine Reiseroute führte bis Hamburg, Memel, Galizien, Mitteldeutschland und auch Wien durfte ich kennenlernen. Mehr als an jeder anderen Stadt hänge ich an der österreichischen Kaiserstadt, darum macht mit mir einen kleinen Rundgang durch diese gesegneten Fluren. Das Leben schon im allgemeinen ein Dreivierteltakt, wurde an der Donau in großem Orchester gespielt. In eine Stadt wie Wien geht man hinein wie ins Wasser. Erst wenn man es zerteilt, fühlt man die Köstlichkeit des Augenblicks. Schlendert man über den Ring, immer den Stefansdom vor Augen, promeniert man mehr als in anderen Weltstädten. Leben, Freude, Eleganz, Koketterie füllen die Straßen, die Wahrzeichen der Stadt stehen in strahlendem Bogen um diese Prachtstraßen. Die Läden, die vortäuschen, daß es in der Welt nur um Mode und Kunstgewerbe geht, sind schöner denn je. Cafés in allen Aufmachungen, von denen der Wiener auch im Elend nicht läßt, ziehen sich bis zur äußersten Stadtgrenze. Soll ich die Pracht der Theater erzählen, die hier ihre eigentliche Heimat haben, von der kühlenden Frische des Praters oder von den Prachtbauten Schönbrunns? Wie oft warf ich von hier einen langen Blick auf das Schloß, Hietzing, die grünen Rasenflächen, Hecken, bunten Beete und den sanft ansteigenden Weg. Von hier oben sah ich die ersten Flüge Bleriots, um noch den Abend oben zu verbringen. Der Mond hing breit in ganzer Größe über den alten Bäumen, die weiten Rasenflächen schienen in die Unendlichkeit zu gehen, die Schneisen verloren sich in der Dunkelheit. Ich stieg auf die Gloriette, unter mir funkelten die Lichter der Vorstadt, und leise Musik drang durch die feuchtschwere Luft. Weiß schimmerte der Bau des Schlosses. Das Lachen von Wien war zwischen mir und neben mir, ich fühlte das Unbeschreibliche dieser Stadt, den Charme, der nicht zuletzt in ihrer Würde liegt, mit der sie sich zu geben weiß. Stundenlang erging ich mich im Prater mit dem unaussprechlichen Hintergrund. Die Frauen gehen dort ein wenig anders als in anderen Städten. Es ist als trügen sie Wien mit sich. Wien ist mir so ans Herz gewachsen, daß ich ein wenig mehr von ihm erzählen mußte.

Ich lernte die Riesenmaschine Berlin kennen, das glanzvolle Budapest, das mit tausend Armen nach der Empfänglichkeit des Fremden greift. Dann die entzückenden Harztäler, die Parklandschaft des Thüringer Waldes, die wilden Schluchten des Riesengebirges mit seinen lieblichen Badeorten. Ich sah über die unendliche, melancholische Fläche der masurischen Seen, die Sandwüste Brandenburgs. Ich studierte das Leben Hamburgs, das zur Hälfte schon englischen Charakter hat, träumte auf der Alster in stillen Buchten, besichtigte auch einen Hochseedampfer. Ich aß in Pommern Flundern, in Oberschlesien zum Frühstück Ganskeule. Wie gerne weilte ich in Oberschlesien. In Gleiwitz hatte ich Freunde und Freundinnen, in Kattowitz, dieser eleganten Großstadt mit osteuropäischem Einschlag, verkehrte ich bei meinen lieben Freunden Zweig, deren Sohn Arnold gerade seinen ersten Triumph feierte. Dort verbrachte ich einen Jomkipur und überzeugte mich bei Ausgang telefonisch vom Verlauf zu Hause. Ich denke an all die verschlafenen Städtchen, mit ihren Fachwerkhäuschen, mit ihren gotischen Giebeln, mit ihren geräumigen Marktplätzen – in Schlesien Ring genannt – an ihre langgestreckten Rathäuser mit Säulengängen. Oder soll ich von den wunderbaren Stunden in Posen erzählen, wo ich im Friedrichshof feierliche Rauschhaschonoh [Neujahr-]Tage verbrachte, an meine Freundschaft mit Käthe Baruch, die mir um ein Haar durchs Leben gefolgt wäre. Oder von Breslau sprechen mit seinen aufrüttelnden Variete-Abenden im Liebig, oder der Festaufführung von „Jedermann" in der Jahrhunderthalle, von Reinhard inszeniert? Oder von dem Abstecher nach Sosnowiece in Rußland, wo wir in einen niederen, schwarzgeräucherten Raum eintraten, voll von laut durcheinander lachenden und schreienden Männern, die rauchten, spielten und tranken, und einen Augenblick verstummten, da wir eintraten, und zusammenrückten? Der Wein aus der Krim war tiefrot und feurig und sah in dem spärlich beleuchteten Raum schwarz aus. Er schmeckte herb und heiß und rollte wie Götterblut durch die Adern. Dann ertönte eine schwermütige Melodie, ein russisches Volkslied. Erst leise, dann lauter, immer wieder den Refrain wiederholend. Zweig hat es übersetzt:

Kein Haus, kein Hof, nur der Schnee und die Heide,
Der Sturm und ich und der Schmerz, den ich leide,
Wohin denn? Wohin denn? Die Wölfe schrei'n
Im Herzen kein Gott – am Himmel kein Schein.

In Leipzig war der Augustusplatz das eindrucksvollste Raumerlebnis. Mein Lieblingsaufenthalt aber war und ist es bis heute geblieben: Dresden. Wie Samen auf Blumen fallen seine Bilder durch die Augen in die liebeglühende Seele. Auch einer Schweizer Reise möchte ich gedenken, die mich zu den schönsten Punkten dieses Zauberlandes führte, und auf die stillverzauberten Kahnfahrten in der Abenddämmerung an Seite einer jungen ungarischen Schauspielerin. Nie war eine Kommödiantin weniger Schauspielerin und mehr Weib als sie.

Genug, es würde zu weit führen, mit einem Wort: Diese Jahre waren ein Traum. Die Kunst im Leben ist zur rechten Zeit zu erwachen und die Träume abzuschütteln. Meiner Generation war dies erspart. Ein Sturmwind von nie gekanntem Ausmaß hat diese Träume in unendliche Ferne getragen.

1914 – Der Rosenschleier der Jugend zerreißt

Juli 1914 trat ich nochmals die Reise an, las in Magdeburg im Schloßcafé die Geburtsanzeige von Walter Goldschmidt, und fuhr ab da weiter über Leipzig nach Dresden. Der Mord von Sarajewo öffnete das Ventil zum brodelnden Hexenkessel. Schon im Frühjahr fielen mir auf einer Reise durch Galizien die Erdarbeiten an der russischen Grenze auf. Das Fieber, das über Europa lag, ergriff auch mich, der Rosenschleier der Jugend war endgültig zerrissen. Die Menschen auf den Straßen in Dresden verschlangen die Depeschen, die alle halbe Stunde wechselten. Herren im leichten Sommeranzug, Studenten, Arbeiter sprachen sich aus. Von Kriegen hatte ich bisher nur in der Schule gehört. Sie lagen weit zurück und waren mit Jahreszahlen versehen. Zum ersten Mal also dämmerte jetzt der Krieg. Ich fuhr den Abend nach Hause, um mich zu stellen. Im Bahnhof standen die Züge, von denen niemand wußte, wann und wohin sie fahren. Die Elbbrücke war

Wilhelm und Irmgard Herzfeld mit Ruth und Siegfried, ihren beiden Kindern, die heute in New York leben, 1938 vor der Auswanderung

stark besetzt, hinten am Horizont lag Rauch, Eisenbahnzüge, der Himmel war wolkenlos. Es war ein Zufall, wenn sich der Zug bewegte, in der Mehrzahl lag er zwischen Getreidefeldern. Das Gespräch bewegte sich so langsam wie der Zug. In den Bahnhöfen hielten Truppentransportzüge, mit Tischen davor, auf denen Tassen und Kannen standen. Die Soldaten waren vergnügt, sie hatten gegessen und schrieben nach Hause. Nachdem ich achtzehn Stunden unterwegs war, kam ich zu Hause an. Meinen Kleiderkoffer fand ich erst nach zwei Tagen unter einem riesigen Stapel auf dem Bahnsteig.

Der Ausspruch der Kriegserklärung war nur noch eine Formsache, wenn auch bis zur letzten Minute versucht wurde, ihn abzuwenden. Am zweiten Mobilmachungstage stellte ich mich und wurde dem neu aufgestellten Reserve-Infanterieregiment No. 87 zugeteilt.

Montagabend saß ich das letztemal mit Eltern und Bruder friedlich auf unserer Veranda, aber eine Unterhaltung wollte nicht aufkommen. Papa legte mir am anderen Morgen in einer seine inneren Gefühle verleugnenden Haltung die Hand in zärtlichster Weise auf den Kopf. In Mamas Auge stand die erste Träne, die je dieses liebe Gesicht befeuchtet hatte, wenn sie auch versuchte alles gewaltsam zu verstecken, was ihr das Herz zerriß. Und wenn ich alt würde wie Methusalem, und wohin mich auch immer die Woge des Daseins trägt, nie, nie würde ich diese erschütternde Stunde des Abschieds vergessen.

In einem Schulhof hinter der Kaserne traten wir an. Herr Bing, der Mann von Mamas Freundin, bat mich, seinen einzigen Sohn Manfred, der mit mir auszog, unter meinen Schutz zu nehmen. Mit ehrlichen Kräften suchte ich das Versprechen einzuhalten. „Muß i denn, muß i denn zum Städtel hinaus“ intonierte die Kapelle bis zum Südbahnhof, wo wir mit unbestimmtem Ziel verladen wurden. Die meisten mußten zum Städtchen hinaus, und haben es in diesem Leben nie wieder gesehen.Und alle, die hinauszogen, hatten Anspruch auf das Leben. Gleichviel, ob es einem Mächtigen dieser Erde gehört oder ob die Dunkelheit und die Not es decken, so lange der Mensch atmet, hat ein jeglicher den gleichen Anspruch auf dies Leben, das ihm leichtfertige ausländische politische Bankrotteure in ihrer Eitelkeit geraubt haben!

Der Glaube an eine kurze Kriegsdauer, die Pflicht, die mir das Judensein auferlegt, der Halt der Religion, ließen mich all das Schwere ertragen. Sollte ich wider Willen in diesen Zeilen einen Lebensfreund verletzt haben, ich habe geschrieben, wie das Herz es mir diktiert hat. Ein Mensch aber ohne Fehler wäre zum Verzweifeln langweilig. Glücklicherweise existiert diese Spezies nur in Grabinschriften.

Jüdische „Mustergemeinde“ im Widerstreit – Die Israelitische Religionsgesellschaft in Frankfurt am Main

Matthias Morgenstern

Die Geschichte der Frankfurter Juden im neunzehnten Jahrhundert ist überschattet vom Streit zwischen Reform und Orthodoxie – einem Streit, der zuerst zur Spaltung der jüdischen Gemeinde und dann, im Zuge des „Austrittsstreits“, zu einem bis heute andauernden Zerwürfnis innerhalb der Orthodoxie führte. Es ging in diesen Auseinandersetzungen um die Tora, das sinaitische Gesetz, das für das traditionelle Judentum neben dem Pentateuch den Talmud und alle späteren rabbinischen Rechtsentscheide umfasste und viele Jahrhunderte lang Gegenstand des Glaubens und Richtschnur des Handelns auf allen Gebieten des privaten und öffentlichen Lebens gewesen war. Seit der Aufklärung und der beginnenden Emanzipation hatte sich in Mittel- und Westeuropa aber eine große Zahl von Juden – zunächst zaghaft, dann immer konsequenter – von der Gesetzesobservanz abgewandt. Wie andernorts fand die Loslösung von der Tradition auch in Frankfurt die Unterstützung der Obrigkeit. Das Zusammenwirken der staatlichen Stellen und der neuen reformierten jüdischen Führungsschicht, die die toragemäßen Ritualeinrichtungen vernachlässigte und die „Altgläubigen“ systematisch an den Rand drückte und benachteiligte, führte dazu, dass diese immer mehr in eine Situation gerieten, die sie nach dem Vorbild der mittelalterlichen Judenverfolgungen wahrnahmen.

Samson Raphael Hirsch und seine Frau Hannchen mit ihren neun Kindern, darunter der Lehrer Mendel Hirsch (stehend hinter dem Ehepaar) und der Arzt Markus Hirsch (ganz rechts), etwa 1860

Es war kein Zufall, dass die Orthodoxen sich, unter Berufung auf die Ideale der Gewissensfreiheit und Toleranz, erstmals nach der 1848er Revolution öffentlich zur Wehr setzten: Am 28. Januar 1850 wandten sich „elf Bürger mosaischer Religion“ an den Senat der Stadt Frankfurt und baten um die Erlaubnis, unabhängig von der „regulären“ Reformgemeinde einen toratreuen Rabbiner berufen zu dürfen. Am 18. Juni 1850 erging der positive Bescheid. Die Behörde legte aber fest, dass die Orthodoxen nur als privatrechtliche „Religionsgemeinschaft“ anerkannt würden und sie weiterhin der öffentlich-rechtlichen Gemeinde angehören und ihr steuerpflichtig bleiben müssten. Diese letztere Bestimmung wurde von den Petenten als schweres Unrecht betrachtet. Dessen ungeachtet wählten sie den seitherigen mährischen Oberlandesrabbiner Samson Raphael Hirsch zum ersten Rabbiner der neu gegründeten Frankfurter Israelitischen Religionsgesellschaft (IRG), der im August 1851 seinen Dienst antrat.

In den folgenden Jahren verfolgte Hirsch ein doppeltes Ziel. Es galt zum einen, ein jüdisches Gemeinwesen auf Grundlage der Tora aufzubauen und die, wie die Orthodoxen meinten, durch Reform und Assimilation zerstörte alte Frankfurter Judengemeinde wieder aufzubauen. Zum andern wollte Hirsch beweisen, dass die toragemäße Lebensführung mit den Erfordernissen des modernen Wirtschaftslebens und der Kultur vereinbar war.

Das kulturorthodoxe Integrationsprogramm, das Hirsch „Tora im Derech Erez“[1] nannte, war in besonderer Weise Missverständnissen ausgesetzt. Denn bereits

[1] Hebräisch für Tora bestimmtes Leben im Einklang mit weltlicher Kultur

kurz nach seiner Ankunft führte der neue Rabbiner zahlreiche Änderungen in der Synagogenordnung ein. So durften, um eine ungestörte „Andacht" zu gewährleisten, Kinder unter fünf Jahren dem Gottesdienst nicht mehr beiwohnen; ältere Kinder mussten von einem Elternteil begleitet werden. Auch sollte das Betreten und Verlassen der Synagoge ohne jeden Lärm geschehen; während der Gebete waren alle Gespräche verboten; untersagt wurde ferner das Mitsingen mit dem Kantor. Nur der Rabbiner hatte das Recht, Rezitationsfehler zu korrigieren. Die Ästhetisierung des Gottesdienstes ging einher mit einer Geringschätzung und Vernachlässigung des lokalen Brauchtums („Minhag Frankfurt"). Hinzu kam die Einführung eines Synagogenchores, der deutschen Predigt, das Auftreten des Rabbiners mit Talar und Beffchen sowie die Tatsache, dass Hirsch – entgegen dem Verbot seines Frankfurter Vorgängers Pinchas Horowitz – an einer deutschen Übersetzung des Pentateuch arbeitete. Auf besonderen Widerstand stieß auch die neueingeführte Sitte, die Trauungszeremonie, unter gleichzeitiger Beteiligung männlicher und weiblicher Gäste, in der Synagoge statt – wie bisher üblich – im Freien vorzunehmen. Der Vorwurf der „Schinkenorthodoxie" war zu hören und Berichte darüber, dass der IRG auch „nicht-orthodoxe" Mitglieder angehört hätten, auf deren finanzielle Zuwendungen die Gemeinde angewiesen gewesen sei. Was die Zeitgenossen dabei verunsicherte, war die Tatsache, dass Änderungen in Ritus und Liturgie bislang als Sache der Reformer galten. Umso größeres Aufsehen erregten der Mut und die Konsequenz, mit der Hirsch seine Neuerungen durchsetzte und dabei die Grenzen des Religionsgesetzes wahrte.

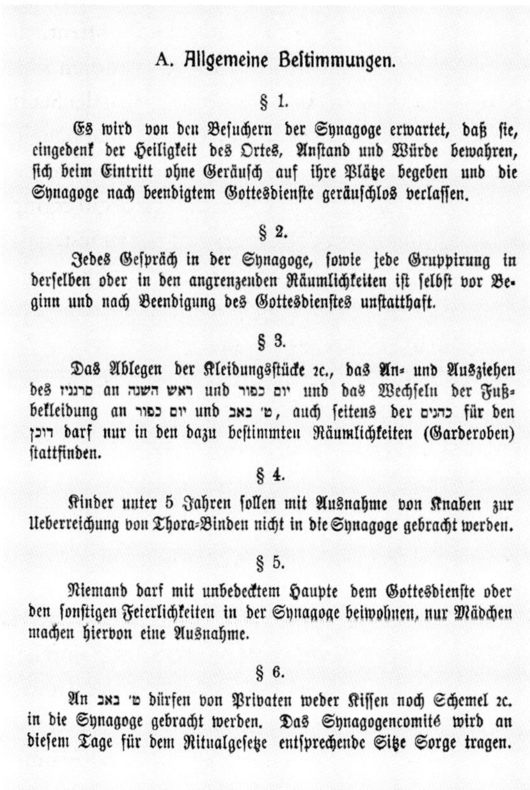

A. Allgemeine Bestimmungen.

§ 1.

Es wird von den Besuchern der Synagoge erwartet, daß sie, eingedenk der Heiligkeit des Ortes, Anstand und Würde bewahren, sich beim Eintritt ohne Geräusch auf ihre Plätze begeben und die Synagoge nach beendigtem Gottesdienste geräuschlos verlassen.

§ 2.

Jedes Gespräch in der Synagoge, sowie jede Gruppirung in derselben oder in den angrenzenden Räumlichkeiten ist selbst vor Beginn und nach Beendigung des Gottesdienstes unstatthaft.

§ 3.

Das Ablegen der Kleidungsstücke ꝛc., das An- und Ausziehen des סרגניז an ראש השנה und יום כפור und das Wechseln der Fußbekleidung an יום כפור und ט' באב, auch seitens der כהנים für den דוכן darf nur in den dazu bestimmten Räumlichkeiten (Garderoben) stattfinden.

§ 4.

Kinder unter 5 Jahren sollen mit Ausnahme von Knaben zur Ueberreichung von Thora-Binden nicht in die Synagoge gebracht werden.

§ 5.

Niemand darf mit unbedecktem Haupte dem Gottesdienste oder den sonstigen Feierlichkeiten in der Synagoge beiwohnen, nur Mädchen machen hiervon eine Ausnahme.

§ 6.

An ט' באב dürfen von Privaten weder Kissen noch Schemel ꝛc. in die Synagoge gebracht werden. Das Synagogencomité wird an diesem Tage für dem Ritualgesetze entsprechende Sitze Sorge tragen.

Synagogenordnung der Israelitischen Religionsgesellschaft, 1907

Die modernisierte Form der Orthodoxie erwies sich jedenfalls als recht zugkräftig, und die IRG hatte ein rasches Wachstum zu verzeichnen. Bereits am 30. September 1852 wurde im Beisein der Honoratioren der Stadt – unter ihnen die christlichen Geistlichen, nicht aber der Rabbiner der offiziellen Gemeinde, Leopold Stein – der Grundstein für die neue Synagoge in der Schützenstraße gelegt. Die Kosten wurden zu zwei Dritteln von den Baronen Amschel Meyer und Wilhelm von Rothschild getragen, die zu den wichtigsten Beitragszahlern der Israelitischen Religionsgesellschaft gehörten. Das neue Gotteshaus enthielt Sitzplätze für etwa 250 männliche und 200 weibliche Besucher und wurde im September 1853 eingeweiht. Kurz zuvor, am 1. April 1853, war die Schule der IRG eröffnet worden, die zunächst drei Klassen mit etwas mehr als 80 Schülern und Schülerinnen umfasste. Dem Bildungsprogramm Hirschs entsprechend, handelte es sich um eine Realschule, die jüdisches Lernen mit nichtjüdi-

Synagoge und Realschule der Israelitischen Religionsgesellschaft in der Schützenstraße

schen Fächern verband und auf einen kaufmännischen Beruf vorbereitete. Da dieses Angebot auch von Kindern aus Elternhäusern wahrgenommen wurde, die nicht der IRG angehörten, stieg die Schülerzahl kontinuierlich an. Vier Jahre nach der Gründung hatte sie sich mehr als verdoppelt, im Jahre 1885 versechsfacht. Vor allem in die Stadt einwandernde „Landjuden" nutzten diese Möglichkeit, was bei den Gegnern Hirschs den Verdacht weckte, seiner Klientel gehe es in erster Linie nicht um religiöse Interessen, sondern um den Kontakt mit den alteingesessenen reichen Frankfurter Familien. Ungeachtet aller Kritik war die Schule, als sie im Jahre 1928 in Samson Raphael Hirsch-Schule umbenannt wurde, zur größten jüdischen Bildungseinrichtung der Stadt geworden.

Beeindruckende Zahlen weist auch die Mitgliederentwicklung der Israelitischen Religionsgesellschaft auf. Während sie 1850/51 etwa einhundert Mitglieder zählte, war schon zwei Jahre später von 180 Familien, 1860 von 250 Familien und 1811 von 355 Familien die Rede. Nach über zwei Jahrzehnten kontinuierlichen Wachstums wurde zu Beginn der siebziger Jahre eine Erweiterung des alten Synagogengebäudes erforderlich, die drei Tage vor dem Neujahrsfest 5635 (1874) abgeschlossen war.

Kurze Zeit später, am 21. Dezember 1874, legte der Gemeindevorstand einen Satzungsentwurf vor, der die „sinaitische" Grundlage der IRG festschrieb und im Februar 1875 auf einer außerordentlichen Mitgliederversammlung beschlossen wurde. Die demokratische Konzeption dieser Statuten kam in den Kompetenzen der „Generalversammlung" zum Ausdruck, die – natürlich in den durch die Tora vorgeschriebenen Bahnen – frei und „ nach Stimmenmehrheit" entscheiden durfte. Es war vorgesehen, dass nur diejenigen Juden von der IRG-Mitgliedschaft ausgeschlossen bleiben sollten, die selbst unbeschnitten waren, ihre männlichen Nachkommen nicht beschneiden ließen oder in einer von der Tora verbotenen Ehe lebten. Weiter gehende religiöse Forderungen blieben auf solche (männlichen) Personen beschränkt, die das passive Wahlrecht für Gemeindeämter in Anspruch nehmen wollten. So unterstrich die IRG ihren Anspruch, legitime – und alleinige! – Nachfolgerin der untergegangenen alten Frankfurter Judengemeinde zu sein. Hirsch ging es nicht vorrangig um individuelle, sondern um kollektive Toratreue, um die Wiederherstellung der Institution der Jüdischen Gemeinde. In diesem Sinne waren seine Statuten auch als Vorbild für die Ordnung anderer unabhängig-orthodoxer Gemeinden gedacht.

Die Annahme der Statuten fiel in eine Zeit dynamischer äußerer und innerer Entwicklungen. Zunächst war Frankfurt 1866 in preußischen Besitz gekommen. Dies wurde von den Anhängern Hirschs – im Gegensatz zu anderen alten Frankfurtern – freudig begrüßt, weil sie sich von den neuen Herren Hilfe in den innerjüdischen Auseinandersetzungen versprachen. 1871 kam die Reichsgründung hinzu. In der Atmosphäre des von Bismarck aufgenommenen Kulturkampfes erkannte Hirsch nun die Chancen einer rechtlichen Neuordnung für die eigene Gemeinde. Im März 1873 wandte er sich mit einer Denkschrift an das Berliner Abge- ordnetenhaus und bat um die Abschaffung der althergebrachten synagogalen Organisation mit der ter-

Gesetz, betreffend den Austritt aus den jüdischen Synagogengemeinden, vom 28. Juli 1876 (G.-S. S. 353).

Wir Wilhelm ꝛc. verordnen, mit Zustimmung beider Häuser des Landtages der Monarchie, was folgt.

§. 1. Es ist jedem Juden gestattet, ohne Austritt aus der jüdischen Religionsgemeinschaft (dem Judenthume) wegen religiöser Bedenken aus derjenigen jüdischen Synagogengemeinde (jüdischen Kultusgemeinde, religiösen jüdischen Gemeinde, israelitischen Religionsgemeinde) auszutreten, welcher er auf Grund eines Gesetzes, eines Gewohnheitsrechts, oder einer Verwaltungsvorschrift angehört.

Ein Jude, welcher von dieser Befugniß Gebrauch gemacht hat, wird bei Verlegung seines Wohnsitzes in den Bezirk einer andern Synagogengemeinde nicht Mitglied dieser Gemeinde, wenn er derselben vor oder bei seinem Einzuge eine schriftliche dahin gerichtete Erklärung, daß er nicht Mitglied der Gemeinde werden wolle, abgibt.

ritorialen Zwangsmitgliedschaft. Diese Bitte, die von dem liberalen jüdischen Landtagsabgeordneten Eduard Lasker unterstützt wurde, führte schließlich zum Erfolg. Das preußische Austrittsgesetz vom 28. Juli 1876 gab jedem Juden das Recht, aus seiner Ortsgemeinde auszutreten, ohne durch diesen Schritt nach staatlichem Recht die Zugehörigkeit zum Judentum zu verlieren. Für dieses Gesetz, das als Befreiung aus reformjüdischer Unterdrückung verstanden wurde, blieb die unabhängige Orthodoxie dem preußischen Staat bis in das zwanzigste Jahrhundert hinein dankbar.

Ausgerechnet im Moment des Triumphes erfuhr Hirsch aber auch seine größte Enttäuschung. Denn nachdem die prinzipielle Gleichstellung der Israelitischen Religionsgesellschaft mit der Reformgemeinde erreicht war, weigerten sich seine Gemeindeglieder mehrheitlich, auch tatsächlich auszutreten. Hirsch wollte sie daraufhin mit einem religionsgesetzlichen Urteil dazu verpflichten. Am 20. März 1811 fanden die Austrittsunwilligen aber durch ein Gegengutachten des Würzburger Rabbiners Seligmann Bär Bamberger Unterstützung. Die Folge war ein polemischer Briefwechsel zwischen Frankfurt und Würzburg, der in der Öffentlichkeit ausgetragen wurde und die Grundfesten der deutschsprachigen Orthodoxie erschütterte. 1878 begann der von der Großgemeinde neuberufene Rabbiner Markus Horovitz, von Hirsch heftig befehdet, mit dem Aufbau separater orthodoxer Institutionen innerhalb der „regulären“ Gemeinde, die denjenigen zugute kommen sollten, die nicht austreten wollten. Im Kontrast zur IRG legte er dabei Wert auf die Einhaltung der überlieferten Ortsgebräuche, sodass die entstehende „Gemeindeorthodoxie“ vielen Betrachtern stets „altmodischer“ vorkam als Hirschs neo-orthodoxe IRG.

Das sogenannte Austrittsgesetz war die Voraussetzung für die Gründung einer eigenen orthodoxen Synagogengemeinde

Für Hirsch war diese Entwicklung ein unerwarteter Rückschlag. Resigniert übertrug er im Jahre 1877 die Leitung der Realschule seinem Sohn Mendel. Gerüchte kamen auf, dieser sei auch für die Nachfolge im Rabbinat vorgesehen. Doch der Rabbiner versäumte es, seine Pläne öffentlich darzulegen. Da Mendel Hirsch ein Vertreter der „linken“ Auslegung der Kulturorthodoxie war und die Identifikation mit dem deutschen Bildungsbegriff noch stärker betonte als sein Vater, machte sich in der Gemeinde Unmut breit. Welche Gefahren in Mendel Hirschs pädagogischer Praxis lauerten, wurde den Orthodoxen wenige Jahre später deutlich, als seine Tochter, die berühmte Medizinerin Rahel Hirsch, die toratreue Lebensführung verließ. Nach dem

Rabbiner Dr. Samson Raphael Hirsch, 1808 Hamburg – 1888 Frankfurt a. M.

**Rabbiner Dr. Salomon Breuer,
1850 Szanto/Ungarn – 1926 Frankfurt a. M.**

Tode seines Vaters im Jahre 1888 schied Mendel Hirsch daher für die Nachfolge als Rabbiner aus. An seiner Stelle wurde – gegen den Willen des Barons Wilhelm von Rothschild und mit 85 Gegenstimmen! – Hirschs Schwiegersohn Salomon Breuer gewählt. Dieser erhielt die familiäre Kontinuität aufrecht, lebte aber über Jahre hinweg in Spannungen mit seinem Schwager. Nunmehr hatte die „rechte" Variante der Frankfurter Neoorthodoxie gesiegt: Unter der Leitung Breuers kam es 1891, trotz mancher Bedenken aus der Gemeinde, zur Neugründung einer Jeschiwa in Frankfurt.

Obwohl der IRG weiterhin nur ein geringer Prozentsatz der Frankfurter Juden angehörte und von den Mitgliedern nur eine Minderheit dem Austrittsurteil Folge leistete, nahm die Gemeinde an Einfluss und materiellen und personellen Ressourcen zu. Am 29. August 1907 wurde an der Friedberger Anlage eine neue Synagoge eingeweiht, die eine Kapazität von 2.000 Sitzplätzen hatte – von Isaac Breuer, einem Sohn Salomon Breuers, als „Galuthheiligtum" bezeichnet, das „wie ein Siegesdenkmal in den Himmel ragt". Am krönenden Abschluss der Erfolgsgeschichte der Israelitischen Religionsgesellschaft stand im Jahre 1928 die staatliche Anerkennung als „Körperschaft des öffentlichen Rechts", mit der Möglichkeit, nach eigener Steuerordnung Gemeindebeiträge zu erheben.

Der Streit zwischen der unabhängigen und der „Gemeindeorthodoxie" kam in diesen Jahren freilich nie zum Erliegen. Isaac Breuer berichtet, es sei für ihn und seine Freunde eine „unfassliche Vorstellung" gewesen, die von Markus Horovitz gebaute Synagoge am Börneplatz auch nur zu betreten. Seit dem Erscheinen von Theodor Herzls Schrift „Der Judenstaat" erhielt diese Gegnerschaft noch einen neuen Akzent. Freilich war die Frontstellung anfangs eher unübersichtlich. Denn Horovitz gehörte zu den „Protestrabbinern", die die Abhaltung des ersten Zionistenkongresses in München verhinderten, während die IRG anfangs auch Weggenossen Herzls in ihren Reihen zählte. Andererseits wurde die antizionistisch-orthodoxe Weltorganisation Agudat Israel wesentlich von Anhängern Hirschs ins Leben gerufen, die sich eine jüdische Organisation nur auf toragemäßer Grundlage denken konnten. Isaac Breuer erklärte dementsprechend, dass der säkulare Zionismus eine Fälschung und die unabhängige Orthodoxie das wahre Nationaljudentum repräsentiere, da in ihr der politische Impuls der Tora gemeinschaftsbildend wirksam geworden sei. Insofern seien es die Unabhängig-Orthodoxen – und nicht Herzls Zionisten –, die einen Anspruch auf Palästina hätten. Als Hauptgegner der Gefolgsleute Breuers galten die orthodoxen Zionisten (Misrachisten), die sich seit 1904 bereit erklärt hatten, im Rahmen der zionistischen Organisation mit säkularjüdischen Gruppen und Institutionen zusammenzuarbeiten.

Im August des Jahres 1914, wenige Tage nach Beginn des Ersten Weltkrieges, erreichten die Auseinandersetzungen zwischen den beiden Flügeln der Orthodoxie in Frankfurt einen neuen Höhepunkt. Anlass war eine Erklärung des Rabbiners der Gemeindeorthodoxie, Nehemia Anton Nobel, über die Einrichtung eines Eruw, die den Juden das Tragen am Schabbat ermöglichen sollte.[2] Nobel, im Gegensatz zu seinem Vorgänger Horovitz religiöser Zionist, setzte sich dabei über die Bedenken des konkurrierenden Rabbinats hinweg. Da er es auch ablehnte, seine Maßnahme einer religionsgesetzlichen Prüfung durch Salomon Breuer unterziehen zu lassen, erklärte dieser die Einrichtung für illegitim und ihren Gebrauch für verboten. Breuer sah in der Initiative Nobels einen Bruch des kriegsbedingten „Burgfriedens" und eine Verschärfung des Kampfes um den Anspruch auf die Rechtsnachfolge der alten Frankfurter Gemeinde mit ihrem legitimen und entscheidungsbefugten Ortsrabbiner. Die Streitfrage war sinnfällig genug, um bald zum wichtigsten symbolischen – und

[2] Siehe Beitrag von Naftali Stern in diesem Band, Seite 58 – 63.

praktischen! – Unterscheidungsmerkmal zwischen strengen „Hirschianern" und der Gemeindeorthodoxie zu werden. Viele IRG-Mitglieder blieben in den Folgejahren der Hauptgemeinde nun auch deshalb angehörig, um am Schabbat weiterhin tragen zu können.

Die zwanziger Jahre standen für die Israelitische Religionsgesellschaft unter dem Schatten eines weiteren, in seiner demoralisierenden Wirkung verheerenden Streits um die Nachfolge Breuers. Ohne dies öffentlich bekanntzugeben, hatte der Rabbiner sich schon längere Zeit mit dem Gedanken getragen, seinen ältesten Sohn Raphael für dieses Amt vorzubereiten. Im Jahre 1924 unternahm er den Versuch, sein Feld zu bestellen. Er wandte sich an den Gemeindevorstand und bat darum, seinen Sohn zu seinem Assistenten zu ernennen. Um „dynastischen" Bestrebungen einen Riegel vorzuschieben, wurde der Wunsch abschlägig beschieden. Breuer verzichtete daraufhin auf einen Assistenten, bekräftigte aber seine Haltung in der Nachfolgefrage, die er auch religionsgesetzlich begründete. Nach dem Tode des Amtsinhabers im Juli 1926 nahm der Frankfurter Rabbinerstreit seinen Lauf. Am 30. 3. 1921 verzichtete Raphael Breuer auf seinen Rechtsanspruch auf die Nachfolge und erklärte seine Bereitschaft, sich einer freien Wahl zu stellen. Am 2. September 1928 sprach sich während einer außerordentlichen Vollversammlung eine Mehrheit von 612 gegen 390 Stimmen gegen ihn aus. Nun musste die Suche nach einem geeigneten Nachfolger neu beginnen. Nach vergeblichen Bemühungen um andere Kandidaten wurde am 23. Juni 1929 der Rabbiner Josef Jona Zwi Horovitz aus dem slowakischen Hunsdorf gewählt. Da Horovitz keinen akademischen Titel vorweisen konnte und sein öffentliches Auftreten den Ansprüchen des Frankfurter orthodoxen Bildungsbürgertums nicht gewachsen war, wurde seine Wahl als weitere Entwicklung „nach rechts" und als Bruch mit Hirschs Tora im Derech Erez-Kulturprinzip empfunden.

Nach dem Machtantritt der Nationalsozialisten versuchten Teile der unabhängigen Orthodoxie die Rückgängigmachung der Emanzipation in Deutschland zunächst als Chance zu begreifen, um die Assimilation zu beenden und sich auf die toragemäße „jüdisch-nationale" Lebensweise besinnen. In diesem Sinne wandten sich Isaac Breuer und Jacob Rosenheim, der Frankfurter Vorsitzende der Agudat Israel, im Oktober 1933 in einer Denkschrift an Adolf Hitler, die freilich nie beantwortet wurde. In den folgenden Jahren verschlechterten sich die Lebensbedingungen der Juden in Frankfurt ständig, nahm der Auswanderungsdruck zu. Isaac Breuer ließ sich mit seiner Familie 1936 in Jerusalem nieder. Andere Gemeindeglieder fanden in den orthodoxen Kibbuzim in Palästina, in England oder den USA Zuflucht. Am Tag nach der „Reichskristallnacht", am 10. November 1938, wurde die Synagoge in der Friedberger Anlage zerstört. Im Juli 1939 setzte die von den Nationalsozialisten eingesetzte Zwangsorganisation „Reichsvereinigung der Juden in Deutschland" der Selbstständigkeit aller unabhängigen Gemeinden ein Ende. Die Spuren derer, die den Häschern danach nicht entkommen konnten, verlieren sich im Grauen der Konzentrationslager.

Rabbiner Josef Jona Zwi Horovitz, 1892 Hunsdorf/Slowakei – 1970 Benei Brak/Israel

Synagoge Friedberger Anlage (29. August 1907 – 9. November 1938)

Salomon Korn

Um die Wende zum 20. Jahrhundert war die Mitgliederzahl der abgespaltenen Israelitischen Religionsgesellschaft so stark angewachsen, dass sie sich zum Bau einer neuen Synagoge entschloss.[1] Ein Aufruf an die Mitglieder der Religionsgesellschaft erbrachte in kurzer Zeit 150.000 Mark, wovon 80.000 Mark von Baron Wilhelm Carl von Rothschild gespendet wurden.[2]

Synagoge Friedberger Anlage

Ermutigt von diesem Ergebnis, schrieb die Israelitische Religionsgesellschaft 1904 einen Architekten-Wettbewerb zur Erlangung von Plänen für den Neubau einer Synagoge an der Friedberger Anlage (Haus-Nr. 5/6) aus.[3] Der Ausschreibungstext enthielt neben baurechtlichen Auflagen bindende Angaben zur Größe, Funktion und formalen Ausbildung eines jüdischen G'tteshauses für den streng orthodoxen Ritus.[4] Die Synagoge sollte mindestens 1.000 Sitzplätze für Männer, 600 Sitzplätze für Frauen auf einer Empore und 60 Plätze für Sänger enthalten. Der Almemor war, wie in Synagogen mit orthodoxem Ritus üblich, in der Mitte der Männersitze anzuordnen. Die Trennung der Geschlechter sollte vor dem Betreten der Synagoge stattfinden und der gesamte Synagogeninnenraum um drei Stufen gegenüber dem Eingangsniveau abgesenkt werden; mit dieser Forderung wollte man bewusst an eine alte Synagogenbautradition anknüpfen, die auf Psalm 130 zurückgeht, wo es heißt: „Aus der Tiefe rufe ich, Herr, zu Dir." Die Fenster sollten, vom Innenraum aus gesehen, über Kopfhöhe angebracht werden, um die Betenden nicht vom G'ttesdienst abzulenken. Gewünscht wurde eine weihevolle Gestaltung des Inneren, eine monumentale Erscheinung der Eingangsfront sowie Vermeidung fremdländischer Formen und allzu

[1] Es handelt sich bei diesem Beitrag um einen leicht veränderten Abdruck aus: Die Synagoge an der Friedberger Anlage. Hrsg. von der Stadt Frankfurt a. M. (Garten- und Friedhofsamt), o.O., o. J. Dort auch weitere Literaturhinweise.

[2] Der Israelit, 1900, Nr. 41, S. 848f.

[3] Frankfurter Nachrichten, Nr. 241 v. 31. Aug. 1907, S. 5.

[4] Deutsche Konkurrenzen 18. Bd. Heft 8, Nr. 212, S. 2ff.

auffälliger Architekturelemente. Gerade die letzten Forderungen weisen auf die Absicht und den Wunsch der Religionsgesellschaft hin, das Gebäude nicht aus dem baulichen Kontinuum der Umwelt herauszuheben: Das Bauwerk sollte, bei Betonung seiner Eigenart („monumentale Erscheinung der Eingangsfront"), auf die Zugehörigkeit der Juden zur deutschen Nation hinweisen („Vermeidung fremdländischer Formen"), ohne durch Prachtentfaltung („auffällige Architekturelemente") unangenehm aufzufallen oder sich gar visuell auszugrenzen.

Bis zum letzten Abgabetag, dem 15. September 1904, wurden 129 Entwürfe aus ganz Deutschland eingereicht – eine für einen Synagogenbauwettbewerb ungewöhnlich hohe Zahl. Das Preisgericht trat am 10. Oktober zusammen; ihm gehörten an: Geh. Oberbaurat Professor Hofmann, Darmstadt, Kgl. Baurat von Hoven, Frankfurt am Main, Kgl. Baurat March, Charlottenburg, Kgl. Baurat Neher, Frankfurt, und von Seiten der Israelitischen Religionsgesellschaft: Wilhelm Hackenbroch, Vorstandsmitglied, Dr. Israel Roos und Michael Schwabacher. Nach vier Rundgängen waren 16 Arbeiten übrig geblieben. Bei der Abstimmung zur Verteilung der Preise wurde einstimmig beschlossen, dem Entwurf Nr. 106, Kennwort „Laubhütten", den ersten Preis von 4.000 Mark, dem Entwurf Nr. 114, Kennwort „Ohne Kuppel", den zweiten Preis von 2.500 Mark und dem Entwurf Nr. 86, Kennwort „Vorhof II", den dritten Preis von 1.500 Mark zu erteilen. Die Öffnung der Briefumschläge ergab als Verfasser des Entwurfs Nr. 106 die Architekten Josef Reuters und Carl Friedenthal, Berlin; als Verfasser des Entwurfs Nr. 114 die Architekten Hessemer und Schmidt, München, und als Verfasser des Entwurfs Nr. 86 die Architekten Jürgensen und Bachmann, Berlin-Charlottenburg.

Für die Beurteilung der Entwürfe waren u. a. folgende Gesichtspunkte von Bedeutung:[5] Den Vertretern der Israelitischen Religionsgesellschaft erschien diejenige Bebauung am geglücktesten, die den vorderen Bauteil parallel zur Straßenfront anordnete und mit dem dahinter liegenden Hauptraum in Richtung der Nachbargrenze einschwenkte, weil dadurch die vorgeschriebene west-östliche Ausrichtung des jüdischen G'tteshauses genau eingehalten werden konnte. Da die Front des Synagogengebäudes an einer verhältnismäßig schmalen Straße zwischen Wohnhäusern lag, achtete das Preisgericht auf Mäßigung in der Höhenentwicklung des Bauwerks. Schließlich wurde bei der im Verhältnis zur Größe des Gebäudes knappen Bausumme auf einfache Bauausführung Wert gelegt.

Beim ersten Preisträger bemängelte die Jury lediglich den aufwändigen mittleren Aufbau des Gebäudes; in allen anderen wesentlichen Punkten bescheinigte sie diesem Entwurf vortreffliche Lösungsvorschläge. Der schwer wiegendste Einwand gegenüber dem zweitplatzierten Entwurf betraf die Gebäudelage parallel zur Straßenfront, ohne Schwenkung des Hauptbaukörpers in Richtung der Nachbarbebauung; dadurch entstand nach Meinung des Preisgerichts eine „Schiefheit" für das Straßenbild; auch böte der Entwurf in konstruktiver Hinsicht „manches Anfechtbare".[6] Gegen den Entwurf des dritten Preisträgers gab es nur unwesentliche Einwände bezüglich der Lage und Dimensionierung einiger untergeordneter Räume; in den meisten Punkten bescheinigte das Preisgericht diesem Entwurf eine geschickte Aufgabenlösung.

Die Entscheidung des Preisgerichtes scheint bei aller Einstimmigkeit innerhalb der Jury nicht unumstritten gewesen zu sein. Offensichtlich konnte sich die Israelitische Religionsgesellschaft nicht dazu durchringen, den Entwurf des ersten Preisträgers zu realisieren.

Liest man das Preisgerichtsprotokoll aufmerksam, so scheint die Synagogengemeinde zwischen der Ver-

[5] Deutsche Konkurrenzen, a. a. O., S. 6.

[6] Deutsche Konkurrenzen, a. a. O., S. 8.

wirklichung des erstplatzierten und drittplatzierten Entwurfes geschwankt zu haben; der zweitplatzierte war ihr vermutlich schon wegen ungenauer West-Ost-Ausrichtung der Synagoge nicht genehm. Wahrscheinlich um das Preisgericht nicht zu düpieren, schrieb die Israelitische Religionsgesellschaft einen zweiten, beschränkten Wettbewerb zwischen den drei ersten Preisträgern aus. Sieger dieses Wettbewerbes, bei dem die besonderen Wünsche der Synagogengemeinde zu berücksichtigen waren, wurden die ursprünglich drittplatzierten Preisträger Peter Jürgensen und Jürgen Bachmann; ihnen wurde dann die Bauausführung anvertraut.[7]

Am 21. November 1905 fand die Grundsteinlegung,[8] am 29. August 1907 die feierliche Einweihung statt. Der Einweihungsfeier wohnten als Vertreter der staatlichen und städtischen Behörden General v. Eichhorn, Regierungsrat Mahrenholz, Bürgermeister Grimm, Bürgermeister Dr. Varrentrapp sowie mehrere Stadtverordnete bei.[9] Außerdem waren die Israelitische (Haupt-) Gemeinde Frankfurt sowie weitere 35 Synagogengemeinden aus ganz Deutschland durch Abordnungen vertreten. Rabbiner Dr. Salomon Breuer (1850-1926) sprach den Einweihungssegen und hielt die Festrede. Nach dem Gebet für den Landesherren und die Gemeinde wurde die Feier durch das rituelle Abendgebet und einen Chor beendet.[10]

Die Synagoge Friedberger Anlage war mit 1.600 Plätzen nicht nur das größte jüdische G'tteshaus in Frankfurt, sondern auch das eindrucksvollste. Zeitgenössische Berichterstatter, Sachverständige wie Laien, sind voll des Lobes für den neuen Sakralbau. So wird zum Beispiel das Gesamtbild der Synagoge als „ein ungemein reizvolles" beschrieben[11] oder der Bau als städtebauliches Kunstwerk gelobt, „das durch seine Schönheit von kunstförderndem Einfluß bleiben wird".[12] Für die Fachzeitschrift „Deutsche Konkurrenzen" unterliegt es keinem Zweifel, „daß die Erbauer der Frankfurter Synagoge in ihr ein Werk von hohem künstlerischen Wert geschaffen haben, welches auf die weitere Gestaltung von Kultusstätten sicher in bestem Sinne befruchtend wirken wird."[13]

Aus städtebaulicher und architektonischer Sicht hatten Jürgensen und Bachmann den verhältnismäßig tiefen, aber schmalen Bauplatz geschickt ausgenutzt. Sie legten die zweigeschossigen, flankierenden Flügelbauten mit den Verwaltungsräumen der Israelitischen Religionsgesellschaft zwischen Straßenflucht und zurückgesetztes Synagogengebäude. Mit dem dadurch entstandenen unregelmäßigen Vorhof als „räumliches Gelenk" konnten die Architekten den Synagogenbaukörper in west-östliche Richtung „schwenken" und den für die Wirkung eines monumentalen Gebäudes notwendigen „perspektivischen Abstand" gewinnen. Der Baukörper passte sich der Form des Bauplatzes an, auf dem die Synagoge an drei Seiten frei angeordnet wurde. Die Anlage war dreischiffig, gewölbt und in der Höhenentwicklung zugunsten der Weite der Raumwirkung nicht über das notwendige Maß hinaus gesteigert.[14] Die innere Raumentwicklung kam im äußeren

Lageplan.

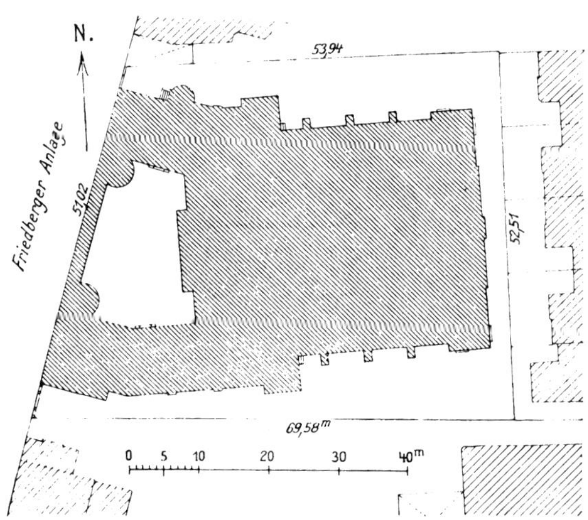

[7] Deutsche Bauzeitung, 41. Jg., Nr. 87 v. 30. Okt. 1907, S. 610.

[8] Frankfurter Israelitisches Familienblatt, Nr. 45 v. 24. Nov. 1905, S. 10.

[9] Frankfurter Nachrichten, Nr. 240 v. 30. Aug. 1907, S. 5.

[10] Nach dem Bau der Synagoge Friedberger Anlage verkaufte die Israelitische Religionsgesellschaft ihr G'tteshaus in der Schützenstraße. Das Gestühl und der Aron hakadesch wurden nach Auskunft von Dr. Dietrich Andernacht, Frankfurt a. M., 1907 nach Safed, Israel, geschickt und gelangten über Bombay oder Bangkok erst 1941(!) dort an. Die Synagoge diente bis 1925 einer Auktionsfirma als Ausstellungs- und Versteigerungshaus (siehe Anzeige in: Der Israelit 62: 1921, Nr. 48, S. 12), bis sie von Dr. Kohn aus Kopenhagen und seinem Schwager Moses Bamberger aus Würzburg als Privatsynagoge mit streng orthodoxem Ritus eingerichet und am 28. August 1925(?) neu geweiht wurde.

[11] Der Baumeister, 6. Jg. 1907, Heft 2, S. 16.

[12] Frankfurter Zeitung, Nr 239 v. 29. Aug. 1907, 2. Morgenblatt, S. 1.

[13] Deutsche Konkurrenzen, Bd. 24, Heft 8, Leipzig 1909/10, S. 1.

[14] Deutsche Bauzeitung, S. 610 (wie Anm. 7).

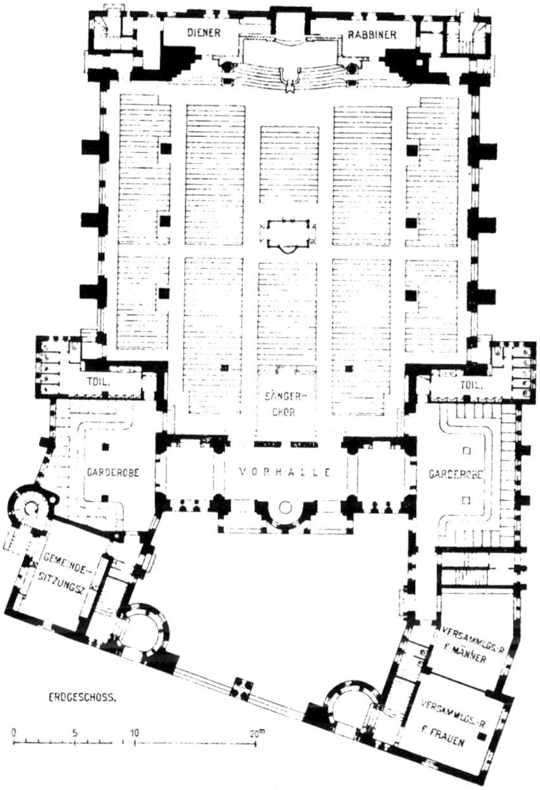

Lageplan und Grundriss des Erdgeschosses, 1907

Der Innenhof nach Süden

Aufbau klar zum Ausdruck. Beim Entwurf des Äußeren war alles vermieden worden, was nicht einem bestimmten Zweck oder zur Charakteristik des Bauwerkes diente. So ist z B. durch die reicher ornamentierte Rose im Westgiebel der dahinter liegende Kultraum als Hauptraum gekennzeichnet. Mit Erfolg hatten die Architekten angestrebt, „von der Straße durch den Vorhof und durch die Vorhalle in den Innenraum bis zum Allerheiligsten eine stets sich steigernde Wirkung zu erreichen.“[15]

Durchschritt man die beiden großen, parallel zur Straße stehenden Eingangstorbögen (Männereingänge), dann stand man in einem intimen, malerischen Innenhof. (Frauen betraten die Synagoge unmittelbar durch den kleinen Seiteneingang in den beiden Flügelbauten). Im linken Flügelbau befanden sich im Erdgeschoss das Sitzungszimmer der Israelitischen Religionsgesellschaft, eine Treppe zur Frauenempore und im ersten Obergeschoss das Verwaltungsbüro (Kanzlei) und Gemeindearchiv. Im rechten Flügelbau lagen im Erdgeschoss Versammlungsräume für Männer und Frauen, eine Treppe zur Frauenempore und im ersten Obergeschoss die Hausmeisterwohnung.

Die Eingangsfassade mit einem mächtigen Satteldach, davor einen niedrigen Dreiecksgiebel (der Eingangshalle) zwischen zwei gedrungenen Türmen, zeigt entfernte Anklänge an romanisierende Stilformen. Sonst aber entzieht sich das in Muschelkalk errichtete Synagogengebäude durch starke Stilisierung historischer Bauformen eindeutigen stilgeschichtlichen Zuordnungen: Das scheint beabsichtigt gewesen zu sein, denn es hatte den Vorzug, weder „orientalisch-fremdländisch“ zu erscheinen noch einen christlichen Baustil zu imitieren, was die Synagoge immer in die Nähe von Kirchenbauten gerückt hätte. Die an der Westfassade und den Seitentürmen vorhandenen Architekturelemente aus dem Formenschatz des Jugendstils erschweren eine „stilgeschichtliche Rückprojektion“ des Gebäudes in

[15] Deutsche Bauzeitung, S. 610 (wie Anm. 7).

christlich-mittelalterliche Bauperioden; dadurch erscheint das G'tteshaus partiell als zeitgenössisches Gebäude, was viel eher zu seiner „visuellen Integration" beitrug, als es der vordergründige Rückgriff auf historisierende „deutsche" Baustile getan hätte.

Begleiten wir nun den Frankfurter Architekten Ludwig Bernoully (1873–1928)[16] bei seinem Besuch der Synagoge Friedberger Anlage im August 1907. „(...) Das wunderbare Kalksteinmaterial in Verbindung mit den eigenartig breit behandelten Putzflächen, das Solide in der Behandlung der mit Metall beschlagenen Türen verleiht dem Äußeren einen ernsten und mächtigen Eindruck. Durchschreitet man das in seinen Formen so reizvolle Portal des Synagogenbaues, so betritt man eine geräumige, in Farbe und Form wohl gelungene Vorhalle. Die Kalksteine des Äußeren sind in dieser Halle als bindende Glieder mit eingeführt. Eine in gelbbraunen Tönen bemalte Decke überspannt die Vorhalle (...). Von der Vorhalle wie auch von der Garderobe aus gelangt man in den eigentlichen Synagogenraum, der in seinen stattlichen Abmessungen von überwältigendem Eindruck ist. Der Raum zeigt die übliche rechteckige Form. Mächtige Pfeiler tragen ein den Raum überspannendes schlichtes Tonnengewölbe, das in grauem Putz-Ton mit einem vertieften Flächenornament behandelt ist. Nach dem Allerheiligsten zu wird die Ornamentbehandlung gesteigert.

Das Allerheiligste, eine im Osten angeordnete Nische, nimmt den heiligen Schrein auf, in dem sich die Thora-Rollen befinden und den kostbar mit Gold und Silber bestickte Teppiche verhängen. Im Umbau des Allerheiligsten fanden die Künstler Gelegenheit zur stärks-

Das Innere der Synagoge nach Osten

[16] Albert Dessow, Kunst und Künstler in Frankfurt am Main im 19. Jahrhundert, Frankfurt a. M. 1909, S. 14. Hans Vollmer, Allg. Lexikon d. bildenden Künstler des 20. Jahrhunderts, Leipzig 1953, 1. Bd., S. 191. Ludwig Bernoully. Eine Auswahl seiner Bauten, Berlin-Charlottenburg o. J. (Einführung: Walter L. Müller-Walchow).

ten architektonischen Prachtentfaltung, einer Pracht, die – und das muß dankbar anerkannt werden – sich nicht in einer Überhäufung architektonischer Details, sondern in der sachgemäßen Behandlung köstlichen Materials gefällt und die durch Kontraste zu wirken weiß. Breite rotgraue Marmorflächen umgeben den heiligen Schrein. Zwei dem Umbau an Höhe gleichkommende metallene Beleuchtungsständer mit prächtigem Detail heben das Allerheiligste hervor und stellen zugleich die verbindende Farbenwirkung zwischen den Marmorflächen des Allerheiligsten und den grauen Flächen des Synagogenraumes dar (...).

In der Mitte des Raumes befindet sich der charakteristisch für die orthodoxe Gemeinde gerade an dieser Stelle angeordnete Almemor (Kanzel), ein Aufbau aus feinstem weißen Marmor, unterbrochen durch getriebene Metall-Einsätze. Nach dieser Stätte werden die Thora-Rollen in feierlichem Zuge gebracht, um von hier aus der Gemeinde verlesen zu werden. Den Hauptraum umziehen Emporen, die für die Frauen bestimmt sind, für welche, wie bekannt, im eigentlichen Synagogenraum kein Platz ist. Ein kunstvoll geschmiedetes Gitter schließt, einer rituellen Vorschrift nachkommend, die Emporen von dem Hauptraume ab (...)

Zur Gesamtwirkung tragen weiter auch die von der hiesigen Firma Wilhelm Maus ausgeführten Beleuchtungskörper bei, die so unauffällig und klar in den Raum hineingesetzt sind, daß jedes Zerreißen der vorher erreichten flächigen Wirkung, wie das sonst so häufig bei Beleuchtungskörpern der Fall ist, vermieden wird; im Gegenteil: das Gewollte wird im Ausdrucke verstärkt, wie z. B. eine starke Betonung der Längsrichtung des großen Decken-Gewölbes, ebenso eine beabsichtigte Trennung der Emporengewölbe. Vorzüglich passen sich der Gesamtidee auch die Linnemann'schen Glasfenster an, die, je nachdem es ihre Aufstellung erlaubte, in Farbe und Maßstab wechselnd immer die richtige flächige Wirkung erreichen (...).“[17]

Bernoullys abschließender Würdigung zufolge verdiene es besonders hervorgehoben zu werden, dass eine orthodoxe Gemeinde, anstatt die alten überlieferten Synagogenmuster nachzuahmen, „den Künstlern eine freie Entwicklung für ihren Kultusbau gönnte und damit unsere künstlerische Kultur mehr förderte, als es mit den vielen Nachahmungen längst vergangener Zeiten geschah.“[18]

Zeitgenössische Berichterstatter waren von der geschickten Lichtführung[19] im Synagogenraum und der zurückhaltenden Symbolik beeindruckt. Der Süd-

Oberkantor Pessachowitch in der Synagoge Friedberger Anlage. Am Neujahrstag

[17] Frankfurter Zeitung , S. 1 (wie Anm. 12).

[18] Frankfurter Zeitung, S. 1 (wie Anm. 12).

[19] Zeitschrift d. mitteldeutschen Kunstgewerbevereins, 19. Jg. 1907/08, Nr. 2, S. 6.

An Sukkot, dem Laubhüttenfest, 1938.
In der Mitte Dr. Moses Breuer

[20] Süddeutsche Bauzeitung, 21. Jg., Nr. 14 v. 8. April 1911, S. 107.

[21] Süddeutsche Bauzeitung, a. a. O., S. 108.

[22] Der Israelit, 48. Jg., Nr. 35 v. 29.8.1907, S. 8.

[23] Frankfurter Nachrichten, S. 5 (wie Anm. 3).

[24] A. Freimann and F. Cracauer, Francfort, Philadelphia 1929, S. 270.

[25] Freimann/Cracauer, S. 271.

[26] Siehe z. B. Jüdische Presse, 38. Jg., 1907, Nr. 36, S. 353f. und Frankfurter Israelitisches Familienblatt, Nr. 34 (Beilage) v. 30. Aug. 1907.

deutschen Bauzeitung schien die sparsame Lichtführung das Wesentlichste an der „wohlgelungenen Raumkomposition" zu sein;[20] und zur Symbolsprache bemerkte sie: „Ueberall ist die gewissenhafte, allem Kleinlichen abholde Art der Durchbildung aller Einrichtungs- und Schmuckdinge zu bemerken und dass die übliche stofflich sehr beschränkte Symbolik, die man bis zum Überdruss in Synagogen findet, einer originelleren Durcharbeitung Platz gemacht hat, ist besonders anzuerkennen."[21]

Das Zentralorgan des orthodoxen Judentums, Der Israelit, meint, dass es sich lohne, die liebevolle Durcharbeitung aller Einzelheiten der originellen Bildhauerarbeiten zu studieren: „Überall neue Motive, neue Gruppierungen und doch nirgends Überladung, immer herrscht das Gefühl der Notwendigkeit und ernsten, feierlichen Erhabenheit vor."[22] Dieser Eindruck wird bestätigt vom Bericht der Frankfurter Nachrichten, wo es heißt: „Alle Kultusgegenstände, auch die Beleuchtungskörper, sind in feinsinnigster Weise dem Stil des Hauses angepaßt. So auch der ornamentale Schmuck, der Anklänge an orientalisch-maurische Motive zeigt und sich im ganzen auf Flächenmuster in verhaltenem Kolorit beschränkt."[23]

Nach den vorliegenden Berichten muss die Synagoge Friedberger Anlage auf alle Besucher einen nachhaltigen Eindruck gemacht haben. So heißt es in der Publikation der englischsprachigen „Jewish Communities Series" über Frankfurt, die Synagoge der Israelitischen Religionsgesellschaft sei nicht nur wohlproportioniert und elegant in der Architektur, sondern spreche das Gefühl stark an und habe großen poetischen Charme („but it makes a strong appeal to the emotions and has a great poetic charm").[24] Und wer bei Vollmond durch Frankfurts Wallanlagen spaziert sei und plötzlich auf der gegenüberliegenden Straßenseite die weiße Pracht der hell schimmernden Synagoge („the white splendor of the gleaming synagogue") zwischen den Bürgerhäusern gesehen habe, der werde diesen Anblick nie vergessen.[25]

Diesen zeitgenössischen Schilderungen ließen sich noch viele, z. T. hymnische, hinzufügen.[26] Als Ergänzung zu den subjektiven Eindrücken der oben zitierten Berichterstatter sei an dieser Stelle die räumlich-architektonische Einordnung der Synagoge Friedberger Anlage in die Geschichte der Synagogenarchitektur versucht: Mit dem die Längsrichtung des Synagogenraumes betonenden Tonnengewölbe wich der Bau der orthodoxen Israelitischen Religionsgesellschaft von den im 19. Jahrhundert vorherrschenden (Reform-) Synagogen mit kuppelgekrönten Zentralanlagen ab. Das ist insofern bemerkenswert, als gerade die Kuppel den für Synagogen mit orthodoxem Ritus wichtigen zentralen Almemor betont, während Langhaus-Synagogen eher eine perspektivische Konzentration auf den Aron hakodesch an der Ostwand bewirken – eben jene Stelle, an der auch der Almemor in Reformsynagogen steht; dass die räumliche Anordnung in Reformsynagogen meist umgekehrt ist, sie also vorwiegend Zentralanlagen mit Kuppeln aufweisen, die eine leere Mitte – ohne Almemor – betonen, spricht für eine Verselbstständigung dieser Bauform aus Gründen der Repräsentation. In der Synagoge Friedberger Anlage wurde die Längsrichtungstendenz des Tonnengewölbes zur Ostwand hin durch den nahezu quadratischen Innenraum „gemildert", dennoch blieb dieser räumlich-synagogale Zwiespalt in einer sonst außergewöhnlich gut gelungenen und zu Recht hoch gelobten Synagoge bestehen. Verglichen mit Anlage und Baustil der nur drei Jahre später eingeweihten (liberalen) Westendsynagoge (1908–1910) war das G'tteshaus der Israelitischen Religionsgesellschaft ein „moderner" Sakralbau.

Die Geschichte der Synagoge Friedberger Anlage währte kein Menschenalter. In der Nacht vom 9. auf den 10. November 1938 wurden in Frankfurt am Main, wie überall in Deutschland, Synagogen geschändet, geplündert und angezündet. Von den etwa vierzig Betstuben fielen mehr als die Hälfte der organisierten Zerstörung zum Opfer; ein Teil entging ihr nur durch Zufall, versteckte Lage oder weil Brandstiftung die unmittelbar angrenzenden Wohnhäuser gefährdet hätte. „Von den (vier) großen Synagogen brannten vollkommen nieder die konservative Gemeindesynagoge am Börneplatz, die liberale Hauptsynagoge an der Börnestraße (jetzt Dominikanerstraße) und die Synagoge der Religionsgesellschaft mit Gemeindehaus an der Friedberger Anlage, die liberale Westend-Synagoge brannte innen aus, während das äußere Gebäude erhalten blieb."[27] Das Feuer in der Synagoge Friedberger Anlage richtete zunächst nur begrenzten Schaden an; daher wurde an den folgenden Tagen, insgesamt viermal, „erneut der Brand unter Benutzung von Benzinfässern und dergleichen entfacht, wodurch der Volksmenge wiederholt ein Schaustück bereitet wurde. Nachdem die Inneneinrichtung der Synagogen ausgebrannt war, wurde die Gemeinde von der Polizei aufgefordert, wegen Einsturzgefahr die Gebäude auf eigene Kosten abzubrechen. Mit dem Abbruch Friedberger Anlage wurde sofort am 17. November begonnen. Die Polizei hat nachträglich die Juden selbst der Brandstiftung an den Synagogen verdächtigt und eine dementsprechende formale Strafanzeige erlassen. Der Tresor mit den silbernen Kultgegenständen in der Synagoge Friedberger Anlage ist am Tage nach dem ersten Brand aufgeschweißt und seines Inhaltes beraubt worden."[28]

Am 20. Dezember 1938 meldete das Hochbauamt, die Abbrucharbeiten an den Synagogen gingen gut voran, lediglich die Aufräumungsarbeiten an der Synagoge Friedberger Anlage seien „etwas schwieriger auszuführen, und zwar deshalb, da sehr viel Befestigungen (Eiseneinlagen) abzutragen sind".[29] In der Meldung vom 11. März 1939 werden wiederum die vielen Eisenbetoneinlagen als Hemmnisse der Abbrucharbeiten erwähnt. Laut Meldung vom 12. Juni 1939 ist der Abbruch der Synagoge Friedberger Anlage beendet; lediglich Baustoffe werden noch abgefahren.[30]

Bereits Ende 1938 waren die Israelitische Gemeinde und die Israelitische Religionsgesellschaft auf Anordnung der Geheimen Staatspolizei zur „Jüdischen Gemeinde" verschmolzen worden.[31] „Was ein Jahrhundert des Wohlergehens der deutschen Juden nicht vermocht hatte, die Einigung des deutschen Judentums, ein Machtwort Hitlers oder seiner Organe hat das Wunder vollbracht", schrieb der frühere Rabbiner der Westend-Synagoge Dr. Caesar Seligmann 1941 in seinen Erinnerungen nieder.[32]

In den sogenannten Judenverträgen vom 3. April 1939, die einer Zwangsenteignung gleichkamen, übereignete die Jüdische Gemeinde in zwangslegalisierter Form

[27] Willy Mainz, Gemeinde in Not 1933–1938. Geschrieben 1946, in: Dokumente zur Geschichte der Frankfurter Juden.

[28] Bericht aus Frankfurt/M., Aus einem Brief, Amsterdam, den 24.11.1938, in: Dokumente zur Geschichte der Frankfurter Juden, S. 45.

[29] Dokumente zur Geschichte der Frankfurter Juden, S. 278.

[31] Dokumente zur Geschichte der Frankfurter Juden, S. 256.

[32] Erwin Seligmann (Hrsg.), Caesar Seligmann (1860–1950) Erinnerungen, Frankfurt a. M. 1975, S. 191.

nahezu ihren gesamten bebauten und unbebauten Grundbesitz, 93.206 qm, einschließlich der Friedhöfe, für den Betrag von nur 1. 819.395 Reichsmark an die Stadt Frankfurt am Main. Unter Punkt 1.2. des Vertrages (Gewährleistung) heißt es u. a.: „Die Jüdische Gemeinde verpflichtet sich, die Grundstücke frei von grundbuchlichen Lasten und frei von rückständigen Steuern und Abgaben zu liefern. Der Veräußerer haftet nicht für den baulichen Zustand, auch nicht für unbekannte Mängel, insbesondere nicht für Schwamm. Er erklärt jedoch, daß ihm das Vorhandensein von Schwamm nicht bekannt ist.“[33]

Hält man sich vor Augen, dass bei Abschluss des Vertrages die Abbrucharbeiten an den Synagogen noch in vollem Gange waren, dann spricht aus dieser Formulierung entweder blanker Zynismus oder die Kälte formaljuristischer Gründlichkeit.

In der Anlage I zum Grundstückskauf- und Übereignungsvertrag vom 3. April 1939 sind für die „großen“ Synagogengrundstücke folgende Kaufpreise „vereinbart“:[34]

1. Börneplatzsynagoge, 1.199 qm	29.975,00 RM
Zuschuß zu den Abbruchkosten	30.500,00 RM
2. Hauptsynagoge, Großer Wollgraben, 858 qm	34.320,00 RM
Zuschuß zu den Abbruchkosten	50.000,00 RM

Abbruch Synagoge Börneplatz nach dem 10. November 1938

[33] Dokumente zur Geschichte der Frankfurter Juden, S. 263.

[34] Dokumente zur Geschichte der Frankfurter Juden, S. 267f.

3. Synagoge Friedberger Anlage, 3.138 qm — 62.760,00 RM
   Zuschuß zu den Abbruchkosten — 86.000,00 RM

4. Westendsynagoge, Freiherr-vom-Stein-Straße 2.863 qm — 55.000,00 RM

Die Unverhältnismäßigkeit der Kaufpreise wird besonders bei der Westendsynagoge deutlich: Dieses G'tteshaus war „nur" im Inneren beschädigt worden, das monumentale Bauwerk selbst aber äußerlich unversehrt geblieben. Nachdem staatliche und städtische Institutionen dafür gesorgt hatten, dass diese Grundstücke durch organisierte Zerstörung der darauf befindlichen Synagogengebäude nur noch einen Bruchteil ihres ursprünglichen Wertes besaßen, konnte die Stadt Frankfurt den Grundbesitz der Jüdischen Gemeinde billig – weit unter Wert – erwerben. Während es im Jahre 1462 „nur" des erzwungenen Umzuges der Juden in ein Ghetto vor die Stadtmauer bedurfte, um deren Grundstücke in städtisches Eigentum „überzuführen", bedurfte es 1938 schon organisierter Brandstiftungen, gewaltsamer Ausschreitungen, Mordes und Totschlags, um einen ähnlichen „Erfolg" zu erzielen; dies war in Frankfurt und andernorts der wesentliche Unterschied zwischen der Enteignung jüdischen Grundbesitzes im „finsteren Mittelalter" und in der „aufgeklärten Neuzeit".

Der dritte und letzte Rabbiner der Israelitischen Religionsgesellschaft, Josef Jona Horovitz (1892–1970), wanderte unmittelbar nach der „Reichskristallnacht" als tschechischer Staatsbürger über England in die USA. aus.[35] Die Zwangsfusion der Israelitischen Religionsgesellschaft und der Israelitischen Gemeinde währte dreieinhalb Jahre. Gemäß der von Adolf Eichmann im Auftrag des Reichsinnenministers unterzeichneten Anordnung vom 6. November 1942 (Lfd. Nr. 1662) wurde die Jüdische Gemeinde Frankfurt in die „Reichsvereinigung der Juden in Deutschland" eingegliedert.[36] Damit endete nach 580 Jahren die Geschichte der dritten jüdischen Gemeinde in Frankfurt am Main. Von den etwa 10.000 in Konzentrationslager deportierten Frankfurter Juden überlebten nur wenige das organisierte Massenmorden.

Auf dem ehemaligen Grundstück der Synagoge Friedberger Anlage wurde 1943 ein Luftschutzbunker (Nr. 40) erbaut,[37] der heute noch steht. Er ist in seiner martialischen Baugestalt unversehens zu einem Merkzeichen für die Gewalt, das Leid und den Schrecken geworden, die mit dem Ende der Israelitischen Religionsgesellschaft Frankfurt am Main und ihrer Synagoge an der Friedberger Anlage verknüpft bleiben.

[35] Arnsberg, Bd. 3, S. 213f.

[36] Arnsberg, Bd. 1, S. 904.

[37] Stadtarchiv Frankfurt a. M.: Mag. Akte 2244-5 und Sammlungen G. 934 (Hinweis von Dr. Dietrich Andernacht).

Gedenkstein Synagoge Friedberger Anlage, Feierstunde zur Erinnerung an die Kristallnacht 1938, 9. November 1960

„Frankfurt kann nicht gemeint sein." Erinnerungen an eine religiöse Jugend

Naftali Stern

Naftali Stern, früher Herbert Stern, wurde 1926 in Lauterbach als vierter Sohn der Familie Rosa und Max Stern geboren. Der Vater war Lehrer und Kantor und fungierte anstatt eines Rabbiners in der jüdischen Gemeinde. 1936 zog die Familie nach Frankfurt, in die Obermainanlage 22, um, und Herbert Stern besuchte dort die Samson Raphael Hirsch-Realschule.

Nach der Auswanderung nach Palästina im Jahre 1939 war Stern zunächst in einem Kibbuz tätig, absolvierte dann ein zweijähriges Studium an der Jeschiwa und dem Lehrerseminar in Jerusalem und arbeitete anschließend als Lehrer. 1954 – 58 studierte er Judaistik, 1960 – 62 leitete er eine jüdische Schule in Brasilien, und nach einem weiteren Studium der Erziehungswissenschaft und Linguistik wurde er 1978 Professor an der Bar Ban Universität in Israel.

Obwohl ich noch ein Kind war – im Alter von 13 Jahren verließ ich Deutschland – sind mir verschiedene Gebräuche und Episoden, die in der Jüdischen Gemeinde Frankfurt gepflegt wurden, in Erinnerung geblieben.

Kleidung

Da wäre zunächst einmal die Kleidung. Meine Eltern, seligen Angedenkens, unterschieden sich, wie die meisten Juden in Frankfurt, in Auftreten und Kleidung nicht von den übrigen Einwohnern der Stadt. Rabbiner Samson Raphael Hirschs Grundsatz, den ich hier frei wiedergebe: „Sei Jude zu Hause und Mensch auf der Straße", kam hier deutlich zum Ausdruck. Deshalb wurden die Schaufäden des obligatorischen Gebetsleibchens, die Quasten der „Arba Kanfot" nie sichtbar getragen, wie man das heute häufig in Jerusalem oder auch in New York sehen kann.[1]

Beim Kauf der Kleidung musste auch noch eine andere Vorschrift berücksichtigt werden, nämlich das Gebot des „schaatnes", das besagt, dass aus Wolle und Leinen gewebte Stoffe nicht getragen werden dürfen.[2] Schneider, die für orthodoxe Juden arbeiteten, mussten darauf achten, keine aus Wolle und Leinen gewebten Textilien zu verwenden. Beim Einkauf in Textilgeschäften achtete man darauf, dass die Ware nicht „schaatnes" ist, im Zweifelsfall beriet man sich mit Spezialisten. Gegenstände aus Leder nicht koscherer Tiere konnten – und können auch heute – benutzt werden.

Kopfbedeckung

Verheiratete Frauen trugen immer eine Kopfbedeckung. Soweit ich mich erinnere, trugen viele Frauen zu Hause eine Perücke, gingen aber am Schabbat und an Feiertagen mit Hut zur Synagoge. So auch meine Mutter, seligen Angedenkens, die aus einem sehr orthodoxen Milieu kam. Zu Hause trug sie eine Perücke. Ihr schönes Haar, das auf ihren Hochzeitsbildern noch zu sehen ist, schnitt sie ganz kurz. Es gab auch Frauen, aus Osteuropa, die ihre Haare mit einem Kopftuch bedeckten. Viele orthodoxe Rabbiner sahen keinen Unterschied zwischen dem eigenen Haar und einer Perücke, da sie beidem eine erotische Ausstrahlung beimaßen. Sie erlaubten weder eine Perücke noch das Tragen des eigenen Haares in der Öffentlichkeit. Frauen durften sich nur mit Hut oder Kopftuch in der Öffentlichkeit zeigen, was durch die Tora, Numeri 5:18, begründet ist: „Dann stellt der Priester die Frau vor den Herrn, löst ihr Haar und legt ihr das Eifersuchtsopfer in die Hände; der Priester aber hält das bittere, fluchbringende Wasser in der Hand." Diese Stelle legte der große Bibelforscher Raschi als Kritik am offen getragenen Haar der Frau aus. Ich zitiere hier nach der Übersetzung von Julius Dessauer aus dem Jahr 1887: „Er (der Priester) löst das Haargeflecht auf,

[1] Siehe: Deuteronomium 22:12. „Du sollst dir Quasten machen an den vier Zipfeln deines Mantels, mit dem du dich bedeckst."

[2] Siehe: Deuteronomium 22:11: „Du sollst nicht ein Kleid anziehen, das aus Wolle und Flachs zusammengewoben ist."

um sie (die Frau) zu verunzieren; hieraus folgern die Gelehrten, daß entblößtes Haar für die jüdische Ehefrau zu beanstanden sei."

Einfacher war es mit der Kopfbedeckung der Männer. Ursprünglich musste ein Jude seinen Kopf nur beim Gebet und beim Essen bedecken. Später wurde das Gebot dahingehend erweitert, dass ein orthodoxer Jude höchstens vier „Amot" ohne Kopfbedeckung gehen durfte. Eine „Ama" ist eine Elle, was soviel wie etwa 68 cm ausmacht. Zu Hause trug man gewöhnlich ein Käppchen, das bei Juden aus dem Osten mit dem polnischen Begriff Jarmulka bezeichnet wurde. Nach draußen ging man zu meiner Zeit natürlich nur mit Hut, einer Schildmütze oder einer Baskenmütze, die hauptsächlich von uns Kindern getragen wurde. Hierzu eine persönliche Anekdote: Ich reise sehr viel und immer nur mit einem Käppchen. In Deutschland trage ich aber auch heute nur einen Hut oder eine Mütze, was sicher eine etwas traumatische Bedeutung hat, denn als Kind hatte ich mich nie mit einem Käppchen auf die Straße gewagt.

Am Schabbat ging mein Vater, seligen Angedenkens, mit einem Hut in die Synagoge an der Friedberger Anlage. Im Garderobenraum hatte er einen zusammenlegbaren Zylinder, den er, wie die meisten Herren, während des Gebetes trug. Wegen des Antisemitismus setzte er den Zylinder nicht auf der Straße auf, er konnte ihn aber auch nicht am Schabbat in die Synagoge mitnehmen, weil es nicht gestattet war, Gegenstände am Schabbat zu „tragen"; also ließ er ihn in der Synagoge.

Schabbat–Gesetze

Das bringt mich zu den Gesetzen für den Schabbat und zu der Episode mit dem an einer Sicherheitsnadel befestigten Taschentuch. Am Schabbat darf man Gegenstände nur innerhalb des Hauses und des dazugehörenden umzäunten Gartens tragen. Außerhalb des Hauses war das „Tragen" streng verboten. Zur Ausweitung des häuslichen Bereiches war und ist es üblich, einen „Rahmen" um ein Stadtviertel zu ziehen. Dieser Rahmen wird „Eruw" genannt, was so viel wie Verbindung bedeutet. Natürliche Begrenzungen wie Flüsse und Hecken wurden durch das Verbinden von Häusern mit gespannten Drähten ergänzt. Für die auf diese Weise geschaffene Schabbat-Grenze galten die gleichen Regeln wie für Haus und Garten. Innerhalb des „Eruw" durfte man eine Tasche, einen Zylinder oder einen Hausschlüssel tragen. Wenn ich mich richtig erinnere, hatte auch die Jüdische Gemeinde in Frankfurt einen „Eruw" errichtet, der allerdings von der Austrittsgemeinde nicht anerkannt wurde. Diese Ablehnung des

Eine typisch orthodoxe Familie. Familie Heinrich vor ihrer Laubhütte, Mainstraße 23, um 1925

„Eruw" ging eher auf die politischen Konflikte zwischen den beiden Frankfurter Gemeinden zurück, als auf verschiedene religiöse Begründungen. Die Mitglieder der Austrittsgemeinde konnten deswegen nicht einmal ein Taschentuch mit sich tragen. Daher befestigte man ein solches Taschentuch mit einer Sicherheitsnadel in oder an der Hosentasche, womit es ein integraler Teil des Anzuges wurde. In den USA ist dieses Problem auch heute noch sehr aktuell, besonders für das Mitnehmen eines Hausschlüssels. Man versilbert oder vergoldet also den Schlüssel und trägt ihn als Brosche, weil man durchaus Schmuck am Schabbat tragen darf. Leider weiß ich nicht, wie man das Dilemma mit dem Hausschlüssel in Frankfurt gelöst hat, denn bei uns hat sich das Problem nie gestellt. Mein ältester Bruder war gelähmt, und es blieb ständig jemand bei ihm zu Hause.

Am Schabbat war es natürlich verboten zu kochen, weswegen es bei uns eine kalte Vorspeise, entweder Karpfen mit selbstgemachter Mayonnaise oder süßen Karpfen mit Rosinen, gab. Das Wichtigste war aber das „gesetzte Essen". Das war bei uns die berühmte Bohnensuppe. Wir hatten einen großer Ofen zu Hause, der Grude genannt wurde, einen großen Blechkasten, in dem man Koks erhitzte und auf dem sich die Bohnensuppe „setzen" konnte. So wurde sie von Freitag abend bis Samstag mittag warm gehalten. In dieser Bohnensuppe, die wir am Schabbat nach dem Gottesdienst aßen, schwammen Fleischstückchen und Markknochen. Als Nachtisch gab es im Sommer selbstgemachtes Fruchteis und im Winter Kompott oder Pudding, der ohne Milch zubereitet war, da der Verzehr von Milch und Fleisch zu einer Mahlzeit nicht gestattet ist.

Wenn man über den Schabbat redet, darf der „Schabbes-Goj" nicht vergessen werden. „Goj" ist einer von zwei hebräischen Begriffen für „Volk". Das andere Wort für Volk, „Am", wird in der Tora für Israel verwendet, während „Goj" für die übrigen Völker reserviert ist. Ein „Schabbes-Goj" war also ein Christ oder Nichtjude, der Dinge, die Juden am Schabbat oder an Feiertagen verboten waren, erledigen konnte. Dazu gehörte im Haus wie in der Synagoge das Lichtanmachen, im Winter Feuerschüren, Kaffeekochen etc. Da es aber nicht zulässig ist, jemanden um etwas zu bitten, was am Schabbat verboten ist, mussten diese Arbeiten vorher abgesprochen worden sein, damit der „Schabbes-Goj" diese Arbeiten in Eigeninitiative erledigen konnte. Wenn aber ein Nichtjude für sich selbst handelt, z.B. Licht und Feuer anmacht oder Kaffee kocht, ist es Juden erlaubt daran Teil zu haben. Natürlich gab es bei der Durchführung diesen Arrangements verschiedene Nuancen: Es gab Juden, die das christliche Hausmädchen mit Sätzen ermunterten, wie „es ist hier aber sehr dunkel" oder „es ist aber sehr kalt". Durch die indirekte Thematisierung des Wunsches wusste das Hausmädchen, was man von ihm erwartet. Ein ähnliches Arrangement gab es auch in den meisten Synagogen, wo ein Nichtjude als Hausmeister eingestellt war. Der „Schabbesgoi" war weit verbreitet. Fast jeder Jude benötigte seine Hilfe. Gewöhnlich übte das Hausmädchen, ein Nachbar oder Mitarbeiter diese Tätigkeit aus.

Auch wir hatten bis 1935 ein Hausmädchen. Als Jüngster lernte ich von diesem christlichen Mädchen sogar alle hebräische Segenssprüche, die sie durch meine älteren Brüder bereits kennen gelernt hatte. Meine Eltern erlaubten ihr sogar, mich in ihr Dorf mitzunehmen, und waren sicher, dass sie mir nur korcheres Essen geben würde. Ich erinnere mich, dass ich einmal Obst essen wollte; sie nahm mir den Apfel mit den Worten aus der Hand: „Zuerst mach die 'Broche' (den Segensspruch)!" Heute braucht man keinen „Schabbes-Goj" mehr, denn es gibt elektrische Zeituhren und andere Hightech-Geräte für die verschiedensten Arbeiten.

Die Feiertage

Neben dem Schabbat gab es natürlich die Festtage. Auch hier gab es viele Gebote, Verbote und Gebräuche. In dieser Hinsicht ist das Pessach-Fest besonders interessant. Die Tage vor Pessach waren sehr hektisch und aufregend für uns Kinder. Schon zwei bis drei Wochen vor Pessach wurde die ganze Wohnung auf den Kopf gestellt. Jeder Winkel wurde durchsucht, es wurde geschrubbt und gebürstet, alles wurde mit Seife und Wasser gereinigt. Die Schubladen wurden ausgeleert, gereinigt, danach wurde alles wieder geordnet und zurück gelegt. Alle Hosentaschen wurden umgekehrt und gesäubert. Dies alles wurde unternommen, damit auch nicht das kleinste Krümelchen „Gesäuertes", wie Hefebackwaren, Reis oder Hülsenfrüchte, übrig blieb. Der Anlass zu diesem Reinigungsfieber ist in der Tora, Exodus 13:6–7, zu finden, wo es heißt: „Sieben Tage sollst du ungesäuerte Brote essen, am siebten Tag ist ein Fest zur Ehre des Herrn. Ungesäuerte Brote soll man sieben Tage lang essen. Nichts Gesäuertes soll man bei dir sehen, und kein Sauerteig soll in deinem ganzen Gebiet zu finden sein."

Während des Pessach-Festes darf man viele Lebensmittel nicht benutzen, die alle aus dem Haus entfernt werden müssen. Es handelt sich dabei um „Chometz", also Gesäuertes, ein Sammelbegriff für alles, was für Pessach nicht geeignet ist. Da man vieles nicht wegwerfen wollte, wurde das „Chometz" verkauft. Man lagerte es an einen Ort, den man verschließen konnte, gewöhnlich im Keller oder auf dem Dachboden, und verkaufte den gesamten Bestand. Für diesen Handel gab es zwei Möglichkeiten: Entweder man verkaufte das „Chometz" individuell an einen Nachbarn oder Bekannten, oder man gab es dem Rabbiner oder dem Gemeinderat, der das gesamte „Chometz" der Gemeinde an einen Nichtjuden weiter verkaufte. In Israel verkauft man das „Chometz" dem Rabbiner der Stadt, der es dem Oberrabbiner des Landes weiter verkauft, und dieser wiederum verkauft das „Chometz" des ganzen Landes an einen Nichtjuden. Meine Mutter kalkulierte den Einkauf von gesäuerten Esswaren vor Pessach so genau, dass nichts vor dem Fest übrig blieb. Aber das Geschirr, das wir während des Jahres benutzten, wurde in Kisten eingepackt, im Keller gelagert und verschlossen. Dann wurde das gesamte Lager an die Gemeinde verkauft, die es einem Nichtjuden weiter verkaufte. Nach Pessach wurde alles wieder zurück gekauft.

Zu Pessach hatten wir besonders schönes, nur für diesen Feiertag benutztes Küchengeschirr. Nur ganz wenige Sachen, die Gläser und zwei bis drei Töpfe, wurden „gekaschert" d. h. für Pessach koscher gemacht, hauptsächlich um uns Kinder zu belehren. Die Gläser wurden gut gereinigt und drei Tage in kaltes Wasser gelegt, wobei das Wasser jeden Tag erneuert wurde. Die Töpfe wurden mit Seife und Sand gereinigt und dreimal in kochend

Anzeige:
Der Israelit, 1937

heißes Wasser getaucht. Alle Esswaren und alles, was mit dem Pessach-Geschirr in Berührung kam, wie Spülseife etc. musste von einem Rabbiner als geeignet deklariert sein, damit man es an Pessach benutzen durfte. Die Orthodoxen erkannten als koscher nur an, was unter Aufsicht ihrer orthodoxen Rabbiner stand. Pflaumen für Pessach beispielsweise mussten von der Ernte bis zur Verpackung unter rabbinischer Kontrolle stehen.

Pessach beginnt mit dem Seder-Abend. Seder heißt Ordnung, denn dieser Abend hat seine besondere Form und Ordnung. Für uns Kinder waren neben den Mazzen, dem ungesäuerten Brot, hauptsächlich drei Dinge wichtig: die kleinen Mazzeknödel, die in der Hühnersuppe schwammen und die bei uns aus Mazzemehl, Öl, Wasser und Eiern zu kleinen Kügelchen geknetet wurden. Dann die großen Mazzeknödel, die aus eingeweichter Mazze, Eiern und etwas Mazzemehl gemacht und mit Salz, Muskatnuss und etwas Pfeffer gewürzt wurden. Aber das Allerwichtigste war der „Aphikoman" (Griechisch epikomon für Nachtisch). Der „Aphikoman" ist ein großes Stück Mazze, das bis zum Ende der Mahlzeit aufgehoben wird. Unser Vater versteckte dieses Stück bei Beginn des Sederabends. Wir Kinder stibitzten den „Aphikoman", wenn der Vater den Tisch verließ, um seine Hände zu waschen, wofür er sich besonders viel Zeit ließ. Am Ende der Mahlzeit wurde dann lange verhandelt, für welchen Preis wir den „Aphikoman" zurückgeben würden, der für den Abschluss des Seder-Abends unabdinglich war. Dies alles machte man, um uns Kinder wachzuhalten, denn wenn auch die Mahlzeit zu Ende war, dauerte der Abend durch Lesen und Singen noch sehr lange.

Kaschrut

Besondere Regelungen galten für die Produktion von koscheren Waren und Lebensmitteln, die während des ganzen Jahres konsumiert wurden. Auch heute noch gibt es in Israel viele verschiedene „koschere Aufsichten", und je extremer eine orthodoxe Gemeinde ist, desto öfter beantragt sie eine besondere Kontrolle. Wenn Ruti, eine unserer Enkelinnen, mit ihrem Mann zu uns zum Essen kommt, kaufen wir nur ganz bestimmte Lebensmittel ein, deren Herstellung durch „ihren" Rabbiner beaufsichtigt wurde. Manchmal wird dieses Phänomen ad absurdum getrieben. So gab es in Deutschland einen Rabbiner, ich glaube sein Name war Mayer, der vor Pessach sogar die Wasserhähne in seiner Küche gegen „koschere" austauschte.

Rasieren und andere Alltäglichkeiten

Es gibt fast nichts im tagtäglichen Leben eines orthodoxen Juden, das nicht durch irgendein Gebot oder Verbot geregelt ist. So sagt man sogar beim Verlassen der Toilette oder beim Rasieren einen kurzen Segensspruch, mit dem man Gott dankt, dass er den Menschen in Weisheit erschaffen hat. Viele alltägliche Verrichtungen unterliegen religiösen Geboten, die uns ständig daran erinnern, dass wir unser Leben heiligen. Diese Vorschriften stehen in der Tora und werden im Talmud und in anderen heiligen Schriften erklärt und zu Handlungsanleitungen ausgedeutet. Es gibt kaum einen Lebensbereich, der aus dem Gebot der Heiligung des Lebens ausgenommen ist.

Anzeige: Israelitisches Gemeindeblatt, 1931

So auch ein so schlichter Vorgang wie die Rasur. Zu meiner Kinderzeit benutzte mein Vater zum Rasieren ein bestimmtes Pulver, weil die Tora das Schneiden der Haare mit einem Messer verbietet, damit man nicht Gefahr läuft, sich am Kopf und im Gesicht zu verletzen. Auch ich benutzte dieses Pulver als Erwachsener in Israel, bis ich mir einen elektrischen Rasierapparat kaufen konnte. Weil Elektrorasierer auf einem Scherensystem basieren, sind sie im Gegensatz zur Nassrasur, die mit einer Rasierklinge, d.h. einem Messer, durchgeführt wird, rituell unbedenklich. Das Rasierpulver wurde mit Wasser vermischt und mit einem Holzspan auf die Backen geschmiert. Es stank fürchterlich und brannte auf der Haut. Alle unsere Verwandten rasierten sich nach dieser Art, nicht nur die Juden aus Osteuropa.

Eine Frankfurter Anekdote

Zum Schluss noch eine nette Anekdote aus Frankfurt: Die beiden jüdischen Gemeinden in Frankfurt waren sich bei den meisten rituellen Angelegenheiten uneins. Sie folgten unterschiedlichen Konventionen beim Gebet, bei Hochzeiten, und ihre jeweiligen Mitglieder wurden auf voneinander getrennten Grabfeldern begraben. Dabei ging es weniger um ernst zu nehmende theologische Begründungen als vielmehr um politische Kontroversen und Konkurrenz. Nur in der Abgrenzung der Gemeinden zu anderen Städten, scheinen sie eine gemeinsame Außenseiterstelle eingenommen zu haben.

In dem besten orthodoxen Gebetbuch mit deutscher Übersetzung, dem „Rödelheimer Gebetbuch", gibt es an verschiedenen Stellen zwei Anmerkungen: Die erste besagt, dass „in manchen Gemeinden" folgende Passage gelesen, die zweite besagt, dass „in anderen Gemeinden" ein anderer Passus gelesen werde. Bei dem zweiten Hinweis steht in Klammern noch der Zusatz: „... aber nicht in Frankfurt am Main". Böse Zungen behaupten: „Wenn immer auf 'einige Gemeinden' verwiesen wird, kann Frankfurt nicht gemeint sein."

Tora-Unterricht mit Lehrer Eschwege in der Klaus-Synagoge, Ostendstraße, um 1925

Erziehung zu „Menschen, Juden und Bürgern“. Schule und Ausbildung

Helga Krohn

Allen jüdischen Familien war die gute Schulausbildung der Kinder ein wichtiges Anliegen, wobei die soziale und religiöse Situation des Elternhauses die Art der Schule bestimmte. Orthodoxe Familien, die es sich finanziell leisten konnten, wählten für die Kinder – Mädchen und Jungen – die Realschule der Israelitischen Religionsgesellschaft, für die Schulgeld bezahlt werden musste. Arme Familien und Familien von Immigranten aus Polen und Russland, die wenig Deutsch konnten, schickten die Kinder auf die Israelitische Volksschule.

Die große Mehrheit der im Ostend lebenden Kinder durchliefen eine dieser beiden Schulen. Zahlreiche Familien, die nicht der Israelitischen Religionsgesellschaft angehörten, entschieden sich für das weiter entfernte Philanthropin, die Schule der Israelitischen Gemeinde, die religiös liberal orientiert war und auch Nichtjuden aufnahm. Eine weitere Möglichkeit boten jüdische Privatschulen wie das Heinemannsche Institut in der Theobaldstraße. Andere ließen die Kinder von Anfang an in öffentliche Schulen wie die Ostend-Mittelschule, die Uhlandschule oder die Brüder Grimm-Schule gehen. Wer das Abitur machen wollte, musste nach Beendigung der Realschule ein öffentliches Gymnasium besuchen. Im Ostend kamen dafür das humanistisch ausgerichtete Kaiser Friedrichs-Gymnasium oder die Helmholtzschule, eine Oberrealschule, infrage. Mädchen konnten die Herderschule besuchen. Selbstverständlich wurden auch Gymnasien und Lyzeen außerhalb des Ostends gewählt.

Realschule der Israelitischen Religionsgesellschaft, ab 1928 Samson Raphael Hirsch-Schule

Ende 1852 bewilligte der Frankfurter Senat dem kurz zuvor erfolgten Zusammenschluss von orthodoxen Juden „Israelitische Religionsgesellschaft“ die Erlaubnis zur Errichtung einer Schule für Knaben und Mädchen neben der im Bau befindlichen Synagoge in der Schützenstraße. Synagoge und Schule waren die beiden Pfeiler, auf denen die sich von der Gemeinde lösenden Orthodoxen ihre Gemeinschaft aufbauen wollten. In dem Antrag an den Senat heißt es: „Eine Schule daher, die mit dem entschiedensten Ernste und mit gleich aufrichtiger Sorgfalt und Hingebung die jüdisch-religiöse Bildung unserer Jugend leitet und zugleich derselben alle dem Gebildeten für das Leben nöthigen Kenntnisse lehrt, ist uns das nächste und höchste Lebensbedürfniss, dem wir nunmehr unsere besten und vollsten Kräfte widmen möchten.“[1] Rabbiner Samson Raphael Hirsch übernahm selbst die Leitung der Schule, um den engen Zusammenhang zwischen der religiösen und weltlichen Bildung herauszuheben; 1877 folgte ihm als Schulleiter sein Sohn Dr. phil. Mendel Hirsch. „Tora im derech erez“ – religionsgesetzliches Leben im Einklang mit weltlicher Bildung und Berufsausübung – dieser von Hirsch fomulierte Grundsatz wurde Leitgedanke der Schule. Dementsprechend heißt es in dem an den Senat der Stadt gestellten Antrag: „Zweck der zu errichtenden Anstalt ist: unsere Jugend beiderlei Geschlechts mit demjenigen Unterrichte vollständig zu versorgen, dessen sie für ihren künftigen Beruf als Menschen, Juden und Bürger bedarf. Die Anstalt wird daher den Gesammtjugendunterricht umfassen und beide Zweige, den wissenschaftlichen und religiösen mit gleichem Ernste und gleicher Sorgfalt pflegen. ... Das sociale Wissen und Leben findet erst in dem religiösen seinen Boden und seine Weihe, das religiöse erst im socialen seine Bestätigung und Verwirklichung.“[2]

Die Schule fand schnell großen Zuspruch, 1871 wurde sie von 206 Jungen und 126 Mädchen besucht. Wenige Jahre später war das Gebäude bereits zu klein, außerdem fehlten ein Schulhof und eine Turnhalle. Da die Gemeinde kein Geld für einen Neubau hatte, schenk-

[1] A. Sulzbach, Zur Geschichte der Schulanstalten der Israelitischen Religionsgesellschaft zu Frankfurt a. M., S. 33.

[2] Sulzbach, S. 34.

ten Baronin und Baron Wilhelm Carl von Rothschild aus Anlass der Vermählung ihrer Tochter Adelheid mit Baron Edmond de Rothschild, Paris, 300.000 Mark für den Bau eines neuen Schulhauses. In der Straße Am Tiergarten, am Rande des Zoos, konnte ein großes Areal, ein Teil des Militär-Lazarett-Grundstückes, erworben werden. Ende 1881 wurde der Neubau eröffnet. Es war eines der schönsten Schulgebäude der Stadt (Architekt Phil. Stringler) entstanden, und die Einweihung fand unter großer Beteiligung auch der staatlichen Behörden statt. Bürgermeister Miquel versprach, die Schule „unter den Schutz der Stadt“ zu nehmen, „denn auch sie sei eine Pflanzstätte, um gute und treue Bürger und treue Söhne und Töchter des Vaterlandes zu erziehen. Sie sei ein Zeugnis der Munificenz einer Familie, der Opferwilligkeit der Mitglieder der isr. Religionsgesellschaft, wie der Erfolge, welche eine in ihrer religiösen Überzeugung einige Gemeinschaft zu erzielen imstande sei.“[3]

Die Stundentafel folgte den allgemeinen Lehrplänen der höheren Schulen und enthielt die Fächer: Deutsch, Weltkunde, Mathematik, Schreiben, Französisch, Englisch, Zeichnen, Gesang, Hebräischer Sprachunterricht, Hebräische Schriftkunde, Religionslehre, Biblische Geschichte. Wegen des intensiven Religionsunterrichts hatten die Schülerinnen und Schüler dieser Schule täglich länger die Schulbank zu drücken als die öffentlicher Schulen. Das Typische der Frankfurter Neo-Orthodoxie, die starke Verbundenheit mit der deutschen Kultur und die deutsch-nationale Einstellung, kam symbolisch zum Ausdruck an der Feier zu Schillers hundertstem Geburtstag, bei Schulversammlungen an den Geburtstagen der Kaiser und bei den Sedanfeiern.

Im Jahr 1867 – nach der Einverleibung Frankfurts in den preußischen Staat – erfolgte die Anerkennung der Schule als Realschule. Damit erlangte sie das Recht zur Erteilung eines Berechtigungsscheins zum einjährig-freiwilligen Militärdienst, und der Schulabschluss wurde in der Folgezeit das „Einjährige“ genannt. Die Höhere Töchterschule erhielt 1912 die Bezeichnung Lyzeum. Die meisten Schulabgänger gaben als Berufswunsch Kaufmann an und begannen eine Lehre in einer Handelsfirma, einer Bank oder in einem Geschäft. Damit folgten sie in der Regel den Fußstapfen der Väter. Insbesondere Söhne von Ärzten, Rechtsanwälten und Lehrern, aber auch einige Kaufmannssöhne, wechselten auf eine Oberrealschule oder ein Gymnasium. Nur vereinzelt wechselte jemand zum Philanthropin, wo man das Abitur erlangen konnte. Die Orthodoxen zogen staatliche Schulen dem religiös-liberalen Philanthropin vor.

Postkarte nach einer Schülerzeichnung, Samson Raphael Hirsch-Schule Am Tiergarten, 1929

Die Realschule der Israelitischen Religionsgesellschaft hatte immer einen verhältnismäßig hohen Anteil von Schülern, die aus kleineren süddeutschen oder hessischen Gemeinden oder sogar aus Russland kamen. Diese waren als zahlende Gäste bei Lehrern aufgenommen oder wohnten in einem der bekannten Frankfurter Pen-

[3] Sulzbach S. 21.

Samson Raphael Hirsch-Schule, im Zeichenunterricht 1925

sionate. Für manche orthodoxe Familie bot die Schule einen Anreiz, nach Frankfurt zu ziehen. Die streng orthodoxe Ausrichtung der Schule verlangte eine strenge Bindung der ganzen Familie an die Religionsgesetze der Israelitischen Religionsgesellschaft in der rituellen Lebensführung im Alltag und am Schabbat. Die dadurch geschaffene Gruppengemeinschaft hatte als Kehrseite eine ausgeprägte Intoleranz, die sich besonders gegen Juden mit anderen Einstellungen richtete. Christen hatte man mit Achtung zu begegnen, aber Kontakte wurden seitens der Schule nicht gefördert.

Bis zur Schulreform der Weimarer Repubik hatte diese Realschule eine Vorschule mit den Klassen 1-4. Mit dem Wegfall der Vorklassen sank die Schülerzahl um etwa 200. Ende der 20er Jahre hatte die Schule stark unter finanziellen Schwierigkeiten zu leiden. Durch den Wegfall der Vorklassen war eine starke Verringerung der Schulgelder eingetreten, und für die IRG ging das Steueraufkommen stetig zurück. Immer wieder mussten ehemalige Schüler und wohlhabende Gemeindemitglieder um finanzielle Unterstützung angegangen werden. Zeitweise erhielt die Schule einen staatlichen Zuschuss. Im Jahr 1929 besuchten 383 Kinder diese Schule, 1933 waren es 385, 317 im März 1938.

Das 75jährige Bestehen begingen die Schule und die Israelitische Religionsgesellschaft 1928 mit einem großen Festakt, bei dem die Namensgebung in Samson Raphael Hirsch-Schule erfolgte.[4]

Israelitische Volksschule

Nach dem Auszug der Realschule aus dem Gebäude Schützenstraße stellte die Israelitische Religionsgesellschaft einen Antrag auf Gründung einer Volksschule, d.h. einer Schule für die ganz geringes oder kein Schulgeld bezahlt werden musste. Sie sollte die Klassen 1–8 umfassen und bis zum vollendeten 14. Lebensjahr gehen. In dem Gründungsaufruf heißt es: „Für die Kin-

Israelitische Volksschule, Röderbergweg 29

[4] Zur Samson Raphael Hirsch-Schule wird in Kürze folgendes Buch erscheinen. Die Samson-Raphael-Hirsch-Schule in Frankfurt am Main. Dokumente, Erinnerungen, Analysen. Hrsg. von der Kommission zur Erforschung der Geschichte der Frankfurter Juden. Bearbeitet von Hans Thiel.

der der Bemittelten ist in ausgiebigster Weise gesorgt, für die Kinder der Minderbemittelten jedoch fehlt es an für sie passenden jüdischen Schulen. Sie sind genötigt, die christlichen Volksschulen zu besuchen, während gerade für sie, auf deren Erziehung das Haus nur einen wenig fördenden Einfluß zu üben imstande ist, die erziehlichen Aufgaben kaum durch konfessionslose Schulen ohne den mächtigen Faktor einer religiösen Einwirkung gelöst werden kann. Gegenwärtig besuchen 200 – 250 jüdische Kinder christliche Volksschulen. Es bedarf wohl kaum eines Hinweises auf die mannigfachen Nachteile und Unzuträglichkeiten, welchen sie daselbst ausgesetzt sind... Das Schulgeld soll ein mäßiges werden, die Kinder sollen wie in den städtischen Mittelschulen eine dem praktischen Bedürfnisse entsprechende, auf den künftigen gewerblichen Beruf berechnete Ausbildung erhalten und sowohl zu tüchtigen, arbeits- und erwerbsfähigen Menschen als zu gesetzestreuen Juden erzogen werden, die dann im Leben im Stande sind, sich durch eigene Tätigkeit als Handwerker und Gewerbetreibende eine sichere und ehrenhafte Stellung zu erwerben."[5] Der Aufruf hatte Erfolg, 1881 erfolgte die staatliche Genehmigung unter der Auflage „daß die Kosten der Errichtung und Unterhaltung dieser Schule ausschließlich von den Unternehmern bestritten werden und dem städtischen Aerar dieserhalb zu keinerlei Zeit irgendwelche Lasten erwachsen."[6] Jungen und Mädchen wurden in den unteren Klassen gemeinsam unterrichtet, dann in getrennten Klassen. Mit 40 Schülern begann die Einrichtung, 1887 hatte sie schon nahezu 300.

1891 konnte die Schule ein neues Gebäude im Röderbergweg/Ecke Bärenstraße beziehen. Wie bei allen anderen Einrichtungen der IRG auch wurde das Geld für den Erwerb des Grundstückes und den Neubau von wohlhabenden Mitgliedern zur Verfügung gestellt, insbesondere von Selig Goldschmidt und Familie Rothschild. Die Leitung der Schule war bis 1898 mit der Leitung der Realschule verbunden und beides wurde von Mendel Hirsch wahrgenommen. Ihm folgten in der Leitung der Volksschule Benjamin Falk, Baruch Stern und Karl Ochsenmann. Die Schülerzahlen stiegen stetig weiter. Der Zuwachs stammte zum großen Teil aus ostjüdischen Familien. Das hatte zur Folge, dass viele Schüler, da sie beim Schuleintritt die deutsche Sprache und Schrift mangelhaft beherrschten, nicht in eine ihrem Lebensalter entsprechende Klasse eingeschult werden konnten, sodass die unteren Klassen überfüllt waren; oft zählten sie bis zu 70 Kindern.[7] In den zwanziger Jahren gingen die Zahlen dann zurück. 1905 erfolgte der Bau einer Schulturnhalle und eines Schülerbrausebads im Keller, Einrichtungen, die besonders für die ärmeren Bevölkerungsgruppen für außerordentlich wichtig erachtet wurden.

Israelitische Volksschule, Erstes Schuljahr 1931/32. Foto Arno Katz, Sandweg 7

Die Bemühungen der Schule, 1906 aufgrund des neuen Volksschulunterhaltungsgesetzes die Anerkennung als öffentliche Volksschule und damit die Berechtigung zu einem städtischen Zuschuss zu erhalten, scheiterten. Sowohl der Frankfurter Magistrat wie auch die Israelitische Gemeinde sprachen sich aus Gründen der

[5] Baruch Stern, 50 Jahre Israelitische Volksschule Frankfurt a. M., Frankfurt a. M. 1932, S. 4f.

[6] Stern, S. 12.

[7] Stern, S. 25.

erwünschten Integration dagegen aus, weil „an sich eine Absonderung der Volksschüler nach Konfessionen nicht wünschenswert und hier in Frankfurt um so weniger Anlaß zur Errichtung einer jüdischen Volksschule gegeben sei, als die Stadt in loyalster Weise für ausreichenden jüdischen Religionsunterricht Sorge trage, der auch vom strenggläubigen Standpunkt nicht beanstandet werden könne."[8] Erst in der Weimarer Republik erhielt die Schule einen städtischen Zuschuss, weil anerkannt wurde, dass die etwa 400 Kinder dieser Schule sonst der Stadt erhebliche Kosten verursacht hätten. Erst mit diesem Zuschuss und nachdem die Schule ganz der Israelitischen Religionsgesellschaft unterstellt wurde, konnten die Gehälter, die etwa um 20 % unter den allgemeinen Lehrergehältern lagen, angeglichen werden. Infolge der Abschaffung der Vorschulen im Jahr 1924 und Einführung der gemeinsamen obligatorischen vierjährigen Volksschule stiegen die Schülerzahlen erheblich an: von 192 Schülerinnen und Schülern im Jahr 1924 auf das Dreifache, nämlich 627, im Jahr 1929 im Grundschulbereich. Die Zahlen in den oberen Klassen blieben konstant um die 140–160. Die Mehrzahl der Schüler wechselte nach dem 4. Schuljahr auf die Realschule der Israelitischen Gemeinde.

Die Israelitische Volksschule spiegelt stärker als andere jüdische Einrichtungen die sozialen Probleme wider, die sich durch Zuwanderung ärmerer Juden und durch Ostjuden ergaben. Der Erste Weltkrieg führte zu erheblichen Schwierigkeiten bei der Aufrechterhaltung des Unterrichtsbetriebs, vor allem weil für zahlreiche „jüdische Flüchtlingsfamilien und von Angehörigen der zum Arbeitsdienst Gezwungenen"[9] zusätzliche Klassen, sog. Flüchtlingsklassen, eingerichtet werden mussten. Steigende Preise, sinkende Löhne und zunehmende Arbeitslosigkeit in der Inflationszeit vergrößerten die Probleme. Die 1916 eingerichtete Stelle einer Schulpflegerin hatte die Aufgabe, sich um die zahlreichen sozialen Probleme in den Familien zu kümmern.

Geborgenheit und Zuflucht. In der Zeit des Nationalsozialismus

Nach 1933 gewannen die jüdischen Schulen eine besondere Bedeutung als Refugium und Schutzraum für die zunehmend isolierten Kinder und als Hilfe für die Familien. Die Lehrkräfte sahen sich dabei mit immensen Problemen konfrontiert. Zunächst war eine wachsende Schülerzahl mit einer zunehmend heterogenen Zusammensetzung zu bewältigen. Eltern in Kleinstädten und Gemeinden wollten ihre Kinder auf öffentlichen Schulen nicht Angriffen und Ausgrenzungen aussetzen. Sie zogen nach Frankfurt oder trennten sich von den Kindern und schickten diese allein in die Großstadt. Andere Schüler kamen, als zahlreiche kleine jüdische Schulen aus finanziellen Gründen geschlossen werden mussten. Seit 1935 jüdische Kinder öffentliche Schulen nicht mehr oder nur eigeschränkt besuchen durften, mussten viele auf die verbleibenden jüdischen Schulen wechseln, häufig gegen den eigenen Wunsch. Diese Entwicklung hatte die Einrichtung von Schülerheimen wie z. B. in Frankfurt das Beith Neorim (Haus der Jungen) in der Hölderlinstraße 10, sowie die gezielte Suche nach privaten Unterkünften zur Folge.

Lehrer und Lehrerinnen bemühten sich sehr darum, den Kindern in der Schule eine Heimat und Geborgenheit zu geben, ihr Selbstbewusstsein zu stärken und ihnen in der Gemeinschaft Hoffnung zu vermitteln. Mit kulturellen Veranstaltungen wurde die Gemeinschaft bestätigt und für Ablenkung gesorgt. Änderungen im Lehrplan zeigen, dass die Vorbereitung für die Auswanderung auch in der Samson Raphael Hirsch-Schule einen hohen Stellenwert erhielt und die frühere antizionistische Einstellung in den Hintergrund drängte. So wurde die in Palästina gesprochene Sprache Iwrith (Neuhebräisch) verpflichtendes Unterrichtsfach, ebenso Palästinakunde. Englisch wurde erste Fremdsprache und dabei die mündliche Sprachbe-

[8] Stern, S. 45.

[9] Stern, S. 48.

herrschung in den Vordergrund gestellt, das Spanische verdrängte das Französisch. „Körperliche Ertüchtigung" wurde intensiviert, da die Schüler nicht länger Kaufleute oder Rechtsanwälte werden konnten, sondern einen handwerklichen Beruf ergreifen mussten. Zusätzlich bot die Schule handwerkliche Kurse an, so einen Schreinerkurs als Vorbereitung auf die Auswanderung. Für Mädchen konnte eine Aufbauklasse eingerichtet werden, in der in Zusammenarbeit mit jüdischen Institutionen Haushaltsführung, Gesundheitslehre, neuhebräische Sprache gelehrt wurde. Ausflüge und Landschulaufenthalte verstärkten das Gemeinschaftsgefühl, ermöglichten unbeschwerte Stunden und dienten der gesundheitlichen Fürsorge.[10]

Die Ausweisung der polnischen Juden am 28. Oktober 1938 konfrontierte die Schulgemeinschaft mit der unerbittlichen judenfeindlichen Politik: Etwa 200 Schüler der Samson Raphael Hirsch-Schule und der Israelitischen Volksschule und ihre Familien waren betroffen. Nach dem 10. November 1938 konnte nur noch ein Notunterricht erteilt werde. Zahlreiche Lehrer waren verhaftet. Einige bereits ausgewandert. Frauen und pensionierte Lehrer übernahmen den Unterricht. Die Israelitische Volksschule zog in das Gebäude am Tiergarten ein, da ihr Haus am Röderbergweg für die Jüdische Wohlfahrt gebraucht wurde. Da die Synagoge Friedberger Anlage nicht mehr benutzt werden durfte, wurde die Turnhalle als Gottesdienstraum eingerichtet. Der Musikraum wurde für die immer wichtiger werdende „Kinderspeisung" zur Verfügung gestellt.

Nach der behördlich verfügten Zusammenlegung der Israelitischen Religionsgesellschaft mit der Israelitischen Gemeinde beschloss die Samson Raphael Hirsch-Schule im Januar 1939 ihre Auflösung. Von den 80 Kindern konnte eine nicht bekannte Zahl mit Kindertransporten nach England kommen. Die verbleibenden Schulkinder mussten fortan die Volksschule im Philanthropin besuchen. Ende Juni 1942 wurde auch diese Schule geschlossen. Zu dem Zeitpunkt hatten die Deportationen aus Frankfurt begonnen. Zahlreiche Kinder im schulpflichtigen Alter waren unter den Verschleppten und Ermordeten, ebenso viele Lehrer und Lehrerinnen, die bis zuletzt aus Verantwortung bemüht waren, den Schulbetrieb aufrecht zu erhalten.

Samson Raphael Hirsch-Schule, im Taunus 1937

Stätten der religiösen Ausbildung: drei Jeschiwoth

Frankfurt hatte im 20. Jahrhundert drei Tora-Lehranstalten, Jeschiwoth. Das waren höhere Lehranstalten für fortgeschrittene Studien der Bibel (Tora), des Talmud und rabbinischer Schriften. Sie dienten der Vorbereitung zur Ausbildung als Rabbiner, Vorsänger und Lehrer oder auch nur der Intensivierung von Kenntnissen. In Deutschland gab es nur sehr wenige Lehranstalten, weshalb die meisten Rabbiner aus Osteuropa geholt wurden. Die Gründung von drei dieser Lehranstalten in einer Stadt war eine Besonderheit, die mit der starken Orthodoxie in Frankfurt und den unter-

[10] Meier Schüler, Geschichte der Samson Raphael Hirsch-Schule, 1928–1939, Ms., Jüdisches Museum, Archiv 245.

schiedlichen Richtungen innerhalb der Orthodoxie zusammenhängt. Da alle orthodoxen Rabbiner in Frankfurt damals aus Ungarn kamen und selber eine Ausbildung sowohl an einer Jeschiwa als auch an einer Universität erhalten hatten, knüpften sie an diese Tradition an.

Tora-Anstalt Jeschiwa

Rabbiner Dr. Salomon Breuer, der Nachfolger von Rabbiner Hirsch in der Israelitischen Religionsgesellschaft und dessen Schwiegersohn, gründete 1892 eine Tora-Lehranstalt, die bald die Breuersche Jeschiwa genannt wurde. Im Sinne der Lehre von Rabbiner Samson Raphael Hirsch und in „Übereinstimmung mit jenem Grundsatze, wonach die Pflicht des Toralernens an Bedeutsamkeit alle anderen überragt",[11] war das Ziel das intensive Studium der Tora und der rabbinischen Literatur für 1–2 Jahre, vor allem nach Beendigung der Schule und vor Aufnahme einer Berufs- und Geschäftstätigkeit oder eines Studiums. Das Lernen in der Jeschiwa schuf die Voraussetzung zum lebenslangen Selbststudium. Die Biographien über Schüler der Helmholtzschule zeigen, dass Schüler zum Lernen an der Tora-Lehranstalt nach Frankfurt kamen und anschließend die Oberrealschule bis zum Abitur besuchten; andere erwarben die Mittlere Reife auf der Helmholtzschule und besuchten anschließend die Jeschiwa; wieder andere wechselten mehrmals.[12] Neben den Kursen für Erwachsene wurden Schülerkurse angeboten, da für wirklich orthodoxe Elternhäuser der Religionsunterricht auch an jüdischen Schulen für nicht ausreichend erachtet wurde. Mitte der 20er Jahre wurden in 13 Klassen 150 Schüler von 9 Lehrern unterrichtet.

Studenten auf dem Dach der Tora-Anstalt Jeschiwa, 1931

Der Breuerschen Jeschiwa stand durch die „Rosa Oppenheimer geb. Cramer-Stiftung" ein geräumiges eigenes Haus neben der Synagoge zur Verfügung, Friedberger Anlage 4. Es verfügte über einen großen Hörsaal und vier kleinere Lehrräume. Seit 1926 wurde sie von Josef Breuer, einem Sohn Salomon Breuers, geleitet. Dieser erkannte sofort die Gefahr durch die Nationalsozialisten und versuchte 1933 die Jeschiwa mit den damaligen Studierenden nach Fiume zu verlegen, was an fehlenden finanziellen Mitteln scheiterte. Aber es gelang ihm, mit zahlreichen Schülern und seiner Familie in die USA einzuwandern.

Von einer aktenkundigen Denunziation haben die Schüler und Lehrer damals wahrscheinlich gar nichts erfahren: Im Mai 1934 schrieb der Vorstand des Reichsbahn-Verkehrsamts Nürnberg 2 der Reichsbahndirektion in Nürnberg: „Die Sondernummer des ‘Stürmer’ schreibt auf Seite 2: ‘Es ist ein Gebot, die Leugner der Thora zu töten. Zu den Leugnern der Thora gehören auch die Christen.’ Auf Grund dieser Lehre wäre in

[11] Dokument im Grundstein der Synagoge Friedberger Anlage, 1905; Arnsberg Bd. 2, S. 40.

[12] Hans Thiel, Die jüdischen Lehrer und Schüler der Frankfurter Helmholtzschule 1912–1936, Frankfurt 1994.

Erwägung zu ziehen, den Schülern der Thora-Lehranstalt in Frankfurt (M.) die 50% Fahrpreisermässigung zu entziehen." Dieser Brief durchlief mehrere Instanzen und wurde auf Grund einer von der Staatspolizeistelle des Regierungsbezirks Wiesbaden vorgelegten erstaunlich differenzierten Ermittlung vom 18.3.1935 entschieden: „Für die Ausführungen des Stürmers konnten somit Beweise nicht erbracht werden."[13]

Am 1. April 1939 mussten alle Tora-Lehranstalten geschlossen werden.

Rabbinische Lehranstalt Jeschiwa

Die mit der konservativen Synagoge am Börneplatz und der Israelitischen Gemeinde verbundene Jeschiwa wurde von dem ersten Rabbiner dieser Synagoge, Marcus Horovitz, gegründet. Bekannt geworden ist sie als Hoffmann'sche Jeschiwa, nachdem sie unter Rabbiner Jakob Hoffmann eine tief greifende Veränderung erfahren hatte. In einem Spendenaufruf von 1929 heißt es: Die Jeschiwa „erfüllt eine zweifache Aufgabe. Sie stattet junge Leute, die sich dem Rabbiner- und Lehrberuf widmen wollen, mit tiefer und umfassender Kenntnis des biblisch-talmudischen Schrifttums aus und darüberhinaus vermittelt sie Studenten und schulentlassenen jungen Leuten vor dem Eintritt ins Berufsleben gründliches, aus den Quellen geschöpftes Torawissen. Daneben erhalten die Zöglinge auch systematische Ausbildung in allen Lehrgegenständen der höheren Schule."[14] Im Unterschied zu den beiden anderen Jeschiwoth in Frankfurt wurden in der Hoffmannschen Jeschiwa auch weltliche Fächer unterrichtet, die es Studenten ermöglichten, das Abitur abzulegen und eine Universität zu besuchen. Diese Verbindung von religiösem und weltlichem Lernen wurde besonders für die zahlreichen Studenten aus Osteuropa für wichtig erachtet, die dort später als Gemeindebeamte arbeiten sollten. Ebenso bedeutsam war es für die Integration von in Frankfurt lebenden Ostjuden in die Israelitische Gemeinde. In den unteren Klassen der Jeschiwa überwogen Lernende aus Deutschland, in der Oberklasse solche aus Osteuropa. Mit etwa 60 Studenten war sie kleiner als die Breuersche Jeschiwa.[15] Dank der Finanzierung durch einen wohlhabenden Bankier konnte die Jeschiwa 1928 von einem Nebengebäude der Börneplatzsynagoge in ein geräumigen Haus in der Theobald-Str. 6 umziehen, das in den oberen Stockwerken auch Wohnräume für Studierende hatte.

Joseph Breuer, ab 1926 Leiter der Tora-Anstalt Jeschiwa

In den ersten Jahren mischten sich die Nationalsozialisten in die religiösen Angelegenheiten der Juden nicht ein, sodass die Jeschiwoth weiter geführt werden konn-

In der Bibliothek der Hoffmann'schen Jeschiwa, etwa 1936

ten. Sie wurden ein Zufluchtsort für orthodoxe Jugendliche, die sonst keine Perspektive sahen. Eric Sommer, der heute in New York lebt, hat uns seine Erinnerung an diese Zeit mitgeteilt:

„Im Frühjahr 1935 verließ ich freiwillig die Eberhart-Schule in Hanau. Der Grund dafür war, daß durch die Nazi-Propaganda die Schüler den jüdischen Mitschülern nicht mehr kameradschaftlich gesinnt waren. Manche Lehrer schwärmten während des Unterrichts sehr von dem 'Führer' und oft wurden die Nazi- und antijüdischen Lieder gesungen. Auch das Handheben

[13] Institut für Stadtgeschichte (IfS), Akten Schulamt 4.950.

[14] Jüdisches Museum, Archiv 354.

[15] IfS, Akten Schulamt 4.950, Jahresberichte 1926–1934.

und 'Heil Hitler'-Schreien störte mich. Bei der Bahnfahrt von Windecken nach Hanau und zurück gab es öfters Ausschreitungen gegen jüdische Schüler und einer davon wurde öfters geschlagen. Um meine weitere Ausbildung besorgt, folgten meine Eltern dem Rat mich auf die Jeschiwa zu schicken. So kam ich im Herbst 1935 in die Hoffmann Jeschiwa in Frankfurt. Zuerst war mir alles sehr fremd und hatte auch etwas Heimweh. Jedoch nach kurzer Zeit hatte ich mich in das neue Milieu eingewöhnt.

Das Studium bestand nur aus hebräischen Fächern, wie Bibelunterricht mit Erklärungen, sowie die mündlichen Gesetze, d. h. wie man sich als religiöser Mensch führen soll. Am Anfang waren mir diese Fächer ziemlich schwer, da die Religionsstunden in Windecken sowie in Hanau sehr ungenügend waren. Meine Mitschüler kamen aus vielen Städten Deutschlands und die meisten hatten schon eine bessere Schulung in diesen Fächern. Mein Nebenmann in der Klasse war der nun berühmte Herschel Grynszpan. Ein großer Teil der Schüler stammte von ostjüdischen Eltern ab, welche eine bessere Erziehung im Jüdischen hatten. Ein Teil der Schüler kam von einer Hachschara oder wollte noch gehen, um später nach Palästina auszuwandern.

Jeschiwa-Studenten nach einem Fußballspiel, 1936. 2. v. l. in der 2. Reihe ist Herschel Grynszpan

Wie bekannt war die Leitung der Jeschiwa zionistisch eingestellt. Der Direktor war ja der bekannte Rabbiner Dr. Jakob Hoffmann, der ja auch Präsident der Misrachi in Deutschland war. Einmal war ich auch bei Rabbiner Hoffmann am Freitag abend zu Tisch eingeladen, da er mich besser kennenlernen wollte. Der Unterricht wurde von verschiedenen Dozenten gegeben, die meistens aus Polen oder Ungarn kamen, und deshalb lehrten sie nach den Methoden wie sie es in ihrer Jugend gelernt haben, was mir nicht sehr zusagte. Die Atmosphäre zwischen den Schülern war sehr kameradschaftlich.

Das Gebäude in der Theobald Christ-Straße hatte, wie ich mich erinnere, vier Stockwerke. Im Parterre waren die Küche, und ein großer Speisesaal, der auch zum Gottesdienst diente. Die Küche wurde von Mädels geführt und als Hachschara angesehen. Im 2ten Stock waren die Schulzimmer und das Büro des Leiters Herr Dorfzaum. Im 3ten und 4ten Stock die Schlafräume. Das Essen war nicht das Beste, besonders durch den Mangel an koscherem Fleisch, aufgrund des Schächtverbots durch die Nazis. Zu meinem Glück war gegenüber der Jeschiwa die „Israelitische Suppenanstalt". Dort arbeitete eine Kusine von mir, so daß ich öfters dort Nahrungszusatz bekam.

Von der Nazizeit haben wir nur wenig gespürt, denn in der Großstadt taucht man unter. Im Frühjahr 1936 verließ ich die Jeschiwa und kehrte nach Windecken zurück. Für ca. 3 Monate fand ich Arbeit in einem Seifengeschäft in Hanau, aber das war für die Dauer keine Zukunft.

Im Herbst 1936 schickten mich meine Eltern in die 'Samson Raphael Hirsch' Jeschiwa in Frankfurt, geführt von Rabbiner Dr. Josef Breuer. Die Jeschiwa war ein Gebäude neben der Friedberger Anlage-Synagoge. Wer nicht aus Frankfurt war oder nicht privat wohnte, wurde in einem Haus in der Obermain-Anlage untergebracht. Dort waren 2 Etagen zur Verfügung. Eine davon wurde von Herrn und Frau Horwitz betreut, die andere von Herrn und Frau Willi Wolf. Dort wurde auch gegessen und morgens gebetet. Am Schabbat ging ich meistens zur Friedberger Anlage-Synagoge, denn der Gottesdienst dort war sehr schön und andächtig.

Auch hier war das Verhalten der Mitschüler sehr freundschaftlich und machte viele Freunde. Von beiden Jeschiwoth traf ich einige Schüler wieder in Israel. Das Lernen in dieser Jeschiwa war ganz anders. Es war dem deutschen Studium angepaßt, und deshalb konnte ich es viel besser verstehen. Jeden Freitag Morgen war 'Verhör' im großen Saal der Jeschiwa. Meine Lehrer wußten, daß ich gut vorbereitet war, und deshalb wurde ich öfters geprüft. Die älteren Schüler machten manchmal Ausflüge mit den jüngeren, wie z. B. ein Besuch des Luftschiffes 'Hindenburg' im Rhein-Main-Flughafen. Auch hier spürten wir wenig von der Nazityrannei. Ende 1936 beschlagnahmte der Landrat von Hanau das neugebaute Haus meiner Eltern, und deshalb zogen sie in Untermiete nach Frankfurt. Wie fast jeder Jude, bemühten sie sich zur Auswanderung. Es gelang ihnen ein Besuchsvisum für 4 Wochen für Frankreich zu bekommen. Am 7. März 1937 verließen wir Frankfurt und Deutschland. Kurz zuvor verließ ich die Jeschiwa."[16]

Trotz erheblicher finanzieller Schwierigkeiten setzten sich Rabbiner und Lehrer nicht nur für die Aufrechterhaltung des Betriebes ein, sondern suchten auch nach Wegen der Auswanderung. Rabbiner Hoffmann, der zionstisch orientiert war, stellte die Zusammenarbeit mit Mitgliedern zionistischer Jugendorganisationen wie Berit Hanoar Hadati und Bachad her, die den Besuch einer Jeschiwa als Vorbereitung ihrer Einwanderung nach Palästina ansahen. Viele Schüler besuchten nach der Jeschiwa ein landwirtschaftliches Vorbereitungslager oder den Kibbuz Rodges in der Nähe von Fulda und kamen mit der Jugendalija nach Palästina.

Jakob Hoffmann war Mitglied der Reichsvertretung der deutschen Juden (nach den Nürnberger Gesetzen: Reichsvertretung der Juden in Deutschland). Am 12. März 1937 wurde er im Auftrag der SS Berlin festgenommen und am 16. März aus Deutschland ausgewiesen, ohne dass Anklagepunkte gegen ihn genannt wurden. Wahrscheinlich ist diese Ausweisung erfolgt, weil Hoffmann Mitglied der Reichsvertretung war und ein

Sitzung der Reichsvertretung der Juden in Deutschland, 1934. 2. v. l. Dr. Jakob Hoffmann, stehend Dr. Leo Baeck

Zeichen gesetzt werden sollte, wie ernst es den Nazis mit dem Druck gegen die Juden war. Hoffmann hatte 1929 die deutsche Staatsbürgerschaft erlangt, diese wurde ihm aber 1934 wieder aberkannt. Da er seine ursprüngliche ungarische Staatsbürgerschaft behalten hatte, war er 1937 ungarischer Bürger. Die Ausweisung – er blieb zunächst in Wien und konnte dann in die USA emigrieren – rettete ihm das Leben, denn als bekannt wurde, dass Herschel Grynszpan Schüler seiner Jeschiwa war, folgten mehrere staatliche Durchsuchungen und eine Verhaftung von Hoffmann wäre sicher gewesen.

[16] Brief vom November 1999. Ausführlich über Erich Sommer, seinen Aufenthalt in Frankreich und die Flucht über die Pyrenäen in Monica Kingreen, Jüdisches Landleben, S. 194ff.

Toralehranstalt Thauras Mausche

Rabbiner Moses Schneider

Diese meistens Schneider'sche Lehranstalt genannte Einrichtung war „eine östliche Jeschiwah mit all ihrem bunten geräuschvollen Getriebe", „ein Stück Litauen im besten und jüdischstem Sinne".[17] Der Gründer und Leiter Rabbi Moses Schneider, geboren in Dsewenischki, Litauen, hatte seine rabbinische Ausbildung in Wilna, dem „litauischen Jerusalem", und in Woronowo erhalten. 1912 gründete er eine eigene Jeschiwa in Memel (Ostpreußen). 1917 kam er nach Frankfurt, wo er eine Lehranstalt für osteuropäische Flüchtlingskinder einrichtete, aus der sich dann die Jeschiwa entwickelte. In einem offiziellen Bericht an das Stadtschulamt heißt es 1934: „Die Aufgabe der Schule ist, talmudische Wissenschaft aus gesetzestreuer Grundlage durch systematischen Unterricht zu pflegen. Als praktisches Ziel erstrebt sie die Heranbildung von Gemeindebeamten, wie Rabbinatsassistenten, Talmudlehrern, Schochtim (Schächtern) und Kantoren, die durch ein umfassendes talmudisches Wissen die Gewähr für eine traditionelle gesetzestreue Gestaltung der jüdischen Lebensverhältnisse, insbesondere in Landgemeinden und kleineren Städten bieten."[18]

Die Unterrichtsanstalt war als Privatschule anerkannt und hatte Räume in der Ostendstraße 18, die laut Feststellung des Stadtgesundheitsamtes für 12 Personen geeignet waren, aber wohl regelmäßig eine viel höhere Anzahl an Lernenden umfassten. Die Teilnehmer blieben überwiegend osteuropäische Juden, die zum Studium nach Frankfurt kamen oder bereits in Frankfurt lebten, bzw. Kinder von Eingewanderten, die parallel zu Arbeit oder Schule abends in der Jeschiwa lernten. Nach dem Novemberpogrom 1938, bei dem auch seine Jeschiwa mit dem dazugehörenden Betraum zerstört wurde, konnte Schneider mit vielen seiner Schüler nach London entkommen, wo er und später sein Sohn die Jeschiwa weiter führten.

Zur Ausbildung nach Frankfurt

Frankfurt entwickelte sich seit dem ausgehenden 19. Jahrhundert immer stärker zu einem Ausbildungszentrum für Juden aus dem hessischen und süddeutschen Raum. Orthodoxe Juden, die gemäß ihren religiösen Vorschriften am Schabbat und den jüdischen Feiertagen nicht arbeiten durften, waren im Allgemeinen darauf angewiesen, in einer jüdischen Firma zu lernen. Und auch nicht alle jüdischen Firmen waren noch bereit, darauf Rücksicht zu nehmen. Immerhin gab es in Frankfurt gute Chancen für Orthodoxe, eine Ausbildungsstelle zu finden und entsprechende Unterstützung in der jüdischen Gemeinde zu erhalten. Zunehmend kamen auch junge Mädchen mit dem Wunsch nach Ausbildung nach Frankfurt.

Teile des jüdischen Bürgertums schickten ihre Kinder nach Frankfurt, um das Abitur zu machen oder zur Vervollständigung der Allgemeinbildung und der gesellschaftlichen Bildung. Hierfür standen mehrere Pensionate und auch Privatunterkünfte in Familien zur Verfügung, die gegen Bezahlung junge Menschen aufnahmen und ihnen einen schulischen sowie gesellschaftlichen Rahmen boten.

Dem Interesse an einer Ausbildung für Mädchen im pflegerischen, erzieherischen und hauswirtschaftlichen Bereich entsprechend, und um den eigenen Bedarf an ausgebildeten Kräften zu decken, richtete die Jüdische Gemeinde Ausbildungsstellen wie die Krankenpflegerinnenschule und die Haushaltungsschule ein. Beide Einrichtungen, die als Verein organisiert wurden, verstanden sich selbst als Teil der Frauenbewegung, die damals für die Berufstätigkeit der Frau eintrat, aber ein besonderes Aufgabengebiet in der Entwickung sozialer Berufsfelder sah. Außerdem verlangte sie eine Ausbildung für die private Haushaltsführung und eine Qualifizierung für den Beruf der Dienstmädchen.

[17] Der Israelit, Nr. 15/16, 1. April 1922, S. 5.

[18] IfS, Akten Schulamt 4.949, Schneider'sche Tora-Lehranstalt 1931–1939.

Die Jüdische Haushaltungsschule

Die 1897 auf Initiative von Mitgliedern der Frankfurt-Loge Bnei Brith gegründete Jüdische Haushaltungsschule war zunächst in dem ehemaligen Rothschildschen Bankgebäude Fahrgasse 146 untergebracht, nach 1914 in dem ehemaligen jüdischen Krankenhaus Königswarter Straße. Zur Haushaltungsschule gehörte ein Internat im gleichen Gebäude. In ihrer bei der Gründung formulierten Zielsetzung heißt es: „Die jüdische Haushaltungsschule zu Frankfurt am Main sucht den häufigen sozialen und sittlichen Übelständen in den unbemittelten jüdischen Volksklassen durch eine gediegene hauswirthschaftliche Erziehung der weiblichen Jugend, und in weiterer Folge durch die Pflege des jüdischen Dienstbothenthums zu steuern. Zur Erreichung dieses Zweckes bemüht sie sich, jüdische Mädchen in allen hauswirtschaflichen Zweigen so auszubilden, daß sie kraft des Erlernten zunächst erwerbsfähig werden, und weiter als zukünftige Ehefrau des kleinen Mannes ihren Haushalt mit geringen Mitteln vernünftig und sparsam zu leiten verstehen.“[19]

Anzeige: Der Israelit, März 1924

Schülerinnen der Haushaltungsschule, 1931

Der Vorstand der Jüdischen Haushaltungsschule wurde überwiegend von Frauen gebildet, der erste Vorsitzende war allerdings ein Mann. Dieser Vorstand warb offentlich für den Beruf der Köchin und des Dienstmädchens. Im 7. Jahresbericht 1904 wird über die Erwerbschancen der jüdischen weiblichen Jugend referiert. Darin wird auf die geringen Verdienste für Schneiderinnen und Modistinnen hingewiesen, auf die lange und teure Ausbildung im kaufmännischen Bereich und die großen Schwierigkeiten, anschließend eine Stelle zu finden, an der nicht am Schabbat gearbeitet zu werden braucht. Dann heißt es wörtlich: „In dem Beruf der Hausgehülfin dagegen – wir nehmen auch hier das Beispiel unserer Zöglinge – finden die Mädchen nach sechsmonatiger Lehrzeit bei uns – sofort gutbezahlte Stel-

[19] Erster Bericht der Jüdischen Haushaltungsschule zu Frankfurt a. M. für die Zeit vom 1. Oktober 1897 bis 30. September 1898, S. 4.

lungen. Hier hat das Mädchen volle Pension, freie Wäsche, für sie wird immer das Krankengeld und zumeist die Invaliditäts-Marke ganz bezahlt, an ihre Toilette werden keine Ansprüche gestellt, in vielen Familien bekommt sie im Gegenteil Hauskleider…"[20]

Nach dem Ersten Weltkrieg hat die Haushaltsschule den Anschluss an die Professionalisierung von Tätigkeiten im sozialen Bereich gesucht und zusätzliche Klassen eingerichtet zur Ausbildung von technischen Lehrerinnen und Gewerbelehrerinnen sowie für die Ausbildung zu Anstaltsbeamtinnen, d. h. Leiterinnen von Kinderheimen und Waisenhäusern. Es handelte sich dabei um eine einjährige theoretische und praktische Ausbildung mit einer staatlich anerkannten Abschlussprüfung.

[20] Siebenter Bericht der Jüdischen Haushaltungsschule für die Zeit vom 1. Oktober bis 30. September 1904, Frankfurt a. M. 1905, S. 5.

[21] Jüdisches Gemeindeblatt, Nr. 12, August 1931, S. 376.

Informationen zur Ausbildung als Krankenschwester, 1926

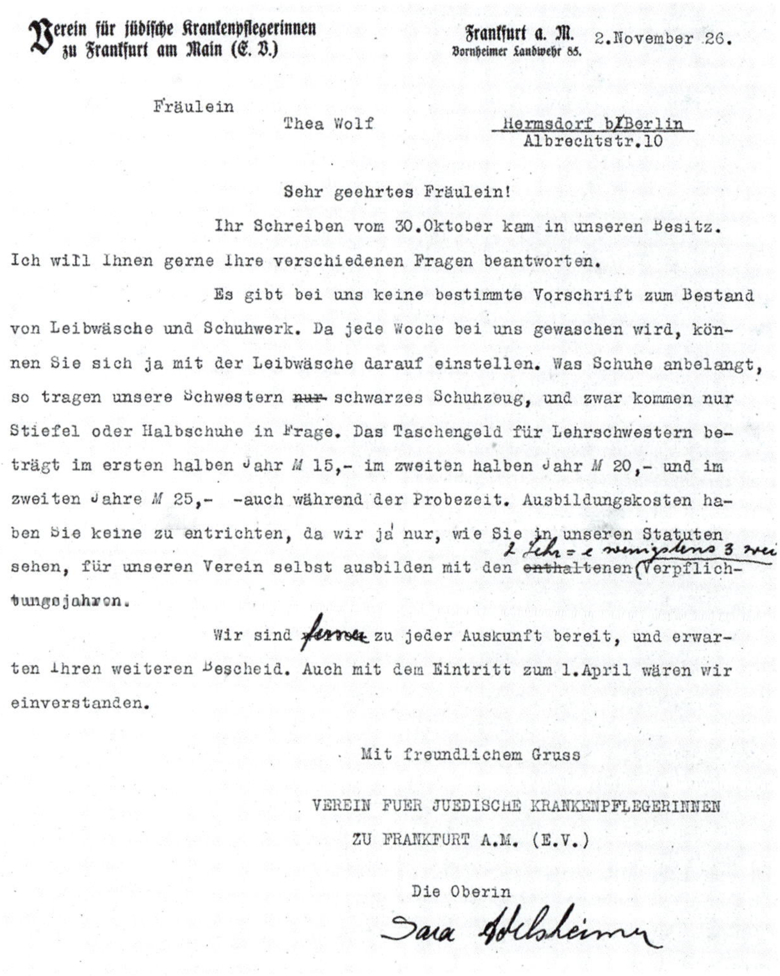

Verein für jüdische Krankenpflegerinnen zu Frankfurt am Main (E. V.)

Frankfurt a. M. Bornheimer Landwehr 85. 2.November 26.

Fräulein Thea Wolf
Hermsdorf b/Berlin
Albrechtstr.10

Sehr geehrtes Fräulein!

Ihr Schreiben vom 30.Oktober kam in unseren Besitz. Ich will Ihnen gerne Ihre verschiedenen Fragen beantworten.

Es gibt bei uns keine bestimmte Vorschrift zum Bestand von Leibwäsche und Schuhwerk. Da jede Woche bei uns gewaschen wird, können Sie sich ja mit der Leibwäsche darauf einstellen. Was Schuhe anbelangt, so tragen unsere Schwestern ~~nur~~ schwarzes Schuhzeug, und zwar kommen nur Stiefel oder Halbschuhe in Frage. Das Taschengeld für Lehrschwestern beträgt im ersten halben Jahr M 15,- im zweiten halben Jahr M 20,- und im zweiten Jahre M 25,- -auch während der Probezeit. Ausbildungskosten haben Sie keine zu entrichten, da wir ja nur, wie Sie in unseren Statuten sehen, für unseren Verein selbst ausbilden mit den ~~enthal~~tenen Verpflichtungsjahren.

Wir sind ~~ferner~~ zu jeder Auskunft bereit, und erwarten Ihren weiteren Bescheid. Auch mit dem Eintritt zum 1.April wären wir einverstanden.

Mit freundlichem Gruss

VEREIN FUER JUEDISCHE KRANKENPFLEGERINNEN ZU FRANKFURT A.M. (E.V.)

Die Oberin

Verein für jüdische Krankenpflegerinnen zu Frankfurt am Main e.V.

Der 1893 gegründete Verein für Jüdische Krankenpflegerinnen hatte das Ziel, Schwestern für alle Zweige der Krankenpflege auszubilden. Das erfolgte in Zusammenarbeit mit dem Krankenhaus der Israelitischen Gemeinde. Daneben war es das Bestreben des Vereins, „auch für die Pflege Erkrankter im Privathause seine tüchtigen und erfahrenen Schwestern zur Verfügung zu halten."[21] Die Krankenpflegerinnenschule zog viele junge Mädchen nach Frankfurt. Sie wurde Vorbild für ähnliche Gründungen z. B. in Berlin, Hamburg, Breslau. Die Wohnräume der Schwesternschülerinnen und die Unterrichtsräume waren zunächst in der Königswarter Straße untergebracht. 1914 konnte das neue Schwesternhaus, ein von Franz Röckle erbautes, großzügig angelegtes Gebäude, in der Bornheimer Landwehr 85 auf der Höhe des Röderbergwegs bezogen werden.

Anlernwerkstatt

Nach 1933 verschlechterten sich die Berufsaussichten für jüdische Jugendliche rapide. Es war schwer, Lehrstellen in nichtjüdischen Firmen zu finden, immer mehr jüdische Firmen gerieten in wirtschaftliche Schwierigkeiten und konnten deshalb keine Ausbildungsplätze anbieten. Die Aufnahme eines Studiums war ebenfalls ausgeschlossen. Für Mädchen bestand die Möglichkeit, in der jüdischen Haushaltungsschule unterzukommen oder bei Schneiderinnen und Näherinnen zu arbeiten und damit einen als nützlich angesehenen Beruf zu erlernen. Für die männlichen Jugendlichen war die Lage schwieriger, denn eine kaufmännische Ausbildung galt nicht als zukunftsträchtig und andere Möglichkeiten gab es kaum. Viele Eltern suchten für ihre Kinder eine handwerkliche oder landwirtschaftliche Ausbildung, weil diese in vielen Ländern die Chancen für ein Einreisevisum verbesserte.

Das Problem der Berufsausbildung stellte sich in Frankfurt besonders stark wegen des unaufhörlichen Zuzugs. In Zusammenarbeit mit der Reichsvertretung der Juden in Deutschland stellte deshalb die Jüdische Wohlfahrtspflege bereits im September 1933 einen Antrag bei Bürgermeister Krebs auf Einrichtung einer Anlernwerkstätte. Die Genehmigung erfolgte ohne Schwierigkeiten. Die Anlernwerkstatt entsprach der damals von der Reichspolitik veröffentlichten Zielsetzung, dass die Auswanderung der Juden und besonders auch der ärmeren zu fördern sei. Der Name „Anlernwerkstatt" besagte, dass es sich nicht um eine Lehrlingsausbildung handelte, sondern um eine Einrichtung, „in der lediglich jüdische Erwerbslose handwerklicher Arbeit nahegebracht werden sollen," wie es in dem staatlichen Genehmigungsschreiben heißt.[22] In der Annahme, dass Auswanderungsbemühungen zu einem baldigen Erfolg führen würden, wurde zunächst eine sogenannte Grundlehre eingeführt für Metall- und Holzverarbeitung. Angesichts der wachsenden Probleme von Jugendlichen, nach der Schulentlassung Arbeitsstellen zu finden, erfolgte 1936 die Erweiterung zu einer Ausbildungseinrichtung mit dem Status einer Berufsfachschule für die Bereiche Schreiner, Schweißer, Schuhmacher, Gärtner und Weißzeug-Näherinnen. Es wurde praktischer und theoretischer Unterricht erteilt, und die Anlernwerkstatt war berechtigt, ein entsprechendes qualifiziertes Zeugnis für diejenigen auszustellen, die auswandern konnten.

Die Anlernwerkstatt war in einer ehemaligen Fabrik, Fischerfeldstraße 13, untergebracht. Ein Teil der praktischen Ausbildung erfolgte in anderen jüdischen Einrichtungen, so auch in der Haushaltungsschule und auf dem Friedhof. Angeschlossen waren Wohnheime für die zahlreichen Jugendlichen, die von auswärts kamen. Im Januar 1939 arbeiteten in der Anlernwerkstatt etwa 300 Jugendliche in 16 Ausbildungsgruppen, Anfang 1941 hatte sie 120 Teilnehmer im Alter zwischen 15 und 19 Jahren. In der Anlernwerkstätte für Weißzeugnäherinnen waren 40 Schülerinnen. Auswanderungschancen gab es zu diesem Zeitpunkt nicht mehr, aber die Anlernwerkstatt konnte Jugendliche vor dem Einzug zur Zwangsarbeit bewahren.

In der Anlernwerkstatt, 1935

Die Anlernwerkstatt stand wie alle Einrichtungen unter der Aufsicht der Gestapo. Der Leiter war ein Nichtjude, der Gewerbelehrer Bernhard Beling, der einen großen Einfluss auf den Ausbau und die Weiterentwicklung dieser Einrichtung genommen hat. Im Juli 1942, nach der Auflösung der Anlernwerkstatt und aufgrund einer Anordnung des Reichsministers des Innern, musste die Jüdische Kultusvereinigung für die Jüdische Gemeinde in Frankfurt ihm die Kündigung aussprechen. Zu dem Zeitpunkt war er zur Wehrmacht einberufen.

[22] Der Regierungspräsident an den Oberbürgermeister, 15.12.1933; Dokumente zur Geschichte der Frankfurter Juden, S. 313.

Ein halbes Jahr im Mädchen-Pensionat Ettlinger, Röderbergweg 30. Aus meinen Tagebuchaufzeichnungen, Oktober 1907 bis April 1908

Klara Erlanger

Klara Erlanger wurde im März 1889 in Ichenhausen geboren. Nach dem Tod des Vaters zog die Mutter, Dilli geb. Baiersdorfer, 1891 mit ihren beiden Kindern Gustav und Klara zu ihren Eltern nach Neumarkt in der Oberpfalz. 1906 starb die Mutter im Alter von 45 Jahren. Klara besuchte sieben Jahre die „Werktagsschule" und anschließend drei Jahre die „Weibliche Fortbildungsschule" als externe Schülerin der Neumarkter Klosterschule.

Am 2. Oktober 1907 fuhr die 18jährige Klara in Begleitung ihres Bruders, der in Berlin Medizin studierte, nach Frankfurt, um im Mädchen-Pensionat Ettlinger eine weitere Ausbildung zu erhalten. Dieses Pensionat machte in

Anzeige im Israelitischen Familienblatt, Nr. 31, 3. August 1911

jüdischen Zeitschriften, unter anderem in dem Blatt der orthodoxen Juden „Der Israelit", auf sich aufmerksam. „Gründliche Anleitung im Führen eines feinen Haushalts, Kochen, Handarbeiten sowie wissenschaftliche und gesellschaftliche Ausbildung" wurden geboten. Dass das Haus rituell geführt wurde, wurde in den Anzeigen nicht hervorgehoben, verstand sich aber von selbst durch die Annoncierung in der orthodoxen Zeitung. Derartige privat geführte Pensionate für Mädchen gab es in zahlreichen Städten. Sie dienten insbesondere der Vorbereitung junger Mädchen aus Kleinstädten und kleinen jüdischen Gemeinden auf das Leben als Ehefrau und Gesellschafterin.

Die Schwestern Hermine und Berta Ettlinger leiteten dieses Pensionat, das zunächst in der Hanauer Landstraße 20, dann am Röderbergweg 30 untergebracht war. Zum damaligen Lehrkörper gehörten Mademoiselle Dreyfus, die die jungen Mädchen in französischer Sprache, deutscher Literatur und Aufsatz unterrichtete, sowie die Klavierlehrerin Fräulein Sterzinger. Zwölf Mädchen lebten gleichzeitig in diesem Haus; sie kamen aus Süd- und Mitteldeutschland und blieben jeweils ein halbes oder ein Jahr am Röderbergweg. Die Mädchen untereinander bezeichneten sich als Pensionatsschwestern. Sie alle kamen aus wohlhabendem Haus, denn die Ausgaben für das tägliche Leben waren erheblich: Die Mädchen fuhren mit der Droschke, sie besuchten Theater und Konzerte, ein wesentlicher Zeitvertreib war der Besuch von Cafés, und immerzu hatten sie Besorgungen in der Stadt zu machen.

Das Tagebuch berichtet, dass man „Die Braut von Messina" von Schiller, „Hermann und Dorothea" sowie „Egmont" von Goethe, „Sappho" von Grillparzer, „Savonarola" von Lenau, „Die versunkene Glocke" von Gerhart Hauptmann las. Die gemeinsame Lektüre stand manchmal auch unter der Leitung von Hermine Ettlinger, die wohl die dominierende Persönlichkeit des Institutes war. Praktischer und theoretischer Kochunterricht wurde ebenfalls erteilt, Berta Ettlinger scheint die Küche geführt zu haben. Zu den Aufgaben der Mädchen gehörten leichtere Hausarbeiten wie Tischdecken, Silberputzen, die Pflege der eigenen Garderobe. Die eigentlichen Haus- und Reinigungsarbeiten besorgte eine Hausangestellte.

Das Führen eines Tagebuchs scheint zu den Pflichten der Mädchen gehört zu haben. Das erklärt, dass es keine persönlichen Gedanken enthält und nichts über Liebe und Leid berichtet.

Der Freitag galt als Schreibtag. An anderen Tagen geschriebene Briefe wurden, wenn man erwischt wurde, zerrissen. Die Schwestern Ettlinger führten das Pensionat mit Verständnis für die Bedürfnisse der Mädchen, aber auch mit Strenge. Es gab Strafen für Ungehorsam, zu spätes Aufstehen, zu spätes Nachhausekommen, für Streiche u.a.m. Sie bestanden zum Beispiel in früherem Aufstehen am Morgen, zusätzlichem Tischdecken, Ausgeschlossensein von Vergnügungen, aber auch in ermahnenden Gesprächen mit Hermine Ettlinger.

Die häufigen Theater- und Konzertbesuche erfolgten stets mit Begleitung einer der Damen Ettlinger oder einer Lehrerin, ebensowenig fehlte die Bewachung bei Ausflügen und beim Nachhauseweg von der Tanzstunde. Besorgungen in der Stadt wurden immer mindestens zu zweit unternommen.

Während am Anfang der Pensionatszeit immer wieder Eintragungen über den Unterricht und die Hausarbeit zu finden sind, rücken bald die gesellschaftlichen Ereignisse in den Mittelpunkt, und ganz zentral wird die Tanzstunde. Diese fand in der Loge Carl zum Lindenberg in der Kaiserhofstraße statt und hatte offensichtlich ausschließlich jüdische Teilnehmerinnen und Teilnehmer. Über die Tanzstunde entstanden Kontakte zu Frankfurter jungen Leuten. Samstag und Sonntag waren die Tage der gegenseitigen Besuche. Regelmäßig wird berichtet, dass Tanzstundenherren die jungen Mädchen im Pensionat besuchen und sich mit ihnen im Salon aufhalten.

Höhepunkt des gesellschaftlichen Lebens war für die Mädchen eine Einladung zum Thé dansant oder zur Soirée dansant in einer Frankfurter jüdischen Familie. Die Berichte darüber fallen sehr ausführlich aus. Besonders interessant sind die Beschreibungen der Nikolauskränzchen. Auch Fasching und Maskeraden werden gefeiert.

Zum Thema Religionsausübung wird im Tagebuch wenig ausgesagt, vielleicht weil sie ein selbstverständlicher Teil des Alltags war. An Samstagvormittagen wurde entweder im Hause gebetet oder man ging mit Pensionatsschwestern in die Hirsch- oder die Horowitzsynagoge, das heißt die Synagoge der Israelitischen Religionsgesellschaft in der Friedberger Anlage oder die konservative Synagoge der Jüdischen Gemeinde am Börneplatz. Manche gingen auch am Freitagabend, auf jeden Fall aber mussten die Mädchen vor Schabbat-Beginn im Pensionat sein. Mit einigen Pensionsschwestern freundete sich Klara an, deshalb empfand sie es immer als schwere Trennung, wenn ein Mädchen nach Hause zurückkehrte.

Klaras Aufenthalt in Frankfurt fand ein vorzeitiges Ende, weshalb auch das Tagebuch am 19. April 1908 ganz abrupt aufhörte: Ihre Großmutter war gestorben, und sie musste nach Neumarkt zurück und den hochbetagten Großvater versorgen.

Erste Seite des Tagebuchs von Klara Erlanger

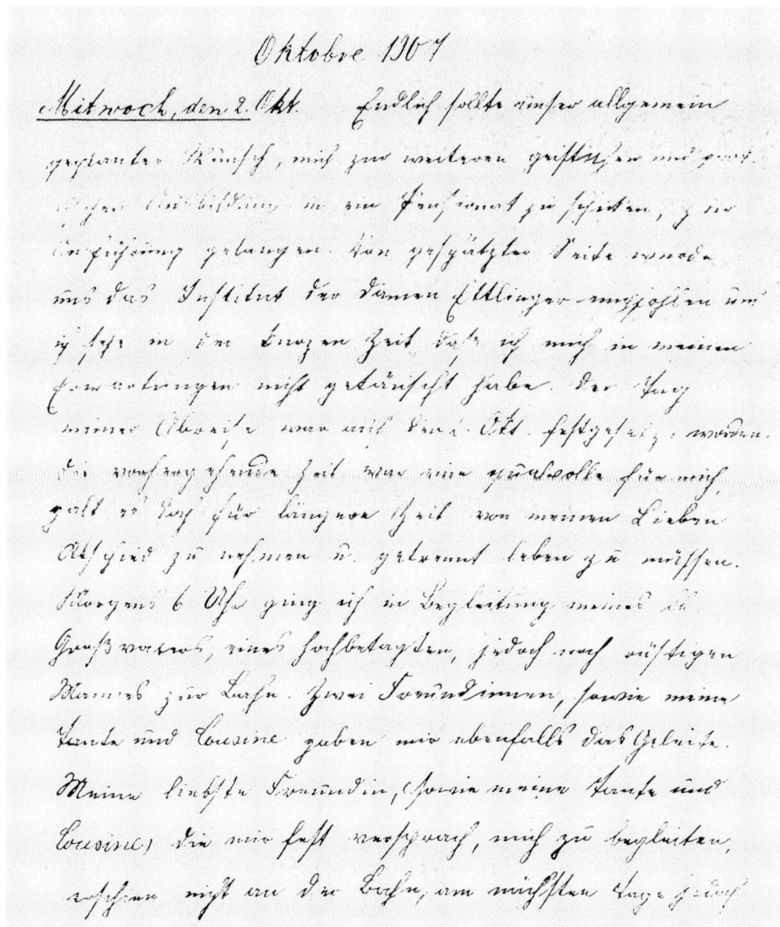
Oktobre 1907

Mitwoch, den 2. Okt.

Hermine Ettlinger, im Tagebuch Frl. H.

1910 heiratete sie den im Tagebuch erwähnten Handelsvertreter Wilhelm Cohn, 1912 erfolgte die Übersiedlung der Familie mit dem inzwischen zur Welt gekommenen Sohn Justin nach Zürich. Dort wurde 1914 die Tochter Tilly geboren. Nach dem frühen Tod ihres Mannes (1925) führte Klara Erlanger-Cohn dessen Geschäft weiter; sie starb 1961 im Alter von 72 Jahren.

Wir danken Frau Tilly Kaldeck, Zürich, für die freundliche Überlassung des Tagebuchs und der Fotos ihrer Mutter.

Auszüge aus dem Tagebuch:

Mittwoch, den 2. Okt. 1907

Endlich sollte unser allgemein geplanter Wunsch, mich zur weiteren geistlichen und praktischen Ausbildung in ein Pensionat zu schicken, zur Ausführung gelangen. Von geschätzter Seite wurde uns das Institut der Damen Ettlinger empfohlen und ich sehe in der kurzen Zeit, daß ich mich in meinen Erwartungen nicht getäuscht habe. Der Tag meiner Abreise war auf den 2. Okt. festgesetzt worden. Die vorhergehende Zeit war eine qualvolle für mich, galt es doch für längere Zeit von meinen Lieben Abschied zu nehmen u. getrennt leben zu müssen. Morgens 6 Uhr ging ich in Begleitung meines lb. Großvaters, eines hochbetagten, jedoch noch rüstigen Mannes zur Bahn. Zwei Freundinnen, sowie meine Tante und Cousine gaben mir ebenfalls das Geleite. [...] In Begleitung meines Bruders trat ich meine Reise in sehr guter Gesellschaft an und ließ die letzten Erinnerungen an die Heimat hinter mir liegen. Mittags 12 Uhr fuhr der Zug in die herrliche Frankfurter Bahnhofshalle ein. Von Frl. Hermine Ettlinger und von einer hier zu Besuch weilenden Schwester einer Pensionärin, wurde ich aufs freundlichste empfangen. Mit der Droschke fuhren wir ins Pensionat. Der Empfang und die Begrüßung meiner künftigen Pensionsschwestern wirkte äußerst günstig auf mich. Bald nachher hatte ich das Vergnügen Frl. Berta [Ettlinger] und Mademoiselle, die sowohl auf meinen Bruder, als auf mich den Eindruck geistig hochstehender Damen machten. [...]

Donnerstag, den 3. Okt.

Nach einem erquicklichen Schlafe erwachte ich morgens 6 1/2 Uhr. Um 7 Uhr stand ich auf, machte meinen Waschtisch rein, lüftete mein Bett und ging zum Kaffeetisch. Wer zu spät kommt, muß den Kaffeetisch abräumen, das ist nämlich bei uns so Sitte. Daher beeilt sich eine Jede, so früh wie möglich zu erscheinen, um von diesem Malheur verschont zu bleiben. Hernach hatte ich ein kleines Examen im Französischen zu bestehen, was jedoch nicht so schwierig war, wie ich mirs vorstellte. Ich sehe sowohl in den deutschen, als in den französischen Fächern, wie sehr ich die Pflege meiner Kenntnisse vernachlässigt habe. Nach dem kleinen Exercice hatte ich dank der Liebenswürdigkeit der Damen die Erlaubnis mit meinem Bruder auszugehen. Folglich war der zweite Tag noch ein Tag der Freiheit für mich. [...]

Freitag, den 4. Okt.

Nachdem ich des Morgens all den Beschäftigungen nachging, die jeder Morgen mit sich bringt, schrieb ich nach Hause. Freitag ist gewöhnlich Schreibtag. Des Nachmittags durften eine Mitschülerin und ich Frl. Hermine zur Schneiderin begleiten. Nach dem Abendmahl war es sehr gemütlich, indem wir Mädchen uns ergötzlich unterhielten u. viel schwatzten und lachten.

Samstag, den 5. Okt.

Den Vormittag verbrachten wir mit Beten und freyer französischer Conversation, wo wir unter anderem auch einige sehr nette Spiele, natürlich alles auf Französisch machten. Nach Tisch lasen wir unter Aufsicht von Fräulein Hermine Schillers Braut von Messina. Nach Beendigung der Lektüre kleideten wir uns zum Fortgehen an. [...]

Sonntag, den 6. Okt.

Heute begann die Ordnungswoche für mich, d. betrifft nämlich nur die Lehrstunden, so Hefte, Bücher, Federhalter u.a. in größter Ordnung zu halten. Hernach hatte ich französische Stunde, ich glaube jedoch, ich bin zu weit zurück für die Mädchen, in deren Abteilung ich gekommen bin. Die Stunde wurde durch den Besuch einiger Tanzstundenherren unterbrochen. Sie wurden mir vorgestellt, da ich das Vergnügen haben werde der Kunst Terpsichores zu huldigen. Ich übte vor dem Essen ein wenig Klavier. Während des Mittagsmahles wird meistens Französisch gesprochen, wer ein einziges deutsches Wort spricht muß dafür 1 Pfennig Strafe bezahlen. Ich kam bis zu 2 Pfennigen.

Berta Ettlinger, Frl. B.

Nach Tisch kleideten wir uns für die Liebermanns Ausstellung an. Dies ist eine Ausstellung herrlicher Gemälde. Ein Bild erregte besonders meine Bewunderung, es stellte ein Stillleben mit dem Selbstportrait des Meisters dar. Ebenso hübsch war ein Rübenfeld, mit arbeitenden Landsleuten. Noch viele andere wären erwähnenswert, ich möchte sie nicht alle anführen. [...]

Samstag, den 12. Okt.
Nachmittags ging ich mit Adele zur Hirsch Synagoge. Der Gottesdienst sowie die ganze innere und äußere Ausschmückung des Gottesdienstes gefiel mir sehr gut. Nach dem Gottesdienst machte Bébé bei ihren Bekannten Besuch und ich durfte sie dahin begleiten. Nachdem wir uns an dem ausgezeichneten Mittagsmahle labten, gingen wir bald nachher mit Mademoiselle in den Palmengarten. Das Concert war heute ausnahmsweise weniger gut besetzt, dessenungeachtet war es ganz nett da.

Sonntag, dem 13. Okt.
Die Stunde begann mit Französisch. Auch hat die Küchenwoche und die Deckwoche für mich ihren Anfang genommen. Während des Essens wurden wir durch den Besuch einiger Tanzstundenherren unterbrochen. Gleich nach Tisch eilten wir an den Ostbahnhof u. nahmen die Elektrische zum Bahnhof. Wir fuhren bis Cronberg, dann ging es per pieds dem herrlichen Luftkurorte im Taunus zu. Wir durchkreuzten auf unserer sandigen Droschke Wälder, Fluren und Felder. Der überdies schon sehr berühmte Taunus macht seinem Namen Ehre. Die ganze Gegend ist einfach bewunderungswürdig. Mir tat es namentlich ordentlich gut, von dem Gewühle des Stadtlebens wieder einmal in eine ruhige Gegend zu kommen.
In Königstein angelangt, begaben wir uns in das erst vor einem halben Jahre erbaute Grand-Hotel, ein Prachtbau. Der Kaffee mit dem Gerichten schmeckte uns ganz vorzüglich [...]

Annette Dreyfuss, Französisch- und Deutschlehrerin, im Tagebuch Madem.

Freitag, den 18.
Der ganze Vormittag war durch Beihilfe in der Küche, die allerdings nicht so anstrengend war, ausgefüllt. Doch wie ich sehe, kann man viel profitieren.
Nachher durfte ich mich wieder einmal mit meinen Lieben, wenn auch nur auf schriftlichem Wege unterhalten. Den Nachmittag verbrachte ich ausnahmsweise zu Hause. [...]

Samstag, den 19.
Welche Wonne, eine 1/2 Stunde länger schlafen zu können, denn heute war ja Sabbat, Ruhetag! Nach dem Kaffee machten wir Toilette für den Gottesdienst, den wir mit Mademoiselle besuchten, doch diese kam viel später wie bestimmt war u. so schickte Frl. Berta die anderen in die Synagoge, während Fränze, Betty, Bertchen und ich zu Hause beteten und dann mit Mademoiselle einen sehr schönen Spaziergang den Röderbergweg hinauf machten. [...]

Dienstag, den 22.
Die erste Tanzstunde, jedoch noch ohne Herren, hat heute ihren Anfang genommen. Mit welchem Herzklopfen betrat ich den Saal. Viele nette Mädchen sind im Tanzkurs beteiligt. Wie wird es wohl während des ganzen Winters sein, werde ich mich gut amusieren, dachte ich. Nun, „qui vivra, verra“, mit diesem Gedanken schlief ich bald ein.

Mittwoch, den 23.
Den Vortrag, den Madem. in der Kunstgeschichte über die deutsche und italienische Malerei hielt, war, wie immer sehr interessant u. belehrend. Die übrigen Stunden verteilten sich auf Klavierstunde, Französisch, Tagebuch. Nach Tisch belustigten wir uns im Garten mit verschiedenen Gesellschaftsspielen. Frl. Berta ging wieder mit Ella Kaufmann, Bella Levi u. meiner Wenigkeit in die Stadt. Es ist dies immer sehr interessant das Leben u. Treiben d. Leute zu betrachten. [...]

Sonntag, den 27.
[...] Nach Tisch mußten wir sofort Toilette zur Nachmittagsvorstellung im Opernhaus machen, um Lortzings „Undine“ beizuwohnen. Damit wir durch die Luft kommen, begleitete uns Frl. Berta dahin, wies uns die Plätze an, inzwischen kam Frl. Hermine mit der Elektrischen nach, wohnte mit uns die Vorstellung bei. Sowohl die äußere, als die innere Ausschmückung des

Opernhauses imponierte mir ungemein. Und die Vorstellung selbst war einzig in ihrer Art. [...]

Dienstag, den 29.
[...] Später hatte ich Vorbereitungen für die erste Tanzstunde u. zwar diesmal mit Herrn zu treffen. Die Aufregung, die sich vorher, sowie beim Eintritte d. Herrn in den Saal meiner bemächtigte, ist unbeschreiblich. Es fiel jedoch wider mein Erwarten gut aus. Es war wirklich sehr gemütlich am ersten Abend.
Obschon ich mich sehr bemühte, die verschiedenen Schritte und Tänze gut nachzuahmen, so ist es doch sehr amüsant und nur zu kurz erschien mir die Zeit. Beim Nachhausefahren bestiegen wir die gleiche Elektrische, in der Frl. Hermine und die anderen Mädchen saßen, die gerade vom Sinfonie-Concert aus dem Palmengarten kamen.

Mittwoch, den 30.
Der heutige Tag wäre besonders erwähnenswert, jedoch um alle Gefühle und Gedanken niederzuschreiben dazu fühle ich mich nicht in der richtigen Stimmung. Deshalb mein l. Tagebuch vertraue ich dir nicht an, was in meinem Innersten vorgeht. [...]

Samstag, den 2. Nov.
Den Vormittag verbrachten wir teils mit Beten, teils unter gemütlicher Plauderei. Ich wurde durch den Besuch einer Münchnerin, Namens Franziska Feuchtwanger u. ihrer Cousine Frl. Fränkel hier erfreut. Den Samstag verbrachten wir ausnahmsweise hier zuhause. [...]

Sonntag, den 3.
Wir lieferten unsere Aufsätze über Lenaus „Savonarola“ ab. Madem. las meinen Aufsatz durch und sagte mir, er wäre recht gut gelungen, worüber ich mich sehr freute. Ich hatte Küchenwoche, durfte mich aber um 11 Uhr umkleiden, um im Salon erscheinen zu können. Hernach übte ich Klavier und wurde durch den Besuch des Tanzstundsherrn Straus unterbrochen. Dann kamen noch 3 andere Herren; der Besuch galt einer Pensionsschwester Bébé Guggenheim. Die Störung war uns angenehm. Nach Tisch beschäftigten wir uns mit Gesellschaftsspielen im Garten. [...]

Montag, den 4.
Der Vormittag verging, wie täglich, mit verschiedenen Lehrfächern. Wir aßen heute etwas früher zu Mittag, weil Mina aus München, nach 1/2 jähriger Pensionszeit wieder ihrer Heimat entgegenfuhr. Bei Tisch war eine rührende Scene nach der andern. Mina konnte vor Aufregung kaum essen, sie weinte sehr, auch Fränze, die an ihren nahen Abschied dachte. [...]

Dienstag, den 5.
Den Nachmittag verbrachte ich zu Hause mit Lernen, Kleider u. Wäsche Ausbessern u. unter munteren Geplauder mit den Mädchen, was zwar hie und da eine Rüge seitens Frl. Hermine zur Folge hatte. Gegen Abend hatte ich kleine Vorbereitungen für die Tanzstunde zu treffen. [...]

Samstag, den 9.
Heute durften wir um 8 Uhr also eine 1/2 Stunde später als sonst aufstehen, was uns natürlich nicht unangenehm war. Ich wartete den ganzen Vormittag auf mein Costüm, jedoch es erschien zu meinem Ärger nicht. Es war Besuch da, aber ich wurde nicht in den Salon gerufen. Nach dem Mittagstisch las Frl. H. mit uns die Braut von Messina zu Ende. Wir müssen nun die angestrichenen Sentenzen abschreiben und auswendig lernen. Gegen 3 Uhr holte uns Madem. für den Besuch des Tonbildtheaters ab. Dortselbst gefiel es uns sehr gut. Verschiedene schöne Bilder fesselten unser Auge. Unter anderem hörten wir auch Couplets von Otto Reuter und was der Hauptanziehungspunkt war, Arien aus Opern von Enrico Caruso, dem berühmten Sänger. [...]

Sonntag, den 10.
Madem. las uns heute von Heine vor, was sehr interessant war.[...]
Bald hätte ich vergessen, dir mein l. Tagebuch zu erzählen, daß wir heute eine kleine Geldstrafe bekamen. Grund hierfür ist, weil uns das Dienstmädchen später, als sonst geweckt hatte, wir aber wachten u. nicht zur Zeit aufstanden. Frl. B. war allein am Kaffeetisch, was noch nie vorkam.

Montag, den 11.
Heute mußten wir 1/2 Stunde früher aufstehen, das gehörte noch zur gestrigen Strafe. Der Vormittag verging rasch bei anregender Beschäftigung, Declamation, Französisch und anderes. Nach Tisch blieb ich auf meinem Zimmer u. hatte ich hier Verschiedenes auszubessern und meine Habseligkeiten etwas in Ordnung zu bringen. [...]

Dienstag, den 12.
[...] Ich wollte mich schon etwas früher für die Tanzstunde bereit machen, jedoch Frl. H. öffnete unser Schlafzimmer vor 6 Uhr nicht. Hernach wurde Toilette gemacht. Frl. H. war wirklich so liebevoll und gütig zu mir, indem sie mich sehr schön frisirte u. außerdem meine Backen mit Carmin rosig machte. Um 1/4 vor 8 Uhr brachte uns die Elektrische unter ziemlich strömendem Regen zur Loge, wo die Tanzstunden regelmäßig stattfinden. Immer bekomme ich hier Herzklopfen. Es war aber sehr nett an diesem Abende. Ein Herr brachte mir Katzenzungen und Limonade. Während des Tanzens passierte mir etwas Unangenehmes, es fiel nämlich der Knopf von meinen Schuhen ab u. mußte ich in die Garderobe und mich durch eine Sicherheitsnadel behelfen. [...]

Dienstag, den 19.
Der Vormittag wurde durch Mithelfen in der Küche, sowie mit Kunstgeschichte u. Französisch ordentlich ausgefüllt. Nach Tisch besorgte ich in der Nähe unseres Pensionates einige Nähartikel u. beschäftigte mich hernach mit Ausbessern eines Rockes. [...]

Mittwoch, den 20.
Buß & Bettag! Ich erwachte heute mit dem Gedanken, wie wird es wohl heute nachmittag werden? Werde ich mich gut amusieren beim Ausflug uns. Tanzstunde? Um 2 1/2 Uhr ging es mit der Elektrischen, mit Frl. B. Madem. Frl. Bodenheimer und wir 12 Mädels zum Hauptbahnhof wo der Treffpunkt der Gesellschaft war. 3:14 Uhr dampfte der dichtbesetzte Zug bei munterer Unterhaltung nach Darmstadt ab. Mit gemischten Gefühlen betrat ich den Kaiserhofsaal, wo das Vergnügen stattfand. Eine Menge junger, auch älterer Leute d. h. die Anghörigen hatten sich bereits ein gemütliches Plätzchen ausgesucht. Die Tanzstundengesellschaft saß extra am großen Tisch, wo es sehr lebhaft zuging. Zuerst hielt der Präsident Herr Zanders und dann Bella Seligmann unsere Präsidentin, eine vortreffliche Begrüßungsrede, die jedoch Herrn Zanders in ihrer Rede übertraf. Bald darauf erfolgten Declamationen verschiedener Herren und Damen. Nach 1 Stunde stellte man [sich] endlich zur Polonaise auf, welche unter Leitung unseres Tanzlehrers sehr schön war. Und so folgten mit Unterbrechung der verschiedenen Pausen die anderen Tänze. Während der Pausen wurde abermals declamiert. Es waren zur großten Freude der Damenwelt ungefähr 30 Herren überzählig, als[o] hatten wir nicht zu befürchten, eventuell die Wände des Kaiserhofes in Darmstadt zu schmücken. [...]

Freitag, den 29. Nov.
Ich hatte wieder einmal das Vergnügen mich mit meinen Lieben schriftlich zu unterhalten und verging fast der ganze Tag mit Correspondenzen. Blanca, Jenny und ich waren an der Reihe das Silber zu putzen. Frl. Berta ging mit Ausnahme von Blanca, Jenny und meiner

Wenigkeit in die Synagoge und von hier aus besuchten sie ein Kaffee und das Tonbildteater. [...]

Freitag, 6. Dez.

In der Küche gings geschäftig heute morgen zu und konnte man viel Schönes und Gutes lernen. Bald nach Tisch gingen Bella und meine Wenigkeit mit Frl. B. in das Silbergeschäft Löwenthal und kauften dort ein Geschenk für Herrn Zanders meinen Polonaiseherrn und zwar einen silbernen Federhalter. Noch einige kleine Besorgungen machten wir und gingen von hier aus zur Horwitzsynagoge. Der Gottesdienst war dem Channukkafest zu Ehren ein sehr schöner und feierlicher und rührte mich der Gesang zu Tränen. Nach Beendigung des Gottesdienstes gingen Bella und ich zu Madem., um dort zu proben, während Frl. B. Ida & Selma in die Cacaohalle gingen. Um 6 Uhr kamen wir von Madem. zurück und saßen dann gemütlich teils im Zimmer, teils auf dem Vorplatze beisammen. Auf einmal wird ein Gelächter und Geschrei vernehmbar. Ein Niccolaus, in Gestalt des jungen Herrn Artur Sternberg tritt herein und bescherte uns Äpfel und Nüsse und hielt fast an jede einzelne eine kleine Rede u. der gute, alte Mann wollte sich von seiner Anstrengung etwas auf seinem Stuhle ausruhen. Ich, in meiner Übermute stellte ihm einen Stuhl hin, stellte ihn aber zurück, als er im Begriffe war sich zu setzen. Ein Gepolter – und Vater Niccolaus mit seiner ganzen Größe lag auf der Erde. Daß wir uns darüber köstlich amusierten, brauche dir mein lb. Tagebuch wohl nicht erst zu betonen. Der Abend verlief überhaupt lustig. Bertchen hatte vor dem Schlafengehen, wie sie öfters tut, im Badezimmer bei Gustl & Blanca noch einen kleinen Abstecher gemacht. Da fällt Ida ein, wir wollen Bertchen einen Streich spielen; das Bett wird auf die Veranda getragen. Adele in ihrem Übermute wirft sich in das leere Bett Bertchens, so daß dieses Geräusch von außen Frl. Berta hört und wir dafür eine gewaltige Rüge erhielten, nämlich den nächsten Morgen die Post nicht ausgehändigt zu bekommen. Aber dennoch schliefen wir die ganze Nacht hindurch.

Samstag, 7. Dezember

Wir erhielten heute Vormittag ziemlich viel Besuch von den Herren Moses und Schuster und 6 Mädchen aus der Tanzstunde mit Namen: Schott, Grünebaum, Rotschild, Wurzmann, Fath und Scheuer. All diese bedankten sich für die Einladung zu unserem Thé dansant. Samstag Nachmittag blieben Jenny, Bella, Ella und ich zu Hause, da wir 3 Abend das Soireé dansant bei Familie Plaut beiwohnen durften. Um 4 Uhr machte Bella Seligmann und ihre Mutter bei uns Besuch. Mit der Droschke fuhren wir um 8 Uhr vor das Haus von Bella Seligmann, die wir laut Verabredung abholten. Fast alle Gäste waren schon anwesend, als wir kamen. Wir wurden von den Gastgebern freundlichst empfangen. Gleich beim Eintritte wurde mir ein Einjähriger Namens Kehrmann, ein Herr Plaut und verschiedene andere Herren, deren Namen ich nicht mehr weiß, vorgestellt. Mit Herrn Kehrmann unterhielt ich mich ganz vorzüglich, nach einer Weile begrüßte mich Herr Stern und dann Herr Zanders, der mich zu Tisch führte. Die Tafel war herrlich gedeckt. Blumen, schöne Aufsätze, Knallbonbos und sonstiges zierten den Tisch. Als Überraschung lag bei jedem Gedeck der Damen ein silberner Brieföffner, bei den Herrn ein silberner Streichholzbehälter, worüber sich jeder einzelne riesig freute. Ich unterhielt mich sehr gut mit meinem Tischnachbarn Herrn Zanders, ferner mit meinem Vis-a-vis Herrn Singer und Frl. Jacobi. Das Essen, das mir sehr gut mundete, bestand aus Fleischpastetchen, Zunge mit Beilage, Fisch u.a. 1 1/2 Std. saßen wir in vorzüglicher Unterhaltung bei Tisch. Gegen 11 Uhr wurde getanzt. Die Polonaise und den darauffolgenden Walzer tanzte ich mit Herrn Zanders. Während der Pausen wurden Confekt, Obst, Getränke, Gefrorenes gereicht. Auch wurden sehr nette Gesellschaftsspiele gemacht, die gleichfalls zur guten Laune beitrugen. Es war wirklich

Die Pensionsschwestern Ida Löwenstern und Bertchen

herrlich diesen Abend. Wie rasch verstrich doch die Zeit! Die Droschke war für 1 3/4 Uhr bestellt und mußten wir gleich damit abdampfen. Guter Laune, das Erlebte nochmal im Traume aufleben lassend, schlief ich bald ein und stand erst um 10 Uhr morgens den anderen Tag auf.

Dienstag, 10. Dez.

[...] Abends hatte ich schon wieder ein Vergnügen in Aussicht, nämlich das Niccolauskränzchen. Um 6 Uhr wurde schon mit der Toilette begonnen. Ida & Adele durften mit zum Kränzchen, während die anderen 9 mit Frl. H. ins Sinfonie Concert zum Palmengarten fuhren. Nur Bertchen mußte, weil sie etwas erkältet war, zu Hause bleiben, was aber ungern geschah. Um 8 Uhr kommen wir in Begleitung von Frl. B. in die Loge Carl, wo das Kränzchen stattfand. Die meisten Familien waren schon anwesend, trotzdem es noch früh war. Bis man mit dem Abendtisch begann, wurde [es] 9 Uhr.

Von meinem Polonaiseherrn Zanders bekam ich ein wunderschönes Bouquet. Während der Tafel brachte zuerst Herr Falk, denn Bella Seligmann sehr schöne Toaste aus, ebenso die Herrn Adler und Levi, welch letzterer besonders das weibliche Geschlecht pries. Fröhliche Tischlieder, verfaßt von Herrn M. Grünebaum trugen ebenfalls zur guten Stimmung bei. Der Klaviervortrag von Herrn Falk, Walzer aus D-dur von Chopin war vorzüglich. Gemütlich saßen wir ungefähr bis 11 3/4 Uhr an der Tafel beisammen. Nach Aufhebung derselben wurde noch Verschiedenes declamiert und dann begann erst das Tanzen. Mit Herrn Zanders hatte ich die Ehre, die Polonaise anzuführen. Während der Pausen gelangte ein sehr nettes humoristisches Theaterstückchen, das den Titel „Naturheilmethode" trägt, zur Aufführung. Die Mitwirkenden waren Bella Seligmann, Herr Wolf, Zanders, Zobel, Claire Rotschild, welche ihre Rolle sehr gut durchführten. Nach einigen Touren kam die große Überraschung, nämlich die Bescherung des Niccolaus. Der eine war Herr Benno Sternberg, der andere Herr Zanders und ein Dritter verkörperte den Esel, Herr Meier. Herr Sternberg hielt eine ganz gelungene bezügliche Rede, während der Überreichung der Geschenke. Jedes Mädchen erhielt einen Lebkuchenmann, Äpfel und Nüsse. Mit dem Präsent des Herrn Zanders, das in einem goldenen Medaillon mit Kettchen bestand, freute ich mich sehr. Wir Mädchen und alle anwesenden Gäste amusierten uns köstlich bei diesem Spaß. Um 4 Uhr war allgemeiner Aufbruch, jedoch leider viel zu früh. Wir hatten noch nicht genug, mit Frl. B. Erlaubnis durften wir noch ins Café Hauptwache, wohin uns einige Herren begleiteten. Mein Begleiter war Herr Isenburger stud. jur. in Marburg. Um 4 3/4 gelangten wir zu Hause an. Der Abend verlief wirklich auf die angenehmste, schönste Weise.

Mittwoch, den 11. Dezember

Noch müde vom gestrigen Abend durften wir bis 10 1/2 Uhr liegen bleiben. Frl. Hermines Geburtstag war heute und wollten wir denselben festlich begehen. Der Geburtstagstisch bog sich nur so, von allen Seiten liefen Geschenke, Blumen, Torten, Depechen und Gratulationsbriefe ein, ein Beweis, wie sehr die Dame beliebt ist. Von uns erhielt Frl. H. eine goldene Uhr als Anerkennung. Nachmittags erfreute uns Frl. H. durch 2 Platten von süßen Speisen, die wir uns vorzüglich zum Kaffee munden ließen. Abends gings ins Teater, wo wir im Schauspielhaus „Don Carlos" sahen. Anfangs wollte fast die Müdigkeit vom gestrigen Abend sich bemerkbar machen; doch ist das Schiller'sche Drama so fesselnd, daß ich ganz Auge und Ohr war. [...]

Freitag, den 13. Dez.

Ich konnte wieder einmal meine Gedanken bei meinem Bruder und Großeltern schriftlich zum Ausdrucke bringen, was mir außerordentlich wohl tat, „denn geteilter Schmerz ist halber Schmerz." [...]

Dienstag, den 17. Dez.
Ich ging nachmittags mit Frl. Hermine in die Stadt, für Großvaters Geburtstag ein Geschenk zu kaufen. Nach langer Überlegung kaufte ich einen elektrischen Uhrenständer und hoffe ich, daß er seinem Geschmacke entspricht. [...]

Montag, 23. Dez.
Jennys Geburtstag war heute und wurde sie sehr schön beschenkt. Von den Damen erhielt sie 2 schöne Bücher, von uns „Das jüngste Deutschland", Heines Buch d. Lieder, ein silbernes Armband und ein Visitenkartentäschchen. Dafür spendete sie nachmittags eine Menge Süßigkeiten zum Kaffee, worüber wir uns alle freuten. [...]

Mittwoch, 24. Dez. [recte: 25. Dez.]
Hurrah! Weihnachtsferien wurden uns angekündigt, jedoch nur bis Sonntag, dessen ungeachtet freuten wir uns riesig und das Schönste dabei ist, daß wir 1/2 Stunde länger schlafen dürfen. Der Vormittag verging mit Empfangen von Besuchen, deren wieder soviele uns mit ihrer Gegenwart beglückten. So die Herren Adler, Zimand, Grünebaum, Strauß, Stein, Mina Schott, Plaut, Falk, Bentheim. [...]
Den Nachmittag verbrachten wir wieder einmal in dem von uns so gern besuchten Palmengarten und war es sehr nett daselbst, besonders da man so viele Bekannte traf. Mit Entzücken lauschten wir den Klängen der Musik: „Fröhliche Weihnachten".[...]

Dienstag, den 31. Dez.
Heute morgen als Madem. kam, hieß es Kunstgeschichtsarbeit wird gemacht. Natürlich war uns diese Ankündigung nicht sehr angenehm. Meine Literaturaufgabe „Savonarola" wurde mit sehr gut cenciert. Aber die heutige Arbeit ist um so schlechter ausgefallen, denn ich erledigte sie nur halb, da wir sie in ganz kurzer Zeit abliefern mußten. Nachmittags war ich zuhause beschäftigt und gegen Abend warf ich mich in grand toilette für das Sylvesterkränzchen. Um 8 3/4 Uhr fuhren wir mit der Droschke, diesmal unter doppeltem Schutz, Frl. H. begleitete uns nämlich auch, zur Frankfurt Loge. Mit gemischten Gefühlen betrat ich den herrlich erleuchteten Saal. Herr Meyer erbat sich das Vergnügen mich zu Tisch zu führen. Es wurde nun soupiert. Es gab Fische mit Sauce, Roastbeef, Salat, Kartoffeln, Eispudding, Wein. Das Essen ist ja bei solchen Gelegenheiten Nebensache, denn das Sprichwort sagt ja: Es geht kein Tanz vor dem Essen. Während des Soupers waren wunderschöne Tanzaufführungen von den Tanzschülerinnen. Mina Schott und Irma Plaut führten einen entzückenden Rococotanz, mit äußerst graziösen Bewegungen auf. Ebenso gut gefiel mir der Jokeytanz dargestellt von Bella Seligmann, Franziska Kaufmann, Bette Wolf, Alma Jacobi, Bertel Scheuer, Frida Ballin. Gleichfalls großer Bewunderung erfreuten sich Leon Grünebaum und Irene Fath, die einen Serpentintanz mit sehr effectvoller Beleuchtung aufführten. Noch mehrere humoristische Vorträge waren auf dem Programm. Ich unterhielt mich mit meinem Tischherrn und Tischnachbarn Strauß eifrigst. Um 12 Uhr begrüßte Herr Zanders in schwungvoller Rede das neue Jahr. Jeder rief seinen Verwandten, Freunden und Bekannten ein Prosit Neujahr zu und Händeschütteln ohne Ende. Allerlei Catillonsscherze, Raketen trugen noch zur fröhlichen Stiummung bei. Endlich wurde getanzt bis morgens 4 1/2 Uhr huldigten wir Terpsic[h]oren mit Unterbrechung von vielen Pausen, die abermals mit humoristischen Vorträgen ausgefüllt waren. Ich unterhielt mich famos. Es ging noch ins Café Bristol und kamen wir um 5 1/2 Uhr, es war sehr kalt, zu Hause an. Bis 12 Uhr nächsten Tages erquickten wir uns an dem süßen Schlummer. [...]

Mittwoch, 22.1.08
Nachdem wir am Tage recht fließig arbeiteten, waren wir am Abend im Schauspielhaus, um das Lessing'sche Meisterdrama „Nathan der Weise" zu sehen. [...]

Klara Erlanger, kostümiert als Husarin, Februar 1908

Pensionsschwestern als Carmen...

Montag, 27.1. 08

Kaisers Geburtstag! Wir wünschen, daß der edle Monarch noch lange das Scepter im schönen Reiche schwingen möge. [...]

Mittwoch, 12.II.

[...]Von 5 Uhr ab waren wir wieder in der Maskengarderobe Löw, um endlich ein Costüm zu finden. Frl. H. guter Geschmack wählte für mich ein Husarenkostüm in blau mit goldenen Trassen, schwarzem Samtrock, Sporen, Tschako.
[...]

Freitag, 14.II.

Wir ließen uns heute nachmittag in unseren Costümen photographieren. Mit Hanna Wolf, die das gleiche Costum wie ich in rot hat, ließ mich auf ein Bild aufnehmen, ich will sehen, wie es ausfällt. Vom Photograph Samson gingen Hanna und ich in die Maskengarderobe Löw und tauschte ich mir meinen schwarze Samtrock gegen einen besseren aus.

Samstag, 15.II.

[...] Gegen 61/2 Uhr begannen wir mit den Vorbereitungen mit dem Feste. Um 7 1/2 Uhr standen wir alle fix und fertig da. Bella als Carmen, Adele Polin, Selma deutsche Flotte, Rosel Italienierin, Ella Meisner Porzellan, Hanna Rotkäppchen, Rosi Orientalin, Johanna Wolf und meine Wenigkeit Husaren. Jedes einzelne Costüm war sehr geschmackvoll und hübsch.[...]
Adele, Selma, Bella, Rosel fahren als erste mit d. Droschke ins Hotel Drechsel, während Rosi, Hanna W. und ich mit Madem., die uns auch begleitete, mit d. Elektr. dortin fuhren. Lustig war es dortselbst. Jenny, Hanna, Ella kamen mit Frl. H. die diesmal unsere Begleiterin war mit d. Droschke bald nach.
Arm in Arm, den Säbel klirrend, betraten Hanna und ich den Saal. Ich wurde jedoch von allen anwesenden Herrn und Damen erkannt, ebenso ich fast alle gleich erkannte. Spanier und Partnerin waren meistens vertreten. Sehr lustig und fidel war es dennoch unter der Maske. Bald nach 11 Uhr demaskierte sich alles und war es ganz interessant, sich in Manchen getäuscht zu haben. Leider war ein sehr großer Herrenmangel. Nach der Demaskierung machte sich dies erst bemerkbar. Hernach amusierte ich mich köstlich und war in vorzüglicher Stimmung bis zum Schluß. Ein paar Einjährige Unteroffiziere waren es, die zu meinem Amusement beitrugen. Als Letzte verließen wir um 5 Uhr Hotel Drechsel, da es furchtbar regnete und niemand einen Schirm bei sich hatte. [...]

Donnerstag, 20.II

Heute morgen erhielt ich eine Einladung von Else Wurzmann und Bertel Scheuer zu einem Thé dansant am 1. März in der Börse. Im Palmengarten waren wir mit Frl. H. Beim Nachhausekommen wurde ich freudigst überrascht durch die Karte von meinem l. Bruder, in der mir mitteilte, daß er das Examen mit Note I bestanden hätte. Meine Freude darüber ist unbeschreiblich! Adele und Gustl brachten noch heute abend die Bilder von Samson; sind alle im Durchschnitte gut ausgefallen. [...]

Donnerstag, 27.II.

Gerade, als wir im Begriffe waren, ins Café Austria zu gehen, erhielt ich von meinem Bruder einen Brief, der mich nicht in die beste Laune versetzte. Er bat mich nämlich dringend, anfangs März ihn in Berlin zu besuchen, ich entschloß mich nun auch sofort, seinem Willen nachzukommen, frug aber erst bei Tante an. [...]

Freitag, 28.II.

Ich durfte mit Frl. B. Erlaubnis einmal ein klein wenig meine Kochkunst zeigen, indem ich Schneeballen machte. Nachmittags gingen Bébé, Gustl, Johanna W. und meine Wenigkeit mit Frl. B. in die Stadt und nach einigen Besorgungen und Erledigung derselben suchten wir die Rotschildbibliothek auf, kamen auch an das Palais des Prinzen Carl v. Hessen, dessen Gemahlin die Schwester unseres Kaisers ist, vorüber. Viele schöne, wissenschaftliche Bücher sind dort zu lesen. Ich war gerade in „Otto Erich Hartlebens Briefe an seine Frau" vertieft, als wir aufbrachen. In der Cacaohalle hielten wir noch Einkehr.

Samstag, den 29. II.
Mit Madem. waren wir im Goethehaus. Man fühlt sich im Innern desselben zu wandeln, dessen Mauern einen solch gottbegnadeten Mann, wie es Goethe war, beherbergte. Wir besichtigten alle Räume des Hauses, vom Führer wurde jedes Einzelne erklärt. [...]

Montag, 16.III. 08
In Begleitung von Frl. B. wohnten wir heute abend dem Gottesdienst in der Hirschsynagoge bei. Kaum konnten wir dort Platz finden. [...]

Dienstag, 17.III. 08
Purim! Kaffee mit Kuchen mundete uns recht gut. Das Diner war überhaupt großartig. Die Götterspeise schmeckte vorzüglich. Frl. B. bewährte heute wie immer ihre großartige Kochkunst. Jenny und ich folgten bei Jolassé einem Rendez-vous.[...]

Sonntag, 22. III. 08
Heute ist mein Geburtstag! Ja, ja, ich glaube selbst kaum, daß ich soviele Lenze schon erlebt und doch zähle ich die Genannten. Von den Damen wurde ich reich beschenkt. Ich erhielt eine herrliche klassische Kunstmappe, von Frau Ettl. ein hübsches Buch der Lieder, von Madem. die Photo, von den Mädchen eine wundervolle Tasche und goldene Anhänger, von Resa ein Bouquet, von Zuhause bekam ich schon Samstag ein Paket, suchte aber meine Wissbegierde zu beherrschen und öffnete es erst Sonntagmorgen. Viel Eßbares war der Inhalt. Die Herren Hirsch, Veit, Kurz, statteten ihre Besuche ab; ich durfte sie empfangen, ebenso Herr Lehr und Jacobi. Nach Tisch gingen Bella, Gustl, Bébé und ich mit Frl. B. zur Trauung von Frl. Fried, sehr feierlich verlief der Akt. [...]

Sonntag, 5. IV.
Wieder gings heute nach Wilhelmsbad. [...] Ich unterhielt mich sehr gut während der leider nur kurzen Fahrt mit Herrn Cohn, der in unserem Abteil war. Die Herren Plaut und Jacob nahmen uns in Hanau in Empfang. Im Restaurant machten wir es uns gemütlich. [...] Herr Plaut war mein Tischherr. Den Herren Cohn und Salomon mußte ich einen Korb geben, denn auch sie wollten mich zu Tisch führen. Drei Herren kann man doch nicht zu gleicher Zeit dienen. Lustig ging's bei uns bei Tisch zu. Nachdem ich mit meinem Tischherrn einige Walzer tanzte, zog ich es vor, mich im Freien zu unterhalten. Herr Plaut folgte mir, ebenso Herr Cohn und Rosi. An der alten Eiche trafen wir nun die Andren und machten wir hier Gesellschaftsspiele. Hernach trennte sich Alles. Herr Cohn war mir ein großartiger Gesellschafter. [...]

Montag, 6. IV.
Unsere liebe Jenny reist heute ab. Furchtbar leid tat es mir, mich von ihr trennen zu müssen, denn ich gewann sie aufrichtig lieb, hier kann ich auch ausfrufen: „Man sieht sich, man lernt sich kennen, man liebt sich, man muß sich trennen." [...]

Sonntag, 19. IV. 08
Ich wurde heute nicht weniger als 3 mal beim Klavierspiel unterbrochen und zwar durch den Besuch des Herrn Cohn, eines Brautpaares Frl. Dreifuß u. Herrn Baum und dann durch zwei Freunde Jakob und Julius Neuhaus; wie freute ich mich aus der Heimat wieder einmal jemand zu sprechen.[...]

...Deutsche Flotte...

...Orientalin,
Februar 1908

„Im Frankfurter Ostend wohnten auch deutschstämmige Juden“. Das Ostend als Zentrum ostjüdischer Zuwanderer

Ernst Benz

„In unsrer Gegend wohnten hauptsächlich Ostjuden. Ihre Wohnungen waren in der Uhland-, Ostend-, Schwanen-, Windeck-, Rückert-, Theobald-Straße“, heißt es in einem Brief des 1924 in Frankfurt geborenen Naftali Schimmel, dessen Eltern vor dem 1. Weltkrieg aus Galizien eingewandert waren; und an einer anderen Stelle des Briefes hält es der Verfasser für nötig zu betonen: „Im Frankfurter Ostend wohnten auch deutschstämmige Juden.“[1] Ein ähnliches Bild über das Ostend als Zentrum ostjüdischer Einwanderer gewinnen wir aus einem zeitgenössischen Zeitungsbericht über „Ostjudentum in Frankfurt“, in dem Frankfurt als das nach Berlin und Leipzig „größte Ostjudenzentrum in Deutschland“ mit „ungefähr 5 – 6.000 Ostjuden“ bezeichnet wird. „Wie in anderen Städten“, schreibt der in Frankfurt lebende Korrespondent einer Wilnaer Zeitung, „wohnen auch in Frankfurt die Ostjuden zumeist in besonderen Stadtteilen nebeneinander“. Im Gebiet um die Ostend- und die Lange Straße sei man „in eine andere Welt versetzt“ und stoße „auf Schritt und Tritt auf Spuren jüdischen Milieus im polnisch-galizischen Städtchen, das in die deutsche Großstadt verpflanzt wurde.“[2] Wer waren und woher kamen diese sogenannten Ostjuden, die nach diesen Selbstwahrnehmungen wie auch nach Fremdwahrnehmungen unter der jüdischen Bevölkerung des Ostends dominierten?

Naftalis Vater Elias (Elijahu) Schimmel (1877–1954), der 1917 aus Galizien nach Deutschland eingewandert war, i. J. 1937

Herkunft der Ostjuden

Der Typus des sog. „Ostjuden“ hatte sich im 18. Jahrhundert auf dem Gebiet des polnisch-litauischen Staates herausgebildet, wo die vor allem aus Mitteleuropa (Deutschland) eingewanderten Juden relativ günstige Lebensbedingungen vorgefunden hatten und das jüdische Leben zu einer kulturellen, religiösen und wissenschaftlichen Blüte gelangt war. Kennzeichnend für das Ostjudentum waren u. a. die jiddische Sprache, das bewusste Bekenntnis zum Judentum und die traditionell-religiöse Lebensweise.[3]

Um 1900 lebten rund 70% der gesamten Judenheit auf dem Territorium des alten polnisch-litauischen Staates, der durch die Teilungen des 18. Jahrhunderts und

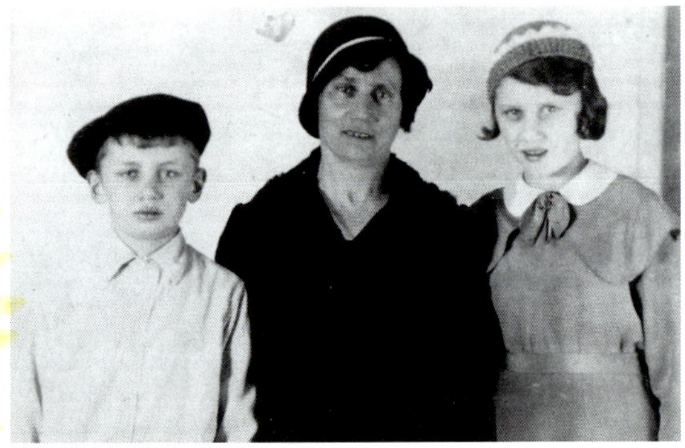

Naftali Schimmel, geb. 1924 in Frankfurt a. M., am 28.10.1938 mit seiner Familie nach Polen abgeschoben. Die Aufnahme aus dem Jahre 1937 zeigt ihn mit seiner Mutter Frieda (1888–1953) und seiner Schwester Sara (1920–1942)

endgültig 1815 zwischen Russland, Österreich-Ungarn und Preußen aufgeteilt worden war: 5,1 Millionen im russischen Anteil, im sog. „Ansiedlungsrayon“ (den West- und Südwestgouvernements) sowie im sog. „Kongresspolen“ (dem mit dem Zarenreich in Personalunion verbundenen „Königreich Polen“); 0,8 Millionen im österreichischen Anteil (Galizien). Sie stellten dort zwischen 11,1 (Galizien) und 13,7 (Kongresspolen) Prozent der Gesamtbevölkerung. Dies war die Folge einer Entwicklung, die G. Schramm als „demographisches Wunder“ bezeichnet hat: Dass nämlich „eine rechtlich eingeengte, mit Abgaben belastete religiöse Minderheit sich rascher vermehrte als die sie umgebende christliche Mehrheit“. Die Ursachen hierfür lagen in den größeren wirtschaftlichen Entwicklungsmöglichkeiten für die Juden im polnisch-litauischen Adelsstaat, in dem sie eine wichtige Funktion als Mittler zwischen Stadt und Land erfüllten. Jedoch ließ sich der überproportionale Bevölkerungszuwachs dieser durch Fleiß, Sparsamkeit und einen höheren Alphabetisierungsgrad gekennzeichneten Minderheit auf Dauer

[1] Brief aus Ramat Gan vom 12.05.1999.

[2] Der Israelit, 1927, Nr. 52, S. 4 (entnommen aus der Wilnaer Wochenzeitung „Das Wort“).

[3] Heiko Haumann, Geschichte der Ostjuden, München 1990, S. 29ff; 55f.

nicht mehr durch mitwachsende Erwerbschancen auffangen, sodass es zu einer zunehmenden Verarmung kam. Diese Tendenz verstärkte sich noch, als nach den Teilungen Polens sowohl die Russen als auch die Österreicher den ländlichen Teil der Ostjuden aus den Dörfern in die überfüllten Städte zwangen. Die nun eintretende Massenverelendung führte zu einer starken Auswanderungsbewegung.[4]

So wanderten Ende des 19. und Anfang des 20. Jahrhunderts über 3 Millionen Ostjuden aus Österreich-Ungarn und Russland bzw. deren Nachfolgestaaten (Polen, UdSSR, Litauen usw.) aus. Neben der wirtschaftlichen Not waren auch politische Unterdrückung und physische Verfolgung („Pogrome") Ursachen für die Auswanderung. Das Ziel der Auswanderer war vor allem Amerika. Deutschland war oft nur Durchgangsstation, aber viele blieben auch hier. Dazu kamen während des 1. Weltkriegs Zehntausende jüdischer Kriegsgefangener sowie angeworbener oder zwangsrekrutierter Arbeiter.[5]

Infolgedessen stieg der Anteil ausländischer Juden – und dabei handelt es sich hauptsächlich um Ostjuden – an der jüdischen Gesamtbevölkerung im Deutschen Reich von 2,7% i. J. 1880 (15 Taus. von 562 Taus.) über 7,0% i. J. 1900 (41 Taus. von 587 Taus.) auf 12,8% i. J. 1910 (79 Taus. von 615 Taus.) und 19,1% i. J. 1925 (108 Taus. von 564 Taus.).[6] In Frankfurt am Main betrug der Anteil der ausländischen Juden an der gesamten jüdischen Bevölkerung im Jahre 1910 13,5% (3.541 von 26.228)[7], 1925 19,6% (5.753 von 29.385),[8] entsprach also in etwa dem Durchschnitt für das Deutsche Reich.

Die Ostjuden als „unerwünschte Elemente"

Die Frankfurter Behörden verfolgten offensichtlich eine sehr restriktive Politik gegenüber den jüdischen Flüchtlingen aus Osteuropa und waren mit Ausweisungen schnell bei der Hand. So wandte sich die Nachbarstadt Offenbach, wo viele der Ausgewiesenen Zuflucht gefunden hatten und infolge dessen fast die Hälfte der jüdischen Bevölkerung aus Ausländern bestand (im Jahre 1910 z. B.1.131 von 2.361 = 48%),[9] im April 1909 mit einer Anfrage an das Polizeipräsidium in Frankfurt. In Offenbach habe „schon seit Jahren der Zuzug von polnischen Juden, Russischer und Österreichischer Staatsangehörigkeit auffallend zugenommen" und es habe sich herausgestellt, „dass die Zuziehenden 'aus allgemein polizeilichen Gründen' von Ihnen ausgewiesen worden sind". Sehr häufig komme es vor, „dass diese Leute trotz Ihrer Ausweisung täglich in Frankfurt /Main arbeiten und nur hier des Nachts über schlafen". Man bitte daher um Auskunft, „nach welchen Grundsatzen Sie die Ausweisung solcher Ausländer behandeln, damit wir die gleichen Massnahmen treffen und verhindern können, dass die Stadt Offenbach nicht [sic!] als Zufluchtsstätte solcher Ausländer benutzt wird".[10]

Als durch einen Erlass des Preußischen Innenministers Heine vom 1.11.1919[11] einer ausufernden Ausweisungspraxis aus völkerrechtlichen und humanitären Gründen gewisse Grenzen gezogen wurden, kamen aus Frankfurt Proteste und Bitten um Abänderung dieses Erlasses. In einer Eingabe des Magistrats an das Innenministerium vom 16.2.1920 heißt es: „...müssen wir

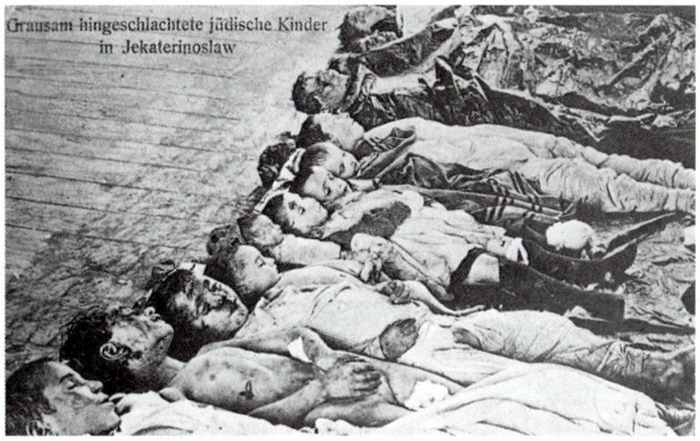

Opfer eines Pogroms in Jekaterinoslaw (heute: Dnepropetrowsk), Ukraine, 1905

[4] Gottfried Schramm, Die Juden im europäischen Osten um das Jahr 1900: Zwischenbilanz eines Minderheitenproblems. In: Juden in Ostmitteleuropa. Von der Emanzipation bis zum Ersten Weltkrieg. Hrsg. von Gotthold Rhode, Marburg/ Lahn 1989, S. 3–19 (Zitat S. 4).

[5] Trude Maurer, Ostjuden in Deutschland 1918–1933, S. 46ff.

[6] Gerundete Zahlen nach S. Adler-Rudel, Ostjuden in Deutschland 1880–1940, Tübingen 1959, S. 164f (Tab. C).

[7] Jack Wertheimer, Unwelcome Strangers, Anhang, Tab. II b.

[8] Maurer, S. 76.

[9] Wertheimer, Anhang, Tab. I j)

[10] Stadtarchiv Offenbach Akte Nr. 1094. Gemeint ist natürlich: „verhindern können, dass die Stadt Offenbach als Zufluchtstätte... benutzt wird".

[11] Abgedruckt u. a. bei Adler-Rudel, Anhang B (S. 158–161).

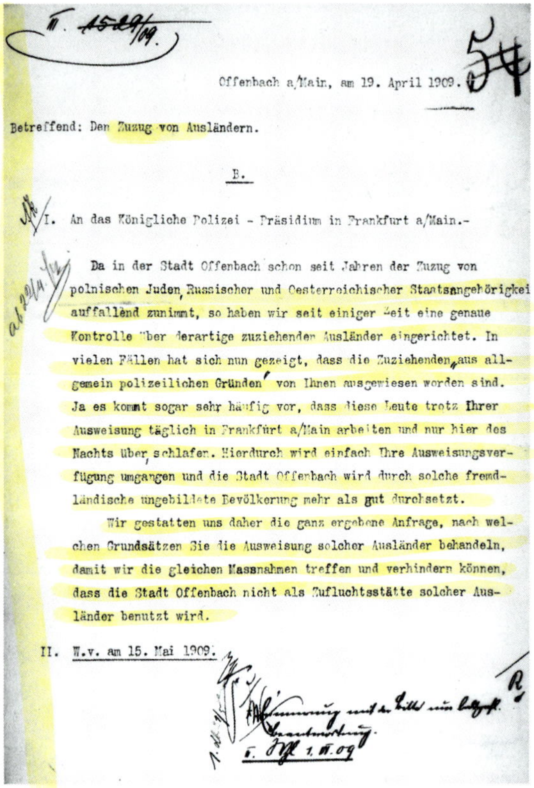

Offenbach a/Main, am 19. April 1909.

Betreffend: Den Zuzug von Ausländern.

B.

I. An das Königliche Polizei - Präsidium in Frankfurt a/Main.-

Da in der Stadt Offenbach schon seit Jahren der Zuzug von polnischen Juden, Russischer und Oesterreichischer Staatsangehörigkei auffallend zunimmt, so haben wir seit einiger Zeit eine genaue Kontrolle über derartige zuziehender Ausländer eingerichtet. In vielen Fällen hat sich nun gezeigt, dass die Zuziehenden, aus allgemein polizeilichen Gründen, von Ihnen ausgewiesen worden sind. Ja es kommt sogar sehr häufig vor, dass diese Leute trotz Ihrer Ausweisung täglich in Frankfurt a/Main arbeiten und nur hier des Nachts über, schlafen. Hierdurch wird einfach Ihre Ausweisungsverfügung umgangen und die Stadt Offenbach wird durch solche fremdländische ungebildete Bevölkerung mehr als gut durchsetzt.

Wir gestatten uns daher die ganz ergebene Anfrage, nach welchen Grundsätzen Sie die Ausweisung solcher Ausländer behandeln, damit wir die gleichen Massnahmen treffen und verhindern können, dass die Stadt Offenbach nicht als Zufluchtsstätte solcher Ausländer benutzt wird.

II. W.v. am 15. Mai 1909.

Schreiben der Stadt Offenbach an das Polizeipräsidium Frankfurt a. M. vom 19.4.1909 betr. Ausweisung polnischer Juden aus Frankfurt

leider feststellen, dass ein Erlass wie der dortige vom 1.11. v. J. geeignet ist, alle Bemühungen der hiesigen Behörden zur Bekämpfung des Schieberunwesens, der Wohnungsnot, der Lebensmittelnot und der Erwerbslosigkeit zunichte zu machen. Wie der Herr Polizei-Präsident richtig hervorgehoben hat, werden durch diesen Erlass nicht allein die schon hier heimlich zugereisten Ostenjuden [sic! E. B.], es dürften 5–10000 sein, praktisch zum Hierbleiben berechtigt, sondern es werden noch zahllose denselben Weg kommen in der sicheren Erwartung, dass sie wenn sie einmal gegebene Tatsachen geschaffen haben, nicht mehr herausgesetzt werden können. Ein Unterkommen, auch wenn es noch so kümmerlich ist, finden diese Leute meist, eine nutzbringende Beschäftigung geben ihnen ihre Glaubensgenossen, wenn auch nur zum Schein. Praktisch werden die Fürsorgeorganisationen stets, wenn eine Ausweisung droht, den Leuten zum Bleiben verhelfen und die Behörden sind also tatsächlich gegenüber einem heimlich über die Grenze gekommenen Ostjuden so gut wie machtlos."[12]

Auch bereits ergangene Ausweisungsverfügungen musste die Stadt Frankfurt aufgrund dieses Erlasses wieder aufheben. So im Falle der in Warschau geborenen Brüder David und Victor Lichtenstein, die am 13. August 1919 beim Regierungspräsidenten in Kassel die Aufhebung ihres Ausweisungsbefehls beantragten. Die Brüder seien aus Frankfurt ausgewiesen worden, heißt es in der Stellungnahme der Frankfurter Behörden, „weil sie ohne Einreiseerlaubnis dort zugezogen sind. Sie haben sich dann nach Offenbach abgemeldet, wurden aber bald darauf wieder in Frankfurt aufgegriffen und wegen verbotswidriger Rückkehr vor Gericht gezogen. Wenn den Gebrüdern Lichtenstein andere Vergehen nicht zur Last fallen, wird die Ausweisungsverfügung aufgehoben werden."[13] Auch in anderen Fällen konnten ohne Einreiseerlaubnis, d. h. „illegal" nach Frankfurt zugezogene Ostjuden mit Hilfe eines Rechtsanwalts die Aussetzung bzw. Aufhebung ihrer Ausweisungsverfügungen erreichen, die häufig „informell" in Form mündlicher Aufforderungen auf dem Polizeirevier erfolgt waren.[14]

Um so restriktiver wurden Gesuche um Zuzugs- bzw. Aufenthaltsgenehmigungen für Frankfurt behandelt. So z.B. im Falle des Chaim Zanger, der bis zu seiner Einberufung in die österr.-ungarische Armee im Jahre 1916 in Frankfurt gelebt hatte und als Hauslehrer an der Israelitischen Waisenanstalt im Röderbergweg beschäftigt war. Als er nach dem Krieg nach Frankfurt zurückkehren wollte, wurde er an der Grenze zurückgewiesen, da er für das erforderliche Visum zunächst eine Aufenthaltsbewilligung der Frankfurter Polizei-

[12] Institut für Stadtgeschichte, Mag. Akte R 1376

[13] HHStA Wiesbaden 405, 5826

[14] HHStA Wiesbaden 405, 5819. Eingabe des Rechtsanwalts Dr. Max Kowalski im Auftrage des Herrn Josef Gärtner aus Galizien.

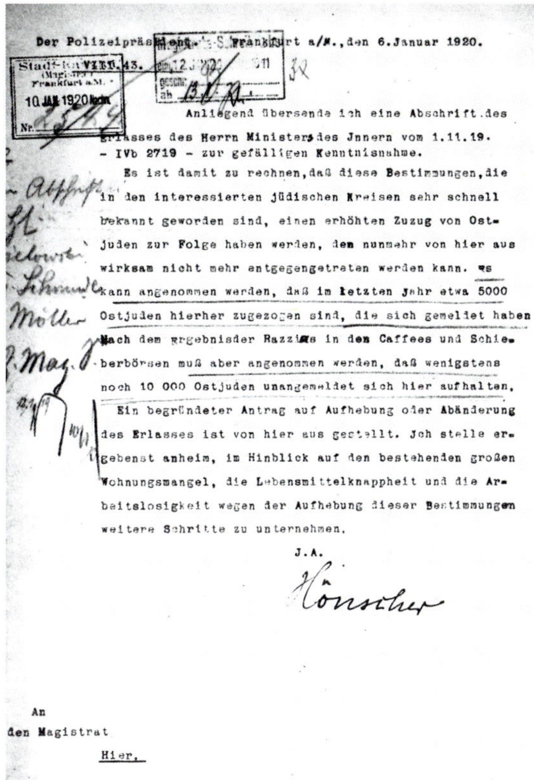
Der Polizeipräsident. Frankfurt a/M., den 6. Januar 1920.

VIII. 43.

Anliegend übersende ich eine Abschrift des Erlasses des Herrn Ministers des Jnnern vom 1.11.19. – IVb 2719 – zur gefälligen Kenntnisnahme.

Es ist damit zu rechnen, daß diese Bestimmungen, die in den interessierten jüdischen Kreisen sehr schnell bekannt geworden sind, einen erhöhten Zuzug von Ostjuden zur Folge haben werden, dem nunmehr von hier aus wirksam nicht mehr entgegengetreten werden kann. Es kann angenommen werden, daß im letzten Jahr etwa 5000 Ostjuden hierher zugezogen sind, die sich gemeldet haben Nach dem Ergebnis der Razzien in den Caffees und Schieberbörsen muß aber angenommen werden, daß wenigstens noch 10 000 Ostjuden unangemeldet sich hier aufhalten.

Ein begründeter Antrag auf Aufhebung oder Abänderung des Erlasses ist von hier aus gestellt. Jch stelle ergebenst anheim, im Hinblick auf den bestehenden großen Wohnungsmangel, die Lebensmittelknappheit und die Arbeitslosigkeit wegen der Aufhebung dieser Bestimmungen weitere Schritte zu unternehmen.

J.A.

Hänscher

An
den Magistrat
Hier.

Schreiben des Polizeipräsidenten von Frankfurt an den Magistrat vom 6.1.1920 über den Zuzug von Ostjuden (mit weit überhöhten Zahlenangaben)

behörden benötigte. Diese jedoch wurde ihm verweigert, wobei antisemitische und ausländerfeindliche Untertöne aus den Bemerkungen der den Fall bearbeitenden Beamten deutlich werden. So heißt es in einem Vermerk: „Zur Feststellung, ob die Angaben auf Wahrheit beruhen und zur Einreise eine Notwendigkeit vorliegt. Kann das israelitische Waisenhaus keinen (inländischen) deutschen Juden als Hauslehrer anstellen? Ist Zanger galizischer Jude?“ Und in der Antwort des VII. Polizeireviers vom 21.1. an das Polizeipräsidium Frankfurt a. M.: „Erledigt zurückgeschickt. Zanger ist galizischer Jude. Die Angaben beruhen nicht auf Wahrheit. Zanger kann seine alte Stelle als Hauslehrer im Israelitischen Waisenhaus, Röderbergweg 97, nicht wieder antreten, da diese Stelle besetzt ist... Eine Notwendigkeit zur Einreise liegt nicht vor. Übrigens kann für den Posten eines Hauslehrers sehr wohl ein inländischer Deutscher angestellt werden.“[15]

Eine rücksichtslose Abschiebung erfolgte vor allem in den Fällen, wenn ein Ostjude (bzw. Ausländer überhaupt) aufgrund von Krankheit o. ä. der öffentlichen Fürsorge anheimfiel.[16] Vor Abschiebung geschützt war man durch die Annahme der deutschen Staatsangehörigkeit, aber dafür musste man ein umfangreiches Einbürgerungsverfahren durchlaufen. Voraussetzungen für die Einbürgerung waren nicht zuletzt eine eigene Wohnung und die Möglichkeit, sich selbst und seine Familienangehörigen ernähren zu können. Insgesamt wurden in den Jahren 1919–1931 ca. zwölfeinhalb Tausend Ostjuden deutsche Staatsbürger.[17]

Ein Beispiel für einen solchen total assimilierten Ostjuden war der am 1. August 1900 in Kiew geborene Jacques (Jankel) Slutzky, der am 19. April 1929 die deutsche Staatsbürgerschaft beantragte. Bei einem Judenpogrom im Jahre 1906 waren seine beiden Eltern in Kiew umgekommen, Jankel kam mit seiner Schwester Bertha nach Frankfurt, wo er die Klinger-Oberrealschule besuchte und anschließend eine Lehre bei der Fa. H. Fuld & Co. absolvierte. Er hatte 1922 eine Deutsche geheiratet, die dadurch ihre Staatsbürgerschaft verlor; auch seine 1923 geborene Tochter wurde als staatenlos betrachtet. In seiner Einbürgerungsakte heißt es: „Da der Antragsteller sich dem deutschen Wesen und der deutschen Eigenart angepaßt hat, sodaß er von einem Deutschen nicht zu unterscheiden ist und da er mit den deutschen Verhältnissen verwachsen ist, wird sein Antrag befürwortet.“ Am 6.5.30 wurde Jankel (Jakob) Slutzky die Einbürgerungsurkunde ausgehändigt.[18] Doch dies geschah relativ selten: Ludger Heid hat in seiner Studie über ostjüdische Arbeiter in Deutschland an Hand zahlreicher Fallbeispiele dargelegt, dass angesichts des „administrativen Antisemitis-

[15] HHStA Wiesbaden, 405, 5816.

[16] HHStA Wiesbaden, 405, 8819: Heinrich Pulin, Rebekka Grünglück.

[17] Maurer., S. 310; 317.

[18] HHStA Wiesbaden 405, 10257.

Männer beim Talmuddisput, aus der Mappe „Ostjüdische Typen“ des Frankfurter Künstlers Wilhelm Taubert (1923)

mus“ die Einbürgerung für Ostjuden „ein nahezu unerreichbares Ziel“ blieb. So hatten von den 1933 in Deutschland lebenden, aber im Ausland geborenen Juden nur 16 Tausend die deutsche, ca. 100 Tausend dagegen eine ausländische (meist polnische) oder gar keine Staatsbürgerschaft.[19]

Ostjüdisches Leben in Frankfurt

Merkwürdigerweise sind nur relativ wenige Spuren ostjüdischen Lebens im Frankfurter Ostend zu entdecken, obwohl Ostjuden sich ganz offenkundig hier konzentrierten, weil sie die gegenseitige Nähe und die Nähe der jüdischen – vor allem auch religiösen – Einrichtungen suchten, aber auch aufgrund der Gegebenheiten des damaligen Wohnungs- und Arbeitsmarktes in Frankfurt. Wenn 1925 knapp 6,5 Tausend Juden im Ostend lebten, so stellte unter ihnen ganz offenkundig die damals mindestens 5,5 Tausend Köpfe zählende ostjüdische Bevölkerungsgruppe Frankfurts eine große Mehrheit, weil sie eben sehr kompakt hier siedelte, während die einheimischen Juden gleichmäßiger über das Stadtgebiet verteilt waren.

In dem bereits eingangs erwähnten Zeitungsbericht wird darauf hingewiesen, dass Frankfurt deshalb besonders attraktiv für Ostjuden war, weil die „musterhaften Gemeindecharitativen und philantropischen [sic!] Institutionen der Frankfurter Judenheit“ ein „Anziehungsmittel für die Einwanderer“ dargestellt hätten, vor allem aber auch „kaum eine Stadt in Deutschland die religiösen Bedürfnisse des frommen Einwandererelementes so voll befriedigt“ habe wie Frankfurt.[20] Umgekehrt waren die im Vergleich zu ihren deutschen Glaubensgenossen eher traditionell eingestellten Ostjuden für das religiöse Leben in Frankfurt eine große Bereicherung. Sehr anschaulich wird dies geschildert: „Die ältere Generation trägt und gibt sich noch nach alter heimischer Art. Die Männer gehen im Kaftan und mit Schläfenlöckchen daher und fühlen sich vollends heimisch in ihren Synagogen und Bethäusern, von denen sich die bedeutendsten in der Langestraße und Obermainanlage befinden. Hier wird noch ‘gedawent’ nach altem chassidischen Ritus und mit dem chassidischen Feuer, ein Beshamidrasch daneben vereinigt thorakundige Männer beim Talmud und bei anderen heiligen Ssorim. Alle, soweit sie zur älteren Generation zählen, halten noch streng den Sabbat, was kein kleines Opfer in Deutschland mit seiner streng durchgeführten Sonntagsruhe ist. Man feiert gemütlich die ‘dritte Mahlzeit’ unter Gebet und Gesang, besonders, wenn ein fremder Rebbe auf seinem Wege nach oder von einem Badeplatz die Gemeinde mit seinem Besuche beehrt. Er bringt ihr die Heimat mit all seiner trauten Gemütlichkeit wieder, die noch eine Zeitlang nach seiner Abreise in den Herzen und Seelen stark nachwirkt. Die russisch-litauischen Juden, die gegen die pol-

[19] Ludger Heid, Maloche – nicht Mildtätigkeit. Ostjüdische Arbeiter in Deutschland 1914–1923, Hildesheim-Zürich-New York 1995, S. 234 (Zitate), S. 229 (Zahlenangabe).

[20] Der Israelit, 1927, Nr. 52, S. 4.

nisch-galizischen in der Minderzahl sind, haben ihr geistiges Heim im Beshamidrasch, Ostendstr. 18, das auch von einigen orthodoxen deutschen Gemeindemitgliedern regelmäßig besucht wird. Dieses Beshamidrasch hat nach gut litauischer Art das Thoralernen im Mittelpunkt. Dort hatte bis vor kurzem die Jeschiwo von Rabbi Mosche Schneider ihr Heim, in der 80 Bachurim lernten.... Jetzt hat die Jeschiwo ihr Domizil nach einem anderen Beshamidrasch in der Schwanenstraße verlegt. Aber nach wie vor dürfte das Beshamidrasch Ostendstraße eine der größten Thorastätten in Deutschland sein."[21]

Es gab offenbar auch ein reges ostjüdisches Vereinsleben. Der Verein der Ostjuden „Tikwas Zion" suchte, „gestützt auf ostjüdische Elemente, den Zionismus in Deutschland zu verbreiten".[22] Der ostjüdische Frauenverein „Esras Noschim" organisierte u. a. Wohltätigkeitsveranstaltungen für Arme und Bedürftige[23] und verteilte z. B. im Jahre 1929 etwa 8000 Mark für Pessach-Unterstützungen, Kohlenverteilung und Beihilfen an 237 Familien.[24] Ein Verein polnisch-jüdischer Studierender wurde in Frankfurt gegründet, „parteilos, jedoch auf religiöser Grundlage aufgebaut",[25] usw. Neben den vereinzelten Meldungen über die Aktivitäten ostjüdischer Vereine finden sich in den jüdischen Zeitungen nur noch sehr spärliche Hinweise auf ostjüdisches Leben in Frankfurt: Heiratsannoncen vom Typ „Ostjude sucht Ostjüdin" z. B. oder Anzeigen in jiddischer Sprache, in denen ein Kantor seine Dienste für bevorstehende Feiertage anbietet.

1919 wurde eine „Beratungsstelle für ostjüdische Flüchtlinge" (Lange Str. 30) des Israelitischen Hilfsvereins gegründet, die die Flüchtlinge vor unberechtigten Ausweisungen schützen, ihnen die notwendigen Papiere verschaffen, Unterkunft, Essen und Kleidung gewähren konnte. Sie sorgte für Behandlung und Pflege der Kranken, ermöglichte denjenigen, die das wollten, durch Ausgabe von Fahrkarten und Reisegeld die Weiterreise, und half denen, die hier bleiben wollten, bei der Suche nach einem Arbeits- bzw. Ausbildungsplatz. Zunächst wurde sie hauptsächlich durch amerikanische Juden finanziert, nach Ausbleiben dieser Gelder bat sie in Aufrufen die jüdische Bevölkerung Frankfurts um Spenden.[26] Die Hilfsbereitschaft der einheimischen gegenüber den aus dem Osten zugewanderten Juden war offenbar groß, andererseits war doch immer wieder eine mehr oder minder deutliche Distanz zu beobachten. So sah sich z. B. die orthodox-religiöse Organisation Agudas Jisroel in Frankfurt veranlasst, eine eigene „Ortsgruppe B" für die Ostjuden zu gründen; dabei wurde betont, „dass nach außen hin nach wie vor in Frankfurt a. M. nur eine A.-J.-Ortsgruppe bestehen bleibt und nur nach innen gliedert sich dieselbe in zwei Untergruppen A und B; A für den Westen, B für den Osten, auf dass sich jeder Kreis frei und ungezwungen nach seinen Sitten und Gebräuchen innerlich auslebe und entfalte und dann gemeinschaftlich mit dem anderen Kreis seine gesammelten Kräfte zum Wohl der Thora in den Dienst der Aguda stelle."[27]

So war in Frankfurt, wie überall in Deutschland, das Verhältnis der einheimischen Juden zu den Ostjuden von einer gewissen Ambivalenz zwischen öffentlicher Unterstützung und privater Distanz geprägt.[28] Immerhin konnten sich, so wird berichtet, „die Ostjuden in Frankfurt wohler und heimischer fühlen, als in anderen Städten Deutschlands", wurde „der Kontrast zwischen Ost und West nicht so hervorgekehrt" und waren die „Gegensätze nicht so scharf herausgebildet, wie in anderen Städten Deutschlands und Westeuropas".[29]

[21] Der Israelit 1927, Nr. 52, S. 4.

[22] Jüdische Rundschau, 28.9.1922, S. 487.

[23] Der Israelit, 21.3.29, S. 10; 6.3.24, S. 6.

[24] Der Israelit, 1930, Nr. 1, S. 14.

[25] Der Israelit 1928, Nr. 34, S. 14; vgl. Der Israelit, 21.3.1929.

[26] Aufruf der Beratungsstelle, Anfang der 20er Jahre, Jüdisches Museum Frankfurt a. M.

[27] Der Israelit, 6.11.1924, S. 8.

[28] Vgl. Maurer, S. 742.

[29] Der Israelit, 1927, Nr. 52, S. 4.

Aus meinen Kindheitserinnerungen

Paul Birnbaum-Rawer

(aus dem Englischen übertragen von Brigitte Heinrich)

Dr. Paul Pinchas Birnbaum wurde am 22.12.1927 im Frankfurter Ostend geboren, als zweites Kind von Jakob und Hella Birnbaum-Rawer, die ursprünglich aus Galizien eingewandert waren, sich in Frankfurt kennenlernten und dort niederließen. Der Vater war Inhaber einer jüdischen Buchhandlung.

Pinchas Rawer, wie er damals allgemein genannt wurde, besuchte die Israelitische Volksschule, anschließend die Samson Raphael Hirsch-Schule am Tiergarten. Durch die „Polenaktion" am 28./29. Oktober 1938 wurde die Familie auseinander gerissen: Der Vater wurde mit einem ersten Transport abgeschoben, der Rest der Familie mit einem zweiten Transport an der inzwischen von den Polen gesperrten Grenze zurückgewiesen. Anfang Januar 1939 nutzte die Mutter die Gelegenheit, die beiden Kinder mit Hilfe eines Kindertransports nach England in Sicherheit zu bringen. Sie selbst ging illegal über die Grenze nach Polen, um ihren Mann zu suchen. Sie fand ihn schließlich in Lemberg. Beide wurden später von den Nazis ermordet.

Während seines Studiums am Kings College der Londoner Universität lernte Paul Birnbaum seine spätere Frau Hanna Feust kennen, die aus München stammte und ebenfalls beide Eltern verloren hatte. Bis 1970 lebte die Familie in Großbritannien, dann übersiedelte sie nach Israel.

Essen

Merkwürdigerweise fällt es mir schwer, mich daran zu erinnern, was genau wir tagein, tagaus aßen. Ich bin mir nicht sicher, ob meine Erinnerungen nicht anachronistisch sind und einer späteren Zeit entstammen als der, die ich hier beschreibe. Nur hier und da kommen ein paar versprengte Erinnerungsfetzen an die Oberfläche, die mich zum Narren halten und unvollständig sind.

Was Suppen anbelangt, befinden wir uns auf sichererem Terrain. Es gab Erbsensuppe und Linsensuppe und Reissuppe und Nudelsuppe und Tomatensuppe; und als wir 1938 nach Polen deportiert wurden, wartete unsere Suppe auf dem Esszimmertisch auf unsere Rückkehr. All diese Lebensmittel, mit Ausnahme von Tomaten und Erbsen, wurden in einem Kolonialwarenladen aus großen Säcken gekauft. Auf dem Ladentisch lagen zugeschnittene braune Papierbögen. Mit einem Schlenkern des Handgelenks und einer Drehung verwandelte der Kaufmann einen solchen Bogen in eine konisch geformte Tüte, die er mit einem Schäufelchen füllte, bis das korrekte Gewicht erreicht war. Dann kam der Moment, auf den ich immer wartete: Der Kaufmann griff sich die offene Tüte mit beiden Daumen und Zeigefingern und schwenkte das spitze Ende der Tüte mit einer raschen Drehbewegung über das obere hinweg. Der Schwerkraft zum Trotz wurde nie etwas verschüttet, und die Tüte war wundersamerweise verschlossen.

Fisch war Bestandteil des Speiseplans, und auf der Haupteinkaufsstraße, der Zeil, gab es in der Nähe der Hauptpost ein Fischgeschäft der Nordsee-Kette, wo wir manchmal kauften. Das Geschäft existierte noch immer – oder wieder –, als ich Frankfurt 30 Jahre später besuchte. Gelegentlich kauften wir auch Lachs – Räucherlachs – an den Feinkosttheken der großen Kaufhäuser. Doch der Ehrenplatz gebührt dem Fisch, den wir am Schabbat aßen, unweigerlich ein Karpfen, aus dem „gefillte Fisch" gemacht wurde. Man darf sich nicht vorstellen, dass diese anämischen und geschmacklosen Fischbällchen, die dem unwissenden Anglo-Juden als „gefillte Fisch" bekannt sind, auch nur die geringste Ähnlichkeit hätten mit dem „gefillte Fisch", wie Mama ihn gekocht hat. Seine Zubereitung in unserem Haus am Freitag war sowohl eine hörbare als auch eine olfaktorische Erfahrung, indem Mama auf ihrem hölzernen Hackbrett hackte und hackte und hackte und das herausgeschnittene Innere des Fischs mit der Himmel weiß was für Ingredienzien vermischte, ehe sie das Ganze wieder in die Haut füllte, zunähte und die Stücke stundenlang kochte. Der Duft betörte uns, doch mehr als an alles andere erinnere ich mich an das hack-hack-hack.

Der Fisch wurde kalt serviert und im Winter zum Abkühlen hinausgestellt, wo die Sauce zu einem üppigen Gelee erstarrte. „Gefillte Fisch“ war der authentische Beweis unserer Herkunft. Papa wollte – und bekam – oft den Kopf, den er mit der Geschicklichkeit eines Experten sezierte. Ich erreichte solche Höhen nie. Seltsame Knochenformationen wurden im Innern des Kopfes freigelegt; Formloses und Schleimiges und gefälteltes braunes Gewebe. Gab es irgend etwas Essbares in dieser merkwürdigen Ansammlung? Nur ein Fachmann konnte das sagen. Doch lassen wir den „gefillte Fisch“, denn die obligatorische Freitags-Hühner-Nudelsuppe wird kalt.

Die Nudelsuppe war keine bleiche Osem-Imitation, es waren keine spärlich verteilten dicken Nudeln in einer gelben Flüssigkeit, mit ein bisschen grünem Ich-weiß-nicht-was gesprenkelt. Unsere Hühner-Nudelsuppe war fett und goldfarbig, unser Huhn hatte seine kostbarsten Teile dafür hergegeben, dass sie so wurde, und auf der dampfenden Oberfläche schwammen fröhliche goldene Fettaugen. Die Nudeln waren keine Osem-Nudeln, die immer entweder hart und zäh oder lasch und durchgeweicht sind, sondern hielten den schmalen Grat zwischen Festigkeit und Auflösung, waren fest und dennoch weich. Kleine Hühnerstückchen trieben auf der Oberfläche oder lagen darunter, um entdeckt zu werden. Niemand hätte es gewagt, die geweihte Oberfläche mit chinesischen Nudeln zu entweihen, wenn es sie denn damals schon gegeben hätte, doch geriebene Muskatnuss war eine häufige Beigabe, eine Konzession an Ost-Afrika.

Der Hauptgang bestand aus Huhn mit Reis. Hier stand die Tradition fest: Ich bekam immer das „Fliggele“, das Flügelchen, und Ruthi das „Bulkele“, die Keule. Das waren die Portionen, die am besten schmeckten, und ich konnte nie verstehen, wie elterliche Liebe so weit gehen konnte, zugunsten von uns Kindern auf solche Delikatessen zu verzichten. Viele Jahre später erforderten es die deutschen Wiedergutmachungsgesetze, dass man den früheren Status und den Lebensstandard seiner inzwischen ausgelöschten Familie nachwies. Ich beanspruchte Mittelklassenstatus und nannte das wöchentliche Hühnchen als Beweis. Dies wurde akzeptiert: Huhn war nicht einfach zu bekommen.

...und Unterhaltung

Was tut man, wenn das Fernsehen noch nicht erfunden ist? Ich nehme an, man hört Radio. Doch unsere Familie besaß kein Radio. Das taten Ende der Dreißiger nur wenige. Deshalb kam der Großteil der Unterhaltung von einem selbst, man spielte mit Spielzeug oder mit Freunden oder beidem; und dann – als ich die Ketten des Nichtlesenkönnens einmal abgeworfen hatte – war da das LESEN. Und vom Lesen war ich,

Anzeige:
Jüdisches Gemeindeblatt
Nr. 11, August 1936

wie man in Unterhaltungsschinken zu sagen pflegt, besessen. Wäre man eine Kuh mit normalen Bedürfnissen, was sollte und würde man tun, wenn man auf eine üppige Wiese käme? Die Buchhandlung meines Vaters war eine wahre Fundgrube, eine unerschöpfliche Goldmine, eine so üppige Wiese, wie eine Kuh sie sich nur erhoffen kann.

Man darf sich nicht vorstellen, dass die jüdische Buchhandlung meines Vaters in irgendeiner Form virulent sektiererisch gewesen wäre. Natürlich gab es, wie zu erwarten war, Judaica und Hebraica und Zionaica, einschließlich einer modernen Hebräisch-Abteilung. Alle Bücher, die Geschichten enthielten, waren mir in der gut gemeinten, aber stockenden Übersetzung meines Vaters vorgelesen worden. Dann gab es riesige Bände des Talmud und der Mischna und hebräische Kommentare jeder Art, die für mich allesamt und ganz im Sinne des Wortes Bücher mit sieben Siegeln blieben.

Viele der Bücher waren als Geschenke zu Bar Mizwa gedacht oder für Bücherliebhaber, und mir deshalb verboten. Doch eines der obersten Regale, das über dem Rasierpulver, war der Aufbewahrungsort für die alten, ungebundenen Zeitschriften, die dort unter dem Staub ruhten, der sich auf ihnen angesammelt hatte, und von lange vergessenen Professoren träumten. Sie trugen Titel wie „Zeitschrift der jüdischen Forschung 1888", denn Papa kaufte alte Bibliotheken auf, um den Antiquariatsteil im vollen Namen der Buchhandlung zu rechtfertigen: „Jüdische Buchhandlung und Antiquariat". Eine meiner frühesten Entdeckungen zwischen all den Zeitschriften und Festschriften war eine Antiquitätenzeitschrift oder so etwas, kaum 20 cm über dem Rasierpulver. Einen seltsameren Bettgenossen hätte man sich nicht denken können. Das „Rasierpulver" war geschaffen worden, um den Empfindlichkeiten orthodoxer Juden entgegenzukommen, die ihren täglichen Bartwuchs entfernen, dazu jedoch keine Rasierklingen benutzen wollten. Äußerlich waren die Blechdosen prächtig in Grün oder Rosa, doch ihr Inhalt war schwefelig und teuflisch. Der Bart wurde damit weggebrannt! Ich fragte mich immer, was passieren würde, wenn dieser Brand außer Kontrolle geriete. Würde sich dann die Haut auflösen? Und was würde passieren, wenn das Zeug von beiden Backen sich jemals in der Mitte träfe?[1]

Im Kontrast dazu war die Antiquitätenzeitschrift ein illustrierter Inbegriff von Kultur und offensichtlich der getreuen Beschreibung von Museumssammlungen gewidmet, mit pädagogisch wertvollen Fotografien und Diagrammen auf jeder Seite. Ich hatte das Gefühl, dass es sehr wichtig sei, die Fotografien aus dem Text auszuschneiden, eine Aufgabe, die mit Papas Schere leicht zu bewerkstelligen war. Offensichtlich hatte er schon vor langer Zeit die Hoffnung aufgegeben, Zeitschriften über den Inhalt von Museen zu verkaufen, und war froh, wenn er mich beschäftigen konnte und dazu noch ein wenig zusätzlichen Stauraum gewann.

Um zu den wahren Schätzen zu gelangen, musste man eine Metalltreppe hinuntersteigen, die in den dunklen Keller führte; dort ließ sich im schummrigen Halblicht in aller Stille der Staub auf lange vergessenen Bänden nieder, von denen viele in keiner Weise als jüdisch klassifiziert werden konnten, ganz egal, wie man sie betrachtete: weder vom religiösen noch vom nationalen, kulturellen oder ethnischen Standpunkt.

Dort fand ich auch eine goldgeprägte Sammlung berühmter Gedichte mit dem Titel „Der Sagenkranz". Sie öffnete mir den Blick für so bekannte deutsche Balladen wie „Der Taucher", „Die Bürgschaft", „Des Sängers Fluch" und andere. Diese langen Gedichte waren der Hauptgegenstand des deutschen Literaturunterrichts in der fünften und sechsten Klasse, d.h., was mich betraf, noch sechs oder sieben Jahre entfernt. Nichts-

[1] siehe dazu auch den Beitrag von Naftali Stern in diesem Band, S. 58–63.

destotrotz war ich von diesen neuen Ausblicken fasziniert und setzte mich hin, um diese Gedichte freiwillig und methodisch auswendig zu lernen, indem ich die Verse einen nach dem anderen meisterte und dabei jedesmal die vorherigen wiederholte.

Als mein Vater sich einmal davon überzeugt hatte, dass es mir damit ernst war, durfte ich ein kleines Briefmarkenalbum haben. Dies war jedoch, wie Hitler später zu Chamberlain sagen sollte, „nicht mehr genug". Zigarettenpäckchen enthielten im Allgemeinen Zigarettenbildchen und, in einer Zeit wilder Hemmungslosigkeit, gestickte Blumen; doch zuletzt hatte eine Zigarettenmarke damit angefangen, ihren Päckchen Briefmarken beizulegen. Mein Vater war beinahe, wenn auch nicht ganz, Kettenraucher, und ich versuchte sehr, wenn auch mit beschränktem Erfolg, ihn davon zu überzeugen, mehr zu rauchen, – ein bequemer Weg, um meine Briefmarkensammlung zu vergrößern.

Was die Unterhaltung draußen anbelangt, so gab es wenig, um die Lücke zwischen ernster und populärer Unterhaltung, zwischen den Kasperletheatern meiner Kindheit und den Opernaufführungen, für die ich eindeutig noch zu jung war, zu überbrücken, trotz der Indoktrinierung durch das breite Repertoire meines Vaters. Wenn ich an der Oper vorbeiging, schlich ich mich gelegentlich heimlich hinein, um die dicht an dicht gehängten Reihen der Szenendekorationen und Prospekte zu betrachten. Wenn er gut gelaunt war, erklärte mein Vater, zu welcher Oper eine bestimmte Szenendekoration gehörte. Außerdem fand ich im Antiquariat meines Vaters einen alten Opernführer und las ihn von vorne bis hinten durch, doch eine richtige Opernaufführung sah ich zum ersten Mal in England.

Das trifft jedoch nicht auf „Kinderopern" zu. In der Schule meiner Schwester wurde „Eine Reise um die Welt" aufgeführt. Ich weiß nicht, ob Ruthi tatsächlich darin mitwirkte (ich nehme an, nicht), doch wir wurden auf alle Fälle zur Generalprobe eingeladen. Diese Reise führte zu den exotischsten Orten, und es ist ein kleines Wunder, dass ich mich immer noch an einige Melodien erinnere.

Zu Theaterstücken oder Pantomimen wurde ich nie mitgenommen. Es gab vage Versprechungen, einmal zu „Peterchens Mondfahrt" zu gehen, doch falls ein solches Versprechen je gehalten wurde, merkte ich es mir nicht. Als Folge davon waren wir auf uns selbst gestellt: Ein Junge, der älter war als ich, und ich gründeten einen Theaterleseclub. Die Mitgliedschaft war frei und, faute de mieux, auf uns beide beschränkt. Unsere Stücke reichten von Lessing bis zu Aischylos und Shakespeare in deutscher Übersetzung. Alles war Wasser auf unsere gefräßigen Mühlen. Wir trafen uns, wählten ein Stück aus und teilten sämtliche Rollen zwischen uns auf, ungeachtet von Status, Glaube oder Geschlecht. Das System funktionierte überraschend gut, außer wenn einer von uns über weite Strecken eines Stücks in seinen chamäleonartig wechselnden Rollen dominierte und der andere wie ein einsamer Beckenspieler nach zwei Dritteln einer Symphonie auf seinen Einsatz wartete. „Mach schon, du übernimmst jetzt mal für eine Weile die Ophelia!" – „Nein, nein, wir hatten entschieden, dass du sie übernimmst."

Das blauäugige Strahlen Shirley Temples blendete die Welt so, dass sogar meine Eltern einverstanden waren, dass ich ein richtiges Kino-Abenteuer unternahm, – und zwar auf eigene Faust. Ich nehme an, ich muss damals acht, neun Jahre alt gewesen sein, und die ganze aufregende Erfahrung des Schlangestehens vor dem beleuchteten Gebäude mit seinen vielen Plakaten, die glitzernden Lüstern im Foyer, der Vorgang des Eintrittskartenkaufens und des Platzanweisens selbst war nur ein kleines bisschen weniger eindrucksvoll als die eigentliche Vorstellung.

Familie Sulzbacher am Kaffeetisch in der Langen Straße.
Es sind die Großeltern von Paul Birnbaums Frau

Feiertage und Festlichkeiten

Ein Freund vom College gestand einmal, als Kind habe er sich den Winter als „eine große schwarze Schachtel" vorgestellt, und Weihnachten darin als ein winziges Licht genau in der Mitte. Wie jämmerlich kam mir das vor, dieses winzige Licht im Vergleich mit unserer hell leuchtenden Reihe von Festen! Doch so herzzerreißend (oder attraktiv!) dieses Gleichnis einer einzigen Kerze auch sein mochte, mit der Wirklichkeit stimmte es nicht ganz überein: ein kleines Licht, wirklich? Die Tatsachen sprachen alle dagegen: In England nicht weniger als in Deutschland spreizten sich mehrere Wochen lang „Einkaufstage" vor dem eigentlichen Ereignis; und wenn wir „Lichter" als Gleichnis verwenden wollten, dann müsste man von einer langen Reihe von Adventskerzen reden, und was die Schachtel anging: Sie wäre nicht schwarz, sondern vielmehr rot und grün verpackt, den vorherrschenden Farben in der vielfarbigen Pracht der mehrwöchigen Vorweihnachtszeit.

Die (ehemals) freie Stadt Frankfurt lag auf der Grenze zwischen dem katholischen Süden und dem protestantischen Norden, deshalb hatten wir das Beste aus beiden Welten, wenn das der korrekte Ausdruck ist. Wir benutzten sogar ohne Unterschiede nördliches und südliches Vokabular: Wir kauften „Orangen" – der südliche Begriff –, verstanden aber den nördlichen Begriff

„Apfelsinen" als Früchte von derselben Farbe und demselben Geschmack. Ebenso kannten wir Frankfurter sowohl katholische als auch protestantische Feiertage, Heiligengedenktage, Maria Himmelfahrt, Fronleichnam und Ostern. Doch verglichen mit Weihnachten verblassten sie alle bis zur Bedeutungslosigkeit. Weihnachten beherrschte wochenlang alles, und in erster Linie war dazu ein Weihnachtsbaum erforderlich. An all dieser Aufregung und dem Geglitzer hatten wir als interessierte Zuschauer teil. Die dunkelblauen Winterabende waren brausend kalt, und häufig schneite es ein bisschen, und die erleuchteten Schaufenster waren besonders verlockend mit ihrem Glanz, ihrem Schmuck und der überwältigenden Vielfalt ihrer Waren.

So sehr wir all dies auch genossen, wie wir auch jedes andere Spektakel genossen hätten, wäre es für uns dennoch undenkbar gewesen, selbst einen Weihnachtsbaum zu haben, und noch undenkbarer, „Weihnachten" selbst zu feiern; wir hatten Chanukka als unseren Feiertag und sprachen mit abwertendem Geflüster über assimilierte Juden, die „Weinukka" feierten. Unser Feiertag verfügte nicht über den Glanz und das Geglitzer des kommerzialisierten Weihnachtsfestes, doch er dauerte acht Tage, und „Chanukka-Gelt" und andere Geschenke taten das ihre zum Ausgleich für Santa Claus und seine weitgereisten Rentiere. Ich erinnere mich nicht mehr, in welchem Alter mir erlaubt wurde, meinen eigenen Chanukka-Leuchter anzuzünden, doch es war viele Jahre nach meiner Neugeburt, und Ruthi – die mittlerweile tief vom Glauben durchdrungen war – hätte ebenso wenig daran gedacht, mich davon zurückzuhalten, wie die Tefillin anzulegen.

Die Worte von „Moaus Zur" lernten wir sehr schnell: Es ist wunderbar, was achttägige Sitzungen für den kindlichen Geist bedeuten können; doch natürlich verstanden wir nur das wenigste des Hebräischen. Wie ich in Mamas Wiedergabe von „Wien, Wien, nur du allein" das „Dort kenn' ich mich aus" mit „Dort kämm' ich mich aus" verwechselt hatte (und vor meinem inneren Auge meine Mutter ihr Haar hatte auskämmen sehen), so hörte ich hier statt „ki sarim ... avad'ti" (weil ich fremden Göttern diente) „awatte-ti", und glaubte meine ganze frühe Kindheit, es hätte etwas mit Watte zu tun (wie bei einer Mittelohrentzündung). Was nicht heißt, dass wir die allgemeine Bedeutung des Lieds nicht verstanden hätten: Das jüdische Volk hatte Prüfungen und Mühsal durchgestanden – den Pharao, Babylon, Haman und schließlich den Versuch des Antiochus, die jüdische Religion auszurotten. Jedesmal hatten wir am Ende triumphiert, der Höhepunkt war der Aufstand der Makkabäer, den wir an Chanukka feierten. Der Autor der Hymne hatte sich klugerweise der nach-makkabäischen jüdischen Geschichte enthalten, wie der Zerstörung des Tempels, der Kreuzzüge oder der Massaker von Chmielnicki; das Lied wäre dadurch schwerfällig und seine Botschaft finster geworden. Wie die Dinge standen, verstanden sogar wir Kleinen, dass so etwas wie eine Lektion über die Nazis und uns darin enthalten war. Nicht, dass man die Nazis mit dem Pharao oder Haman hätte vergleichen können; sie waren Rowdys, imstande, einem die Knochen oder die Fenster zu zerbrechen, doch es gab keine Versuche, uns auszulöschen! Dennoch war es tröstlich zu wissen, dass wir über dieses Gesindel triumphieren würden, denn seine antijüdischen Parolen und Maßnahmen wurden zunehmend zu einem Ärgernis.

Das einzige andere wirklich christliche Fest war Ostern, mit dem die Kreuzigung Jesus' und seine darauffolgende Auferstehung gefeiert wurde, ein dreitägiger Vorgang. Im Gegensatz zu unseren eigenen Feiertagen, die aufregenderweise beweglich waren, fiel der Karfreitag immer auf einen Freitag, der Ostersonntag unvermeidlich auf einen Sonntag. Im Gegensatz dazu wanderten unsere zahlreichen Feiertage erratisch durch die Wochen und die verschiedenen Wochentage, wie Planeten sich zwischen den Sternbildern bewegen. Die meisten unserer Feiertage wiederholten sich, ungefähr wie eineiige Zwillinge; und wenn einer dieser Zwillingstage auf einen Schabbat fiel, entstand daraus eine dreitägige Schließung. Manchmal überschnitten sich die Zwillingstage mit den Ruhetagen der Gojim, Samstag oder Sonntag, und machten es dort, wo es diese Kategorien noch gab, für jüdische Angestellte nichtjüdischer Arbeitgeber einfacher. Für uns war Ostern wesentlich weniger bemerkbar als Weihnachten, und das bezog sich vor allem auf die Dekoration der Geschäfte: Krippen sind ein besseres Thema als Kreuze. Dass unser eigenes Pessach-Fest ungefähr in die gleiche Zeit fiel wie Ostern, war wohl kaum ein Zufall – das letzte Abendmahl war schließlich ein Pessach-Abendmahl. Die Tatsache, dass Jesus wie auch seine Jünger gläubige Juden waren, war dem aufgebrachten christlichen Mob in jenen Tagen nicht beizubringen, der dazu neigte, sich in dieser Jahreszeit an den Juden zu rächen, vorgeblich für das Verbrechen des Gottesmords, für den man sie verantwortlich machte. Außerdem gelegentlich deshalb, weil von den Juden bekannt war, dass sie das Blut christlicher Kinder zum Mazzes-Backen verwendeten. Wir Kinder konnten nicht aufhören, uns über diese Absurdität zu wundern; auf jeden Fall war das alles von uns weit entfernt. Wir wussten, dass uns Juden jede Art von Blut verboten war, und gewöhnlich rannten wir an den Metzgereien der Gojim

Ein für Pessach gedeckter Tisch, 20er Jahre. Familie Sulzbacher

vorbei, wo nicht nur Schweinefleisch in seinen verschiedenen Formen ausgestellt war, sondern auch Dutzende von Blutwürsten. Die Nazis waren zufällig hauptsächlich säkular, und da sie genügend andere Anklagen gegen die un-menschlichen Juden erhoben, brauchten sie die Entschuldigung des Gottesmordes nicht. Es lag viel eher auf der Linie der Zeit und war obendrein weit wissenschaftlicher, die Juden nicht nur anzuklagen, dass sie den Staat und die deutsche Rasse beschmutzten und unterminierten, sondern auch, dass sie zufällig christliche oder vielmehr „arische" Kinder töteten. Keine Ausgabe von „Der Stürmer", die auf sich hielt, war komplett ohne das Bild vom hakennasigen Juden, der einer blonden arischen Jungfrau das Blut aus dem Nacken saugte.

Wir lachten sehr über diese grotesken Phantasien, die offensichtlich niemand bei klarem Verstand glauben konnte. Ruthis Freundin Henni baute sich gerne wie ein Fischweib vor den Reklameschildern des „Stürmer" auf, die Ellbogen in die Hüften gestemmt, und lachte voller Mitleid über die unsinnigen Überschriften und Karikaturen, um dann vor uns damit anzugeben. Das zeigt nur, wie wenig wir von dem verstanden, was vor sich ging. Oder war das alles Wunschdenken? Was mich anbetraf, genoss ich den Wechsel von Gesäuertem zu Ungesäuertem, das Putzen und Schrubben, das unsere Existenz in den Tagen und Wochen vor Pessach ausfüllte, und den geheimnisvollen Ritus des Pessach-Abends, wenn mein Vater in letzter Minute mit einer Kerze und einer Feder durch die Wohnung ging, um in Ecken und Nischen nach einem übriggebliebenen Krümel zu suchen, bevor Pessach anfing.

Die Mazzes waren dünn und zerbrechlich, und Geschick und Gewandheit waren vonnöten, um mit allen fertigzuwerden, und fachmännisches Können, um sie mit Butter zu bestreichen, ohne sie in viele Stücke zu zerbröseln. Ich machte gern den Versuch, mein Können gegen die verräterische Neigung der Mazzes in die Waagschale zu werfen: Eine meiner liebsten Methoden, meine Geschicklichkeit zu testen, war, mit den Zähnen an den Nadeleinstichen in den Furchen der Mazzes entlangzufahren und einen möglichst langen Streifen abzubeißen, vorzugsweise genau an den Nadeleinstichen entlang. Weniger kritisch und ziemlich befriedigend war es, die Mazzes in die Suppe zu krümeln. Das Interessante lag mehr im Akt des Zerkrümelns als im eigentlichen Geschmack. Mama ging noch viel weiter, und wegen des fehlenden Mehls, das ebenso absolut verboten war wie Brot selbst, kaufte sie pulverisiertes Mazzenmehl, in dem Mazzes zu Pulver zerrieben worden waren, und das Mama zu glatten Mazzebällchen für die Suppe verarbeitete.

Das große Ereignis, auf das wir warteten, war natürlich der Seder am ersten und zweiten Abend des Festes. Dies war der einzige Zeitpunkt des Jahres, wo uns Kindern wirklich und offiziell erlaubt wurde, lange aufzubleiben, denn schließlich war der Sinn dieses Familiengottesdienstes um den weißbedeckten Tisch der, von dem Auszug aus Ägypten zu erzählen und die Kinder zu Fragen zu provozieren; irgendwelchen Fragen, die als Basis verwendet werden konnten, die Geschichte von der Sklaverei in Ägypten erneut zu erzählen – denn hieß es nicht wörtlich: „Und du sollst es deinen Kindern erzählen"? Aus diesem Grund war die Seder-Nacht mit seltsamen Riten und Zeremonien durchsetzt. Mit dem Ungewöhnlichen und mit dem Alltäglichen. „Warum unterscheidet sich diese Nacht von allen anderen Nächten?" brachte man uns bei zu fragen: „In allen anderen Nächten können wir entweder gesäuertes Brot oder Mazzes essen, in dieser Nacht nur Mazzes. In allen anderen Nächten können wir alle Arten von Kräutern essen, in dieser Nacht nur bittere Kräuter. In allen anderen Nächten tauchen wir nicht ein (nun, das stimmt nicht ganz!), in dieser Nacht tauchen wir zweimal ein (wie sollen wir das wissen, wenn wir es noch nie getan hatten?) In allen anderen Nächten essen wir entweder aufrecht sitzend oder angelehnt, in dieser Nacht nur angelehnt."

Letzteres war ein wenig problematisch: Angelehnt zu essen war ein Zeichen von Freiheit; Sklaven aßen nicht angelehnt, freie Menschen taten es; doch auch wenn wir Kinder mit großem Eifer versuchten, in unserer Haltung so frei zu sein wie jeder Erwachsene, fanden wir es dennoch schwierig, dies zu tun, ohne dass uns ein kantiges Mazzenstück in der Kehle stecken blieb.

Man muss zugeben, dass die „vier Fragen" – ursprünglich von aufmerksamen Rabbis als wohlmeinende Vorschläge formuliert – im Laufe der Zeit zu Stereotypen und mittlerweile zu einem eigenständigen Ritual geworden waren. Sie waren nun integraler Bestandteil der Haggada, und kleine Kinder träumten davon, groß genug zu werden, um sie aufsagen zu dürfen. Ich kann mich nicht mehr erinnern, in welchem Alter ich diesen Initiationsritus erlebte, doch als ich das Privileg einmal erlangt hatte, gab ich es nie wieder auf: Ruthi musste sich bescheiden, und niemand war mehr so jung wie ich.

Wenn ich die Fragen erfolgreich gemeistert hatte, lehnte ich mich erschöpft in mein Kopfkissen und kostete die letzten Reste der Zuneigung und Bewunderung für den kleinen Bubi aus, zusammen mit einem Restchen Schärfe, das von der in Salzwasser eingetauchten Petersilie noch übrig war. Die Petersilie war ein grundlegender Bestandteil des Gottesdienstes: Ohne sie hätte ich theoretisch meine dritte Frage nicht stellen können, die über das Eintauchen. Aber wir hatten in diesem Stadium doch nur einmal eingetaucht! Es war alles ziemlich verwirrend und kam noch zu der Seltsamkeit dieses Abends hinzu. Am besten war es, alles zu befolgen, wie es in der Haggada stand, und es dabei bewenden zu lassen.

Wenn ich meine Vorstellung beendet hatte, begann mein Vater mit der Standard-Antwort aus der Haggada, die er in einem talmudischen Singsang intonierte: „Sklaven waren wir unter dem Pharao in Ägypten. Und der Herr führte uns mit starker Hand und mit ausgestrecktem Arm aus Ägypten heraus. Und wenn der Heilige, gepriesen sei er, uns nicht aus Ägypten herausgeführt hätte, dann wären wir und unsere Kinder und unsere Kindeskinder immer noch Sklaven in Ägypten." Ich mochte die Stelle über die Kindeskinder und verwandte kaum einen Gedanken an die geopolitischen Realitäten oder die sozio-demographischen Implikationen von 3000 Jahren Sklaverei.

In der Hauptsache dachte ich jedoch an Maror (bittere Kräuter) und Charosset. Beide mussten irgendwann im Laufe des Prozederes verspeist werden und waren zwischenzeitlich oben auf einer dreiteiligen Seder-Schissel provokativ ausgestellt, zusammen mit einem Ei und einem gerösteten Knochen; beide schienen keine aktive Rolle zu spielen, sondern erfüllten ihre Funktion, indem sie einfach da waren. Nicht so die bitteren Kräuter, deren Aufgabe es eindeutig war, uns an die Bitternis der damaligen Versklavung zu erinnern. Unser Maror war kein geschmackloses Salatblatt, das optimistisch als bitter bezeichnet wurde (wenn man es lange genug im Mund behielt). Unser Maror wurde aus frischem Meerrettich gerieben und brannte den ganzen Weg die Kehle hinunter und kam einem direkt aus den Augen.

Charosset war eine ganz andere Sache; die Zutaten aus feingeschnittenen Äpfeln, Nüssen, Zimt und Wein sorgten dafür. Auch Charosset war dazu da, um uns an die oben erwähnte Sklaverei zu erinnern; die Farbe, wenn auch nicht der Geschmack, erinnerte an den Ton, den die Israeliten dazu benutzten, um Ziegel herzustellen. Mit solchem Ton konnten wir das fehlende Stroh verschmerzen. Offiziell wurde Charosset zusammen mit dem Maror gegessen, kurz vor dem Festmahl, und was dem Gaumen schmeichelte, war gewiss ein wirkungsvolles Gegengift gegen den feurigen Maror. Doch nicht für lange! Die wahre Prüfung folgte auf dem Fuß: purer Maror, vielleicht sogar in großen Stücken, zwischen zwei Scheiben Mazzes gelegt. Wir warteten voll zitternder Vorfreude darauf, wollten als Herausforderung ein möglichst großes Stück, auch wenn wir uns vor den unvermeidlichen Konsequenzen fürchteten. Papa muss sich an seine eigene Kindheit erinnert haben, denn mit gutmütiger Nachgiebigkeit ließ er uns heimlich große Portionen Charosset essen, um uns für unser Martyrium zu entschädigen.

Es wäre ein großer Irrtum, davon auszugehen, dass unsere Gedanken in irgendeiner Weise nur mit dem essbaren Teil des Seder verknüpft gewesen wären: Es war das Erlebnis, den Maror zu essen, diese exquisite, angenehme Erwartung kommenden Schmerzes, an die ich mich erinnere; und diese Erinnerung muss aus meiner sehr frühen Kindheit stammen. Denn der Seder war voller seltsamer Rituale, Symbole, Abläufe und Handlungen, und das Ganze war durchsetzt von talmudischen Ausführungen, Anekdoten, historischen Fußnoten, Lobliedern und ganz, ganz am Ende – den volkstümlichen Liedern und Volksmelodien, die wir Kinder so liebten. Die Haggada, die heute standardisiert ist, hat über die Jahrhunderte ihre gegenwärtige Form erhalten, und Spuren verschiedener, miteinander konkurrierender Fassungen können bis heute nachgewiesen werden. Doch wir waren uns dessen nicht bewusst, und unser Vater – im Gegensatz zu unserer eigenen Praxis heute – schmückte den Text nicht mit Fragen und Erklärungen aus. Ich glaube, dies war teilweise so, weil wir noch zu jung waren; und vielleicht erinnere ich mich nicht mehr an die späteren Seder, als ich bereits sieben oder acht war. Zu jener Zeit war ich bereits im Schulalter und mir einer gewissen Verantwortung bewusst und wäre sicher von meinem Lehrer Strauss oder von meinen frommen Schulkameraden dazu angehalten worden, so viele gelehrte Fragen zu stellen, wie mir einfielen. Das Muster stand genau da in der Haggada und erzählte von den vier Rabbis in Bene Berak, die so in die Geschichte des Exodus vertieft waren, dass sie nicht merkten, dass es bereits Zeit war für die Morgengebete.

Der aufregendste Teil des Abends war das Aufsagen der Zehn Plagen. Jede Plage wurde langsam ausgesprochen, wie das Läuten einer Glocke: Bl...ut, ... Frö...sche, ... Läu...se, ... wil...de...Tie...re ... Und während jede Plage mit größerer Wucht genannt wurde, mussten wir ein wenig Wein aus dem Becher verschütten, der vor uns stand. Und wehe uns, wenn wir versuchten, uns die Finger abzulecken!

Alle unsere Haggadas waren offensichtlich mit denselben holzschnittartigen mittelalterlichen Illustrationen ausgestattet, anhand derer wir, wenn nötig, die Plagen oder Moses und Aaron vor dem Pharao auf seinem Thron nachsehen konnten; oder die Chad Gadja-Serie ganz am Ende: das Zicklein, das von meinem Vater für zwei Sus gekauft wurde, das von der Katze getötet wurde, die vom Hund gefressen wurde, der vom Stock geschlagen wurde, der vom Feuer verbrannt wurde, das vom Wasser gelöscht wurde, das vom Ochsen gesoffen wurde, der vom Schochet geschlachtet wurde und der vom Engel des Todes mitgenommen wurde, der vom Heiligen, gepriesen sei er, geschlachtet wurde oder wenigstens geschlachtet werden wird. Damit ging der Abend mit einem rauhen Crescendo zu Ende, und wir purzelten glücklich in unsere Betten, mehr als nur ein bisschen betrunken von den vier Bechern Wein, und die Ereignisse des Abends drehten sich immer noch wie ein Kaleidoskop in unseren Köpfen.

Seltsamerweise scheine ich an das Purim-Fest – nur vier Wochen vor Pessach – keine verlässlichen Erinnerungen zu haben. Und doch würde man annehmen, dass dies für ein Kind der Feiertag par excellence wäre, um sich daran zu erinnern: das Verkleiden, das Schicken von „Schlachmones"-Geschenken, das Vorlesen der Megillot ... zumindest sollte oder würde man sich an das Stampfen und die Buhrufe erinnern, wenn Hamans Name genannt wurde. Nein: Ich bin mir nicht sicher, ob diese Erinnerungen nicht nach rückwärts gerichtete Projektionen späterer Erlebnisse sind. Das Seltsame ist, dass ich mich ganz genau an den „Fasching" der Gojim erinnere, eine Art Karneval, der sich durch Straßenumzüge und ein Gewühl verkleideter Menschen auszeichnete. Kinder rannten mit Klappern umher, langen Stöcken, die aus mehreren Schichten Karton zusammengesetzt waren, mit denen sie den Erwachsenen auf den Hintern klopften.

An Schawuot wurde die Synagoge mit Blumen geschmückt, und zu Hause gab es Käsekuchen. Dann gab es eine lange Sommerpause, die unterbrochen wurde von den Fastentagen am 17. Tammus und am 9. Aw, doch an beide erinnere ich mich nicht.

An Sukkot vor der Synagoge Friedberger Anlage, 1938

An den hohen Feiertagen, an Rosch ha-Schana und Jom Kippur, wurde die Synagoge vollkommen weiß herausgeputzt. Nicht nur der Vorhang vor der Lade und die Tischbedeckungen waren weiß, sondern jedes Pult hatte eine weiße Unterlage, auf die man das Gebetsbuch legen konnte. Jom Kippur war natürlich der Tag, an dem gefastet wurde. Ich erinnere mich, dass ich den ganzen Morgen mit meinem Vater in der Synagoge verbracht habe und dann fröhlich mit meiner Mutter zum Mittagessen nach Hause gegangen bin. Dies war in der Synagoge am Börneplatz, und wir wohnten in der Hans Handwerk-Straße, ich nehme also an, dass ich sieben oder acht Jahre alt war. Papa blieb hartnäckig den ganzen Tag in der Synagoge und konnte nicht überzeugt werden herauszukommen, nicht einmal, um frische Luft zu schnappen. Und was war mit dem Schofar-Blasen und all dem? Vergessen. Tot. Denselben Weg gegangen wie die Purims-Verkleidung.

Meine Kindheitserinnerungen stürmen wieder auf mich ein mit dem Herannahen von Sukkot (in unserer Aussprache „Sukk's" oder genau: „Sukauss", reimt sich mit Lehrer Krauss). Weit vor diesem Feiertag war Papas Geschäft erfüllt von dem scharfen, aromatischen Geruch der „Hadassim" und der schmelzenden Süße der „Essrogim", die auf beigefarbenem Vlies in Pappschachteln lagen, damit dem kleinen runden Knopf, der von ihnen abstand, kein Schaden zugefügt und sie nutzlos wurden. Einige Tage lang musste man sehr geschickt und beweglich sein, um sich einen Weg durch den Laden zu bahnen, wo die Wände alle von vielen hohen, hohen Binsenkolben eingenommen wurden, die die „Lulaw"-Palmzweige enthielten, die uns wie die Essrogim speziell zu Sukkot aus dem fernen Ausland geschickt worden waren. Mit „aus dem Ausland" meinte man im Allgemeinen aus Palästina, aber genauso gut hätte es auch Italien sein können. Die Hadassa-Myrte kauften wir in einer Gärtnerei in der Umgebung von Frankfurt, deren nicht-jüdischer Besitzer sich inzwischen gut auf diese ziemlich unverständliche, der Jahreszeit nicht entsprechende Nachfrage eingestellt hatte und vermutlich noch nicht genügend nazifiziert war, um aus dem Handel auszusteigen. Ich erinnere mich, dass ich auf einen solchen Ausflug mitgenommen wurde und zwischen den Pflanzenbeeten und Blumen- und Gemüsereihen herumspazierte.

Woher wir die „Avorauss" oder Weidenzweige bekamen, weiß ich nicht. Ein kompletter Strauß erforderte Lulaw (Palmzweige), Essrog (zitronenähnliche Früchte), Myrte und Weidenzweige, und die meisten Gemeindemitglieder in unserer Synagoge hatten einen, den sie schüttelten und bei der Prozession bei sich trugen – und nur ein Teil davon stammte aus Papas Laden.

Der Anblick der Palmwedel, die durch die Frankfurter Straßen getragen wurden, weckte oft den Übermut antisemitischer Zuschauer. „He, da gehen die Judde mit ihren Katzenschwänzen", hörte ich einen sagen, als ich mit meinem Vater zur Synagoge unterwegs war. Wenigstens war es nicht wie die mittelalterlichen Anklagen, dass die Juden ihre Mazzes mit dem Blut christlicher Kinder backten.

„Sukkot" bedeutet Hütten und erinnerte an die Hütten, in denen die Kinder Israels in den 40 Jahren in der Wüste lebten, nachdem sie Ägypten verlassen hatten; doch wie Pessach und Schawuot war es außerdem ein Erntefest: Pessach, das wussten wir, feierte die Gerstenernte, Schawuot die Weizenernte und Sukkot die Obsternte (alles geht zurück auf unseren Aufenthalt im Heiligen Land vor 2000 Jahren, aber was sind 2000 Jahre? Die Juden haben ein langes Gedächtnis). Demnach war jeder theoretisch aufgefordert, eine Sukka zu bauen, doch in unserer städtischen Umgebung mit hohen Wohnblöcken war das kaum machbar und vielleicht sogar wegen der Rowdys zunehmend gefährlich. Da wir im vierten Stock wohnten, stellte sich die Frage, eine Sukka zu bauen, gar nicht: Mein Vater ging zu der großen „Schul"-Sukka, um dort zu essen, und meine Mutter, assistiert von Ruthi und mir, brachte ihm in aufeinander gestapelten Henkelmännern ein warmes Essen. Ich habe eine lebhafte und farbige Erinnerung an die Männer, die gedrängt an auf Böcken errichteten Tischen saßen, und das Grünzeug im offenen „Dach" war dicht behangen mit Äpfeln, die so gehängt waren, dass sie ein kompliziertes Muster bildeten.

Am aufregendsten für uns Kinder war vielleicht Simchat Tora („Simchass Tauroh"), das die Runde der Feiertage beschloss. An diesem Tag wurde Torarolle um Torarolle aus der heiligen Lade gehoben und in Umzügen durch die Gänge der Synagoge getragen, während Horden kleiner Kinder, die speziell zu dieser Gelegenheit hergebracht wurden, warteten und mit kaum unterdrückter Aufregung zusahen. Diejenigen, die nah genug standen, küssten keusch die Torarollen, während sie vorbeigetragen wurden, indem sie die Torahülle mit den Fingern berührten und diese dann an den Mund führten. Mit jeder Beendigung einer „Hakkafa", wenn neue Toraträger die alten ersetzten, wuchs die Aufregung, bis unsere Väter uns bei der letzten „Hakkafa" anstießen und wohlmeinende Zuschauer uns durchließen, bis wir draußen in den Gängen standen, bereit, uns der Meute der anderen Kinder anzuschließen, die bereits wie ein langer Kometenschweif in dem Tora-Umzug mitgingen, der sich bis nach hinten in die Synagoge und durch alle Gänge erstreckte. Jeder von uns hatte eine große Papiertüte, und wir bekamen von allen Seiten Süßigkeiten und Schokolade zugesteckt, bis die Tüten zum Platzen gefüllt waren. Am Ende wurden wir hinausgeschickt, damit das Ganze neu anfangen konnte, und man hieß uns, an einem großen Tisch vorbeizuziehen, wo einer der wohlhabenderen Väter der Gemeinde jedem einzelnen Kind eine eigene Tüte mit Süßigkeiten gab.

Ich habe eine Feier ausgelassen, die hätte stattfinden sollen, es aber nie tat: meine Bar Mizwa. Ziemlich früh schon hatte mein Vater (irrtümlicherweise) ausgerechnet, dass mein Abschnitt die „Miketz“ sein würde, und hatte sogar angefangen mir (ungenaue) Teile davon beizubringen; wo sonst als im Park, wo er mir auch die Grundzüge des Schachspiels beigebracht hatte. Da mein Vater mit jüdischen Büchern handelte und außerdem ein jüdischer Buchhändler war, wurden wir zu vielen Bar Mizwa-Empfängen eingeladen, und ich hatte genügend Gelegenheit, die verschiedenen Bar Mizwa-Geschenke zu bewundern und meine eigenen zu planen. Im Alter von acht oder neun hatte ich meine Liste fertig: Abgesehen von etlichen heiligen Büchern für das Studium, die ich von den Kunden meines Vaters bekommen würde, standen darauf die folgenden Dinge: ein Fahrrad, ein Taschenmesser, ein Füller und eine Taschenlampe. Die Reife lag um die Ecke, und ich bereitete mich auf einen neuen Lebensstil vor. Ich war einen weiten Weg gekommen, seit ich Süßigkeitenhändler hatte werden wollen, sodass ich meine Vorräte freigebig an alle Kommenden verteilen konnte, mit Ausnahme meiner lästigen Schwester Ruthi. Das war 1935 oder 1936, und bis zu meiner Bar Mizwa waren es nur noch ungefähr fünf Jahre. Die Nazis hatten andere Sorgen. Meine Bar Mizwa war die Geringste davon.

In der Nazizeit: „Wir gehen sowieso nicht in solche Restaurants“

Ich muss ungefähr sechs Jahre alt gewesen sein, als der Börneplatz in Dominikanerplatz umbenannt wurde, obwohl wir unsere Synagoge weiterhin die Börneplatz-Synagoge nannten. Wo immer Straßen nach Nicht-Ariern genannt worden waren, wurden sie fleißig von einem eigens zu diesem Zweck gebildeten Komitee erfasst und geändert. Gelegentlich erlitten „neutrale“ Namen im höheren Interesse der Partei das gleiche Schicksal. Als wir in die wohlbekannte Lange Straße umzogen, war sie in Hans Handwerk-Straße umbenannt worden, nach einem kleinen Nazi-Märtyrer aus den wilden Aufbaujahren der Partei.

Es muss gesagt werden, daß die meisten der Geschehnisse vor 1933 sich in einer Welt jenseits meiner Kenntnisse ereigneten. Mein letzter bewusster Kontakt mit dem Schwarz-Weiß-Rot der Weimarer Republik geschah mit im Treppengeländer eingeklemmten Ohren; und aus der frühen Nazizeit erinnere ich mich hauptsächlich an Straßenbengel, die unsere Ladentür aufrissen und „Jud'!“ hereinbrüllten, was sowohl als beschreibende Beleidigung als auch als beleidigende Beschreibung funktionierte.

Alle frühen anti-jüdischen Ereignisse und Maßnahmen gingen irgendwie an mir vorbei, so sehr sie auch ein Thema in den Unterhaltungen der Erwachsenen gewesen sein mochten. Wir Sechs- oder Siebenjährigen wussten von der Feindschaft und den Versuchen, uns zu demütigen, doch unsere Hauptbeschäftigung war, auf dem Schulweg wachsam die Augen offen zu halten, falls antisemitische Grobiane auf uns losgehen wollten. Dabei zeigten wir große Zurückhaltung und Umsicht und wechselten jedesmal die Straßenseite, wenn wir eine Bande von „denen“ erspähten.

Da ich von meinem Vater in der ganzen Stadt herumgeschickt wurde, war ich oft in Gefahr, und einmal, beim Überqueren des Börneplatzes (damals mochte es wohl schon der Dominikanerplatz gewesen sein), wurde ich von einem Gassenjungen angegangen, der mir persönlich zeigen wollte, welches Schicksal mich erwartete, weil ich die Frankfurter Straßen mit meiner jiddischen Anwesenheit beschmutzte; doch ich wurde von unerwarteter Seite gerettet, von einem anderen Jugendlichen, der, man stelle sich vor, eine schwarze SA-Uniform trug und meinem Angreifer befahl, mich in Ruhe zu lassen. „Was geht das dich an?" setzte sich der erstere unverschämt zur Wehr, während er mir weiter den Arm verdrehte. „Der ist doch 'n Jud'!" „Das geht dich gar nichts an", sagte der SA-Junge. „Lass ihn einfach geh'n, sonst hau ich dir eine in die Fresse!" Er wandte sich an mich, als ich ihn ungläubig anstarrte: „Und du – lauf!" Ich machte mich davon, so schnell mich meine Beine trugen.

Was den Boykott anbetraf, so merkten wir Kinder kaum etwas davon, außer in den Restaurants, wo immer häufiger Schilder aufgestellt wurden „Juden sind hier unerwünscht". Diese Schilder hatten eine schwarze Schrift auf nazibraunem Grund, und die Buchstaben waren einfallsreich so gestaltet, dass sie den eckigen hebräischen Buchstaben ähnelten. „Nun", erklärte Papa nonchalant, „wir gehen sowieso nicht in solche Restaurants."

Auch war es nicht nötig, sich auf Bänke zu setzen, die mit „Nur für Arier" markiert waren. Auch waren wir nicht allzu stark betroffen von den „Nürnberger Gesetzen" und dem „Gesetz zum Schutz des deutschen Blutes und der deutschen Ehre", die am 15.9.1935 veröffentlicht wurden. Das erste dieser „Nürnberger Rassengesetze" reduzierte die Juden auf den Status von Bürgern zweiter Klasse, während das „Blutschutzgesetz" Mischehen zwischen Juden und Nichtjuden verbot und ebenso jede außereheliche sexuelle Beziehung. Gleichermaßen war es Juden nicht gestattet, nicht-jüdische Hausangestellte unter 45 Jahren zu beschäftigen oder die deutsche Flagge zu hissen.

Da wir ohnehin sehr gegen Mischehen waren und weder das Geld hatten, um Hausangestellte zu beschäftigen, noch über genügend verdrehten Patriotismus verfügten, um die Nationalflagge zu hissen, lächelten wir lediglich nachsichtig über diesen weiteren Beweis nationalsozialistischer Obsession.

Dennoch müssen sich unsere Eltern zunehmend eingeengt gefühlt haben. Im Mai 1936 wurden Juden nur noch in einem Schwimmbad zugelassen, und die Benutzung jedes anderen war ihnen verboten. War das dasjenige, in dem ich als kleines Kind aufs Kinn gefallen war? Das war Jahre früher gewesen.

Ansonsten bewegte ich mich frei durch die Stadt, half Mama beim Einkaufen, besorgte für Papa Lieferungen und blieb gelegentlich stehen, um die ganz in Braun gekleidete Hitlerjugend mit Pfeifen und Trommeln vorbeimarschieren zu sehen. Die Lieder waren meistens antisemitisch, das manchmal auch nur auf milde Art:

> „Es waren 'mal drei Juden
> Der erste, der hieß Abraham
> Der erste, der hieß Abraham
> Abra-abra-ham-ham-ham
> Abra-abra-ham-ham-ham"

Oder sie waren expliziter:

> „Wenn's Judenblut vom Messer spritzt, wie glücklich werden wir dann sein."

Beide Lieder wurden mit demselben jugendlichen und wohldisziplinierten Gusto vorgetragen.

Inzwischen war ich zehn Jahre alt und mir vieler Dinge bewusst, die um uns herum passierten, doch ich stellte nie die Frage, wie all dies uns als Familie betraf. Ich war in die neue, aufregende Welt der Hirsch Realschule eingetreten, die höhere jüdische Schule neben dem Gymnasium gegenüber dem Zoo. Kein Lehrer Strauss mehr; nun erhielten wir Deutschunterricht von der großen, schlaksigen Lina Birnbaum und Englischunterricht von der rundlichen, jovialen Babette Bamberger; außerdem gab es andere Fächer, die früher nicht unterrichtet worden waren. Französisch sollte später dazukommen, ebenso Physik, von der ich einige Geheimnisse unerlaubterweise bereits in Ruthis Schulbüchern ausgekundschaftet hatte.

Unser Englischbuch verlor keine Zeit, uns die wichtigsten allgemeinen englischen Redensarten vorzustellen. Auf der ersten Seite stand: „Good morning, Mr. King." – „Good bye, Mr. Cook." – „Birds lay eggs." So eingeführt, machte ich schnelle Fortschritte. Zu einer Zeit, in der die Menschen offen über Auswanderung sprachen (und mindestens einer meiner Klassenkameraden war tatsächlich emigriert), ermutigte mich mein Vater, meine neuerworbenen Englischkenntnisse an ihn weiterzugeben, und zwar so bald wie möglich, nachdem ich sie mir angeeignet hatte.

„Nein, Papa", sagte ich dann mit einer Mischung aus Geduld und Ungeduld, „Du musst 'th' sagen, nicht 'ss'; drück deine Zunge gegen die Zähne. Sag 'thing', nicht 'ssing'!" Papa versuchte es wieder und vielleicht noch einmal, doch „thing" und „when" kamen weiter als „ssing" und „venn" heraus, so sehr er sich auch bemühte. Doch er machte sich weniger Sorgen wegen der Aussprache als wegen der Fähigkeit, sich verständlich zu machen, da Amerika oder England ihm irgendwo im Kopf herumspukten. Für Amerika brauchte man ein „Zertifikat", und ich glaube, mein Vater bewarb sich um ein solches, doch wir galten als polnische Staatsangehörige, und die amerikanische Quote für Polen war so, dass, sollten wir unser Zertifikat jemals bekommen, es in den späten fünfziger Jahren der Fall sein würde, wenn nicht noch später.

Davon abgesehen, betrachteten wir unsere polnische Nationalität als einen Segen, der uns einen gewissen Schutz bot. Die Polen selbst waren Antisemiten, doch man konnte wenigstens von ihnen erwarten, dass sie Angehörige ihres Staates im Ausland schützten. Die Nazis würden es niemals wagen, Hand an ausländische Staatsbürger zu legen. Und tatsächlich, als im August 1938 das Gesetz erlassen wurde, dass alle Juden zusätzlich die Vornamen Israel (für Männer) und Sara (für Frauen) tragen mussten, waren es die deutschen Juden, die davon betroffen waren. Wir Polen waren offensichtlich immun.

Der Herbst kam: September, Oktober – vereinzelte Verhaftungen, wirtschaftlicher Druck, erzwungene Liquidationen, Angriffe auf der Straße. Wir waren relativ sicher, denn wir waren polnische Staatsangehörige. Am 28.Oktober, ich war in der Schule, kam jemand herein und flüsterte der Lehrerin etwas zu und schaute dabei in meine Richtung. Die Lehrerin nickte und kam mit schnellen, drängenden Schritten auf mich zu. „Pack deine Sachen zusammen und geh sofort nach Hause", sagte sie, und in der Klasse wurde es still, „nimm alles mit und geh nach Hause: Dein Vater ist verhaftet worden."

Abgeschoben nach Polen

Die Lehrerin sah mir sorgenvoll und eine Spur mitleidig zu, wie ich mechanisch meine Bücher und meine Schreibutensilien in meinen Ranzen stopfte. Irgendwo, in weiter Ferne, fing die Klasse an, unterdrückt miteinander zu flüstern. Ich stand unter Schock. Ich wusste, dass etwas Schreckliches passiert war, doch ich fing noch nicht einmal an, das Ausmaß zu begreifen, oder was dahinter stand. Warum sollte mein Vater verhaftet worden sein, was hatte er getan? Weswegen wurde er angeklagt? Wie konnten sie ihn verhaften, wo er doch polnischer Staatsbürger war?

In diesem Zustand kam ich zu Hause an, wie, daran kann ich mich nicht mehr erinnern. Es gab keinen anderen Weg als über die breite Hanauer Landstraße, wo die Lastwagen auf dem Weg zum Ostbahnhof vorbeidonnerten; war ich am Allerheiligentor vorbei gegangen oder durch die Seitenstraßen? Irgendwie, keuchend und kurz davor in Tränen auszubrechen, musste ich die Hans Handwerk-Straße 25 erreicht haben und die Treppe hochgestiegen sein, denn meine erste Erinnerung ist an meine Mutter und Ruthi, die weinend aneinander lehnten. Ich stand unsicher im Türrahmen: „In der Schule hat man mir gesagt …“ Mama zog mich an sich: „O Bubi …!“ „Was ist passiert? Wo ist Papa?“ „Sie haben ihn mitgenommen. Sie sind gekommen und haben ihm gesagt, dass er das Land verlassen muss. Eine halbe Stunde haben sie ihm gegeben, um eine kleine Tasche zu packen. Er ist weg!“, sagte sie und fing wieder an zu weinen. „Aber WARUM?“

Die Frauen weinten leise weiter. Allmählich setzte ich für mich zusammen, was passiert war, einiges davon sehr viel später anhand von Ruthis schriftlichem Bericht. Ein Polizist war gekommen und hatte meinem Vater den Abschiebungsbefehl übergeben. Mein Vater hatte ihn gelesen und war blass geworden. „Aber warum?“ hatte er gestammelt. „Ich bin ein ganz normaler, anständiger Bürger. Ich habe immer meine Steuern bezahlt und nie im Geringsten gegen das Gesetz verstoßen!“ Der Polizist zuckte mit den Schultern, nicht ohne Mitgefühl. „Ich kann nichts tun. Befehl.“ Papa bat ihn, er möge ihm erlauben, seine Tochter in die Synagoge zu schicken, um sein Tallit und seine Tefillin zu holen. Der Polizist zuckte wieder mit den Schultern, dieses Mal zustimmend. „Schon gut!“

Ruthi war zur Synagoge gerannt und atemlos mit den benötigten Sachen zurückgekommen. „Zu diesem Zeitpunkt“, schreibt meine Schwester mit dem schnellen und selbstbewussten Urteil einer Fünfzehnjährigen in ihrem Bericht über die Ereignisse, „zu diesem Zeitpunkt war mein Vater ein voller ‘Jude’ (was er vorher nie gewesen war)“. Da Tallit und Tefillin [Gebetsmantel und Gebetbuch] nun da waren, weigerte sich der Polizist, noch länger zu warten. Nicht einmal auf mich. Zuletzt bat mein Vater darum, nicht neben ihm, sondern zwei Schritte vor ihm her gehen zu dürfen, sodass den Leuten nicht auffiele, dass er verhaftet worden war: „Ich bin doch kein Verbrecher!“

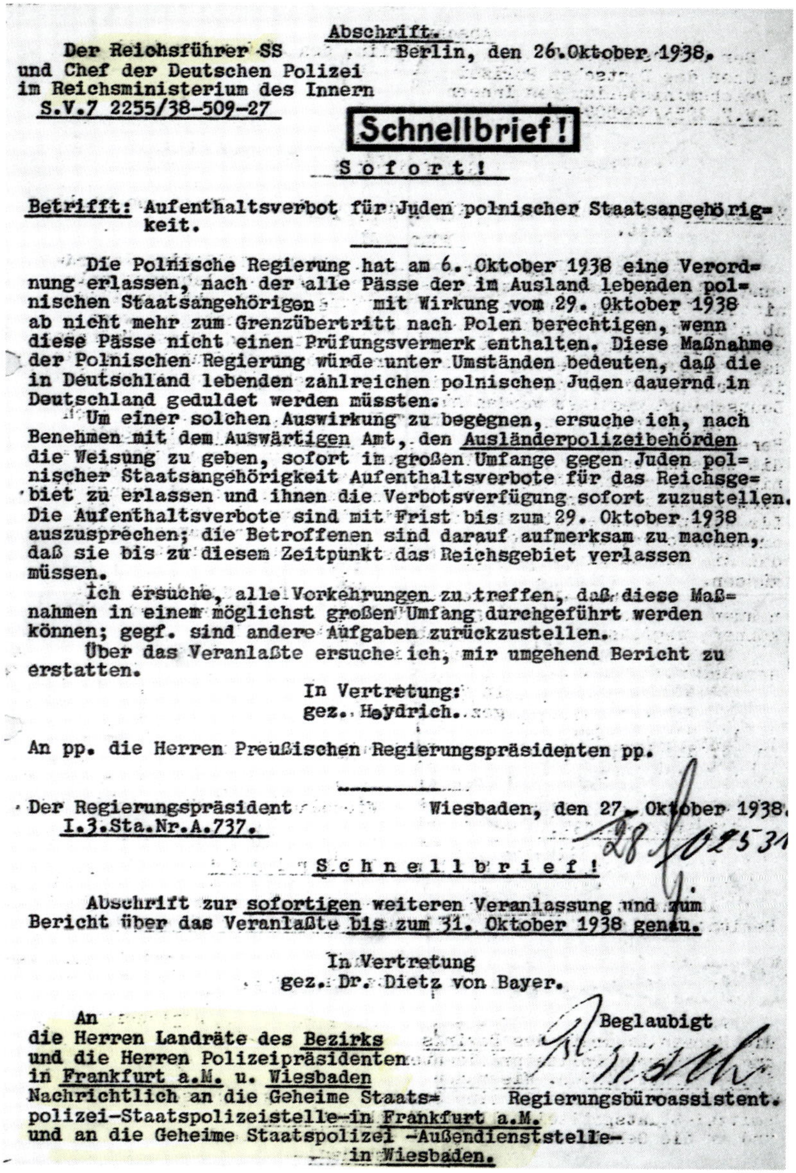

Abschrift.

Der Reichsführer SS — Berlin, den 26.Oktober 1938.
und Chef der Deutschen Polizei
im Reichsministerium des Innern
S.V.7 2255/38-509-27

Schnellbrief!

Sofort!

Betrifft: Aufenthaltsverbot für Juden polnischer Staatsangehörigkeit.

Die Polnische Regierung hat am 6. Oktober 1938 eine Verordnung erlassen, nach der alle Pässe der im Ausland lebenden polnischen Staatsangehörigen mit Wirkung vom 29. Oktober 1938 ab nicht mehr zum Grenzübertritt nach Polen berechtigen, wenn diese Pässe nicht einen Prüfungsvermerk enthalten. Diese Maßnahme der Polnischen Regierung würde unter Umständen bedeuten, daß die in Deutschland lebenden zahlreichen polnischen Juden dauernd in Deutschland geduldet werden müssten.

Um einer solchen Auswirkung zu begegnen, ersuche ich, nach Benehmen mit dem Auswärtigen Amt, den Ausländerpolizeibehörden die Weisung zu geben, sofort im großen Umfange gegen Juden polnischer Staatsangehörigkeit Aufenthaltsverbote für das Reichsgebiet zu erlassen und ihnen die Verbotsverfügung sofort zuzustellen. Die Aufenthaltsverbote sind mit Frist bis zum 29. Oktober 1938 auszusprechen; die Betroffenen sind darauf aufmerksam zu machen, daß sie bis zu diesem Zeitpunkt das Reichsgebiet verlassen müssen.

Ich ersuche, alle Vorkehrungen zu treffen, daß diese Maßnahmen in einem möglichst großen Umfang durchgeführt werden können; gegf. sind andere Aufgaben zurückzustellen.

Über das Veranlaßte ersuche ich, mir umgehend Bericht zu erstatten.

In Vertretung:
gez. Heydrich.

An pp. die Herren Preußischen Regierungspräsidenten pp.

Der Regierungspräsident — Wiesbaden, den 27. Oktober 1938.
I.3.Sta.Nr.A.737.

Schnellbrief!

Abschrift zur sofortigen weiteren Veranlassung und zum Bericht über das Veranlaßte bis zum 31. Oktober 1938 genau.

In Vertretung
gez. Dr. Dietz von Bayer.

An
die Herren Landräte des Bezirks
und die Herren Polizeipräsidenten
in Frankfurt a.M. u. Wiesbaden
Nachrichtlich an die Geheime Staatspolizei-Staatspolizeistelle in Frankfurt a.M.
und an die Geheime Staatspolizei -Außendienststelle- in Wiesbaden.

Beglaubigt
Regierungsbüroassistent.

Mitteilung der Reichsführung der SS über die Abschiebung der polnischen Juden, 26. Oktober 1938

Papa war nicht der einzige, der verhaftet wurde. Alle oder die meisten Juden polnischen Ursprungs teilten in landesweiten Verhaftungen sein Schicksal. Es wurde bekannt, dass Polen ein Gesetz erlassen hatte, wonach jeder, der in den letzten fünf Jahren nicht in Polen gewesen war, seine polnische Staatsangehörigkeit verlor. Die Nazis hatten sofort reagiert: Hätte sich jemand vorstellen können, dass sie zustimmen würden, mit Zehntausenden staatenloser Ostjuden sitzengelassen zu werden? Also hatten sie alle Männner in Züge verladen und nach Polen transportiert, bevor die Frist ablief. Die Gerüchte flogen durch die Luft wie betrunkene Motten. Jeder kannte jemanden, der mitgenommen oder gewarnt worden und weggeblieben war. Doch wo wollten sie sich vor der Polizei verstecken?!

Was uns betraf: Bis zum Nachmittag hatten wir entschieden, dass die Nazis ein wenig Rücksicht gezeigt hatten: Sie hatten offensichtlich davon abgesehen, Frauen und Kinder in den polnischen Winter zu schicken. Uns wurde erlaubt, in der Hans Handwerk-Straße zu bleiben. Langsam, als die Taubheit abklang, waren wir imstande die Lage rational zu betrachten: Wir hatten Verwandte in Lemberg und in Tarnopol. Papa würde sich zweifellos um Schutz und Hilfe an sie wenden. Deshalb war es also nicht nötig, sich wegen fehlender Decken oder Geld Sorgen zu machen. Er würde schreiben können, um uns zu sagen, wie es ihm ging, und vielleicht auch, was wir tun sollten. Vor allem, was wir mit dem Geschäft machen sollten. Mama glaubte, sie könnte diese Seite der Angelegenheit in den Griff bekommen, wenn sie sorgfältig zu Werke ginge und wir auf uns selber aufpassten und im Geschäft mithalfen. Wir waren keine Kleinkinder mehr, und der Laden war in letzter Zeit sowieso nicht gerade eine Goldgrube gewesen. „Oder jemals“, fügte sie als einigermaßen bitteren Nachgedanken hinzu.

Man konnte sogar die Möglichkeit in Betracht ziehen zu versuchen, den Bestand zu liquidieren und uns Papa anzuschließen. Warum sollte die Familie auseinandergerissen sein? Doch das war im Moment angesichts der wirtschaftlichen Lage eindeutig wenig praktikabel. Nach Polen zu gehen war zugegebenermaßen nicht allzu attraktiv: Die Polen waren Antisemiten, doch schlimmer als die Nazis konnten sie kaum sein. Außerdem war da das Problem mit der Sprache. Mama und Papa sprachen fließend Polnisch, doch Ruthi konnte es nicht, und das würde in der Schule Schwierigkeiten geben. Ich hatte angefangen mich damit abzumühen, um den Unterhaltungen folgen zu können, von denen meine Eltern nicht wollten, dass wir sie verstanden. Das konnte jetzt nützlich werden, und ich machte mich auf die Suche nach dem Lehrbuch, falls es gebraucht würde.

Als wir genügend über den Möglichkeiten gebrütet hatten, die vor uns lagen, klopfte es an die Tür, und wir erfuhren ganz schnell, dass wir nicht übersehen worden waren, denn man überreichte uns unsere eigenen Abschiebungspapiere. Sie waren auf die Namen Frau Rahela Rawer, Ruth Rawer, Pinchas Rawer und einen vierten, uns unbekannten Namensträger, „Pinchin Rawer“, ausgestellt. Es bedurfte großer Anstrengungen unsererseits und einiger künstlicher Fröhlichkeit, bis unser Gesprächspartner zögernd akzeptierte, dass ich sowohl Pinchas als auch Pinchin war.

„Nun, ihr müsst alle vier oder alle drei morgen auf dem Zehn-Uhr-Zug sein (Ich kann mich nicht erinnern, welche Uhrzeit er tatsächlich nannte, aber ich glaube, es war 10.00 oder 10.30 Uhr). Nehmt alles mit, was ihr tragen könnt, und lasst den Rest da. Auf dem Hauptbahnhof müsst ihr zur Bahnhofspolizei, dort werdet ihr registriert, und man sagt euch, was ihr mit euren Pässen machen sollt. Habt ihr Pässe?“ – „Ja!“ – „Gut. Vergesst sie nicht!“

Als die Würfel gefallen und alle Optionen geschlossen waren, wurde Mama energisch. Sie packte große Koffer, suchte warme Kleidung für uns heraus und schnitt Brotlaibe auf für belegte Brote. Das Bettzeug presste sie so klein wie möglich zusammen und umwickelte die beiden Bündel mit Leintüchern, die sie oben zusammenband. Ich passte auf, dass mein polnisches Lehrbuch mit auf die Reise ging. „Ich bin froh, wenn wir dieses verfluchte Land hinter uns haben", sagte Mama wenig überzeugend.

Bevor wir gingen, kochte uns Mama eine große Fleischmahlzeit, trotz unserer Proteste, dass wir nicht hungrig waren. „Wer weiß, wann ihr das nächste Mal wieder ein anständiges Essen bekommt!" kommentierte sie ein bisschen vehement. Wir ließen alles auf dem Tisch stehen und machten keinen Versuch aufzuräumen. Was hätte es für einen Sinn gehabt? Sollten andere aufräumen! Wir schoben und zerrten unser Gepäck die vier Treppen hinunter und reihten es auf dem Gehweg auf, bereit für das Taxi, das wir bestellt hatten. Ein paar Gojim sahen ungerührt zu: Juden, die auf eine Reise gingen.

Das Taxi fuhr in die Battonstraße und an unserem Geschäft vorbei, das uns durch die Stahlläden grimmig anstarrte. Dann fuhr es weiter in die Braubachstraße, wo man links einen Blick hatte auf den Römerberg mit seinen Treppengiebeln und rechts auf die Paulskirche. „Schau genau hin und versuch, es dir zu merken", riet Ruthi, „du wirst das alles nie wieder sehen." Das Taxi fuhr aus der Altstadt heraus, an der Oper vorbei und kurz darauf über den großen Platz vor dem Hauptbahnhof und hielt links davon vor einem großen Anbau. Dort hatte die Polizei ihre Büros. „Ruthi, du wartest hier mit dem Gepäck", befahl Mama. „Sprich mit niemandem. Ich muss nach oben gehen zur Gestapo, und ich nehme Bubi mit." Sie hielt nachdenklich inne. „Wenn sie mich nicht herauslassen, schicke ich Bubi mit Anweisungen, was ihr tun sollt." Ich hatte das Gefühl, das war nicht wirklich scherzhaft gemeint.

Der Gestapo-Offizier war sehr höflich und wünschte uns eine angenehme Reise. „Ihr Pass, Frau Rawer, wird Ihnen zurückgegeben, wenn Sie an die polnische Grenze kommen." – „Aber ... wie kann ich reisen ohne Pass?", stammelte Mama mit besorgtem Gesicht. „Machen Sie sich keine Sorgen, Frau Rawer, das ist bei allen derselbe Vorgang. Sie bekommen den Pass in Beuthen zurück. Der nächste!" Er stempelte, und wir waren entlassen. Wir waren weder eingesperrt noch gefoltert, nicht einmal verhört worden.

Im Bahnhof unter der großen viktorianischen Kuppel wimmelte es von Leuten. Wir verfrachteten uns selbst und unser Gepäck in einen Wagen, wo noch Plätze frei waren. Wir verließen Frankfurt für immer. Ruthi hatte sich von ihrem nervenaufreibenden Wachposten vor dem Polizeigebäude erholt und kommentierte fröhlich: „Ist es nicht ein Glück, dass Bubi bereits angefangen hat Polnisch zu lernen? Das ist jetzt richtig nützlich!" Ich starrte sie hasserfüllt an. Der Zug schnaubte schwer, seufzte anzüglich und ruckte keuchend aus dem Bahnhof, als wäre er von der schweren Ladung jämmerlicher Menschen entmutigt. Nach einer Weile beschleunigte er Richtung Osten, die Telegrafendrähte flogen hoch, hoch, hoch, nieder, nieder, nieder, während die Telegrafenmasten wie verrückt an uns vorbeisausten. Industriebauten, Häuser, flache, durchweichte Felder rollten an uns vorüber. Gelegentlich schlug der Regen an die Scheiben, und die Tropfen rannen in diagonalen Streifen daran hinunter, ehe sie zusammenliefen.

Irgendwann am Abend fuhren wir in einen ungewöhnlich großen Bahnhof ein, wo wir eine halbe oder eine dreiviertel Stunde lang stehen blieben. „Leipzig", sagte jemand. Jüdische Organisationen und Jugendgruppen drängten sich auf dem Bahnsteig und versorgten uns mit heißen Getränken, Kuchen und belegten Broten und Ermunterungen. Sogar Decken für diejenigen, die ohne etwas abgereist waren. Alle örtlichen deutschen Juden waren aus Solidarität mit uns Ostjuden hergekommen. Wir waren sehr bewegt. Es war mehr als nur Hilfe für Brüder in Not; es war eine Protestdemonstration, sogar Widerstand gegen die Nazis, die innerlich von Hass erfüllt zusahen. „Habt ihr ihre dummen arischen Gesichter gesehen?" fragte eine Frau in unserem Wagen. „Sie sind wütend!" Das Gleiche geschah in Dresden, Breslau und anderen Orten vorher und nachher, an die ich mich nicht erinnern kann: überall deutsche Juden, all diese Saras und Israels, die kamen, um uns zu trösten und Beistand zu leisten.

Die Verwirrung der langen Nacht ging vorüber, und eine graue Dämmerung brach an, als wir in den Grenzbahnhof von Beuthen einfuhren. Die Menschen reckten sich aus ihren verkrampften Sitzpositionen und versuchten, durch die beschlagenen Scheiben zu schauen. Hinter diesem Punkt lag Polen. Nach einiger Zeit hörte man vom Bahnsteig her Rufe: „Alles aussteigen!" Willige Hände halfen uns, unser Gepäck herauszuzerren und es auf den Bahnsteig zu stellen: vier große Koffer und die Bündel mit den Decken, die in Leintücher gewickelt waren wie zwei riesige Schmalzpuddings. Überall am Zug entlang taten die Menschen das Gleiche, bis der Bahnsteig schwarz war. Es müssen 1000 oder 1500 Menschen gewesen sein, oder so kam es mir vor. Polnische und deutsche Polizei marschierte auf und ab und drängte uns, nur die halbe Breite des Bahnsteigs zu belegen und Platz zum Durchgehen zu lassen. Wir sammelten das Gepäck an einer freien Stelle hinter einem Laternenpfahl und setzten uns auf unsere Koffer und warteten auf Anweisungen. Der leere Zug blieb eine Weile neben uns stehen, zeigte dann jedoch Zeichen von Ungeduld und fuhr kurz danach davon. Unsere letzte Verbindung mit Frankfurt war abgeschnitten.

Von Zeit zu Zeit hörte man verzerrte Ansagen aus den Lautsprechern, doch es war schwer zu entscheiden, ob sie auf Deutsch waren oder auf Polnisch. Einige Menschen verließen den Bahnsteig in Richtung einer Unterführung. „Wegen der Pässe", sagte jemand. Das schien Sinn zu haben. Mama überlegte einen Moment: „Ruthi und ich gehen hinunter, um zu erfahren, was mit den Pässen los ist, bevor es dort unten zu voll wird. Du bleibst hier und passt auf unser Gepäck auf. Was immer du auch tust, rühr dich nicht vom Fleck. Wir sind gleich wieder da. Rühr dich nicht!"

Ich nickte dumpf, in meinen Mantel eingemummt, und setzte mich hin, um zu warten. Die Menschen waren mit sich selbst beschäftigt, zogen Kleidungsstücke heraus, fütterten ihre Kinder, unterhielten sich ruhig. Nach einer Weile bemerkte ich, dass die Menge sich lichtete und mehr und mehr Leute davongingen, und ich fing an, mir Sorgen zu machen. „Du wirst hier nicht bleiben können", sagte einer der Vorübergehenden. „Bist du allein? Wo sind deine Eltern?"

Ich kaute vor Sorge und Enttäuschung an meinen Fingernägeln. Wo konnte Mama sein? Ich sah nun deutlich, dass Polizisten den Bahnsteig räumten, und bald wäre ich der einzige, der zurückbliebe. Während der Bahnsteig sich leerte, blieb ich störrisch auf meinem Posten. Mama kam immer noch nicht. Ich fragte mich, ob sie verhaftet worden war. Ein Polizist – offensichtlich ein Pole – kam auf mich zu und drängte mich in gebrochenem Deutsch, den Bahnsteig zu verlassen: „Geh, Kind; du musst weggehen!" Ich wandte mich ängstlich an ihn: „Ich kann nicht, ich warte auf meine Mutter. Meine Mutter hat mir gesagt, dass ich mich nicht von der Stelle rühren darf. Bitte, ich muss hier bleiben, ich hab's versprochen!" Ich schaute flehend zu ihm auf. Es hatte keine Wirkung. „Isst nicht gut. Jeder muss hier weg. Du musst auch weg!" „Aber Mama wird mich nicht finden, wenn sie kommt!", flehte ich. „Ich kann dir nicht helfen, Kind meiniges", sagte der Polizist. „Ich kann nicht dir helfen, du musst weg von hier!"

Ich machte einen letzten Versuch, Zeit zu schinden: „Aber ich kann unmöglich das ganze Gepäck allein tragen. Ich muss auf meine Mutter warten!“, bat ich. Einen Moment lang zögerte er, und ich dachte, er schwanke. Doch dann musste er sich entschieden haben, auch wenn ich ein gewisses Zögern oder sogar Mitgefühl ausmachen konnte, als er sich auf dem nahezu leeren Bahnsteig umblickte. Was immer es war, er erholte sich schnell, nahm meinen Arm und schob ihn durch die Gurte, die eines der Deckenbündel zusammenhielten. „Schau her – es geht. Du schiebst den rechten Arm so durch den Gurt, und den linken durch den Gurt von dem anderen Bündel – Hände sind frei. Dann du nimmst die Griffe von den beiden Koffern in eine Hand, und die Griffe von den beiden anderen Koffern in die andere. Du verstehst? Schau, ich zeige dir!“ Damit legte er meine Hände um die Griffe der schweren Koffer und sagte mir, ich solle losgehen. Indem ich mich leicht nach vorne beugte, konnte ich verhindern, dass die Bündel auf den Boden rollten, doch ich fand es unmöglich, die Koffer zu bewegen. „Los“, drängte mich der Polizist weiter. „Es ist möglich, schnell los jetzt!“ Kurz davor, in Schluchzen auszubrechen, spannte ich jeden Muskel, und endlich schaffte ich es, die vier Koffer zu heben und zentimeterweise vorwärts zu kriechen. Plötzlich sah ich meine aufgewühlte Mutter, die wild an mir vorbeirannte, ohne mich zu sehen. „Mama, Mama, hier!“, rief ich mit letzter Kraft, „hier drüben!“

Meine Mutter drehte sich um, und eine Welle der Erleichterung überlief sie. Es musste ein entsetzlicher Schock für sie gewesen sein, als sie den Bahnsteig leer vorfand. Auch Ruthi erschien, und zu dritt schafften wir es, das Gepäck die Treppe hinunter in eine riesige unterirdische Halle zu schleppen, in der von einem Ende bis zum anderen Menschen standen. Von verschiedenen Stellen am Rand riefen SS-Männer in schwarzer Uniform Namen auf. Ruthi schreibt in ihrem Bericht: „Die SS-Männer riefen von verschiedenen Stellen in der Halle gleichzeitig die Namen auf. Wehe dir, wenn du nicht hörtest, wenn dein Name aufgerufen wurde: Dann bekamst du deinen Pass nicht zurück!“ Ich weiß nicht, ob es tatsächlich so war; mit ziemlicher Wahrscheinlichkeit wurden nicht abgeholte Pässe für einen zweiten Aufruf zur Seite gelegt. Glücklicherweise kam es in unserem Fall nicht zum Test. Ziemlich unerwartet hörten wir, wie der Name Rawer ungefähr zwanzig Meter von uns entfernt aufgerufen wurde; Mama drängte sich durch die Menge und rief „Hier, hier!“ und kam ein paar Augenblicke später triumphierend zurück, den begehrten Gegenstand krampfhaft festklammernd.

Wir waren nun legal für den Eintritt nach Polen gerüstet; doch die Nazis hatten nicht die Absicht, die Sache für die Deportierten einfach zu machen. Man sagte uns, wir sollten woanders warten und dann noch woanders; und den Rest des Tages wurden wir die Treppen hinauf und die Treppen hinunter gescheucht, treppauf und treppab, bis wir schließlich wieder auf demselben Bahnsteig standen, den wir ursprünglich verlassen hatten. Es fing an zu regnen, der Wind blies in Böen gegen uns. Niemand wusste, was mit uns geschehen würde, doch die Gerüchte brodelten. Es wurde gesagt, dass Polen die Grenzen geschlossen habe und keine weiteren Juden mehr hineinließe. Wir saßen zuammengekauert gegen den Nieselregen da und fragten uns, was aus uns werden würde.

Auf dem Bahnsteig trafen wir ein orthodoxes junges Paar, die Jassers, die meine Mutter lebhaft begrüßten. Sie erklärten, dass sie frisch verheiratet seien und dass mein Vater den Schidduch zwischen ihnen gemacht habe. Von diesem Moment an änderten sich die Dinge, da der junge Jasser immer bereit war, uns zu helfen. Ich kann mich nicht erinnern, wann der Zug für die Rückfahrt einfuhr, und ich habe sogar das nagende Gefühl, dass wir möglicherweise die Nacht draußen auf dem

Hella Birnbaum-Rawer, die Mutter von Paul Birnbaum, Sommer 1939

Bahnsteig verbringen mussten, doch das ist vielleicht unwahrscheinlich. Was mir in Erinnerung blieb, ist dieses endlose Herumschleppen der Koffer, treppauf, treppab.

Ich muss geschlafen haben, als der Zug endlos durch die Nacht dahinfuhr, westwärts Richtung Frankfurt. Irgendwo musste jemand die Entscheidung gefällt haben, dass wir zurückkehren würden. In der Hans Handwerk-Straße 25 war alles unberührt. Es war, als wären wir nie weggewesen. Die Tür war nicht versiegelt. Mama hatte den Schlüssel: Er klapperte geräuschvoll im Schloss. Ein Stoß, und die Tür war offen. Unsere letzte Mahlzeit stand immer noch auf dem Tisch, wo wir sie stehengelassen hatten. Auch die Suppe stand noch an derselben Stelle. Mama wärmte sie auf, und wir aßen sie gierig. Die Möbel, das Besteck, alles sah gleich aus, und doch war die Atmosphäre anders und würde nie wieder dieselbe sein. Papa war in Polen, und wir waren hier in Frankfurt. Die „Kristallnacht“ lag noch vor uns.

... und wieder zurück

Es ist seltsam, wie selektiv das Gedächtnis sein kann: Ich erinnere mich an die Suppe auf dem Tisch, die uns bei unserer Heimkehr begrüßte. Doch ich kann mich beim besten Willen nicht erinnern, was als Nächstes passierte, in den folgenden Tagen, die voller Gerüchte, Unsicherheit und Spannung waren: Ging ich einfach am nächsten Tag wieder zurück in die Schule, und bombardierten uns all die nicht-polnischen Walter-Israels, Manfred-Israels und Tobias-Israels mit Fragen und hießen uns mit Keksen und Süßigkeiten willkommen? Oder saßen sie einfach da und bemühten sich sehr, uns nicht zu bemerken, die Augen verlegen auf die Lehrerin geheftet? War Lina Birnbaum weniger streng mit uns Zurückgekehrten als mit dem Rest der Klasse? Machte Babette Bamberger uns überschwängliche Komplimente für unsere englische Aussprache, als Ausgleich für unsere Leiden? Es ist alles weg. Ich kann mich an nichts erinnern, einfach an nichts aus der Schule; und vielleicht bin ich in jenen wenigen Tagen auch nicht wieder in die Schule gegangen.

Ob meine Mutter in Polen anrief, ob es überhaupt möglich war, in Polen anzurufen, weiß ich nicht. Irgend wie musste Mama von Papas Reise nach Polen gehört haben. Mit nichts als einem kleinen Koffer und nicht genug zu essen und anzuziehen oder genügend Geld, um sich im polnischen Winter am Leben zu erhalten, hatte er – unglaublich – den ganzen Weg bis nach Polen gesungen(!). Seine Frau und seine Kinder konnten offensichtlich dem Ruin entgegentreiben, ließ Mama durchblicken, doch nichts, einfach nichts konnte Papa vom Singen abhalten!

Ich hatte das Gefühl, dass solche Bitterkeit fehl am Platze war: Papa sang nur, um sich Mut zu machen; und wenn nicht sich selbst, dann sicher jemand anderem! Erst später begriff ich, dass Mama verzweifelt gewesen sein musste, allein mit zwei Kindern, einem unsicheren Lebensunterhalt und einer ungewissen Zukunft. Die Nachrichten aus dem winterlichen Polen waren schlecht. Viele, vielleicht Hunderte der Juden, die über die Grenze abgeschoben worden waren, bevor Polen sie geschlossen hatte, saßen ohne Decken und ohne Schutz in der Falle und lebten unter furchtbaren Umständen. Das war etwas, was wir in unseren optimistischeren Momenten nicht in Betracht gezogen hatten, als wir uns sicher gewesen waren, dass Papa sich unseren Verwandten in Lemberg anschließen würde. Es war uns nicht in den Sinn gekommen, dass die Polen die Deportierten daran hindern würden, ins Landesinnere weiterzureisen und sie frierend in den Grenzgebieten festhalten würden. Noch wussten wir, ob Papa unter ihnen war oder nicht.

Und die Straße: Die Straße war anders. Es ging nicht mehr darum, die vorherrschende Stimmung in den Gesichtern der arischen Passanten abzulesen und bei einer Tasse Kaffee darüber zu diskutieren. Noch ging es weiter darum, geringschätzig über die kruden Stürmer-Karikaturen zu lächeln, während man geduldig die endlosen Demütigungen und Einschränkungen erduldete, die das Leben zunehmend schwierig machten. Auf den Straßen gab es jetzt etwas greifbar Hässliches. Die Nazis hatten sich imstande gezeigt, einen unschuldigen Bürger ausländischer Nationalität zu ver-

Aus Deutschland ausgewiesene Polen im Grenzlager Zbaszyn, November 1938

haften und ihn innerhalb einer halben Stunde von seiner Familie und seinem Lebensunterhalt, seinem Beruf und seiner Zukunft zu trennen, und das hundert-, tausend-, zehntausendfach. Wer sollte wissen, was als Nächstes passieren würde?

Was tatsächlich als Nächstes passierte, passierte in Paris. Ein junger Mann mit dem Namen Herschel Grynszpan hörte, dass seine Eltern nach Polen deportiert worden waren und dort im Grenzgebiet unter schrecklichen Umständen festsaßen. Außer sich wanderte er die ganze Nacht durch den Bois de Boulogne, bekam am Morgen einen Revolver zu fassen, verschaffte sich Zugang zur deutschen Gesandtschaft und schoss auf einen der Gesandtschaftsräte, vom Rath, aus Rache für das, was die Nazis seinen Eltern angetan hatten. Die meisten Menschen hatten kein Radio, doch die Nachricht erschien in den Schlagzeilen der Zeitungen, und die Spannung wuchs. Am 9. November starb vom Rath, oder vielleicht fand sein Begräbnis an diesem Tag statt, und die Spannung erreichte ihren Siedepunkt. Es war klar, dass den Juden eine Lektion erteilt werden musste, die sie nie vergessen würden; es war nicht nötig, in die Gesichter der „Arier“ zu schauen, um die Wut und den Hass zu fühlen.

Wir wissen inzwischen, dass der „spontane Ausbruch“ und die „rechtschaffene Empörung“ der Bevölkerung gut geplant und akribisch organisiert waren. Das vorbereitete Pogrom wurde ausgelöst durch eine Rede, die Goebbels vor „alten Kameraden“ in München hielt, bei der der Frankfurter Polizeipräsident Beckerle in seiner Funktion als SA-Obergruppenführer des Bezirks Hessen-Nassau anwesend war. Beckerle rief unmittelbar nach dem Kameradschaftsabend in Frankfurt an und forderte das führende SA-Personal auf, sich sofort zu Aktion und Planung im SA-Hauptquartier einzufinden, wo er selbst um vier Uhr morgens eintraf. Aufgaben mussten verteilt, Aktionen mussten mit der Hitlerjugend, den Parteimitgliedern, der Polizei und den Feuerwehren abgestimmt und koordiniert werden (um sicherzustellen, dass arischer Besitz nicht gefährdet wurde); Benzin musste zu den Synagogen transportiert, und SA- und Hitlerjugend-Banden mussten zu diesem Zweck zu den Synagogen ins Ostend und ins Stadtzentrum geschickt werden. Als es fünf Uhr schlug, war in die Synagogen eingebrochen und Feuer gelegt worden, während die Feuerwehren zusahen; gegen sechs begannen Banden von SA und Hitlerjugend, jüdische Geschäfte und Wohnungen zu überfallen, und es gab die ersten Verhaftungen; um 6.30 Uhr führten Gestapo und Zivilpolizei systematisch und in großem Stil und mit bemerkenswerter Effizienz Verhaftungen durch. Die jüdischen Geschäfte waren alle geschlossen worden, um sie leichter erkennbar zu machen. Ab sieben Uhr wurden die Parteimitglieder in den Fabriken und in den Geschäften abgeordnet, in der Rolle der „rechtschaffen empörten Bevölkerung“ in die Stadt zu marschieren und sich selbst und Dabeistehende mit solchen Rufen wie „Deutschland erwache!“ und „Juda verrecke!“ zur Tat anzustacheln.

Unnötig zu sagen, dass wir nichts von dem wussten, was sich ereignet hatte. Ich glaube, wir erwachten wegen des Lärms der Feuerwehrwagen und des aufgeregten Geschreis. Bald gab es einen roten Lichtschein und Rauch, der von den brennenden Synagogen aufstieg. Unsere nichtjüdische Nachbarin, Frau Hetterich, drängte uns, nicht nach draußen zu gehen: Dort wurden Juden geschlagen und verhaftet, und der Straßenmob zerschlug und plünderte jüdisches Eigentum. Die Gerüchte wollten wissen, dass die Gestapo detaillierte Listen hatte und von Haus zu Haus ging. Es war klar, dass die Hans Handwerk-Straße 25 nicht übersehen werden würde: Wir selbst wohnten im vierten Stock; die Kupfermanns (einschließlich meiner ersten Freundin Sonja, damals 11) im zweiten; und Katzenstein hatte sein Geschäft im Erdgeschoss. Vielleicht gab es noch andere jüdische Familien, von denen ich nichts weiß.

Von unserem Ausguck im vierten Stock hatten wir einen hervorragenden Blick auf die Straße unter uns. Das war wenig beruhigend. Die Leute strömten in Massen in Richtung der brennenden Synagoge am Börneplatz, dankenswerterweise um die Ecke und außer Sicht. Wir bildeten uns ein, in weiter Ferne Rufe und das Klirren von berstendem Glas zu hören. Wir glaubten, der Lärm komme näher.

Plötzlich klopfte es leise an die Tür. Wir sahen einander an, erschreckt. Sicher war es doch nicht …? Es war Frau Hetterich. „Frau Rawer, Sie können unmöglich hier bleiben, sie werden Sie umbringen: Die sind dort unten ziemlich außer Kontrolle. Mein Mann war in der Stadt. Sie schlagen die Leute zusammen und verhaften sie. Überall sieht man, wie Leute weggeführt werden. Es ist gefährlich, in Ihrer Wohnung zu bleiben." „Aber was sollen wir machen?" sagte Mama verzweifelt. „Wir können nirgendwo hingehen. Und mein Mann ist …" – „Ich weiß", flüsterte Frau Hetterich beinahe unhörbar. „Sie müssen zu uns kommen. Mein Mann ist der gleichen Meinung, Frau Rawer. Nur für ein paar Stunden. Bis es vorbei ist." Die Proteste meiner Mutter waren wirkungslos, Frau Hetterich wollte nichts davon hören. „Kommen Sie jetzt, Frau Rawer, mit den Kindern", drängte sie, „bevor ihnen etwas passiert."

Unsere Wohnungstür führte ins Treppenhaus. Der Eingang zu der Wohnung der Hetterichs lag im rechten Winkel zu unserem, und ihre Wohnung ging hauptsächlich auf den tristen Hof hinaus, weg von der Straße. Andere Wohnhäuser weiter hinten schauten auf die geparkten Lastwagen der Günther-Eisblockfabrik. Wir saßen zitternd im Halbdunkel der halb zugezogenen Vorhänge. Frau Hetterich blieb bei uns und ging von Zeit zu Zeit, um zu horchen. An einem bestimmten Punkt nahm der Lärm auf der Straße zu, und wir konnten deutlich Schreie hören und das Klirren von berstendem Glas. Herr Hetterich kam herein und schloss sofort die Tür hinter sich ab. „Sie haben Herrn Katzenstein zusammengeschlagen." Jetzt hörten wir Schritte die Treppe herauftrampeln. „Frau Hetterich", bat meine Mutter, „Sie werden uns doch nicht verraten, nicht wahr? Sie werden ihnen nicht sagen, dass wir hier sind?" „Um Gottes willen, Frau Rawer", sagte Frau Hetterich vorwurfsvoll, „wie können Sie so etwas denken? Glauben Sie, wir seien solche Menschen? Wir sind selbst Katholiken und hatten unter diesen Nazis bisher nicht wenig zu leiden!"

Meine Mutter nickte nur dankbar und sagte nichts mehr. Die schweren Schritte zögerten einen Moment oder zwei und gingen dann weiter. Einen Augenblick später hämmerte es an die Tür, das Hämmern in gleichmäßigen Abständen unterbrochen vom Schrillen der Türklingel. Wir hielten den Atem an. Mama hielt mich dicht an sich gepresst; ich konnte den Stoff ihres Kleides riechen. Man hörte Stimmen, und dann fing das Hämmern wieder an. „Jetzt werden sie die Tür eintreten", dachte ich für mich. „Jetzt werden sie feststellen, dass wir nicht zu Hause sind, und bei den Hetterichs klopfen, um herauszufinden, was mit uns los ist." Nach einer Weile hörte das Hämmern auf, man hörte draußen eine hastige Beratung, und die Schritte zogen sich offensichtlich eilig zurück. Für den Augenblick waren wir außer Gefahr.

In den nächsten Tagen setzten wir keinen Fuß vor die Tür; Frau Hetterich erledigte die Einkäufe für uns und berichtete über die Stimmung in der Stadt. Es gab immer noch Verhaftungen von Menschen, die am 10. November entkommen waren, doch das Pogrom ebbte ab. Man hörte Gerüchte, dass „das Ausland sich ins Mittel gelegt" hätte – die „spontan geäußerte Entrüstung des deutschen Volkes" hatte ungünstige Aufmerksamkeit erregt und zu Protesten geführt. Es wurde von ersten Selbstmorden unter den Verhafteten berichtet. Ein Arzt hatte die Polizisten gebeten, ob er nicht kurz zur Toilette dürfe. Nach zehn Minuten fanden sie heraus, dass er sich beide Handgelenke aufgeschnitten hatte. Ein anderer war aus dem Fenster im vierten oder fünften Stock gesprungen. Am dritten Tag erzählte uns Frau Hetterich, es sei wohl sicher genug, um nach draußen zu gehen. Mama nahm uns beide bei der Hand, und wir gingen durch die splitterübersäten Straßen zum polnischen Konsulat, um Gott weiß für welchen Schutz nachzusuchen. Wenigstens konnten sie einem auf polnischem Boden nichts antun und einen nicht verhaften. Nominell polnischem Boden. Oder konnten sie doch?

Andere – viele andere – hatten dieselbe Idee gehabt, und der Raum war angefüllt mit Zigarettenrauch und einer Masse von Menschen. Aus einem angrenzenden Raum wurde eine Tür geöffnet, und ein Mann erschien und sagte etwas auf Polnisch. Sofort hörte das Stimmengewirr auf, um dann in voller Lautstärke wieder einzusetzen. Ich schloss daraus, dass sie gegen etwas protestierten, was der Mann gesagt hatte; vielleicht hatte er uns gesagt, wir sollten nach Hause gehen, er könne nichts tun; oder vielleicht zu einem anderen Zeitpunkt wiederkommen. Jedenfalls nahm uns unsere Mutter zum zweiten Mal an diesem Tag bei der Hand und schritt mit hocherhobenem Kopf hinaus. Ich hatte das Gefühl, dies sei ein Hinweis auf die polnische Haltung, und es sei nicht allzu schlimm, dass es uns nicht gelungen war, nach Polen hineinzukommen, – bis mir wieder einfiel, dass Papa dort war. Ich kickte einen Kieselstein weg, und zum ersten Mal fühlte ich mich nicht an Mamas Stelle schuldig für die Bücher aus der polnischen Bibliothek des Konsulats, die sie nie zurückgegeben hatte.

Während der nächsten Woche oder so zählten wir unsere materiellen Verluste, die gering waren. Die Börneplatz-Synagoge war eine ausgebrannte Hülle, das Innere vollständig ausgebrannt. Ich verlor meinen persönlichen Tallit, auf den ich so stolz gewesen war. „Aber den von Papa haben sie nicht gekriegt!“, stellte ich mit wütender Befriedigung fest. Wir gingen zu unserem Geschäft, um nachzusehen: Auf der Straßenseite war es geschützt durch einen stählernen Rollladen, der über die ganze Breite des Ladens verlief. Der Versuch war gemacht worden, ihn mit einer Brechstange anzuheben, und der Rollladen hing jetzt schief, doch es war dem Gesindel nicht gelungen, sich Eintritt zu verschaffen, und der einzige andere Eingang war die stählerne Hintertür. Wir sprachen mit dem Hausmeister des Gebäudes, der unser Geschäft unter großem persönlichem Risiko beschützt hatte. „Das ist Eigentum der Dresdner Versicherungsgesellschaft, und ich werde nicht dulden, dass es angerührt wird!“, hatte er den Mob wissen lassen. „Die Dresdner ist so arisch wie ihr, und ich bin hier, um ihre Interessen zu vertreten.“ „Aber wir sollen doch verwüsten, was drin ist“, hatte der verblüffte Anführer nicht unvernünftig argumentiert. „Dann gebe ich euch einen Haufen Bücher aus dem Geschäft, und ihr könnt sie verbrennen“, hatte der Hausmeister angeboten. „Draußen allerdings, nicht in der Nähe des Hauses.“

Mama dankte ihm für seine Mühe und steckte ihm ein paar von unseren bitter benötigten Reichsmark zu. Als wir unter uns waren, sagte sie zu uns, dass man ihm nicht trauen könne, doch es war nicht zu leugnen, dass er den größten Teil unserer Bestände irgendwie vor der Zerstörung bewahrt hatte. Doch was sollten wir mit den Beständen machen? Was euphemistisch als „Kristallnacht“ oder Nacht des zerbrochenen Glases bekannt wurde, hatte nicht nur zu mindestens 91 Morden geführt, sondern auch zum Ruin zahlloser Geschäfte und Wohnungen, der Einkerkerung Tausender und Abertausender jüdischer Männer und Jugendlicher in Dachau und Buchenwald und, nicht zuletzt, dem völligen Ende der Illusion, dass Juden noch länger im Deutschen Reich leben könnten. Es war deshalb kein Wunder, dass die Stahlläden vor unserem Geschäft in ihrem verrückten Brechstangen-Winkel unten blieben: Es gab keine Kunden.

Oder wenigstens keine lokalen Kunden. Es gab einen oder zwei ausländische Buchhändler, die in der schlimmen Lage einen Gewinn für sich witterten. Es war ein Kommen und Gehen mit Diskussionen bis tief in die Nacht. Das größte Interesse zeigte ein Holländer – wir nannten ihn „den Holländer". Er kam mehrere Male und schnüffelte im Laden herum, suchte nach Schnäppchen. Die Rawer-Bestände waren leichte Beute. Aber vielleicht kaufte er, und vielleicht zahlte er, und vielleicht bewahrte er uns vor dem Verhungern, vielleicht sogar aus Mitleid. Niemand konnte wissen, dass kaum zwei Jahre später die Holländer selbst unter den Hammer kommen würden.

Nicht jedermann hatte seinen Holländer. Die glücklichen Reichen fanden sich weniger glücklich gerupft und verarmt. Geschäfte mussten „arisiert" oder zu Niedrigstpreisen verkauft werden. Eine Strafe von einer Milliarde Reichsmark war den jüdischen Gemeinden auferlegt worden, die außerdem für jeden Schaden während der „Kristallnacht" zur Verantwortung gezogen wurden. Während es bisher die erklärte Politik der Nationalsozialisten gewesen war, die Juden loszuwerden, wurden nun, seit die Juden alle begriffen hatten, wie dringend sie verschwinden mussten, koste es, was es wolle, vor jedem, der gehen wollte, immer größere finanzielle Hindernisse errichtet.

Doch in den meisten Fällen hatten die Menschen keinen Ort, wo sie hätten hingehen können. Die westlichen Länder und die USA hatten in den dreißiger Jahren unter Einfluss der Rezession ihre Einwanderungsquoten drastisch verringert und waren nicht bereit, sich mit verzweifelten Juden zu belasten. Ende 1938 waren jene Juden bereit, überall hinzugehen: Schanghai, Bolivien, Costa Rica, einfach überall hin. Doch in den meisten Fällen war es bereits zu spät.

Die Ausnahme waren „Kinder": Nun, das war etwas anderes, das war ein humanitäres Problem. Eine Reihe von Ländern – Frankreich, Holland, Belgien, England – war bereit, Kinder aufzunehmen, vorausgesetzt, für ihren Unterhalt wurde garantiert. Und so geschah es, dass Ruthi und ich vom Innenministerium die Permits bekamen, im Vereinigten Königreich zu landen, vorausgesetzt (wie das Dokument es ausdrückte), dass die Inhaber im Vereinigten Königreich weder eine bezahlte noch eine unbezahlte Beschäftigung aufnähmen. Mir (und meiner Schwester) war nicht gestattet, einem britischen Arbeiter das Brot vom Mund wegzunehmen.

Das war dann die Lösung: die sogenannten Kindertransporte, organisiert von dem, was von den jüdischen Wohlfahrtsorganisationen übriggeblieben war. Als vaterlose Kinder ohne Mittel für den Unterhalt waren wir, nehme ich an, starke Kandidaten für die Kindertransporte; doch weshalb wir nach England geschickt wurden und nicht in ein anderes Land, kann ich nicht einmal mutmaßen. Es konnte nicht einfach wegen der sechs Monate Englischunterricht sein, die Fräulein Bamberger mir an der Hirsch-Realschule hatte angedeihen lassen, mit „Good morning, Mr. Cook" und „Good bye, Mr. King".

Eine Zeit intensiver Geschäftigkeit folgte, in der unsere Reise nach England vorbereitet wurde. Kleider mussten gekauft werden: Unter anderem bekam ich einen gemusterten langärmeligen Pullover (wegen des englischen Wetters) und ein Paar leuchtend blaue Knickerbockers (weil die Engländer sehr sportlich waren und alle Knickerbockers trugen) (sie taten es sehr selten). Wir durften jeder nur einen Koffer mitnehmen. Ich bekam den braunen und Ruthi den etwas größeren schwarzen. Sie hatten seit unserem Ausflug an die polnische Grenze auf uns gewartet. Eine Liste in doppelter Ausfertigung musste jeden Artikel aufzählen, von der Zahnbürste bis zum Mantel. In unserem Haus waren Gebetbücher nicht knapp, doch ich wählte einen roten Taschensiddur mit Goldprägung und holländischen Anweisungen, der sich von der Sprache her für unsere geplante Reise eignete, und nützlich wäre, falls ich jemals Holländisch lernen wollte. Das Polnischbuch ließ ich zurück. Was meine geliebte Briefmarkensammlung anging, nahm ich die Marken aus dem Album und legte sie in eine kleine flache schwarze Schachtel, nicht zuletzt meine letzte, sehr geschätzte Erwerbung, eine Briefmarke aus dem Jahr 1938, die Hitler beim Besuch seiner Heimatstadt Braunau am Inn zeigte.

Deckblatt eines handgeschriebenen Liederbuchs, das Ruthi ihrem Bruder zu seinem 12. Geburtstag geschenkt hat, Dezember 1939 in England

Die Frage nach den Namen erforderte eine umfangreiche Herzensprüfung. Wir waren immer als „Rawer“ aufgewachsen, und in gewissem Sinne war es Verrat an meinem Vater, uns anders zu nennen. Außerdem wussten wir, dass es in gewissem Sinn „illegal“ war. Doch was wäre, wenn die Gestapo uns am Verlassen des Landes hinderte? Das konnten wir nicht riskieren. Unsere Papiere wurden deshalb auf „Birnbaum“ [den Geburtsnamen der Mutter] ausgestellt, und als „Birnbaum“ kam ich nach England.

Auf dem Bahnsteig herrschte ein Durcheinander aus aufgeregten Kindern, Eltern, Gruppenleitern und Polizei. In letzter Minuten wurden Anweisungen gegeben: „Denkt daran, ihr dürft jeder nur eine Reichsmark mitnehmen!“; „Ruthi, du passt auf Bubi auf, gib acht, dass er nichts anstellt!“; „Schreibt, wenn ihr da seid!“ In gewisser Hinsicht war es, als führen wir in irgendein Sommerlager, nur dass wir so aus Deutschland herauskamen und unsere Eltern sich uns bald anschließen würden. Mama lachte und scherzte mit uns, bis es Zeit war für den Zug loszufahren. Wir winkten und setzten uns auf unsere Plätze, und unser Abenteuer konnte beginnen.

Kurz bevor der Zug aus dem Bahnhof fuhr, schaute ich aus dem Fenster noch einmal zurück und sah, dass Mama immer noch dort stand. Zu meiner Überraschung rannen ihr die Tränen über die Wangen. Ich konnte nicht verstehen, warum.

Überfahrt nach Albion

„Die Pässe, bitte.“ Ich beugte mich über meinen passlosen Papierstapel, Ruthis verängstigtes Gesicht mir nur halb bewusst, und versuchte angestrengt, klein und freundlich auszusehen. „Nun, also, in Wirklichkeit habe ich gar keinen Pass“, erklärte ich, und fügte, um Zeit zu gewinnen, wie auch um dies zu erläutern, schnell hinzu: „Sehen Sie, auf uns wurde nie einer ausgestellt!" Ich warf einen verstohlenen Blick auf das Gesicht, das sich über mich beugte, und fügte verzweifelt hinzu: „Ich kann Ihnen meine Geburtsurkunde zeigen, wenn Sie wollen. Meine Geburtsurkunde habe ich bei mir." Zu meiner Überraschung lächelte der Inspekteur großzügig: „Nu, Kleiner, ich kann sehen, dass du geboren bist; das musst du nicht beweisen!" Und damit drehte er sich um und verließ den Wagen; Ruthi ignorierte er völlig.

Kurz danach erreichte der Zug die holländische Grenze, und deutsche Zollbeamte kamen an Bord. „Wieviel Reichsmark oder ausländisches Geld habt ihr bei euch?" Wir wussten, dass das eine Fangfrage war: Man durfte überhaupt keine ausländische Währung besitzen. „Eine Reichsmark jeder." „1 RM?" „Ja", bestätigten wir. Er nickte zufrieden. „Irgendwelches Gold, Silber, Schmuck, Aktien, Wertpapiere?" Ich lächelte und hörte sofort wieder auf. „Mach deinen Koffer auf!" Ich gehorchte und schaute zu, wie er langsam meine Hemden und Unterhosen auseinandernahm. Plötzlich stürzte er sich wie ein Adler auf meine kleine schwarze Schachtel: „Was ist denn das?" „Das sind meine Briefmarken", protestierte ich. Er schüttete den Inhalt aus und schob sie ohne großes Interesse auseinander, wandte dann seine Aufmerksamkeit etwas Rotem und Goldenem zu, das zwischen einem Haufen Socken hervorlugte. „Was ist das?" fragte er scharf und hielt es verkehrt herum. „Das ist ein Gebetbuch", erklärte ich vorsichtig. „Warum ist dann Holländisch dabei?" fragte er argwöhnisch, nachdem er es richtig herum gedreht hatte und den rot-goldenen Umschlag aus der Nähe untersuchte.

Ich zuckte mit den Schultern und widerstand einer schlauen Judenjungen-Antwort, die unsere Nähe zur holländischen Grenze zu provozieren schien. Das Schulterzucken schien die korrekte Antwort gewesen zu sein, denn er gab mir ein „Leg alles wieder zurück"-Zeichen und ging. Die Gefahr war vorüber. Niemand kam, um uns allen Ernstes zu sagen, dass wir doch wohl „verstanden, nicht wahr, dass wir aus Deutschland ausreisen durften, jedoch nur unter der ausdrücklichen Prämisse, dass wir nie mehr zurückkommen durften, NIE MEHR?"

Dies war die Lektion, die einer Gruppe von Kindern in einem der Züge wohl erteilt worden war; die, so wurde erzählt, daraufhin in spontanen Jubel ausbrachen und erklärten, dass sie das natürlich wüssten und keiner von ihnen auch nur die geringste Absicht hätte, jemals zurückzukommen! Nachträglich hatten sie sich gefragt, warum sie nicht auf der Stelle verhaftet oder hinter die nächste Scheune gezerrt worden waren.

Nichts dergleichen ereignete sich auf unserem Transport, und ein paar Minuten später glitten wir durch die holländische Landschaft, die aussah wie eine Illustration in einem Lehrbuch: flache Felder und sanfte Erhebungen, gefleckte Kühe und die allgegenwärtigen Windmühlen. Friedlich und ländlich und sonnig und sauber. SS-frei, Hakenkreuz-frei. Langsam ging uns auf, dass wir in Sicherheit waren; und am frühen Nachmittag erreichten wir Hook van Holland, den Ort, von dem aus wir nach Harwich in England abfahren würden.

„Bar Kochba oder Zions letzte Stunde“ – Ein Blick auf das kulturelle Leben

Helga Krohn

Juden, ob liberal oder orthodox, haben am allgemeinen kulturellen Leben der Stadt und der Vereine teilgenommen. Sie sind in die Oper, ins Theater und ins Konzert gegangen, holten sich Bücher aus Leihbibliotheken, verschlangen Karl May und Die Gartenlaube, sammelten Comics und Serienbilder. Auch in der Kleidung gab es keinen wesentlichen Unterschied. Nur einige strenggläubige Mitglieder der Austrittsorthodoxie sahen darin eine Ablenkung vom „Lernen in der Tora“, der alle freie Zeit gewidmet werden sollte.

Parallel dazu gab es ein eigenständiges jüdisch-kulturelles Leben. Teilweise stand es in Zusammenhang mit den jüdischen Schulen, die Feste veranstalteten, oder mit Vereinigungen wie den Logen, die zahlreiche Konzerte und Vorträge durchführen ließen. Der Synagogenchor der Synagoge Friedberger Anlage, ein Männerchor, trat ebenso mit öffentlichen Konzerten auf wie der Chor der Synagoge Börnestraße.

Aus Hinweisen in jüdischen Zeitungen ist bekannt, dass es unter dem ostjüdischen Bevölkerungsteil kulturelle und politische Vereinigungen gab, die vollkommen in Vergessenheit geraten sind. So gab es einen Arbeiterkulturverein und einen jüdischen Photographenverein. Im Volksbildungsheim wurden Liederabende mit ostjüdischen Liedern angeboten.[1] Der Frankfurter Künstler Walter Taubert veröffentlichte 1922 eine Mappe mit ostjüdischen Sujets.

Von Theateraufführungen berichten einige erhaltene Plakate und Programmzettel. Zwischen 1904 und 1915 machten jüdische Tournee-Theatergruppen in Frankfurt Station und spielten im Kaufmännischen Verein in der Langen Straße Stücke bekannter jiddischer Autoren wie J. Lateiner und Adolf Goldfinger. Am 28. August 1904[2] führte die Amerikanisch-Jüdische Theater-Gesellschaft „eines der besten in Amerika, London, Paris und Warschau überall mit Riesen-Erfolg aufgenommenen Stücke: A Mensch soll man sein“ auf. Die Jüdische Theater-Gesellschaft spielte die Operette M'schiachs Zeiten, das Lebensbild Die Seder-Nacht, und das Melodrama Bar Kochba oder Zions letzte Stunde. Eine jüdisch-deutsche Concertgesellschaft aus Amerika gab das Stück Adam und Eva oder das verlorene Paradies zum Besten. Es folgten: Die Emigranten oder die Reise nach Amerika, Shulamith oder Die Tochter Jerusalems, Bar Kochba oder Zions letzte Stunde. Eine Jüdisch-Deutsche Theater-Gesellschaft aus Rumänien brachte 1921 im Hotel Löwenhof das Lebensbild Dr. Herzl zur Aufführung.

Im „Löwenhof“ trafen sich eine Zeit lang auch zionistische Gruppen und die Ortsgruppe der Agudas Israel. Bereits 1905 war dieses Haus als Hotel Diehl Treffpunkt des Misrachi-Vereins. Anfang der 20er Jahre war das Hotel Löwenhof, Hanauer Landstr. 38, am alten Ostbahnhof, das ein koscheres Restaurant mit „ritueller Küche nach polnischer und rumänischer Art“ unterhielt, Zentrum jiddischen Theaters. Vor allem wurden Komödien und Operetten gespielt, viele Ohrwürmer von Goldfaden, Slotowsky und Lateiner darunter, oft angekündigt als biblisches Theater oder nationale Operette. Goethes Faust als G'tt – Mensch und

[1] Israelitisches Familienblatt 27.10.1927, S.10; Jüdische Rundschau 8.5.1922.

[2] Stadt- und Universitätsbibliothek Frankfurt a.M. Abt. Theater-Kunst. Die Datierung ist nicht gesichert, da die Programme keine Jahreszahlen enthalten. Wir haben die Jahreszahlen mit Hilfe eines ewigen Kalenders festgelegt.

Anzeige des Hotels Löwenhof in Der Israelit, 4.1.1923

Zum ersten Male in Frankfurt!!

A. Bloom.

Frl. Rosenzweig.

Im Saale des Kaufmännischen Vereins.

Sonntag, den 9. März 1902 abends 8 Uhr:

BAR KOCHBA

oder:

Zions letzte Stunde.

Melodrama in 5 Akten mit Prolog von **A. Goldfaden.**

Ausgeführt von der

Jüdisch-Amerikanischen Schauspieler-Gesellschaft.

Ort der Handlung: Jerusalem. 1. Akt: Aufstand gegen die Römer, 2. Akt: Krönung Bar Kochba's.
3. Akt: Die Flucht Bar Kochba's. 4. Akt: Dina im Gefängniss und die Belagerung der Festung Cesarea.
5. Akt: Der Fall Jerusalems.

Preise der Plätze: I. Platz: Mk. 2.50. II. Platz: Mk. 2.— III. Platz: Mk. 1.—
Gallerie: 75 Pfg.

Plakat der Jüdisch-Amerikanischen Schauspieler-Gesellschaft, 1902

Redakteur und Schriftsteller Selig Schachnowitz

Rechtsanwalt und Schriftsteller Isaac Breuer

Plakat der jüdischen Theatergesellschaft, 1904

Teufel, Shakespeareübertragungen ins Jiddische, Stücke nach Romanen von Tolstoi und der immer wieder aufgeführte „Dybbuk" von An-Ski gehörten zu den ernsthaften Theaterstücken, die häufig auf dem Programm standen.

Aus den wenigen Rezensionen, die wir in Zeitungen gefunden haben, geht nicht hervor, wer die Theaterveranstaltungen besucht hat und wie der Erfolg war. Jiddisch war keine Umgangssprache in Frankfurt, viele Juden aus Galizien sprachen zwar untereinander Jiddisch, legten aber Wert darauf, dass die Kinder die deutsche Hochsprache lernten oder den Frankfurter Dialekt sprachen. Frankfurt profitierte mit den Theateraufführungen von dem großen Boom des jiddischen Theaters, der vor allem in Berlin stattfand. Von dort ist auch mehr über die Theaterbesucher bekannt: Es waren in erster Linie Ostjuden, die das Theater besuchten, dann auch Zionisten, die sich für das unbekannte jüdische Volksleben interessierten und die biblisch-nationalen Stücke gern ansahen.[3]

Die Entwicklung des jiddischen Theaters in Deutschland stand in Zusammenhang mit den Erfahrungen des Ersten Weltkriegs im Osten einerseits und den Vertreibungen der Juden aus Osteuropa andererseits. Adolf Goldfaden, gleichzeitig Dichter und Komponist, hatte im rumänischen Jassy 1876 das erste jiddische Berufstheater gegründet, das weite Tourneen unternahm und weitere Theatergruppen hervorrief. Mit den Pogromen

[3] Dazu Trude Maurer, Ostjuden in Deutschland, S. 730ff.

in Russland wanderten Autoren und Schauspieler nach London, dann in die USA, wo sich seit den 80er Jahren eine lebhafte volkstümliche jiddische Theaterszene entwickelte. Während des Ersten Weltkriegs entstand in Wilna – mit der Genehmigung der deutschen Besatzung – eine Theatergruppe, die als Wilnaer Truppe Berühmtheit erlangte. Sie trat in den zwanziger Jahren häufig in Berlin auf. Dort gründete Sammy Gronemann den Jüdischen Theaterverein.

Das intensive orthodoxe Gemeindeleben in Frankfurt mit einer Reihe herausragender Persönlichkeiten brachte auch zahlreiche Werke mit jüdischen Inhalten hervor. Als Schriftsteller einen Namen gemacht haben sich insbesondere Selig Schachnowitz und Isaac Breuer, beide haben die Schriftstellerei nebenberuflich betrieben. Isaac Breuer (geb. 1883 in Papa/Ungarn, gest. 1946 in Jerusalem), ein Sohn des Rabbiners Salomon Breuer, war Rechtsanwalt und überzeugter Vertreter der Austrittsorthodoxie. Zu seinen damals bekannten Novellen gehören „Ein Kampf um Gott" (1920) und „Falk Nefts Heimkehr" (1923).

Selig (Joschua) Schachnowitz, der 1874 in Georgenburg/Litauen geboren wurde und dort eine Ausbildung zum Rabbiner erhielt, kam 1908 als Redakteur der orthodoxen Wochenzeitung „Der Israelit" nach Frankfurt. Er schrieb zahlreiche historische Romane, von denen sich mehrere mit dem jüdischen Leben in Osteuropa befassten. Genannt seien: „Skizze aus Litauen" (1912), „Im Kriegslager" (1915), „Jenseits"(1915), „Judenstaat der Chasaren" (1920), „Rabbi Mosche ben Maimun" (1935), „Salomon der Falasche" (1923), „Mereleika" (1926). 1938 konnte Schachnowitz in die Schweiz emigrieren, wo er 1952 starb. Viele seiner Bücher wurden in der Schweiz wieder herausgebracht. Hermann Schwab, ein bedeutender Vertreter der Frankfurter Austrittsorthodoxie, schrieb über Selig Schachnowitz, er – der Ostjude – habe „die deutsch-jüdische Literatur bereichert mit seinen Büchern und so den hoffnungslos schmalen Pfad des Verstehens zwischen Ost und West verbreitert".[4]

[4] Zit. bei Arnsberg, Bd. 3, S. 461.

„Auf einem der luftigsten und freundlichsten Punkte der Stadt, auf dem Röderberge, sind die jüdischen Spitäler“

Helga Krohn

Ein Netz sozialer Einrichtungen und Vereine

Mit der Zunahme der jüdischen Bevölkerung in den Städten seit Beginn des 19. Jahrhunderts entwickelte sich aus einer traditionellen Versorgung von Kranken und Armen ein vielfältiges privates Wohlfahrtswesen, das sich um Bedürftige kümmerte. Vereine und Stiftungen kümmerten sich um die Versorgung mit Heizmaterial, Nahrungsmitteln, Kleidung und Wohnung. Andere Vereine kamen für Schulbesuch und Lernmittel, für Aussteuerbeihilfen, Hilfen für Wöchnerinnen und vorübergehende finanzielle Unterstützung auf. Weiterhin wurden vorbeugende Maßnahmen mit der Einrichtung von Kranken- und Versorgungskassen ergriffen. Mit ihnen konnte eine Verarmung im Falle von Krankheit, Tod oder Erwerbslosigkeit verhindert werden. Die finanziellen Mittel dafür setzten sich aus zahlreichen kleinen Beiträgen und Spenden aus Anlass von Geburtstagen, Hochzeiten, Genesung oder auch Wohnungswechsel zusammen. Wohlhabende Familien unterstützten von Zeit zu Zeit mit großzügigen Geldzuwendungen.

Auszug aus der Satzung des 1869 gegründeten „Vereins zur Bekleidung bedürftiger israelitischer Knaben“

§ 1.

Unter dem Namen **„Verein zur Bekleidung bedürftiger israelitischer Knaben“** (früher Malbisch Arumim) besteht mit dem Sitz zu Frankfurt a. M. seit 1869 ein Verein, welcher den Zweck verfolgt:

1). Bedürftige israelitische Knaben, welche hiesige Schulen besuchen, mit Kleidung und Schuhwerk zu versehen.

2.) Falls noch weitere Mittel vorhanden sind, auch Jünglinge, welche dahier die Kaufmannschaft oder ein Handwerk erlernen, oder sich einem sonstigen gewerblichen Berufe widmen, oder eine hiesige Lehranstalt besuchen, zu bekleiden.

Der Verein soll in das Vereinsregister eingetragen werden.

Er erhält mit der Eintragung den Namen: „Verein zur Bekleidung bedürftiger israelitischer Knaben“ (eingetragener Verein) zu **Frankfurt am Main.**

§ 2.

Mitglied des Vereins kann Jeder werden, der einen von ihm selbst zu bestimmenden Jahresbeitrag, im Mindestbetrag von 5 Mark, zu leisten sich verpflichtet.

Der Austritt ist jederzeit gestattet. Weigerung der Zahlung des Jahresbeitrages gilt als Austrittserklärung.

Aufgrund des innerjüdischen Versorgungssystems traten arme Juden vor dem Ersten Weltkrieg selten öffentlich in Erscheinung. Die von H. Bleicher im Jahr 1895 aus den statistischen Angaben gezogenen Folgerungen behielten lange Gültigkeit: „Die Israeliten haben eine ausnehmend geringe Armenziffer und diese wird sogar nahezu Null, soweit es sich um die eingeborene jüdische Bevölkerung handelt; die wenigen 1885 in öffentlicher Armenpflege unterstützten Israeliten waren fast ausnahmslos zugewandert.“[1]

Es gibt keine statistischen Angaben darüber, wo die minderbemittelte, bedürftige jüdische Bevölkerung wohnte. Mit Sicherheit war sie im Osten der Stadt, in der östlichen Außenstadt und im Ostend, stärker vertreten als in anderen Bezirken und Stadtteilen. Einen Eindruck über arme Verhältnisse geben einige im Stadtarchiv erhaltene Briefe, die an die Leitung der Israelitischen Volksschule geschickt wurden, mit der Bitte, Kinder vorzeitig von der Schule zu entlassen. Die Witwe Rosa Reiß bittet im Februar 1893 um die Entlassung ihrer gerade 14 gewordenen Tochter, „denn meine Vermögensverhältnisse lassen es nicht zu, daß ich mein Geschäft, Geflügelmetzgerei, durch Dienstpersonal versehen lasse, meine Kinder aber kann ich sehr gut dabei verwenden“. Ein Vater begründet sein Gesuch: „Als Gründe hierfür führe ich an, daß ich selbst schwach und leidend bin, den Unterhalt für meine Familie durch meiner Hände Arbeit, ich bin Kistenschreiner, selbst erwerben muß, und es mir daher sehr erwünscht wäre, wenn meine Tochter jetzt entlassen wird, damit sie meiner Frau in der Haushaltung helfen, und durch Erlernung eines Geschäftes etwas mit verdienen würde.“ Die Stellungnahme des Bezirkspflegers zu dem Entlassungsgesuch eines anderen Kindes lautet: „Wolf hat 3 Kinder, 14,11, 6 Jahre alt. Wolf ist z. Z. Vereinsdiener des israelitischen Krankenpflegerinnen-Vereins, verdient ca. M. 40.- p. Monat. Er hat kein Vermögen. Er hat jetzt Gelegenheit, seinen Sohn bei M.C. Kirchheim

[1] Heinrich Bleicher, Statistische Beschreibung der Stadt Frankfurt a. M., Frankfurt a. M. 1895, S. 217.

in die Lehre zu geben. Der Prinzipal will sich des Jungen annehmen und demselben Unterricht in Sprachen geben lassen. Das ist eine große Erleichterung für den Vater und eine Wohltat für den Sohn." Eine andere Stellungnahme lautet: „Schlesinger ... ist arm und hat seine schwere Last mit der Ernährung seiner 6 Kinder, von welchen das Älteste, 17 Jahre, bei einen Schreiner in die Lehre geht, von der ganzen Familie verdient Niemand etwas als der Vater Schlesinger, welcher Händler mit allen möglichen und unmöglichen Dingen ist und nicht einmal die Miethe zusammenbringen kann, da nun auch die Mutter anfängt leidend zu werden, wäre eine Stütze und Hilfe an der Tochter Franziska denselben recht zu gönnen und wird deshalb das Gesuch auch von hieraus befürwortet."[2]

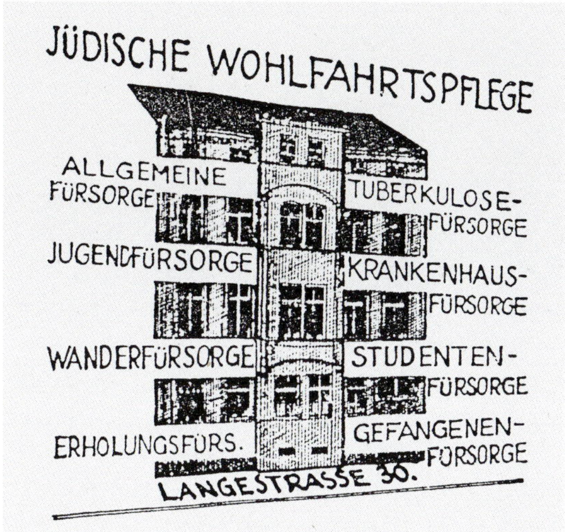

Anzeige: Frankf. Isr. Gemeindeblatt, Nr. 4, Dez. 1931

Zentrale für jüdische Wohlfahrtspflege

Als durch und nach dem Ersten Weltkrieg zahlreiche Vereine ihr Stiftungsvermögen verloren oder es durch die Inflation so dezimiert wurde, dass es keine Zinsen für die laufenden Ausgaben mehr abwarf, gleichzeitig aber die sozialen Aufgaben zunahmen, schlossen sich im Jahr 1920 die Israelitische Gemeinde, die Israelitische Religionsgesellschaft und 54 jüdische Vereine zusammen und gründeten die „Zentrale für jüdische Wohlfahrtspflege" bzw. 1928 den Verein „Jüdische Wohlfahrtspflege Frankfurt a. M." Diese zentrale Organisation koordinierte auch die jüdische Fürsorge mit der staatlichen. Sie war mit verschiedenen hauptberuflich besetzten Stellen in der Langen Straße 30 untergebracht und wurde eine wichtige Anlaufstelle für alle minderbemittelten und hilfesuchenden jüdischen Einwohner in der Zeit der größer werdenden Not durch Arbeitslosigkeit und Verarmung. Die von ihr 1930 eingerichtete Jüdische Notstandsküche ist Ausdruck der wachsenden Not. Sie war eine Art (bezuschusster) Selbsthilfeeinrichtung, in der Mitgliedern gegen einen geringen Betrag täglich Essen ausgegeben wurde, das sie nach Hause mitnehmen konnten. Diese Küche wurde als vorübergehende Maßnahme geschaffen, blieb aber bis 1941 eine lebenswichtige Einrichtung, die z. B. 1940 täglich 500 Mahlzeiten ausgab.[3] Die Küche wurde im seitlichen Anbau des ehemaligen Krankenhauses in der Königswarter Straße untergebracht. Dorthin konnte Ende 1934 auch die Jüdische Wohlfahrtspflege umziehen und sich vergrößern.

Von den nationalsozialistischen Behorden wurde ihr die Zuständigkeit und Verantwortung für die gesamte Fürsorge und Betreuung der Juden übertragen. Mit der Einrichtung einer „Jüdischen Winterhilfe", von Beratungsstellen für Auswanderung, von Weiterbildungskursen und der beruflichen Ausbildung Jugendlicher übernahm sie zusätzliche Aufgabengebiete.

Die Israelitische Suppenanstalt

Die bekannteste Einrichtung der jüdischen Wohlfahrtspflege im Ostend war die Israelitische Suppen-

[2] Institut für Stadtgeschichte (IfS), Aktenbestand Schulamt, Nr. 4.934 Israelitische Volksschule 1881–1895.

[3] Dokumente zur Geschichte der Frankfurter Juden, S. 457.

Briefkopf der Israelitischen Suppenanstalt

anstalt, kurz ISUPA genannt. Sie wurde 1880 von Frankfurter Logenbrüdern gegründet und erhielt durch Mathilde von Rothschild ein großes Haus mit Gartengelände, auf dem zusätzlich ein Neubau errichtet werden konnte, in der Theobaldstraße 5, Ecke Hanauer Landstraße. Diese Suppenanstalt bot täglich außer samstags Bedürftigen mittags eine warme Suppe, die unter strenger Beachtung der rituellen Vorschriften zubereitet wurde. Für Kranke und Wöchnerinnen richtete sie die von den Ärzten verordnete Kost unentgeltlich her. An sog. verschämte Arme, die sich durch ein offen dargereichtes Almosen verletzt gefühlt hätten, reichte sie gegen ein Entgelt von 20 Pfennig in einem besonderen Raum ein Mittagessen. Im Jahr 1882 wurden mehr als 23.000 Essen ausgegeben, 1909 waren es gut 61.000, d. h. etwa 200 pro Tag, im Berichtsjahr 1926/27 waren es fast 75.000 Mahlzeiten, davon 33.600 an Kinder.[4] Die Wichtigkeit der Suppenanstalt stieg während des Ersten Weltkriegs, als auch viele Frauen arbeiten mussten und die Versorgung mit koscheren Lebensmitteln nicht einfach war. Besonders die Versorgung der Kinder mit Mittagessen stieg in der Zeit der Weimarer Republik stetig an. Finanziert hat sich die Anstalt aus Jahresbeiträgen und Geschenken; mehrere Frauen arbeiteten ehrenamtlich für die Einrichtung, und für heranwachsende Mädchen aus wohlhabenden Familien in der Umgebung wurde es Pflicht, mittags beim Verteilen des Essens zu helfen.[5]

Die Suppenanstalt konnte bis zur sog. Kristallnacht weiterarbeiten. 1939 mussten Haus und Grundstück an die Stadt verkauft werden. Das Gebäude wurde während des Krieges etwa zu 50 Prozent zerstört. Es konnte notdürftig wiederhergestellt werden und wurde von der Jüdischen Gemeinde 1946 bis 1951 als rituelle Küche und Speiseraum genutzt.

Einrichtungen für Kinder

Weitere bekannte Einrichtungen bezogen sich auf Kinder. Die Israelitische Volksschule, die fast ausschließlich von Kindern osteuropäischer Juden und Kindern aus minderbemittelten Familien besucht wurde, beschäftigte seit 1916 eine sogenannte Schulpflegerin. Ihre Aufgabe war es, Hausbesuche zu machen und eventuelle Fürsorgemaßnahmen für Familien einzuleiten. Sie führte diese Arbeit in enger Zusammenarbeit mit dem Schularzt durch. Ihr unterstand es auch, sich um die Schulentlassenen zu kümmern, für die es gegen Ende der zwanziger Jahre immer schwieriger wurde, Lehrstellen zu finden, vor allem solche, an denen samstags nicht gearbeitet werden musste. Für die Mädchen wurden in erster Linie Stellen in jüdischen Haushalten gesucht. In der Schule existierte ein Mädchenhort, also eine Einrichtung, in der Mädchen in der „schulfreien Zeit versorgt und beaufsichtigt wurden". Diese Einrichtung lässt auf eine Berufstätigkeit vieler Mütter schließen oder auch auf beengte Wohnverhältnisse. Auch eine Schulspeisung bestand, und die Einrichtung eines Hortes für Jungen stand auf der Wunschliste, ebenso wie Geldmittel zur Durchführung von Schwimmunterricht und orthopädischen Turnkursen.[6]

In der Theobaldstraße hatte der Israelitische Frauen-Verein ein Waisenhaus für Mädchen eingerichtet mit dem Ziel, „verwaiste oder als verwaist zu erachtende arme israelitische Mädchen aus der Stadt und deren

[4] Der Israelit Nr. 41, 1882, S. 1032–1033; Einunddreißigster Jahresbericht der Suppenanstalt für israelitische Arme in Frankfurt am Main, Frankfurt 1910; Jüdisches Gemeindeblatt Nr. 11, Juli 1928.

[5] Recha Rothschild, Verschlungene Wege. Identitätssuche einer deutschen Jüdin, Frankfurt a. M. 1994, S. 29: Sie und ihre Schwester, die in der Theobaldstraße wohnten, halfen regelmäßig bei der Essensausgabe.

[6] Ella Oppenheim und Dr. Hermann Weyl, Über die fürsorgerische Tätigkeit an der Israelitischen Volksschule zu Frankfurt am Main, Frankfurt a. M. 1932.

Bertha Pappenheim mit Mädchen des Waisenhauses des Israelitischen Frauenvereins, Theobaldstraße 9, zwischen 1895 und 1906

nächster Umgebung zu erziehen und zu nützlicher bürgerlicher Thätigkeit heranzubilden". Die etwa 25 Mädchen wurden in dem 1852 erbauten und 1872 erweiterten Haus, zu dem ein Garten gehörte, verpflegt, „in allen Elementarfächern sowie auch im Zeichnen, besonders in weiblichen Handarbeiten unterrichtet und zu allen Hausarbeiten angehalten, um sie zu befähigen, dereinst als Dienstmädchen, Schneiderinnen oder Ladnerinnen Erwerb zu finden."[7] Nach 1895 wurde dieses Haus von Bertha Pappenheim geleitet, bis sie 1907 das Erziehungsheim des Jüdischen Frauenbundes in Neu-Isenburg gründete.

In der Uhlandstraße war 1876 ein Waisenhaus für Jungen eingerichtet worden. Der Träger, Die Israelitische Waisenanstalt zu Frankfurt a. M., eröffnete 1882 in der Seilerstraße eine Mädchenabteilung. Beide Abteilungen wurden später zusammengelegt in einem Neubau am Röderbergweg, über den noch ausführlich zu berichten sein wird.

In der Pfingstweidstraße 14 errichtete die Julie und Amalie Flersheim'sche Stiftung im Jahr 1865 ein Kinderheim zur Erziehung und Ausbildung jüdischer Knaben bedürftiger Eltern, die der Frankfurter Israelitischen Gemeinde angehörten. 15 Jungen konnten aufgenommen werden. 1914 wurde die Stiftung umgeändert zur Hilfsstiftung für das Philanthropin und 1919 mit der Ignaz und Anna Sichel-Stiftung zusammengelegt, die gemeinsam 1930 ein Kinderheim in der Ebersheim-Str. 5 eröffneten.

Ein privater Verein hatte 1890 die Einrichtung eines Kindergartens realisiert mit dem „milden Zweck Kinder unbemittelter Israeliten (im Alter von 3 bis 6 Jahren) den Tag über behüten, verpflegen und unterwei-

[7] Dr. Spiess, Die hygienischen Einrichtungen von Frankfurt am Main, Frankfurt a. M. 1888, S. 187–188.

Baumweg 5–7, Moritz und Johanna Oppenheimerscher Kindergarten

sen zu lassen". Die etwa 30 Kinder wurden zunächst in Räumen eines Hauses in der Hanauer Landstraße 17 untergebracht. Stiftungen der Familie Rothschild und der Kinder des Kursmaklers Moritz Oppenheimer ermöglichten einen Neubau Baumweg 5–7 im Jahr 1906. Bedingung der Stiftung Oppenheimer war die Benennung in Moritz und Johanna Oppenheimerscher Kindergarten für Israeliten.[8] Das Haus Baumweg 5–7 gehört seit 1945 der Jüdischen Gemeinde Frankfurt. Dort befinden sich eine Synagoge und Verwaltungseinrichtungen der Gemeinde.

Da Frankfurt ein Ort der Ausbildung auch für Jugendliche aus ländlichen Bereichen Hessens und Bayerns war und diese nicht alle bei Verwandten oder sonst privat unterkommen konnten, wurden auch – besonders für orthodoxe Jugendliche – Wohnheime benötigt. Ein solches Lehrlingswohnheim war in der Rückertstraße 49 untergebracht.

In der gleichen Straße Nr. 53 befand sich das Israelitische Lehrerinnenheim, das 1908 als Stiftung gegründet wurde, um „israelitischen Lehrerinnen, Erzieherinnen, Kindergärtnerinnen, Haus- und sonstigen Beamtinnen sowie anderen weiblichen Angestellten höherer Bildung ... wenn sie in ihrer Arbeitsfähigkeit durch Alter oder aus einem sonstigen Grunde beschränkt sind, oder wenn sie diese eingebüßt haben," einen vorübergehenden oder dauernden Aufenthalt zu gewähren.[9] Bis 1918 war es Frauen nicht erlaubt, nach der Heirat als Lehrerinnen und Kindergärtnerinnen berufstätig zu bleiben. Deshalb waren die meisten Frauen, die in diesen Berufen blieben, unverheiratet und Lehrerinnenheime eine willkommene Möglichkeit im Alter.

Es gab noch zahlreiche weitere soziale Vereine, die für die Versorgung der minderbemittelten israelitischen Bevölkerung wichtig waren. Die meisten hatten eine lange Lebensdauer. Es gelang ihnen, auch in der schwierigen Zeit nach dem Ersten Weltkrieg und der Inflationszeit weiter zu arbeiten. Anzeigen in den jüdischen Zeitungen weisen immer wieder auf die schwierige Finanzsituation hin und bitten um weitere Spenden. In der Zeit des Nationalsozialismus durften sie nur noch kurze Zeit aktiv sein; dann wurden sie in die Jüdische Wohlfahrtspflege integriert oder aufgelöst.

Der Röderberg: Ein Zentrum jüdischer Wohlfahrtspflege

Während die zahlreichen privat organisierten Vereine und Stiftungen ein dichtes soziales Netz knüpften zur Abwendung akuter Not, zur Hilfe bei Schulbesuch und

[8] Satzungen des Vereins „Moritz und Johanna Oppenheimerscher Kindergarten für Israeliten zu Frankfurt a. M.", Frankfurt 1906. Frankfurter Israelitisches Gemeindeblatt, Jg. 8, 1919/30, Nr. 11, S. 435f.

[9] Bericht des Israelitischen Lehrerinnenheims zu Frankfurt am Main für das Jahr 1908, S. 1.

Arbeitslosigkeit, blieb es Aufgabe der Israelitischen Gemeinde, für Krankenhäuser und Altersheime zu sorgen. Auch die Israelitische Religionsgesellschaft sah es als ihre Aufgabe an, derartige Einrichtungen für Mitglieder zu schaffen, denen die Gemeindeeinrichtungen nicht orthodox genug geführt wurden. Beide Gemeinden waren dazu in der Lage, weil umfassende private Stiftungen wohlhabender jüdischer Familien Neubauten, Einrichtungen und die Deckung laufender Kosten sicherten. Im rechtlichen Sinn wurden deshalb außer dem Israelitischen Krankenhaus alle Einrichtungen als Stiftungen geführt.

Um die Jahrhundertwende entwickelte sich ein dichtes Netz dieser jüdischen Wohlfahrtseinrichtungen im Ostend. Einige Einrichtungen folgten dem generellen Trend der Bevölkerungsentwicklung, d. h. sie wurden von der Altstadt in den Osten verlegt, weil sie zu klein geworden oder die räumlichen und hygienischen Bedingungen nicht mehr hinreichend waren. Teilweise folgte um die Jahrhundertwende eine weitere Verlegung an den östlichen Rand der Stadt.

Krankenhaus der Israelitischen Gemeinde

Ein Beispiel für die Verlegung von der Altstadt in das Ostend und dann an den östlichen Rand der Stadt ist das Krankenhaus der Israelitischen Gemeinde. Seit 1857 existierten Pläne für den Neubau eines allgemeinen Krankenhauses, der aber erst 1873 in Angriff genommen werden konnte, nachdem der Bankier Isaac Königswarter zum Andenken seines Vaters Marcus und dessen Bruder Zacharias Königswarter 215 000 Gulden für den Ankauf eines Grundstücks und den Bau eines modernen Krankenhauses zur Verfügung gestellt hatte. Die jüdische Gemeinde erwarb vier Grundstücke „in einem gesunden Stadttheile frei von allen Seiten, nördlich von dem 'Grünen Weg', östlich von einem baumreichen, breiten Platze, südlich und westlich von nachbarlichen Gärten begrenzt", wie es in einer zeitgenössischen Beschreibung heißt.[10] 1875 konnte das „Hospital der israelitischen Gemeinde" eingeweiht werden. Es verfügte über 80 Betten, die in Räumen mit 4–8 Betten standen oder in „Privat-Kranken-Zimmern" mit 2 Betten. Unbemittelte Kranke wurden unentgeltlich verpflegt; die Verpflegungskosten in den Krankensälen betrug 2 Mark, in den Extrazimmern 5–6 Mark pro Tag.[11] Wenige Jahre nach der Eröffnung wurde die Straße entlang des Krankenhauses umbenannt in Königswarter Straße.[12]

Krankenhaus der Israelitischen Gemeinde, Gagernstraße 36, Luftaufnahme um 1930

Als etwa 25 Jahre später der Regierungspräsident weitgehende Umbauten und Modernisierungsmaßnahmen verlangte, entschloss sich die Jüdische Gemeinde zu einem Neubau am Rande der damaligen Stadt, nämlich an der Bornheimer Landwehr und Gagernstraße. Der Stuttgarter Architekt Franz Roeckle, der Architekt der Westend-Synagoge, erhielt nach einem Wettbewerb

[10] Beschreibung des neuen Hospitals der Israelitischen Gemeinde in Frankfurt am Main, Grüner Weg 26, Frankfurt 1875, S. 3.

[11] Hospital-Ordnung der israelitischen Gemeinde zu Frankfurt am Main, 1778.

[12] Allgemeine Zeitung des Judentums, 4.2.1879.

den Bauauftrag. Der größte Teil der notwendigen Kosten kam durch Stiftungen und Geldspenden von Gemeindemitgliedern zusammen. Der Chefarzt Prof. Dr. S. Isaac begann 1932 einen Bericht über das Krankenhaus mit der Beschreibung: „Das Krankenhaus der Israelitischen Gemeinde liegt im Nordosten der Stadt in der Gagernstraße. Aus den Fenstern seiner verschiedenen Gebäude hat man Ausblick auf den Riederwald, den Ostpark, den Main und in weiter Ferne auf die Höhenzüge des Spessart und des Odenwaldes."[13] Das neue Krankenhaus hatte Abteilungen für innere

Im Krankenhaus Gagernstraße 36, Ende der 20er Jahre

Medizin, Chirurgie, Gynäkologie (mit Entbindungsstation) und Urologie, und es besaß eine moderne Röntgenabteilung. Berechnet war es für die Unterbringung von 200 Kranken. In der Verwaltungsordnung war festgehalten: „Das Krankenhaus wird in Gemässheit des § 40 Abs. 1 der Gemeindeverfassung rituell geführt. Die Angestellten und Insassen des Krankenhauses haben innerhalb der Anstalt diesem Umstand Rechnung zu tragen. Für die Insassen des Krankenhauses ist innerhalb des Hauses ein Betsaal mit konservativem Ritus zur Verfügung zu stellen. Kein Insasse oder Angestellter des Krankenhauses darf gegen seinen Willen zu einer religiösen Handlung angehalten werden." (§ 5)

Durch ständige Erweiterung und Modernisierung blieb es eines der modernsten und bestausgestattetsten Krankenhäuser Frankfurts, das auch zahlreiche Nichtjuden, vor allem Selbstzahler, anzog, die die ausgezeichnete medizinische und pflegerische Versorgung und die Qualität des Essens schätzten. In der Zeit der Weimarer Republik stieg die Zahl der nichtjüdischen Patienten, weil in der Umgebung des Krankenhauses eine starke Bautätigkeit entfaltet wurde und die Bewohnerzahl um einige Tausend zunahm und kein anderes Krankenhaus in diesem Gebiet bestand.

Nach 1933 wurde von Versicherungen und anderen Krankenhäusern Druck auf Nichtjuden ausgeübt, nicht mehr in das jüdische Krankenhaus zu gehen. Dann wurde der Besuch staatlicherseits verboten.[14] Die Zahl der jüdischen Patienten nahm dagegen ständig zu, da diese nicht mehr in öffentlichen Krankenhäusern aufgenommen wurden und da mehr Juden aus dem Frankfurter Umland die Aufnahme brauchten. Das führte zu erheblichen Kapazitätsproblemen und machte trotz der angespannten Finanzlage Umbaumaßnahmen erforderlich. So ließ die Israelitische Gemeinde zum Beispiel durch Verlegung von Arztwohnungen frei gewordene Räume Anfang 1935 in Krankenzimmer umwandeln. Aus der ehemaligen Infektionsabteilung entstand eine urologische Abteilung, und 1938 fanden Umbau und Modernisierung des Operationssaals statt. 1941 musste auch noch die Synagoge als Krankenraum benutzt werden. Die Belegungszahl stieg weiter an, nachdem das Rothschildsche Krankenhaus Röderbergweg 97 und das dortige Kinderhospital geschlossen werden mussten. Außerdem musste nach der Schließung von Altersheimen eine Abteilung für Alte und Sieche eingerichtet werden.

Die ärztliche Versorgung im Krankenhaus konnte aufrechterhalten werden, obwohl natürlich auch viele Ärzte und Krankenschwestern auswanderten. Da aber auf-

[13] Karl Hofacker, Die Anstalten des Verbandes Frankfurter Krankenanstalten, Frankfurt a. M. 1932, S. 32.

[14] Dokumente zur Geschichte der Frankfurter Juden, S. 249.

grund der 4. Verordnung zum Reichsbürgergesetz vom 25.7.1938 jüdischen Ärzten die Approbation entzogen wurde, das heißt sie keine eigene Praxis mehr unterhalten durften, suchten viele eine Anstellung in den noch geduldeten jüdischen Einrichtungen. Dr. Isaac schreibt in seinen Erinnerungen. „Unser Krankenhaus war eine Oase in der Wüste, weil es der einzige Ort war, an dem Ruhe und Frieden herrschten. Vor den schrecklichen Tage im November 1938 bereiteten die Behörden uns keine Schwierigkeiten und mancher Mann und manche Frau, die von dem dreifachen Unglück Armut, Krankheit und Judentum befallen waren – um Heine zu zitieren – gewannen ihre Gesundheit und ihr seelisches Gleichgesicht in unserem Krankenhaus zurück, das ein Zentrum für alle Juden Süddeutschlands wurde."[15] Am 10. November und den folgenden Tagen sowie später während der ständigen Bedrohung durch Deportationen suchten viele Menschen Hilfe und Schutz im Jüdischen Krankenhaus. Die Ärzte versuchten so viel als möglich zu helfen und bewahrten im November 1938 zahlreiche Männer vor der Verhaftung. Außerdem entwickelte sich das Krankenhaus zu einem bedeutenden Arbeitgeber, und junge Menschen erhielten hier die Möglichkeit, sich mit Arbeiten in der Küche, im Garten und in der Pflege auf eine Auswanderung nach Palästina vorzubereiten (sog. Hachschara).

Allerdings wurde die staatliche Aufsicht, der das Krankenhaus in der Nazizeit unterstellt war, nach dem November 1938 sehr viel schärfer. Sie war daran interessiert, dass das Krankenhaus so stark als möglich ausgelastet war und mit möglichst wenig Personal arbeitete. In einem Prüfungsbericht vom 3. Mai 1940 heißt es: „Bei einer Prüfung der in den Räumen des Krankenhauses der Israelitischen Gemeinde lagernden Bestände an Reis und Hülsenfrüchten der Jüdischen Winterhilfe durch das Ernährungsamt wurden zuguns-

Das durch Bomben zerstörte Krankenhaus, 1945

[15] Dr. Simon Isaac, Erinnerungen, maschinenschriftlich (englisch), JM Archiv, S. XII.

ten der Hauptvereinigung der Deutschen Getreide- und Futtermittelwirtschaft beschlagnahmt: 34 Sack = 3124,25 kg Reis, 8 Sack = 566 kg Linsen, 9 Sack = 249,05 kg Bohnen. Die Verfügung der Hauptvereinigung der Deutschen Getreide- und Futtermittelwirtschaft steht noch aus. Die Prüfung des Lebensmittellagers des Krankenhauses der Israelitischen Gemeinde und der Lebensmittelverwaltung führte zu Beanstandungen des Ernährungsamtes."[16] Bis 1939 konnte das Krankenhaus rituell geführt werden, wie es in der Satzung verankert war. Nachdem kein koscheres Fleisch mehr zu beschaffen war, wurde eine nichtrituelle Küche eingerichtet neben der Hauptküche, die weiterhin streng rituell geführt wurde, allerdings ohne Fleisch.[17] Im April 1940 verfügte die Gestapo aus Kostengründen die Schließung der rituellen Küche.

Durch den sog. Judenvertrag im April 1939 wurden das Krankenhaus, sein Gelände und die Inneneinrichtung für 900.000 RM der Stadt Frankfurt übereignet, aber der Jüdischen Gemeinde für die Dauer von drei Jahren mietweise überlassen. Vor Ablauf dieses Vertrages drängten städtische Ämter darauf, das Haus freizumachen und „Ariern" zur Verfügung zu stellen, ohne Rücksicht darauf zu nehmen, ob jüdische Kranke anderweitig untergebracht werden konnten. Als Lösung dieses Problems teilte der Leiter des Stadtgesundheitsamtes am 23. Jan. 1942 dem Oberbürgermeister mit: „...der Vertreter der Gestapo hat seine Unterstützung in Aussicht gestellt, daß die Insassen des jüdischen Krankenhauses bei der nächsten Judenaussiedlung erfaßt werden".[18] Bei den Insassen ging es um Kranke, Krankenschwestern und Pfleger, Ärzte und Hauspersonal. Die „Freimachung" sollte Deportation in ein Konzentrationslager bedeuten. Sie hat sich länger hingezogen: Am 18. August 1942 wurden – laut den vorliegenden Listen – 176 Personen, die im Krankenhaus gemeldet waren, nach Theresienstadt deportiert, bis zum 24. September weitere 109 Personen nach Theresienstadt und „nach dem Osten".

Dennoch wurde das Gebäude im Juni 1942 bereits mietweise dem Hospital zum Heiligen Geist überlassen, das gern Eigentümer von Grundstück und Gebäuden werden wollte. Die Einrichtung wurde dem Hospital nach Freigabe durch die Gestapo übereignet. Während des Krieges wurde das Haus von Bomben getroffen und teilweise zerstört. In einem 1943 geschriebenen Tagebuch ist vermerkt: „Von einem besonders schweren Schicksal wird das in dem früheren israelischen Krankenhaus an der Gagernstraße eingerichtete Kinderheim betroffen, wo durch einen Volltreffer in dem Luftschutzkeller 90 Kinder mit ihrem Pflegepersonal (14 Schwestern und 1 Ärztin, sowie einigen Hausangestellten) ums Leben kamen."[19]

Nach 1945 setzte die Stadt einen Teil des Komplexes notdürftig instand und stellte Gelände und Gebäude der neu gegründeten Jüdischen Gemeinde zur Verfügung. Von der wertvollen Einrichtung war nichts mehr übrig, und die Gemeinde forderte „Wiedergutmachung" und stellte Schadensersatzansprüche nach dem Rückerstattungsgesetz. Bereits im November 1945 wurde der Rundbau des ehem. Krankenhauses als Heim benutzt, in dem 51 Personen untergebracht waren. Überwiegend handelte es sich dabei um Überlebende aus dem Konzentrationslager Theresienstadt.

Clementine-Kinderkrankenhaus

Am 15.11.1875 eröffnete Louise Freifrau von Rothschild ein Hospital zum Gedenken an ihre im Alter von 20 Jahren verstorbene Tochter Clementine (geb. 14.6.1845 in Frankfurt am Main, gest. 18.10.1865 in Baden-Baden). Sie hatte dazu eine Stiftung Clementine Mädchen-Hospital ins Leben gerufen, der sie ein 10.000 qm großes Grundstück an der Bornheimer Landwehr auf der Höhe des Röderbergs sowie ein Kapital von etwa 800.000 Goldmark übergab. Auf dem

[16] Dokumente zur Geschichte der Frankfurter Juden, S. 458.

[17] Dokumente zur Geschichte der Frankfurter Juden, S. 250.

[18] IfS, Magistratsakte 7237.

[19] IfS, Chroniken, sog. Kriegstagebücher, 1943, S. 5, S. 939 und S. 940.

Clementine-Mädchen-Hospital, Postkarte um 1903
„...sende Ihnen die herzlichsten Grüße, vom schönen Mädchen-Spital aus...“

Grundstück befand sich eine Villa, die für das Hospital umgestaltet wurde. Die Stiftung gewährte kranken Mädchen ohne Unterschied der Konfession von 5–15 Jahren kostenlosen Aufenthalt, nach 1915 wurden auch Jungen aufgenommen. Das Haus war für etwa 40 Betten eingerichtet. Die Stiftung wurde nach dem Tod von Louise von Rothschild von ihren in London und Paris lebenden Töchtern in großem Umfang finanziell unterstützt.[20]

Wie vielen Stiftungen ging auch dieser das Kapital in der Inflation verloren. Das Clementine-Mädchen-Hospital konnte nicht weiter aus privaten Stiftungsgeldern unterhalten werden und wurde 1928 dem Vaterländischen Frauenverein vom Roten Kreuz übertragen, der das Krankenhaus Maingau unterhielt. Es erfolgte die Umbenennung in Clementine-Kinderkrankenhaus, 1935 in Krankenhaus Maingau vom Roten Kreuz und nach der Auflösung der Stiftung 1938 in Deutsches Rotes Kreuz-Kinderkrankenhaus.[21]

Im Oktober 1943 zerstörten Luftminen das Haus vollständig. Nach Kriegsende wurde die Stiftung wieder unter dem Namen Clementine-Kinder-Hospital eingetragen. Die Stiftung verkaufte das Trümmergrundstück an die Stadt, die dort Wohnblocks errichtete mit neuen Straßen, zu denen auch der Clementine-Weg gehörte. Anfang der 50er Jahre pachtete die Stiftung das zerstörte Haus und das Grundstück des ehemaligen Entbindungshauses der Dr. Christ'schen Stiftung und eröffnete dort 1954 ein Hospital. Seit 1.1.1975 sind beide Stiftungen zusammengelegt und Träger der

[20] Dr. Spiess, Die hygienischen Einrichtungen von Frankfurt am Main, S. 280–281. Dr. de Bary, Clementine-Mädchen-Hospital 1875–1899, Frankfurt a. M. 1899.

[21] Festschrift zum 150jährigen Jubiläum des Clementine-Kinderhospitals – Dr. Christ'sche Stiftung 1845–1995, Frankfurt a. M. 1995, S.142f.

Clementine-Kinderhospital – Dr. Christ'sche Stiftung in der Theobald Christ-Straße. Aus dem zerstörten Kinderkrankenhaus in der Bornheimer Landwehr wurde das Relief von Clementine von Rothschild gerettet, das heute im Eingang des Kinderkrankenhauses angebracht ist.

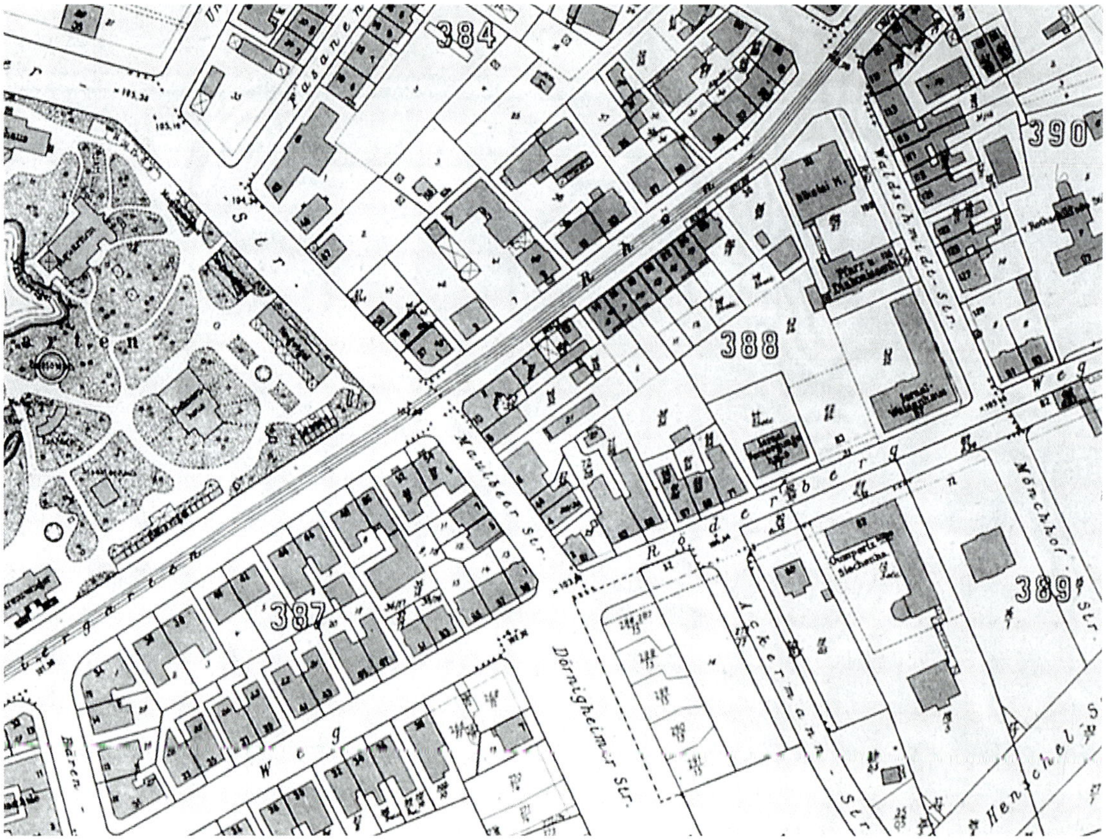

Geometrischer Plan, 1914
Ausschnitt

Einrichtungen am Röderbergweg

Um die Jahrhundertwende entwickelte sich der Röderbergweg zu einem Zentrum jüdischer Kinderheime und Krankenhäuser. Das hatte mehrere Gründe: Einrichtungen in der Altstadt oder im Zentrum des Ostends wurden zu klein oder waren unter nicht mehr ausreichenden Bedingungen untergebracht. Am Röderbergweg wurden seit der Mitte des 19. Jahrhunderts relativ preiswerte und große Grundstücke angeboten; einige waren bereits im Besitz wohlhabender jüdischer Familien wie der Rothschilds, die sie für den Neubau von Krankenhäusern und Kinderheimen zur Verfügung stellten. Die Luft in dem höher gelegenen Areal war gut, und es gab viel Grün. Die großen sozialen Einrichtungen mit ihren Gärten prägten den Charakter der Straße zwischen Habsburger Allee und Bärenstraße. 1887 war in der Zeitschrift Der Israelit zu lesen: „An einem der luftigsten und freundlichsten Punkte unserer Stadt, auf dem Röderberge, sind die jüdischen

Spitäler, welche der freiherrlichen Familie Willy von Rothschild ihre Entstehung verdanken und durch diese unterhalten werden, das eine das Georgina Sara von Rothschild'sche Spital, ein herrlicher Bau in edlem einfachen Styl, das andere ein schlichtes, inmitten eines prachtvollen Gartens gelegenes Haus, das als Kinderspital dient. Wer da vorbeigeht, wird besonders bei Letzterem die wohlthuende Wahrnehmung machen, wie behaglich die durch die Fenster sehenden oder im Garten umherspazierenden reconvalescenten Kinder sich hier an der gesegneten Luft und bei den vollendeten Einrichtungen fühlen und welche zufriedene Stimmung sich auf den vergnügten Gesichtern ausspricht... Die guten Erfahrungen jedenfalls, die man mit diesen beiden Rothschild'schen Spitälern gemacht hat, und die befriedigenden Erfolge, welche man dort erzielt, und die gewiß auch theilweise der günstigen Lage zu verdanken sind, werden wohl mit die Veranlassung sein, daß in kurzer Zeit eine andere wohlthätige, unseren armen Pflege- und Erholung bedürftigen Glaubensgenossen gewidmete Anstalt in dieser Gegend ihre Stätte finden wird. Die israelitische Versorgungsanstalt, welche sich bisher in einem alten, ziemlich düsteren Hause am Wollgraben befand, soll nämlich jetzt am Röderberg ein neues Asyl erhalten...“[22]

Gumpertz'sches Siechenhaus

Das 1888 gegründete Siechenhaus für unbemittelte, dauernd kranke Personen – soweit Platz vorhanden auch für Nichtjuden – befand sich ursprünglich in der Rückertstraße. Nachdem der Trägerverein mit dem von Frau Betty Gumpertz zur Verfügung gestellten Kapital ein Grundstück in der Ostendstraße 75 erwerben konnte, wurde 1892 das Gumpertz'sche Siechenhaus eröffnet, das schon bald wieder zu klein war. Nach der Zusammenlegung mit der Minka von Goldschmidt-Rothschild-Stiftung, die 1905 mit etwa einer Million Mark zur Erinnerung an die 1903 verstorbene Minna Caroline (Minka) Goldschmidt, geb. Freiherrin Rothschild eingerichtet worden war, konnte ein großes Gelände am Röderbergweg 62–64 erworben und ein Neubau für 60 unbemittelte, dauernd kranke Personen errichtet werden. Gemäß der Satzung wurde das Haus streng rituell geführt: „Die Verpflegung der in die Vereinsanstalt aufgenommenen Personen soll unter strenger Wahrung der israelitischen religionsgesetzlichen Bestimmungen stattfinden, insbesondere müssen Speisen und Getränke in jeder Beziehung den religionsgesetzlichen Vorschriften vollkommen entsprechen.“ Es war die Absicht der Stifter, dass „bei den Leistungen des Vereins das Religionsbekenntnis ausser Betracht bleibe“, aber wegen der geringen Anzahl an Plätzen wurden „Kranke israelitischer Religion“ bevorzugt.[23]

HELFT
dem
Israelitischen Krankenheim
Gumpertz'sches Siechenhaus
durch allgemeine Zuwendungen oder durch einmalige Stiftungen für einen Freibett-Fonds (Mindestbeitrag M. 500.–) zu Gunsten der Aermsten der Armen. Die Namen der Stifter werden im Krankenhaus auf einer besonderen STIFTUNGSTAFEL eingetragen. 23702
Postscheck-Konto: Gumpertz'sches Siechenhaus No. 17640 Frankfurt a. M.

Anzeige: Der Israelit, Nr. 24, 16. Juni 1921

In der Inflationszeit geriet das Haus in große wirtschaftliche Schwierigkeiten. Mehrere Anzeigen in jüdischen Zeitungen unter der Überschrift „Helft“ und „Notruf“ sind Aufforderungen an die jüdische Gemeinschaft, dieser Einrichtung in ihrer finanziellen Notlage

[22] Der Israelit, 28. Jg. 1887 Nr. 51, S. 921f.

[23] Revidiertes Statut für den Verein Gumpertz'sches Siechenhaus zu Frankfurt am Main, 1885, §§ 3 und 5.

Isidor und Rosa Marx

zu helfen.[24] Aus finanziellen Gründen verpachtete die Stiftung das Vorderhaus dieses Siechenhauses 1929 an die Stadt Frankfurt, die es brauchte, um ausreichend Betten im Fall einer Epidemie zur Verfügung zu haben. Ab Ende 1933 wurde dieses Vorderhaus den Feldjägern der SA der NSDAP von der Stadt, die Eigentümerin geworden war, zur Verfügung gestellt.[25]

1938 musste das Siechenhaus an das Hospital zum Heiligen Geist verkauft werden. Das Vereinsvermögen und die Stiftung wurden 1940 zwangsweise der Reichsvereinigung der Juden in Deutschland eingegliedert. Das 1944 durch Bomben fast völlig zerstörte Haus und das Gelände wurden nach 1945 über die IRSO (Jewish Restitution Successor Organisation) an die Nassauische Heimstätte verkauft.[26] Auf diesem Gelände steht seit 1956 das August-Stunz-Altersheim.

Versorgungsanstalt für Israeliten

Die Versorgungsanstalt wurde 1845 im Wollgraben 8 in der Altstadt errichtet. Sie war eine Einrichtung für erwerbsunfähige und alte Israeliten beiderlei Geschlechts. Gemäß den damaligen Statuten wurden Personen, deren Erwerbsunfähigkeit auf Alterschwäche beruhte, erst nach vollendetem 60. Lebensjahr aufgenommen. Personen, die durch Krankheit erwerbsunfähig geworden waren, wurden ab dem 40. Lebensjahr aufgenommen. Die Anstalt musste zur Hälfte von Frauen und Männern belegt sein. Sämtliche aufgenommenen Personen mussten Mitglieder der Israelitischen Krankenkasse sein oder genügend Sicherheiten dafür leisten, dass sie bei Erkrankungen außerhalb der Anstalt behandelt und verpflegt werden könnten. 1847 versorgte die Anstalt sechs Personen, 1853 waren es elf.

Das Geld für den Unterhalt und Ausbau des Versorgungsheims kam von zahlreichen Legaten und Geschenken. Die Errichtung eines Neubaus am Röderbergweg 77 mit 47 Plätzen war allerdings nur möglich durch die Finanzierung von Mathilde und Carl von Rothschild. Die Anstalt unterstand der Israelitischen Religionsgesellschaft.

Wie alle anderen Wohlfahrtseinrichtungen auch, geriet die Versorgungsanstalt in der Inflationszeit durch die Entwertung des Geldvermögens in Schwierigkeiten. 1935 traf sie die Einführung der Umsatzsteuer für wohltätige Einrichtungen hart. Gleichzeitig erhielt sie von der öffentlichen Fürsorge weitere Personen zugewiesen, und der öffentliche Pflegesatz, der bezahlt wurde, konnte die Unkosten nicht decken. Ein im Juni 1938 im Jüdischen Gemeindeblatt erschienener eindringlicher Aufruf ist Ausdruck dieser Not: „Helft unseren Alten und Gebrechlichen! Mehr als 40 Insassen befinden sich in der Versorgungsanstalt; weil alt und gebrechlich, sind sie ihr von der öffentlichen Versorgungskasse überwiesen. Der geringe Pflegesatz steht in keinem Verhältnis zu den Kosten, die der Anstalt erwachsen... Das Vermögen hat sich so verkleinert, daß mit einem Zinsertrag kaum zu rechnen ist; am Schluß des Wirtschaftsjahres wird das Vermögen aufgezehrt sein."[27] Im Oktober 1939 wurde diese Stiftung in die Reichsvereinigung der Juden in Deutschland eingegliedert, die die Einrichtung unterhielt bis sie im Juli 1941 „für Wehrmachtszwecke sichergestellt" und die Bewohner in den Hermesweg 5–7, ein provisorisch eingerichtetes Altenheim, verlegt wurden.[28] Im sog. 2. Judenvertrag November 1942 erwarb die Stadt die Liegenschaft. Das Haus wurde im Krieg zerstört.

Israelitische Waisenanstalt

Die Einrichtung Israelitische Waisenanstalt wurde 1876 durch Privatpersonen gegründet, die das Grundkapital zusammentrugen und durch feste Jahresbeiträge den

[24] z.B. Der Israelit Nr. 24, 16.6. 1921, S. 12; Der Israelit Nr. 19, 11. Mai 1923, S. 12; Frankfurter Israelitisches Gemeindeblatt 11. Jg., Nr. 2, 1932, S. 40.

[25] IfS, Magistratsakte 7206/1 Blatt 84 und 143.

[26] IfS, Stiftungsabteilung 157.

[27] Jüdisches Gemeindeblatt Nr. 9, Juni 1938.

[28] Dokumente zur Geschichte der Frankfurter Juden, S. 463.

Unterhalt sicherstellten. Sie gehörte, obwohl rechtlich selbständig, zu den Wohlfahrtseinrichtungen der Israelitischen Religionsgesellschaft. 1879 konnte durch die Spende von Baronin Adelheid de Rothschild (Paris, Tochter von Mathilde von Rothschild) ein Erweiterungsbau in der Uhlandstraße durchgeführt werden. 1903 erfolgte der Bezug des Neubaus Röderbergweg 87. Das Grundstück war von Mathilde von Rothschild geschenkt worden, der Bau und die moderne Ausstattung wurden durch umfangreiche Spenden von Mathilde von Rothschild und ihren beiden Töchtern Minna Caroline und Adelheid finanziert. Diese trugen auch wesentlich zum weiteren Unterhalt des Hauses bei. Im Laufe der Jahre kamen 43 ergänzende Stiftungen für die Versorgung der Kinder und für die Aus- oder Weiterbildung nach dem Schulabschluss auf.

In den Statuten heißt es: „Der Zweck des Instituts ist: unbemittelte israelitische Waisenkinder, zunächst aus der hiesigen Stadt, dann auch aus der Umgebung im Umkreis von 10 Meilen und in besonders dringenden Fällen auch aus entfernteren Orten aufzunehmen, denselben eine den Grundsätzen des traditionellen Judenthums entsprechende Erziehung zu gewähren und in der Pflege des Geistes wie des Körpers die treue elterliche Fürsorge möglichst zu ersetzen...". „Als Waisenkinder haben in der Regel nur vaterlose Waisen zu gelten. Elternlose Kinder sind bei der Aufnahme stets mehr zu berücksichtigen."[29] „Die Waisen erhalten durch das Institut Wohnung, körperliche Pflege, Beköstigung und Kleidung ...". „In didaktischer Beziehung stellt sich die Waisenanstalt zunächst die Aufgabe, ihren sämmtlichen Zöglingen neben dem Unterricht im jüdischen Schriftthum eine gründliche Elementarbildung und da, wo Fähigkeit und Fleiß einen Erfolg versprechen, auch eine über dieses Maß hinausgehende wissenschaftliche Ausbildung zu Theil werden zu lassen." Aufgenommen wurden 6–12jährige Kinder, die bis zur abgeschlossenen Ausbildung in der Einrichtung bleiben durften.

Fußballspielen im Hof, 1938, rechts Herbert (Naftali) Stern

1884 wurde die Einrichtung um eine Mädchenabteilung erweitert, die in einem Haus in der Seilerstraße untergebracht war. Nach 1919 lebten Jungen und Mädchen gemeinsam im Haus Röderbergweg 87, allerdings auf verschiedenen Stockwerken. Seit 1918 leiteten Isidor und Rosa Marx das Haus. Sie waren begabte Pädagogen und kümmerten sich intensiv um das Wohl der Waisenkinder.

Das Haus war für 75 Kinder eingerichtet. Nach 1935 änderte sich der Charakter des Hauses, weil immer mehr Eltern um Aufnahme ihrer Kinder baten: Familien vom Lande schickten Kinder allein nach Frankfurt, damit sie der bedrückenden Situation in Dörfern und Kleinstädten nicht länger ausgesetzt waren und weiterhin eine Schule besuchen konnten; Väter waren verhaftet und in Konzentrationslager gebracht worden; aus wirtschaftlicher Not konnten viele Familien Kin-

[29] Statuten der Israelitischen Waisenanstalt von 1912, Frankfurt 1912, §§ 1 und 2, 7 und 9.

der nicht mehr ausreichend ernähren und versorgen. Außerdem mussten Kinder aus aufgelösten Kinderheimen untergebracht werden.

Der Vorstand und das Ehepaar Marx bemühten sich, so viele Kinder als möglich aufzunehmen; die Zahl der Kinder stieg auf etwa 150. Spendenaufrufe zeigen, dass sie dafür die Unterstützung der noch in Frankfurt lebenden Juden brauchten. Für viele Kinder wurde das Waisenhaus eine Oase, eine Insel menschlicher Wärme. Verschont blieb es aber nicht von den Angriffen der Nationalsozialisten: Im Oktober 1938 wurden die polnischen Kinder abgeholt, um sie nach Polen abzuschieben. Dem mutigen und entschlossenen Personal gelang es, die Kinder vom Hauptbahnhof zurückzuholen. In der „Kristallnacht" drang die Gestapo ein, verwüstete die Einrichtung, setzte die anwesenden etwa 100 Kinder auf die Straße und verhaftete einen Teil des Personals.

Schon vorher hatte Isidor Marx sich darum bemüht, Kinder ins Ausland zu retten. Nach dem 10. November nutzte er Kontakte in der Schweiz, Frankreich, den Niederlanden, England, Palästina, um Kinder ins Ausland zu bringen. Es ist ihm gelungen, etwa 1000 Kinder zu retten.[30] Kaum hatte eine Gruppe mit Kindern Frankfurt verlassen, war das Haus wieder überbelegt. Bei Kriegsbeginn war Marx in London, wohin er eine Gruppe begleitet hatte, und England gewährte ihm eine vorübergehende Aufenthaltsgenehmigung. Seine Frau führte gemeinsam mit einigen anderen Frauen das Haus in Frankfurt weiter. Im Frühjahr 1942 wurden sie und die noch im Haus verbliebenen Kinder deportiert. In dem Gebäude waren zusätzlich eine Kleiderkammer, eine Notstandsküche und zeitweilig eine Volksschule untergebracht.

Ende Juni 1942 wurden Haus und Gelände vom Bauamt für die Stadt sichergestellt und gleichzeitig die Räumung eingeleitet.[31] Am 1.4.1943 wurde es dem Städtischen Krankenhaus zur Einrichtung eines Hilfskrankenhauses übergeben, die Einrichtung, die Schulhefte usw. wurden verkauft oder versteigert.[32] Im Krieg wurde das Gebäude von einer Bombe getroffen. Nachdem nach Kriegsende dort zunächst Notwohnungen eingerichtet waren, wurde das Haus in den fünfziger Jahren abgerissen.

Hospital der Georgine Sara v. Rothschild'schen Stiftung

Die Georgine Sara von Rothschild'sche Stiftung hatte zum Zweck die Errichtung eines streng nach religiösen Vorschriften geführten Krankenhauses für unbemittelte, arme jüdische Kranke, denen keine Aufnahme in einer anderen hiesigen jüdischen Heilanstalt zustand. Die Stiftung wurde im Januar 1870 von Wilhelm Carl von Rothschild und seiner Frau Hannah Mathilde zur Erinnerung an ihre jung verstorbene Tochter Georgine Sara errichtet. Das Krankenhaus befand sich zunächst in einem kleinen Haus im Unterweg 20 und verfügte über sechs Betten. Das Ehepaar Rothschild erwarb ein großes Gelände am Röderbergweg 93/97und ließ einen der besten Architekten in Frankfurt, von Hoven, in einem 4 500 qm großen Garten einen Neubau „wie er hier nicht schöner existirt"[33] errichten, ein modernes Krankenhaus mit 40 Betten. Im Jahr 1932 erfolgte ein umfangreicher Umbau, den die in Paris lebende Tochter Adelheid de Rothschild finanzierte. Der damals veröffentlichte Plan, in einem zusätzlich erworbenen Nachbargebäude ein Altersheim einzurichten, scheint nicht mehr zur Ausführung gekommen zu sein. Das Krankenhaus unterschied sich von dem Krankenhaus der Israelitischen Gemeinde in der Gagernstraße nur dadurch, dass es unter Aufsicht des Vorstands und Rabbinats der Israelitischen Religionsgesellschaft stand und eine Führung nach den religionsgesetzlichen Vorschriften des orthodoxen Judentums gewährleistet war.

[30] Helga Krohn (Hrsg), Vor den Nazis gerettet. Eine Hilfsaktion für Frankfurter Kinder 1939/40, Sigmaringen 1995.

[31] Dokumente zur Geschichte der Frankfurter Juden, S. 485.

[32] Dokumente zur Geschichte der Frankfurter Juden, S. 492.

[33] Der Israelit 17. Jg. 1876, Nr. 44, S. 1021 (zweite Beilage).

Unter den Nationalsozialisten wurde es schwierig, die Führung des Krankenhauses aufrecht zu erhalten, da zusätzliche Steuern erhoben wurden und Juden für Behandlungen nicht mehr zahlen konnten. Im September 1939 beantragte die Nervenklinik der Stadt und Universität beim Regierungspräsidenten in Wiesbaden die Zustimmung zur „Unterbringung jüdischer Geisteskranker" im G.S.v. Rothschild-Hospital. In dem Schreiben heißt es: „Vom ärztlichen Standpunkt darf hier gesagt werden, dass es nicht Ziel und Zweck einer Therapie sein kann, Gemütsleidende durch politische und rassische Unterschiede gegenseitig zu belästigen und zu erregen. Eine Trennung der Gemütsleidenden aus rassischen Gesichtspunkten erscheint demnach angebracht."[34] Im September 1940 wurde die Stiftung in die Reichsvereinigung der Juden in Deutschland eingegliedert und wohl bald danach aufgelöst. Die Stadt übernahm im sog. zweiten Judenvertrag die Liegenschaften, wie auch die der anderen Wohlfahrtseinrichtungen im Röderbergweg, und das Hospital wurde „vom Bauamt als Hilfskrankenhaus sichergestellt."[35]

Dr. Elieser Rosenbaum, Leiter des Georgine Sara von Rothschild'schen Krankenhauses

Mathilde v. Rothschild'sches Kinderhospital

„In schönster Lage des Ostends (Röderbergweg 109) ist ein Kinderhospital errichtet worden", berichtete die Zeitung Der Israelit 1903. Mathilde von Rothschild hatte eine bebaute Liegenschaft zur Verfügung gestellt und eine entsprechende Stiftung eingerichtet. Das Kinderhospital war weniger ein Krankenhaus als eine Erholungsstätte zur unentgeltlichen Verpflegung unbemittelter israelitischer Kinder.

Etwa 12 Kinder konnten gleichzeitig aufgenommen werden, etwa 100 Kinder konnten pro Jahr einen Erholungsaufenthalt genießen. Im Jahr 1932/33 wurden 140 unentgeltlich aufgenommen. Auch diese Einrichtung wurde satzungsgemäß „für alle Zeiten in jeder Hinsicht streng nach den Grundsätzen und Vorschriften des traditionellen Judentums verwaltet und geleitet" (§ 4).

Als die Stiftung in der Inflationszeit ihr Vermögen verlor, sorgte wieder die in Paris lebende Tochter Adelheid de Rothschild für die Aufrechterhaltung der Einrichtung. Damals wurden besonders unterernährte Mädchen aufgenommen.

Im September 1940 wurde die Stiftung der Reichsvereinigung der Juden eingegliedert, die aber keine Mittel zur Weiterführung zur Verfügung stellen konnte. Die Bemühungen, nach 1945 eine Wiederbelebung der Stiftung zu erreichen, scheiterten.

[34] Schreiben des Gesundheitsamts vom 20.11. 1939. Die Zustimmung wurde im August 1940 erteilt. HHStW Abt. 405/3076.

[35] Dokumente zur Geschichte der Frankfurter Juden, S.464.

Firmensitz: Hanauer Landstraße. Jüdische Großhändler und Fabrikanten im Ostend

Simone Mergen

Hanauer Landstraße und Osthafen, um 1926

Neben den vorzüglichen Wohngegenden am Tiergarten und den grünen Spazierwegen am Röderbergweg prägten auch die rauchenden Schornsteine an der Hanauer Landstraße und die Hebekräne am Mainufer das Bild des Ostends. In diesem Teil des Viertels stand weniger Leben und Wohnen, als vielmehr die alltägliche Arbeit im Vordergrund. In ihren Ursprüngen war diese Arbeitswelt mit der Entstehung des Wohnviertels Ostend verbunden. Die vielen kleinen Gewerbebetriebe in den Hinterhöfen hatten Arbeit und Freizeit an einem Ort konzentriert. Erst der Ausbau reiner Industrieviertel am Rand des Ostends schuf arbeitsweltlich geprägte Bereiche, die nach Feierabend zum Leben im Viertel nichts mehr beitrugen. Das Spektrum des Wirtschaftslebens reichte von der kleinen Apfelweinkelterei über den regional agierenden Kolonialwarenhandel bis zum internationalen Landmaschinenkonzern. Das Ostend war Ort lokaler Wirtschaftskreisläufe, aber auch Produktionsstätte weltweit vertriebener Waren.

Unter den Pionieren, die die Industrieansiedlung im Ostend seit Mitte des 19. Jahrhunderts vorantrieben, befanden sich zahlreiche jüdische Fabrikanten und Kaufleute.[1] Bei der folgenden Beschreibung steht nicht die Untersuchung eines jüdischen „Beitrags“ zur Industrialisierung im Vordergrund, sondern vielmehr die Beobachtung, dass das Wirtschaften jüdischer Kaufleute und Fabrikanten im Ostend Teil des Blicks in ein jüdisches Viertel ist. Die dazu notwendige Charakterisierung der Betriebe als „jüdische Unternehmen“ ist ein Hilfskonstrukt, welches kaum der allgemeinen Wahrnehmung im Untersuchungszeitraum entspricht.

[1] Statistische Angaben über den Anteil jüdischer Betriebe an der allgemeinen Entwicklung des Ostends liegen nicht vor. Es ist allerdings anzunehmen, dass er – vergleichbar dem übrigen Stadtgebiet – in einigen Branchen relativ hoch war.

Es steht vor dem Hintergrund der Ausschaltung und Vertreibung der Juden aus der Wirtschaft durch die nationalsozialistische Rassenpolitik.

Die Entwicklung des Standorts Ostend

Die Industrieansiedlung im Ostend setzte ebenso wie im übrigen Frankfurt erst mit Verspätung ein.[2] Trotz der langen Tradition als Handelsplatz konnte die Stadt einer industriellen Produktion zunächst nur wenige günstige Standortfaktoren anbieten. Rohstoffe waren kaum vorhanden und die Gewerbefreiheit wurde erst 1864 gegen den Widerstand des alten Handwerks eingeführt. Die Eingliederung Frankfurts in den preußischen Staat verstärkte die Impulse auf die bisher traditionell auf Handel und Handwerk konzentrierte Wirtschaft. Im Zusammenhang mit der Entwicklung des gesamten Rhein-Main-Gebiets konnte der Rohstoffmangel nun durch die zentrale Lage, die gute Verkehrsanbindung und die Kapitalkraft der ortsansässigen Banken und Handelshäuser ausgeglichen werden. Hinzu kam der vermehrte Zuzug von Unternehmern und Investoren aus kleineren Städten der umliegenden Region.

Die industrielle Produktion spezialisierte sich auf die Weiterverarbeitung von Rohmaterialien, besonders im Bereich der Metall-, Textil-, Leder-, Papier- und Schmuckindustrie. Die metallverarbeitende und die chemische Industrie entwickelten sich mit zunehmender Erschließung der Region zu den Hauptwachstumsbranchen, ebenso profitierte die expandierende Nahrungs- und Genussmittelindustrie vom Ausbau des Verkehrssystems. Entlang der westlichen und östlichen Ausfallstraßen und in angrenzenden Gemeinden wie Höchst und Fechenheim entstanden neue Industrie- und Gewerbegebiete. Deren Ausbau zog die Bereitstellung von Wohnraum für die nach Frankfurt kommenden Arbeiterfamilien nach sich. In den Vororten und nahe den Industriegebieten wurden Siedlungen mit kleinen Wohnungen und niedrigen Mieten gebaut.

Kontorhäuser an der Hanauer Landstraße, um 1925

Östlich der Frankfurter Innenstadt erfolgte die Industrieansiedlung in mehreren Etappen, deren erste bis zum 1848 eröffneten Hanauer Bahnhof reichte. Vor allem das unbebaute Gelände am Mainufer wurde von Firmen wie der 1855 von Johann Philipp Holzmann gegründeten Holzschneiderei als Lagerplatz genutzt. In den achtziger Jahren entwickelte sich im unteren Bereich der Hanauer Landstraße ein Mischgebiet mit Wohnhäusern und Fabriken in den Hinterhöfen der Wohnblocks. An der nordöstlichen Peripherie, zwischen Innenstadt und Bornheim, bildete sich ein weiterer Schwerpunkt. Die Schleifmittelhandlung und -fabrik Naxos-Union erwarb ein an der Klickerbahn (heute Wittelsbacher Allee) gelegenes Gelände und errichtete dort mehrere Fabrikgebäude. Die Parfüm- und Seifenfirma J. G. Mouson & Cie. folgte 1881 mit einem großen Neubau an der Waldschmidtstraße. Zusammen mit den bereits existierenden kleineren Betrieben am Sandweg entstand hier ein weiteres Zentrum der auflebenden Wirtschaft im Ostend.

[2] s. dazu die in den Literaturhinweisen aufgeführte Literatur.

Marktbetrieb in der Großmarkthalle, um 1935

Schon bald wurde die Notwendigkeit besserer Verkehrsverbindungen offensichtlich und die Anbindung durch einen ausgebauten Mainhafen im Osten der Stadt diskutiert. Nach langwierigen Planungen und umfangreichen Bauarbeiten konnte ein erster Abschnitt 1912 eingeweiht werden. Der Osthafen umfasste 308 ha und verfügte über 10 km Uferlänge, 103 km Gleise und 32 km Straßen. Damit erweiterte sich das gesamte Industriegelände um eine Fläche von der Größe der damaligen Frankfurter Innenstadt. Zahlreiche Firmen investierten in die neu angelegten Grundstücke, bereits während der Bauarbeiten waren sämtliche Plätze vermietet. Aufgrund der schnellen Verbindungswege entstanden hier vor allem Nahrungsmittelgroßhandlungen und Lebensmittelfabriken, die für die Versorgung der Stadt und der Region eine wichtige Rolle übernahmen. Der Bau des Osthafens zog auch die Verlegung des Ostbahnhofs und den Ausbau der Hanauer Landstraße nach sich. Deren neue, verbreiterte Trasse wurde nun als Hauptverteilerstraße für das gesamte Industriegebiet an die umliegenden Straßen angebunden.

Schließlich rundete der Bau der Großmarkthalle südwestlich von Ostbahnhof und Osthafen in den zwanziger Jahren die Entwicklung des Industrie- und Gewerbegebiets im Ostend ab. Mit der innovativen Architektur und der enormen Größe der Halle setzte die Stadt weit über die regionalen Grenzen hinaus Maßstäbe. Einzigartig in Deutschland war auch die Anbindung an das Gleissystem der Reichsbahn und der Frankfurter Hafenbahn. Sie ermöglichte eine direkte Verkehrsverbindung mit den westlich der Innenstadt gelegenen Industrie- und Gewerbegebieten und in Richtung Osten aus dem Stadtgebiet hinaus, ohne dass auf den Ostbahnhof als Umschlagbahnhof zurückgegriffen werden musste. Mit dem Ausbau des südlichen Ostends als Gewerbe- und Industriegebiet sank der Wohnwert im Bereich um die vordere Hanauer Landstraße erheblich ab. Die Wohnhäuser wurden teilweise von den umliegenden Firmen erworben und zu Bürogebäuden umgebaut.

Die Ansiedlung jüdischer Firmen im Ostend

Jüdische Fabrikanten gehörten zu den ersten Unternehmern, die sich im Ostend niederließen. Viele der Ende des 19. Jahrhunderts expandierenden Firmen gingen aus kleinen Handels- und Gewerbebetrieben hervor, die vom bisherigen Spektrum des Handwerks abwichen oder spezielle Nischenprodukte anfertigten. Weitere Möglichkeiten der Investition eröffneten die neu entstehenden Produktionsbereiche, deren Ausbau eng mit der industriellen Entwicklung des Standorts Frankfurt verbunden war.[3] Im Ostend dominierten kleinere Gewerbebetriebe vor allem im Bereich der Herstellung von Farben, Lacken, Putzmitteln, Ölen, Fetten und Leuchtmitteln. Typisch waren hier Firmen wie die schon 1875 ins Handelsregister der Stadt Frankfurt eingetragene Chemische und Oelfabrik Gebr. Rothschild an der Hanauer Landstraße oder die 1886 gegrün-

[3] Vgl. Arnsberg, Geschichte der Frankfurter Juden, Bd. 1; Barkai, Jüdische Minderheit und Industrialisierung, Tübingen 1988; zu den einzelnen Firmen vgl. auch im Folgenden die Bestände des Instituts für Stadtgeschichte Frankfurt a. M. (IfS).

dete Chemische und Seifenfabrik Edelmuth & Oppenheim in der Ostendstraße. Im Bereich der Lederwarenindustrie war vor allem die Firma Gebrüder Strauss, Gesellschaft für tierische Rohprodukte mit Sitz in der Leibbrandstraße am Osthafen, bekannt.

Zu einer Konzentration von Unternehmen in jüdischem Besitz kam es in der Textil- und Konfektionswarenindustrie sowie in der Nahrungs- und Genussmittelproduktion. Hier ging die Expansion aus kleinen handwerksnahen Gewerbebetrieben mit der Ausbreitung massenhafter Nachfrage einher. Die im Bereich der Bekleidungsindustrie tätigen Betriebe spezialisierten sich häufig auf bestimmte Accessoires. So gab es z.B. Weißwarenproduzenten, die Krawatten, Kragen und Schürzen anfertigten, Hüte- und Mützenhersteller. Die Firma Gebrüder Cassel verkaufte und verlieh Decken, Zelte, Schirme und Säcke. Außerdem war das 1908 von Siegfried Cassel gegründete Unternehmen für seine Textilklebstoffe und das Imprägniermittel „Casselin“ bekannt. Zu den zahlreichen Firmen, die in den Jahren vor dem Ersten Weltkrieg an der Hanauer Landstraße von bekannten Frankfurter Architekturbüros moderne Fabrikanlagen erbauen ließen, gehörte auch die Bettfedernfabrik Baum & Mosbacher. Die Getreide- und Futtermittelhandlung Seligmann Grünebaum betrieb seit 1913 ein großes Gelände an der Hanauer Landstraße. Am äußeren Hafenbecken errichteten 1911 die Frankfurter Mühlenwerke Gebr. Wolff ein Mühlenwerk, dessen Architektur und Einrichtung als Prototyp modernster Technik galt. Als Gemeinschaftsinvestition verschiedener Handelsunternehmen entstand 1912 die Brot- und Keksfabrik Osthafen GmbH, die in einer neuen Fabrikanlage am Osthafenplatz die Produktion aufnahm. Sie belieferte die Lebensmittelgeschäfte der beteiligten Handelsunternehmen und unterhielt eigene Filialen. In direkter Nachbarschaft wurde 1919 die Molkerei Osthafen Schloss, Rosenthal & Co. aus einem Zusammenschluss mehrerer Frankfurter Molkereien errichtet. Um den Bedarf der städtischen Milchversorgung zu sichern, wurde sie 1925 von der Stadtverwaltung aufgekauft. Neben diesen Großproduzenten am Osthafen exis-

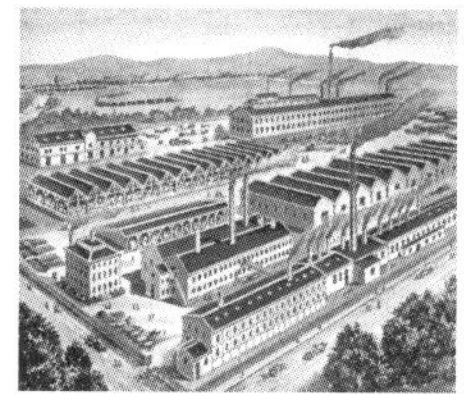

Die erste Fabrikanlage von Ph. Mayfarth & Co. an der Hanauer Landstraße, um 1895

Zwiebackverpackung in der Brot- und Keksfabrik Osthafen, um 1925

Werbepostkarte der Decken- und Zeltefabrik Gebrüder Cassel, 1928

Hofgelände der Chemischen und Oelfabrik Gebrüder Rothschild, um 1885

tierten im Ostend auch kleinere Lebensmittelbetriebe, wie z.B. die Apfelweinkelterei, Likör- und Essigfabrik D. Rothschild & Sohn oder die Pomosin-Werke, die in ihren Dörranlagen vegetarische Produkte haltbar machten.

Ph. Mayfarth & Co., Hanauer Landstraße 169–171

Zu den größten aus dem Ostend stammenden Unternehmen gehörte die Firma Ph. Mayfarth & Co., die 1880 an der Hanauer Landstraße gelegene Lazarettbaracken aus dem deutsch-französichen Krieg erwarb, um eine Fabrik zu errichten.[4] Acht Jahre zuvor hatten Philip Mayfarth und Samuel Moser eine Landmaschinenhandlung gegründet. Nach dem Ausscheiden Mayfarths 1875 übernahm Moser gemeinsam mit seinem älteren Bruder Moritz die Geschäftsführung. Die anfänglich nur langsam vorangehende Entwicklung konnte durch Vordringen in die ostpreußische Landwirtschaft mit einer ersten Zweigniederlassung in Insterburg beschleunigt werden. Mit der Aufnahme der Produktion von verschiedenen Ackergeräten, Futterbereitungsmaschinen, Häcksel- und Dreschmaschinen vergrößerten sie die Firma. Schon bald mussten weitere Produktionsstätten in Frankfurt und Umgebung errichtet werden. Neben dem mehrfach ausgebauten Gelände an der Hanauer Landstraße entstand ein weiteres Werk im Industriegebiet Mainkur in Fechenheim. Einzelne Produktionsbereiche wie Eisengießerei und Sägewerk mussten ausgelagert werden. Das Angebot umfasste nun auch Rübenschneider, Putz- und Obstmühlen, Weinpressen und Dörr-Apparate. Neben den landwirtschaftlichen Maschinen wurden Pressen für die chemische sowie die Textil- und Nahrungsmittelindustrie hergestellt, außerdem Dampfmaschinen und Transmissionsanlagen.

Pflug- und Eggenmontage bei Ph. Mayfarth & Co., um 1920

Nach der Jahrhundertwende entwickelte sich das Unternehmen zu einem der führenden Landmaschinenhersteller in Europa. Die jährliche Produktion umfasste mittlerweile rund 35.000 Maschinen, und insgesamt beschäftigte Mayfarth & Co. über 1.100 Angestellte und Arbeiter. Nach der Expansion in verschiedene deutsche Städte folgten Niederlassungen in Wien, Moskau, Paris, London und Mailand. Die Kontakte ins Ausland hatte Samuel Moser durch sehr rege Reisetätigkeit selbst aufgebaut. Häufig übenahmen Verwandte der Firmengründer die Geschäftsführung der Niederlassungen im Ausland und wurden als Gesellschafter beteiligt. So entstand ein international operierendes familiäres Netzwerk, wie es für zahlreiche jüdische Unternehmen typisch war. Erst die Kapital- und Investitionskraft der Ende des Jahrhunderts aufkommenden Aktiengesellschaften bremste den Erfolg dieser internationalen Familienunternehmen.

Im Ersten Weltkrieg verlor Mayfarth & Co. alle Tochterfirmen und Filialen im Ausland. Nach dem Ausscheiden Moritz Mosers 1915 und dem Tod Samuel Mosers zwei Jahre später kam es in der Geschäftsfüh-

[4] Vgl. IfS S 3/R 5034. Geschichte der Handelskammer zu Frankfurt 1707–1908. Beiträge zur Frankfurter Handelsgeschichte. Hg. von der Handelskammer zu Frankfurt a. M. Frankfurt a. M. 1908. S. 1259.

rung zu einem Generationswechsel. Der Sohn Samuel Mosers, Leo Moser, übernahm nun die Unternehmensleitung. Nach dem Studium an den Technischen Hochschulen in Darmstadt und Hannover und an der Landwirtschaftlichen Hochschule in Halle hatte er vor allem durch Auslandsaufenthalte in der amerikanischen und kanadischen Landmaschinenindustrie fundierte Kenntnisse erworben. Der Gründergeist der ersten Generation wurde nun durch technisches Know-how ergänzt. Der Betrieb erholte sich schnell von den Kriegsschäden und intensivierte nun den Export nach Afrika und Südamerika.

Aufgrund der zunehmenden Repressionen durch die Nationalsozialisten musste Leo Moser 1937 von der Geschäftsführung zurücktreten. Das Unternehmen wurde in Maschinenfabrik vorm. Ph. Mayfarth & Co. umbenannt und ein Jahr später von einem der größten Konkurrenten, der Frankfurter Maschinenbau AG vorm. Pokorny & Wittekind übernommen. Über das weitere Schicksal Leo Mosers ist nichts bekannt.

Gesellschaft des ächten Naxos-Schmirgels, Naxos-Union, Waldschmidtstraße 41–45

Einer der Pioniere der Industrieansiedlung im Ostend war Julius Pfungst aus Worms mit seiner 1871 gegründeten Schleifmittelhandlung Naxos-Union.[5] Kurz zuvor hatte er das Monopol für die von der griechischen Insel Naxos exportierten Schmirgelblöcke gekauft. Wenige Jahre später ergänzte er den Großhandel um eine eigene Produktionsfirma für Schleifmaschinen an der Waldschmidtstraße. Bald folgte die Herstellung der ersten synthetischen Schleifmittel, die den Ausbau der Fabrik auf beiden Seiten der heutigen Wittelsbacher Allee nach sich zog. Durch die ständige Modernisierung des für die Metallindustrie wichtigen Produkts wurde die Naxos-Union auch international zu einem gefragten Unternehmen. Um 1912 belieferte sie über 17.000 Kunden in der ganzen Welt mit Schleifmitteln und Schleifmaschinen. Trotz der durch den Ersten Weltkrieg erlittenen Einbußen setzte sich der Aufschwung auch in den zwanziger Jahren fort und zog den Bau weiterer Fabrikanlagen in Fechenheim und in Hanau nach sich. Nach dem Tod Julius Pfungsts 1899 übernahm sein Sohn Arthur die Unternehmensführung. Nach einer abgebrochenen technischen Ausbildung hatte er in Leipzig Philosophie studiert und sich in einigen wissenschaftlichen Arbeiten mit der asiatischen Religionslehre beschäftigt. Er gehörte mehreren freigeistigen Vereinen an und gründete den „Neuen Frankfurter Verlag“, in dem er die Zeitschrift „Das freie Wort“ herausgab und unter dem Pseudonym Arthur Cornelius eigene Gedichte publizierte.

Wie viele andere jüdische Fabrikanten, Unternehmer und Bankiers engagierte die Familie Pfungst sich im sozialen und kulturellen Bereich und kümmerte sich

Anzeige der Naxos-Union, um 1890

[5] Vgl. IfS S 3/R 2413. Historisch-biographische Blätter. Industrie, Handel und Gewerbe. Regierungsbezirk Wiesbaden. Berlin 1912.

Marie und Arthur Pfungst, um 1900

mit wohltätigen Stiftungen und der Unterstützung von Wohlfahrtsorganisationen um die Versorgung sozial schwacher, kranker und alter Menschen. Schon anlässlich des 25jährigen Firmenjubiläums 1896 hatte Julius Pfungst für die Gründung eines Arbeiterpensionsfonds Geld gestiftet. In der Öffentlichkeit wurde diese über das übliche Maß hinausgehende Arbeiterfürsorge vor allem in Arbeitgeberkreisen und von Sozialpolitikern zur Kenntnis genommen. Pfungsts Sohn Arthur und seine Tochter Marie setzten dieses soziale Engagement fort und planten die Umwandlung der Naxos-Union in eine Stiftung, die sich besonders der Arbeiterbildung widmen sollte.[6] Verzögert durch den frühen Tod Arthur Pfungsts und Genehmigungsprobleme mit den preußischen Behörden erfolgte 1918 die Gründung der Dr.-Arthur-Pfungst-Stiftung und die Überführung des Firmenkapitals. Mit den Erträgen wurden Zeitschrift und Verlag unterstützt und eine „Akademie des freien Gedankens" finanziert. Sie beinhaltete die Einrichtung einer Bibliothek und ein Bildungsprogramm mit Vorträgen, Abendkursen und Seminaren in einem eigens angekauften Haus im Taunus.

Nach der Machtübernahme 1933 wurde die Entwicklung der Stiftung durch die zunehmende Kontrolle der kommunalen Behörden und der Parteiorganisationen empfindlich gestört. Der „Kampfbund für deutsche Kultur" und die Polizei forderten die Auflösung der „liberalistischen" und von der „Wühlarbeit des Judentums" unterlaufenen Stiftung. Die von Juden geleiteten Kurse beaufsichtigte nun ein Reichskommissar. Nach eingehenden Beratungen über die Zukunft der Stiftung beschloss der Vorstand 1935, den jüdischen Vorstandsmitgliedern, vor allem der Vorsitzenden Marie Pfungst, aufgrund des Drucks von außen zur Aufgabe ihrer Mitgliedschaft zu raten. Mit ihrem Ausscheiden konnte die Auflösung der Stiftung verhindert und die notwendige Zusammenarbeit mit dem Volksbildungswerk der „Deutschen Arbeitsfront" ermöglicht werden. Nachdem der Name in Waldschmidt-Stiftung geändert worden war, behielt sie sogar ihre Selbstständigkeit. Marie Pfungst wurde weiterhin aus dem Stiftungskapital eine Rente ausgezahlt. In ihrem Privathaus gründete sie ein Heim für verfolgte und notleidende Menschen. Außerdem unterstützte sie die Jüdische Wohlfahrtspflege, deren Ernährungsbeihilfen sie seit 1941 finanzierte. Im September 1942 wurde sie von ihrem Haus am Gärtnerweg nach Theresienstadt deportiert, nachdem sie einen der dazu notwendigen Heimeinkaufsverträge in Höhe von rund 60.000 RM abgeschlossen hatte. Dort starb sie am 8. Februar 1943.

Die Naxos-Union erlitt durch die Kriegszerstörungen schwere Einbußen, erhielt aber schon bald nach Kriegsende eine Genehmigung der Alliierten, um die Produktion schnell wieder aufnehmen zu können. Trotz veränderter Marktbedingungen behauptete das Unternehmen sich weiterhin auch auf dem internationalen Markt. Erst 1988 musste das Gelände an der Waldschmidtstraße aufgrund notwendiger Vergrößerungen und der zunehmenden Umweltbelastung des umliegenden Wohnviertels verlassen werden.

[6] Vgl zur Geschichte der Stiftung: Naxos-Union 1871–1993. Dr.-Arthur-Pfungst-Stiftung 1918–1993. Festrede von Volker Rödel. Frankfurt a. M. 1991. Lustiger, Arno (Hg.), Jüdische Stiftungen in Frankfurt am Main. Frankfurt a. M. 1988; Dokumente zur Geschichte der Frankfurter Juden, S. 119 und S. 468ff. Braach, Mile, Marie Eleonore Pfungst 1862–1943. Hg. vom Fritz-Bauer-Institut. Frankfurt a. M. 1995.

Schade & Füllgrabe, Hanauer Landstraße 169–173

Mit dem Ausbau der Hanauer Landstraße siedelten sich dort zahlreiche Handelsfirmen an. Die typischen Kontorgebäude der Geschäftszentralen an der Straßenseite und die weitläufigen Hofgelände, die zur Lagerung der Waren dienten, prägten das Erscheinungsbild der Straße. Die ganze Gegend war von den Düften der gelagerten Kolonialwaren, der frisch gerösteten Kaffeebohnen und der Weinkeller durchzogen. 1878 eröffneten Conrad Schade und Oscar Füllgrabe an der Markthalle in der Altstadt das Kolonialwarengeschäft Schade & Füllgrabe.[7] Sie planten die Einführung eines modernen Discount-Konzepts, um Massenware zu niedrigen Einheitspreisen verkaufen zu können. Die Umsetzung dieses Vorhabens wurde durch den Erlass der Sozialistengesetze vereitelt, die den Sozialdemokraten Füllgrabe nach dem Tod Schades zur Flucht aus Frankfurt zwangen. Er verkaufte die Firma an den jüdischen Kaufmann Joseph Halberstadt, der sie in den folgenden Jahren zum Filialunternehmen ausbaute. Nach seinem Tod 1897 übernahmen seine Frau Susanne, sein Sohn Julius und sein Schwiegersohn Lenor Helft die Geschäftsführung.

Im Zusammenhang mit der Expansion der Firma auf 35 Filialen in Frankfurt und Umgebung errichteten sie 1910 ein neues Zentrallager an der Hanauer Landstraße. Während der Weimarer Republik stieg die Zahl der Filialgeschäfte auf 180, und in Leipzig wurde eine Tochtergesellschaft gegründet. Der Betrieb beschäftigte nun über 600 Mitarbeiter. Mit innovativen Werbemitteln wie z.B. der Kundenzeitung „Sonntags-Ruhe", die seit 1898 jeden Freitag kostenlos verteilt wurde, informierte man über die aktuellsten Angebote.

Die Zentrale an der Hanauer Landstraße verfügte über eine direkte Anbindung an das Gleissystem der Reichsbahn. Sie diente nicht nur als Warenlager, sondern beherbergte eine Marmeladenfabrik, eine Kaffeerösterei, sowie Sortier-, Qualitätsprüfungs- und Verpackungsanlagen für Grundnahrungsmittel wie Mehl, Butter und Eier. Im Weinkeller fand die Abfüllung der Flaschen automatisch statt. Die ausgehenden Lieferungen wurden in einem eigenen chemischen Labor überprüft. Zu den besonderen Schade & Füllgrabe-Spezialitäten gehörten die hauseigenen Kaffee-, Tee- und Kakaosorten. Angesichts des anhaltenden Aufschwungs überführten die Inhaber die Firma 1923 in eine Aktiengesellschaft, deren Kapital in Höhe von 800.000 RM im Besitz von Julius Halberstadt, Lenor Helft und Ernst Weil war. Mit der ebenfalls im Ostend ansässigen Lebensmittelfirma J. Latscha AG unterhielten sie ein

Filialgeschäft von Schade & Füllgrabe, um 1910

[7] Vgl. IfS S 3/ R 12916. HWA Abt. 3, Firmenkartei. 1878–1978. HHStA Wiesbaden, Wiedergutmachungsakte Wi Ffm A 143. 100 Jahre Schade & Füllgrabe. Bad Soden 1978. Zur „Arisierung" vgl. die Aktennotizen des Wirtschaftsamtes, abgedruckt in Dokumente zur Geschichte der Frankfurter Juden, S. 189f.; Wippermann, Das Leben in Frankfurt zur NS-Zeit, S. 57f.

Reklamemarke von Schade & Füllgrabe, um 1910

gemeinsames Einkaufskontor und investierten 1912 in den Bau einer Brotfabrik am Osthafen.

Erst der von den Nationalsozialisten organisierte Boykott jüdischer Geschäfte beendete den Erfolg von Schade & Füllgrabe. Seit 1934 führte die Frankfurter Industrie- und Handelskammer sie in ihrer Kartei als „nicht-arisch“, da das Kapital des Unternehmens sich ausschließlich in den Händen von „Nichtariern“ befand. Außerdem wurden wiederholte Erkundigungen vermerkt, ob es sich bei den Schade & Füllgrabe-Filialen um „Deutsche Geschäfte“ handle. Diese Anfragen waren Grundlage von Drohbriefen wie z.B. dem des Ortsgruppenleiters von Montabaur an einen ortsansässigen Lehrer, den er darin ermahnte, den Boykott jüdischer Geschäfte einzuhalten: „Für Sie als Volkserzieher müsste es eine Selbstverständlichkeit sein, ein solches Geschäft zu meiden. Wenn Sie nicht Gefahr laufen wollen, im Stürmer zu denjenigen zu zählen, die noch in jüdischen Geschäften kaufen, darf ich Ihnen raten, bei Ihren Einkäufen nur deutsche Geschäfte zu berücksichtigen.“

Der Boykott wirkte sich besonders auf den Umsatz der Filialen in den kleineren, überschaubaren Städten im Frankfurter Umland aus. Schon 1934 registrierte das Frankfurter Wirtschaftsamt erste Probleme der Firma aufgrund des enormen Umsatzrückgangs von rund 30%, infolgedessen ein Antrag auf Betriebsstilllegung oder -einschränkung gestellt worden sei. Die Schade & Füllgrabe-Geschäfte waren im Frankfurter Stadtbild sehr präsent, weshalb die Besitzer besonders unter der Beobachtung der Behörden und der NSDAP standen.

Ein Jahr später waren die Inhaber schließlich gezwungen, die Firma aufzugeben. Das Einkaufskontor mit der J. Latscha AG wurde aufgelöst, nachdem die gemeinsam betriebene Brotfabrik schon im Mai 1933 „umgestellt“ worden war und man alle jüdischen Angestellten entlassen hatte. Im Mai 1936 erfolgte der Verkauf aller Schade & Füllgrabe-Filialen, des Zentrallagers, der Immobilien und des Aktienkapitals an die Neusser Firma Wilhelm Wehrhahn. Alle jüdischen Angestellten wurden entlassen, daraus entstehende Folgekosten mussten die ehemaligen Inhaber übernehmen. Lenor Helft starb ein Jahr später in Baden-Baden, während Julius Halberstadt und Ernst Weil in die USA emigrierten.

Wenige Tage nach der Übernahme versandte die neue Geschäftsleitung die Unterlagen und Schilder für die Auszeichnung der Filialen als „Deutsches Geschäft“, um den Boykott der Filialen zu beenden. Die Praxis, diese Schilder zur Kennzeichnung eines Ladens anzubringen, war vor allem in Frankfurt seit dem Beginn des Boykotts im April 1933 sehr verbreitet. Die Schilder wurden von der „Kreisamtsleitung Handel-Handwerk“ an die Betriebe ausgehändigt. Obwohl dieses Vorgehen einer rechtlichen Grundlage entbehrte, hatte es sich im Frankfurter Geschäftsleben etabliert, sodass bei ausbleibender Bezeichnung des Geschäfts mit empfindlichen Umsatzeinbußen zu rechnen war. Daher bemühte sich der neue Besitzer von Schade & Füllgrabe sogar noch nach der offiziellen Beendigung dieser Praxis durch die „Deutsche Arbeitsfront“ Anfang 1936 um die Beschilderung seiner Filialen. Aber die Anerkennung als „Deutsches Geschäft“ wurde ihm zunächst verweigert, weil der über einen Frankfurter Notar ausgehandelte Verkauf ohne die Zustimmung der zuständigen Behörden stattgefunden hatte. Die Industrie- und Handelskammer wollte den gesamten Vorgang zunächst überprüfen lassen. Trotz der sich hinziehenden Verhandlungen – die Anerkennung erfolgte schließlich zwei Jahre später – konnte die Wehrhahn-Gruppe ihren Geschäftsumfang auf nunmehr 450 Filialen ausdehnen. Schon 1938 war der Umsatzrückgang der letzten beiden Jahre vor der „Arisierung“ ausgeglichen.

In der Nachkriegszeit behielten die Schade & Füllgrabe-Geschäfte ihre führende Rolle als Innovationskraft auf dem Frankfurter Lebensmittelmarkt. 1952 eröffnete das Unternehmen am Eschenheimer Turm den ersten Selbstbedienungsladen in der Stadt. Auch die im Krieg zerstörte Zentrale an der Hanauer Landstraße wurde wieder aufgebaut. Erst Anfang der neunziger Jahre verschwanden die Schade & Füllgrabe-Filialen aus dem Stadtbild, nachdem die Firma in den Tengelmann-Konzern eingegangen war.

Wittwe Hassan, Hanauer Landstraße 147–149

Ähnlich verlief die Entwicklung der 1878 gegründeten Handelsfirma Wittwe Hassan.[8] Die Witwe eines türkischen Konsuls in Aden hatte das geerbte Vermö-

Wittwe Hassan-Filiale an der Zeil, um 1930

gen ihres Mannes, der laut Firmenwerbung „einer der größten und einflußreichsten Kaffee-Plantagenbesitzer Arabiens“ gewesen war, nach ihrer Rückkehr in die Eröffnung eines Kaffeegeschäfts in Frankfurt investiert. Die jüdischen Kaufleute Julius Sommer und Alfred Mayer übernahmen den Betrieb 1912 und bauten ihn zu einem Filialunternehmen in Frankfurt und Umgebung aus. Mit der räumlichen Expansion erweiterten sie auch das Warenangebot: Neben Kaffee führten die Wittwe Hassan Geschäfte auch Tee und Kakao sowie Schokoladen, Gebäck, Bonbons, Konfitüren und andere Feinkostprodukte. Die Inhaber bewarben ihre

Werbeaktion der Firma Wittwe Hassan, um 1930

[8] IfS S3/R. HWA Abt. 3, Firmenkartei. Erinnerungen von Walter Sommers. Interview mit Walter und Louise Sommers, Videoaufzeichnung erhältlich bei der Landesbildstelle.

Produkte sowohl mit der exotischen Herkunft der Firma wie auch mit spektakulären Werbeaktionen. So konnten die Kunden z. B. beobachten, wie junge Mädchen die Kaffeebohnen in den Schaufenstern der Geschäfte handverlasen.

Seit 1932 wurden das Zentrallager und die hauseigene Kaffeerösterei an der Hanauer Landstraße betrieben. Der Hauptanteil des Umsatzes bestand im Import von Kaffeebohnen und deren Weiterverarbeitung und

Anzeige:
Jüdisches Gemeindeblatt,
Mai 1938

Mischung zu speziellen Hausmarken. Weiterhin befand sich im Zentrallager ein großer Weinkeller, in dem auch Privatkunden ihre Flaschen nachfüllen lassen konnten. Die Geschäfte waren auch bekannt für ihre beachtliche Süßwarenabteilung, die vor allem feine Schweizer Schokoladen, getrocknete Früchte und exotische Nüsse führte. Aber auch Grundnahrungsmittel wie Reis und Mehl wurden in abgepackten Mengen ausgeliefert.

Nur wenige der rund fünfzig Filialen waren vollständig im Besitz der Firma, die meisten gehörten den Filialleitern, die sich allerdings dazu verpflichteten, nur die Produkte der Wittwe Hassan zu vertreiben. In der Geschäftsleitung war Alfred Mayer für den Einkauf zuständig, während Julius Sommer sich um das Auslieferungssystem kümmerte und die Filialen betreute. Einmal pro Woche gaben alle Filialen ihren Umsatz und den gesamten Warenbestand an die Zentrale durch. Die Buchführung lag in den Händen einiger weiblicher Familienmitglieder, die diese Arbeit teilweise auch zu Hause erledigten. Neben den Feinkostläden existierte eine Großhandelsfirma unter dem Namen Mayer & Sommer, die für die Belieferung fremder Lebensmittelgeschäfte zuständig war.

Aufgrund der positiven Entwicklung plante die Geschäftsführung Anfang der dreißiger Jahre eine internationale Ausweitung des Betriebs mit einer Niederlassung in Paris. Noch im Oktober 1933 wurde dieses Vorhaben von der Industrie- und Handelskammer unterstützt, da der Ausbau des Exports als volkswirtschaftliche Notwendigkeit angesehen wurde. Der im April einsetzende Boykott jüdischer Geschäfte traf die Firma zunächst nur am Rande, sodass 1933 und 1934 noch keine bedeutenden Umsatzeinbußen registriert wurden. Erst 1935 kam es zu einer Betriebseinschränkung; von den rund 50 Filialen blieben nur noch 17 im Besitz von Mayer und Sommer. Man bemühte sich nun besonders um jüdische Kundschaft, die mit Anzeigen im Jüdischen Gemeindeblatt für spezielle Produkte zu religiösen Feiertagen angelockt werden sollte. Drei Jahre später mussten sie das Unternehmen dann endgültig aufgeben. Die meisten Filialen waren ohnehin schon im Besitz der Filialleiter, die Firmenzentrale mit den Lagerbeständen und sechs Filialen erwarb der Frankfurter Kaufmann Adolf Krämer. Mayer und Sommer konnten vier Filialen behalten, durften diese aber nicht unter dem Namen Wittwe Hassan weiterführen. Die Übernahme durch Krämer wurde erst im Nachhinein genehmigt, nachdem die bereits gezahlte Kaufsumme auf Empfehlung der Industrie- und Handelskammer von 54.000 auf 45.000 RM reduziert worden war. Die Kammer wies ausdrücklich darauf hin, dass nur die als „Deutsche Geschäfte" ausgezeichneten Filialen als „Verkaufsstellen des arischen Unternehmens" anzusehen seien. Julius Sommer und Alfred Mayer bemühten sich zunächst, die verbliebenen Geschäfte in Frankfurt weiter zu betreiben, waren aber weiterhin Repressionen von Seiten der kommunalen Behörden ausgesetzt. Sogar der Verkauf der Filialen wurde von Seiten des Oberbürgermeisters verboten. Ein Jahr später musste schließlich auch die Großhandelsabteilung an Krämer verkauft werden.

In der Nacht zum 10. November 1938 wurde Julius Sommer von Polizisten zu Hause abgeholt und in die Messehalle gebracht. Diese Verhaftungsaktion im Zusammenhang mit dem Novemberpogrom nahm in Frankfurt größere Ausmaße an, als in vielen anderen deutschen Städten und traf vor allem Repräsentanten der Jüdischen Gemeinden und in der Öffentlichkeit bekannte Frankfurter Juden. Die verhafteten Männer wurden zwei Tage in der Messehalle festgehalten und dann vom Südbahnhof aus nach Buchenwald deportiert. Einen Monat später konnte der Sohn Julius Sommers mit Hilfe zweier ehemaliger Wittwe Hassan-Angestellter, die mittlerweile Mitglieder der SA bzw. der SS waren, die Freilassung seines Vaters erreichen. Die ehemaligen Mitarbeiter waren Sommer einen Gefallen schuldig, weil er ihnen anlässlich der Parade zum 1. Mai 1933 sein Auto zur Verfügung gestellt hatte. Wenige Wochen nach der Rückkehr Sommers emigrierte die Familie über Holland in die USA.

Die Wittwe Hassan erlebte in den folgenden Jahren einen bedeutenden Aufschwung, sodass sie noch 1942 steigende Umsatzzahlen vermerken konnte und als kriegswichtiges Unternehmen finanzielle Unterstützung für die Reparatur von Kriegsschäden erhielt. Das Ende der Handelsfirma erfolgte erst in den sechziger Jahren, nachdem Adolf Krämer sich weigerte, die Geschäfte auf Selbstbedienung umzustellen.

Die „Arisierung" der jüdischen Firmen im Ostend

Die Industrie- und Handelskammer der Stadt Frankfurt bemühte sich seit 1933 um eine sorgfältige Registrierung der „nichtarischen" Unternehmen in der Frankfurter Wirtschaft.[9] Dies diente der Vorbereitung und Durchführung der kontinuierlichen Verdrängung und Ausschaltung der jüdischen Firmeninhaber und Aktionäre, die vor allem von den Wirtschaftsberatern der NSDAP auf kommunaler und regionaler Ebene vorangetrieben wurde. Hiermit verbanden sich häufig Interessen von bracheninternen Konkurrenten oder von Parteimitgliedern, die mit der Übernahme solcher Firmen wirtschaftlich versorgt wurden. Diese Interessenten übten mit vermeintlichen Beschwerden bei den Behörden zusätzlichen Druck auf die Inhaber aus, um eine schnelle Veräußerung weit unter dem eigentlichen Wert des Betriebs zu provozieren. Für die offizielle Genehmigung der „Entjudungsverfahren" war der Regierungspräsident zuständig, während die Industrie- und Handelskammer häufig als beratende Instanz Empfehlungen aussprach. Die Ausschaltung der Juden aus der Wirtschaft und die Übernahme ihres Vermögens spielte sich vor allem auf der Grundlage regionaler und kommunaler Anweisungen ab. Erst 1938 ergingen reichsweit verbindliche Verordnungen. Im Frankfurter Ostend war die Mehrzahl der jüdischen Betriebe zu diesem Zeitpunkt bereits „arisiert".

Schon 1933 traf eine wahrscheinlich erzwungene Geschäftsübernahme den Frankfurter Konsul Moritz James Oppenheimer, der in der Öffentlichkeit vor allem als Rennsportfahrer und Gestütsbesitzer bekannt war. 1906 hatte er die Mitteldeutsche mechanische

[9] Vgl. auch im Folgenden Firmenkartei der Industrie- und Handelskammer im HWA, Abt. 3 und die Entschädigungsakten im HHStA in Wiesbaden.

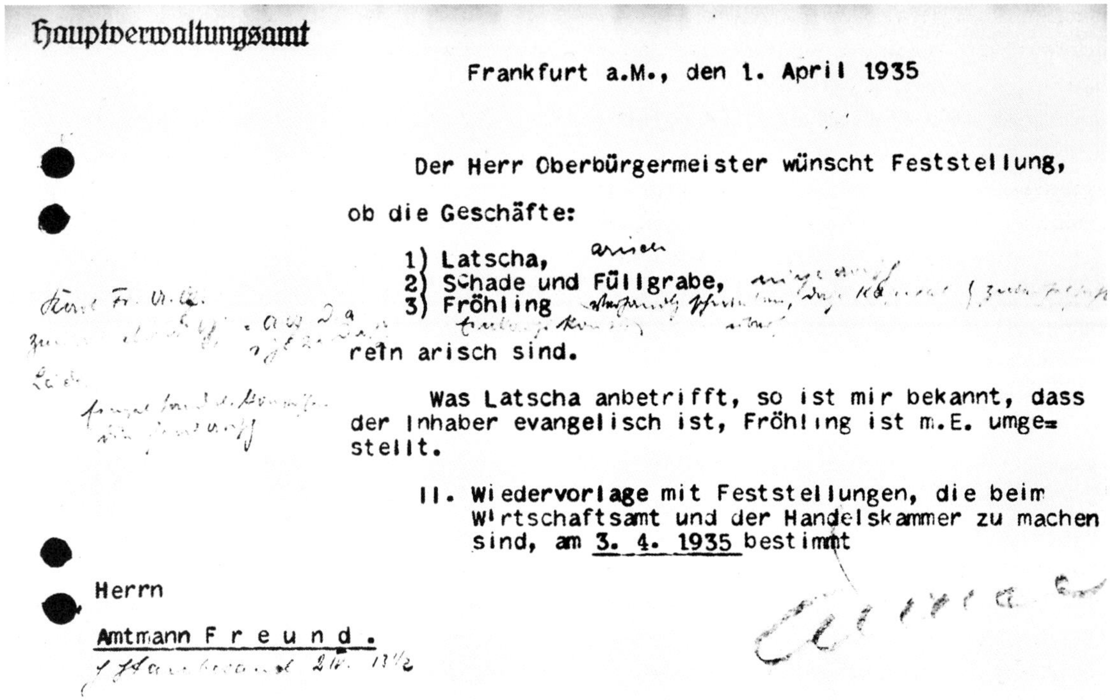

Hauptverwaltungsamt

Frankfurt a.M., den 1. April 1935

Der Herr Oberbürgermeister wünscht Feststellung,

ob die Geschäfte:

1) Latscha,
2) Schade und Füllgrabe,
3) Fröhling

rein arisch sind.

Was Latscha anbetrifft, so ist mir bekannt, dass der Inhaber evangelisch ist, Fröhling ist m.E. umgestellt.

II. Wiedervorlage mit Feststellungen, die beim Wirtschaftsamt und der Handelskammer zu machen sind, am 3. 4. 1935 bestimmt

Herrn

Amtmann F r e u n d .

Anfrage des Oberbürgermeisters an das Wirtschaftsamt vom 1. April 1935

Papierwarenfabrik an der Hanauer Landstraße errichtet, die sich in den zwanziger Jahren zu einem der größten Papiertütenhersteller Deutschlands entwickelte. Oppenheimer war zur evangelischen Konfession konvertiert und Mitglied der DNVP. Der NSDAP gegenüber erklärte er 1933, dass sein Unternehmen „auf nationalem Boden stehe und den Bestrebungen der Regierung in keiner Weise entgegenarbeite“. Aus heute nicht mehr nachvollziehbaren Gründen musste Oppenheimer im September 1933 Konkurs anmelden, nachdem er verhaftet und ein Verfahren wegen Betrugs gegen ihn eingeleitet worden war. Ende des Jahres war er gezwungen, das Gestüt in Bad Homburg weit unter Wert zu verkaufen, während die Firma in die Mitteldeutsche Papierwarenfabrik W. Petersen überführt wurde. Der neue Inhaber inserierte Anzeigen mit dem Hinweis, dass die soziale Versorgung der Arbeiter und die hygienischen Bedingungen in der Fabrik nun wesentlich verbessert seien. Oppenheimer selbst konnte an der 1934 eröffneten Gerichtsverhandlung aus gesundheitlichen Gründen nicht mehr teilnehmen.

Die Inhaber der Pharmafabrik Dr. R. und O. Weill, die ihren Sitz in der Grünen Straße hatte, bemühten sich sofort nach der Machtübernahme darum, ihr Eigentum vor dem Zugriff der Nationalsozialisten zu schützen. Sie gründeten Vertriebsstellen in der Schweiz und in Holland und überführten die Hälfte des Betriebskapitals in nichtjüdische Hände. Der Prokurist des Betriebs erschien im Oktober 1933 persönlich bei der Industrie- und Handelskammer, um zu erklären, „dass die Firma ihren Betrieb dauernd in Frankfurt belassen und fortführen wolle“. Dennoch wurde diese

Absicht in den folgenden Jahren durch die wiederholte Behinderung des Geschäftsbetriebs vereitelt und die Liquidation vorangetrieben.

Auch Unternehmen wie die Bettfedernfabrik Baum & Mosbacher waren begehrte Objekte des voranschreitenden Verdrängungsprozesses. Die „Deutsche Arbeitsfront" beschwerte sich 1935 über unlautere Preissteigerungen. Zwar konnte die Industrie- und Handelskammer hierfür keine Beweise finden, aber nachdem die Enteignung der jüdischen Inhaber durchgeführt war, sah sie auch von einem weiteren Vorgehen wegen der Beschwerde ab. Im Fall der Decken-, Säcke- und Zeltefabrik Gebr. Cassel war es ein Imprägnierstoff names „Casselin", der das Interesse der Konkurrenz erregte. Nach der „Arisierung" durch zwei junge Kaufleute aus Darmstadt, die sich als „tüchtige" Parteigenossen bewährt hatten, wies die Industrie- und Handelskammer ausdrücklich daraufhin, dass das Präparat nun über deren Firma zu beziehen sei. Auch bei der Chemiefabrik Edelmuth & Oppenheim ging es den neuen Besitzern neben dem Fabrikgelände und dem Firmenkapital vor allem um die Übernahme der Rezepturen und Herstellungsverfahren. Die Verkaufssumme von 500.000 RM lag weit unter dem tatsächlichen Wert des Unternehmens, welches noch 1937 einen Umsatz von 600.000 RM erzielt hatte. Friedrich Edelmuth hatte versucht, seinen Betrieb zu retten, indem er die Geschäfte offiziell von einem nichtjüdischen ehemaligen Mitarbeiter der Firma tätigen ließ. Er wurde wegen des Tatbestands der „Tarnung eines jüdischen Geschäfts als nichtjüdisches" angeklagt, und der Verkauf der Firma wurde erzwungen.

Die „Arisierung" der Häute- und Fellehandlung Gebr. Strauss am Osthafen fand ohne offiziellen Kaufvertrag statt. Der Sohn des Firmengründers hatte den Hauptsitz der Firmengruppe schon 1930 in die Schweiz verlegt, das Stammhaus in Frankfurt aber weiterbetrieben. Unter zunehmendem Druck auf die jüdischen Besitzer mietete ein nichtjüdischer Kaufmann Räume in der Firma an und erwarb nun Stück für Stück das Gebäude. Schließlich überschrieb er die Firma und die noch vorhandenen Lagerbestände auf seinen Namen. Im Fall des alteingesessenen Betriebs von Simon Schlachter, der seit 1913 an der Waldschmidtstraße Kosmetika, Celluloid-, Bein- und Hornwaren produzierte, verfügten die Behörden 1940 die sofortige Liquidation. Schon seit 1935 hatte es immer wieder Probleme bei der Ausstellung von Legitimationskarten und Reisepässen für Schlachter und seinen Sohn gegeben. Anfang 1939 vermerkte die Industrie- und Handelskammer, dass der Betrieb immer noch nicht abgemeldet sei. Man werde dafür sorgen, dass „die Tätigkeit der jüdischen Firma in Überwachung kommt, und dass, wenn die Möglichkeit hierfür besteht, die Überführung des Betriebs in deutsche Hände erfolgt". Dazu kam es nicht mehr, denn aufgrund einer Beschwerde über „unsauberes Geschäftsgebaren" wurde im Mai 1940 die Abwicklung des Unternehmens befohlen.

Zu diesem Zeitpunkt war die Ausschaltung jüdischer Unternehmer und die Übernahme oder Zerstörung ihres Eigentums bereits weitgehend abgeschlossen. Im Fall einer Emigration bereicherte der nationalsozialistische Staat sich durch die sog. „Reichsfluchtsteuer" und die Sperrkontenpraxis nochmals am Restvermögen der Juden. Die Vertreibung der jüdischen Fabrikanten und Kaufleute und die Übernahme ihrer Betriebe durch Mitglieder der „Volksgemeinschaft" vernichtete auch diesen Bereich des jüdischen Lebens im Ostend.

Im Nationalsozialismus. Einführung zu biographischen Beiträgen

Helga Krohn

„An dem 1. April 1933 ging's los. Der Judenboykott. Da haben Kerle Steine genommen und jüdische Schaufenster eingeworfen. Und wenn ein Jud', ein Dreckjud' ja, vorbeigegangen ist, sind sie ihm nachgerannt und haben ihn blutig geschlagen und haben ihn auf der Straße liegen lassen. Ich habe beobachtet, dass der Polizist, der an der Ecke stand, es gesehen hat und fortgegangen ist. Und da habe ich verstanden: Wenn der Staat dein Leben nicht mehr beschützt, und dein Eigentum nicht mehr beschützt, wenn sie dich totschlagen können, dann gehst du weg... Der Polizist ist weggegangen, er ist der Repräsentant des Staates."[1]

„Ich habe mich öfters an die Ecke gestellt, wo man die verschiedenen Seiten des 'Stürmers' in einem Zeitungskasten lesen konnte. Das habe ich dann durchgelesen und hab darüber gelacht. Denn ich glaubte, auch andere Leute würden daran gar nicht glauben können."[2]

Dahlmannstraße 1936

Anfang März 1933 begann in Frankfurt die nationalsozialistische „Machtergreifung" mit einer Reihe von spürbaren Maßnahmen: Am 1. März musste der Oberbürgermeister Dr. Ludwig Landmann seinen Rücktritt erklären. Die SPD-Stadtverordneten wurden in Schutzhaft genommen. Hakenkreuzfahnen wehten auf dem Römerberg und bald in der ganzen Stadt. Der offizielle Boykott jüdischer Geschäfte, Rechtsanwälte und Ärzte erstreckte sich über das gesamte Stadtgebiet und bewirkte einen erheblichen Umsatzrückgang zahlreicher Geschäfte und Betriebe, die viele Familien ernährten. Mit dem „Gesetz zur Wiederherstellung des Berufsbeamtentums" vom 7. April 1933 erfolgte die Entlassung von 90 städtischen Bediensteten: Arbeiter, Angestellte, Lehrer, Juristen, Ärzte. Als durch die Intervention von Reichspräsident Hindenburg zunächst die jüdischen Frontsoldaten wieder eingestellt werden mussten, keimte ein Funken Hoffnung an die Rechtsstaatlichkeit auf. Spätestens mit den Nürnberger Gesetzen vom September 1935 aber wurde dieser Keim erdrückt. Das Ziel, Juden aus der Gesellschaft auszugrenzen, war zu offensichtlich. Den Juden wurden die staatsbürgerlichen Rechte entzogen, sie galten nicht länger als deutsche Juden, sondern nur noch als Juden in Deutschland.

Was manche Organisationen und Vereine schon „freiwillig" vollzogen hatten, wurde nun radikalisiert: die Einführung von sog. „Arierparagraphen", d.h. die Beschränkung der Mitgliedschaft in Standesorganisationen und Vereinen auf „Arier". Denunziationen nahmen zu, ebenso wie Forderungen, Juden die Benutzung von Sportplätzen, Schwimmbädern und Parks zu verbieten. Die Anzahl der jüdischen Kinder in öffentlichen Schulen wurde beschränkt und Schilder mit der Aufschrift „Juden werden hier nicht bedient" angebracht.

[1] Alfred Oppenheimer, geb. 1914, in einem Interview 1989 (Projekt Jüdisches Leben in Frankfurt).

[2] Shlomo Shenhar, ehem. Fritz Steinberger, geb. 1922, in einem Interview 1993 (Projekt Jüdisches Leben in Frankfurt).

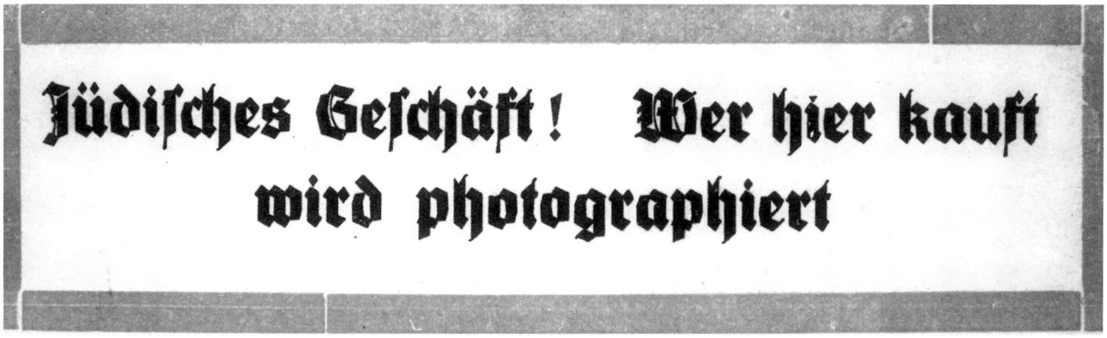

Boykott jüdischer Geschäfte

Die jüdische Bevölkerung, jede einzelne Familie, stand unter einem fast unerträglichen Entscheidungsdruck: Sollte sie Deutschland verlassen? Aber wohin? Wie im Ausland den Lebensunterhalt verdienen? Und wie überhaupt eine Auswanderung organisieren, wenn man keine Verwandte hatte? Sollte man jetzt gehen oder später? Vielleicht überhaupt bleiben, da das Schlimmste schon erreicht war?

Die Maßnahmen im Jahr 1938 wurden als besonders einschneidend empfunden. Antijüdische Verordnungen seit Anfang 1938 waren auf Ausplünderung der Juden und weitere Ausgrenzung durch äußere Kennzeichnung gerichtet: So musste im April eine genaue Aufstellung des Vermögens eingereicht werden, der Druck zum Verkauf von Häusern und Geschäften wurde erhöht; es folgten Berufsverbote für Ärzte und Rechtsanwälte. Im August wurde die Annahme der Zwangs-Vornamen Sara bzw. Israel beschlossen, im Oktober wurden alle Pässe eingezogen und mit einem „J" gestempelt. Die Ausweisung von 15.000 polnischen Juden, darunter 2.000 aus Frankfurt, und ihre zwangsweise Verschleppung über oder an die polnische Grenze zeigte überdeutlich die Absichten der Nationalsozialisten, die Juden gewaltsam zu vertreiben.

Das Novemberpogrom mit der organisierten Inbrandsetzung der Synagogen und der Zerstörung aller bedeutenden jüdischen Einrichtungen, der Plünderung und Zerstörung von Geschäften und Wohnungen und der Verhaftung von Männern und Jugendlichen, ihrer menschenunwürdigen Behandlung in der Frankfurter Festhalle und Verschleppung nach Dachau und Buchenwald, verbreitete Angst und Schrecken und ließ die Auswanderungsbemühungen zur Fluchtvorbereitung werden. Das auferlegte „Sühnegeld" raubte den Juden die letzten Mittel und erschwerte die Möglichkeit zur Auswanderung. Das Ausbleiben einer großzügigen Hilfe aus dem Ausland ließ die Menschen verzweifeln. Die von England ermöglichte Rettung von 10.000 Kindern

Briefkopf des Arztes Dr. Marx, 1940

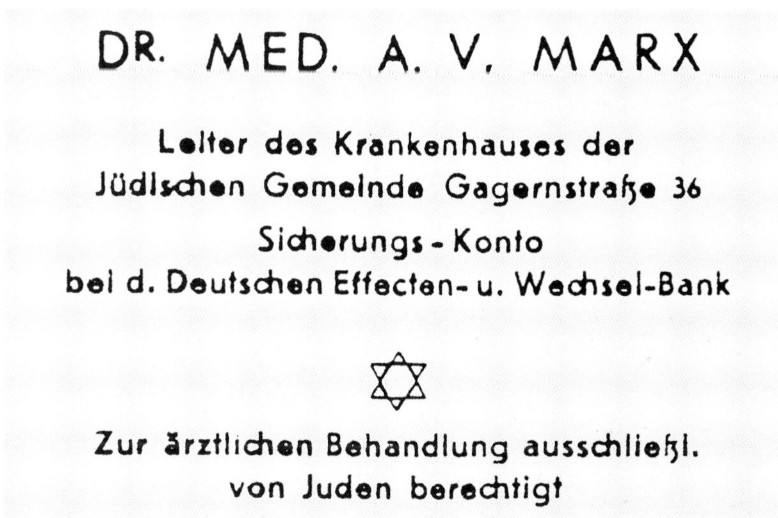
DR. MED. A. V. MARX

Leiter des Krankenhauses der
Jüdischen Gemeinde Gagernstraße 36

Sicherungs - Konto
bei d. Deutschen Effecten- u. Wechsel-Bank

Zur ärztlichen Behandlung ausschließl.
von Juden berechtigt

zwang viele Familien, sich von ihren Kindern zu trennen und diese allein ausreisen zu lassen.

Nach Kriegsbeginn zentrierten sich die Schikanen gegen Juden auf Maßnahmen, die das tägliche Leben erheblich beeinflussten. Sie erhielten keine Kleiderkarten, ihre Einkaufszeiten für Lebensmittel wurden auf die Zeit zwischen 16 und 17 Uhr beschränkt, Fernsprecheinrichtungen wurden gekündigt, die Benutzung öffentlicher Verkehrsmittel wurde eingeschränkt. Nachdem jeder Mieterschutz für Juden entfallen war, wurde Druck ausgeübt, Häuser „arischer Eigentümer“ zu verlassen.

Im März 1941 erfolgte die Verpflichtung zur Zwangsarbeit. Viele Personen, die bisher bei und für die Jüdische Gemeinde arbeiten konnten, mussten entlassen werden und Zwangsarbeit für verschiedene Firmen leisten. Ungeeignet gekleidet, geschwächt und unzureichend ernährt, arbeiteten sie in Rüstungsfirmen, Nähstuben oder auch im Straßenbau, wobei sie lange Wege zur Arbeitsstelle zurückzulegen hatten. Die im Sommer 1939 zwangsweise eingeleitete Schließung jüdischer Einrichtungen wie Kinderheime, Krankenhaus und Suppenanstalt führte zu erheblichen sozialen Schwierigkeiten; es blieb nur noch eine Notversorgung übrig.

Am 18. Oktober begannen die Deportationen aus Frankfurt. Mehr als 12.000 Personen wurden von hier in die Konzentrations- und Vernichtungslager verschleppt und ermordet. Die Lebensbedingungen wurden unerträglich, Wohnraum stand kaum noch zur Verfügung, es fehlte an Nahrungsmitteln und Kleidung, und die Menschen litten unter Vereinsamung und Hoffnungslosigkeit.

Alle Maßnahmen trafen auch die jüdische Bevölkerung im Ostend. Zunächst allerdings fühlten sich die Juden dort weniger bedroht. Sie wussten ihre Kinder in jüdischen Schulen geborgen; die Jugendlichen hatten Freunde und Freude in den Jugendvereinen; die Erwachsenen spürten in ihren Synagogengemeinden keine Veränderungen. Spätestens 1938 herrschten auch unter der Bevölkerung des Ostends Angst und der Wunsch, Deutschland so schnell wie möglich zu verlassen.

Hakenkreuzfahnen auf der Straßenbahn, 1936

Der Anteil der jüdischen Bevölkerung im Ostend stieg erzwungenermaßen an. Die Nationalsozialisten versuchten nach dem November 1938, die westlichen Stadtteile „judenfrei" zu machen und die in Frankfurt verbleibenden Juden im Ostend zu konzentrieren. Außerdem zogen nach 1935 zahlreiche Juden aus kleinen Städten und Gemeinden in die Großstadt Frankfurt, wo sie Wohnungen in der Nähe der orthodoxen Gemeinde und ihrer sozialen Einrichtungen suchten. Zahlreiche Häuser waren ausschließlich von Juden bewohnt, die eng zusammengepfercht lebten. Die dem Städtischen Fürsorgeamt unterstellte Jüdische Wohlfahrtspflege zog 1934 von der Langen Straße (umbenannt in Hans Handwerk-Straße) in die Königswarter Straße um. Sie erweiterte ihren Aufgabenbereich stetig und erlangte eine zentrale Bedeutung für die jüdische Bevölkerung. Dasselbe gilt für die vielen im Ostend liegenden sozialen Einrichtungen wie das Krankenhaus in der Gagernstraße, das Waisenhaus im Röderbergweg, die Suppenanstalt in der Theobald Christ-Straße. Die Gemeindeverwaltung blieb im Westen der Stadt, aber die Mehrzahl der für den Alltag wichtigen Einrichtungen und Beratungsstellen konzentrierte sich im Ostend.

Die erste großangelegte Vertreibung von Juden aus Frankfurt, die Abschiebung der polnischen Juden im Oktober 1938, betraf überwiegend Juden, die im Ostend und in der Innenstadt lebten.

Im November 1938 gingen die Nationalsozialisten im Ostend brutaler gegen jüdische Geschäfte und in Wohnungen vor als im Westend. Es wurden sehr viel mehr Wohnungseinrichtungen zerstört als im Westen, wo der Gestapo Zurückhaltung auferlegt wurde, weil mit Protesten und Beschwerden gerechnet werden musste. Andererseits sind aus dem Ostend Beispiele überliefert, dass Nachbarn Juden versteckt haben, sie mit Lebensmitteln versorgten und ihnen Geld gaben.

Parole der NSDAP, 1942

Eines der interessantesten und viel gerühmten Bauwerke im Ostend, die Großmarkthalle in der Hanauer Landstraße, wurde die Sammelstelle vor den Deportationen. Nachdem kriegsbedingt der Import von Obst und Gemüse erheblich zurückgegangen war, stellte der große Keller einen „idealen" Ort dar, weitgehend unbemerkt von der Öffentlichkeit Tausende von Menschen zusammenzutreiben, „bürokratisch abzuwickeln" und über die auf der Rückseite liegenden Gleise in Züge zu verfrachten.

Während des Krieges, auch das gehört zu den Folgen der nationalsozialistischen Politik, wurden große Teile des Ostends zerstört.

Yaakov Zur

Ich wurde im Jahre 1924 als Alfred Zuckermann, als Sohn von Yechiel und Perle Zuckermann, in Rostock geboren. Meine Eltern stammten aus Polen. In der Familie waren wir vier Kinder. Ich war der Älteste und hatte zwei Brüder, Max (geb. 1925) und Louis (geb. 1927) sowie eine Schwester Ruth (geb. 1931).

Meine Schilderung behandelt die Periode von 1933 bis 1938, in der es den Juden noch gestattet war, eine Art halbwegs normales Leben zu führen. Ich konnte auf die Straße gehen, sogar ins Kino oder Theater. Aber ich musste auch damit rechnen angepöbelt zu werden. Manchmal hatte ich das „Vergnügen", einer Kolonne der Hitlerjugend zu begegnen, die mit dem Lied „Wenn das Judenblut vom Messer spritzt, ist es nochmal so gut" gröhlend durch die Straße zog. Langsam verbreiteten sich die Plakate „Juden sind hier unerwünscht". Wir erlebten den Boykott-Schabbat am 1.4.1933 und die Nazis, die Wache standen, damit niemand in unser jüdisches Geschäft hineinging. Wir hörten von dem Schächtverbot. Wir hörten von den Nürnberger Gesetzen. Aus dem Rückblick von heute war dies noch ziemlich harmlos. Wir Kinder konnten damals noch nicht die Tragweite dieser Schikanen und dieser Gesetzgebung verstehen. Und doch hat alles, was ich hörte und sah, einen einschneidenden Eindruck hinterlassen. Ich fühlte mich fremd und ausgestoßen.

Beith Neorim, Internat für Jungen, Hölderlinstraße 10, ehemals Wohnhaus der Familie Mayer, Foto 1986

Und ich musste mich behaupten. Ich habe versucht in meiner eigenen Welt zu leben. Ich saß alleine auf der Bank, denn man konnte doch von niemandem erwarten, dass ein arisches Kind die Luft zusammen mit dem Juden atmen soll. Da habe ich versucht, mir eine eigene innere Welt zu schaffen. Ich sitze zwar unter anderen. Aber ich bin ICH. Ich habe meine Werte, die eventuell die Werte der ganzen Klassen einschließlich der Lehrer überwiegen. Das hat mir die Kraft gegeben, überhaupt zu existieren. Ich wusste, dass ich ein Jude bin, und ich war stolz Jude zu sein, trotz aller Schmähungen. Das spiegelte irgendwie den Stolz meines Vaters wider, der von Kindheit an in Polen ein begeisterter Zionist war. Ich galt als guter Schüler, aber auch dies wurde zu meinen Ungunsten ausgelegt und in einer Rechenstunde von dem Lehrer so erklärt: „Wisst ihr denn, warum der Jude so gut rechnen kann? Damit er uns Nichtjuden besser betrügen kann."

Ich erinnere mich, dass ich damals zum ersten Mal ein Lied hörte, das 1916 von einem Wiener jüdischen Dichter gedichtet worden war. Vielleicht trug auch der gemeinsame Familienname „Zuckermann" dazu bei, dass ich mich bis heute daran erinnere:

„Verlorene Jugend“
von Hugo Zuckermann

Ich glaub' ich war wohl nie ein Kind
Ein Kind wie andere Kinder sind,
Das keine Sorge kannte.
Ich freut' mich nie am Sonnenschein,
Ich freut' mich nie am blumigen Hain,
Ich spielte nie im Sande.

Denn wenn ich auf den Spielplatz ging,
Geschrei und Lärmen mich empfing:
„Geh' weg, du schmutz'ger Jude!“
Ich ging und weinte ob der Schmach.
Da warfen sie mir Steine nach:
„Schäm' dich, du feiger Jude!“

Da fasste mich ein wilder Zorn.
Ich schnitt 'nen Stecken mir vom Dorn
Ich wollt's den Kerlen zeigen.
Da rief die Mutter: Gott bewahr!
Du bringst uns alle in Gefahr!
Mein Kind, der Jud' muss schweigen!

Mein Vater wollte es uns ersparen, als einzige jüdische Schüler in der Klasse zu sitzen. Und er fand eine Lösung. Ende 1935 kam ich mit meinem Bruder Max (Louis ein Jahr später) nach Frankfurt am Main in ein neu gegründetes Schülerheim „Beith Neorim“ in der Hölderlinstraße 10. Ich wurde Schüler der Samson Raphael Hirsch-Realschule. Für mich, als ältester Bruder noch nicht zwölf Jahre alt, zusammen mit zwei noch jüngeren Brüdern, war alles erregend und neu – das Internat, die Großstadt, die jüdische Großgemeinde, die große und schöne Synagoge und besonders die jüdische Schule und die jüdischen Klassenkameraden und die jüdischen Lehrer. Für die Eltern, die mit meiner vierjährigen Schwester allein blieben, war es sicherlich sehr schwer und ein großes Opfer (auch materiell).

Im Beith Neorim, 1936. Rechts der Leiter Josef Mayer

Unter normalen Umständen wäre es undenkbar gewesen. Zwölf Stunden D-Zug-Reise trennten uns. Heute weiß ich es besser zu schätzen.

In der für mich neuen Schule war ich verblüfft, dass nicht alle gute Schüler waren... In der Schule fühlte ich mich geborgen und konnte wieder alles tun, ohne sofort als „Jude“ gerügt zu werden. Aber nur in der Schule. Wenn es schneite, mussten wir früher Schluss machen, damit wir nicht mit Schneebällen von den Gymnasiasten der Nachbarschule „gesteinigt“ wurden (öfters waren Steine in den Schneebällen).

Wir erlebten auch schöne Stunden. Das waren die Sternstunden der jüdischen Jugendbewegung. Diese Bewegungen waren zum Teil vor und nach dem Ersten Weltkrieg gegründet worden, aber im NS-Staat erhielten sie eine existenzielle Wichtigkeit. In diesen schweren Zeiten hatten wir Jugendlichen das Gefühl, dass die ältere Generation der neuen Situation nicht gewachsen war. In Privatbriefen orthodoxer Rabbiner fand ich Bemerkungen, dass in diesen schweren Zeiten die ältere Generation zu schweigen habe, denn die Jugend verstehe es besser. Dieser Satz (oder ähnliche) aus dem Mund eines orthodoxen Rabbiners „spricht Bände". So wurden die zwei bis drei Jahre älteren „Madrichim" (Gruppenleiter) ein Vorbild zur Identifikation. Sie wurden unsere Erzieher und gaben uns Hoffnung und zeigten uns die Zukunft, die Vision von Palästina, wir nannten es „Erez Israel". Das erleichterte es uns, in der Gegenwart zu existieren. Im Rückblick von heute kann ich behaupten, dass die Richtlinien dieser Jugendbewegung einen großen, nachhaltigen Einfluss auf mich hatten. So blieb ich (wie viele andere) meinen Idealen einer zionistischen und religiösen Jugendbewegung, der ich angehörte – „Brit Hanoar hadatti" –, treu. Mein Leben im religiösen Kibbuz (Gemeinschaftssiedlung) bis zum heutigen Tage ist ein schlagender Beweis dafür. Ein Großteil dieser Bewegung stammte aus ostjüdischen Häusern. Der Grund dafür war, dass man in diesen Häusern früher und schneller verstand, sich von Illusionen der Emanzipation und des Rechtsstaates zu befreien. So konzentrierte sich die Aktivität dieser Gruppen besonders im Ostend von Frankfurt.

Das Jugendhaus Beith Chaluz in der Einhorngasse, ehemaliges Wohnheim für durchreisende Juden, um 1936

In diesem „Bunde" fanden wir unser „zu Hause". Wenn wir aus der so oft feindlichen Straße in unser Bundeslokal in der Theobald Christ-Straße oder Hans Handwerk-Straße kamen und uns mit „Schalom" begrüßten, hebräische Lieder sangen, fühlten wir einen Hauch von „Erez Israel" (Palästina).

Und dann die Ausflüge. Wir haben sehr viele Touren gemacht, in die Wälder und in den Taunus. Instinktiv haben wir gefühlt: Wir sind im „Freien" im doppelten Sinn des Wortes. Da sind wir im „Ausland". Man konnte toben, schreien und singen – eigentlich wieder Kind sein. Einmal habe ich etwas Interessantes miterlebt: Es kam eine Hitlerjugendgruppe an uns vorbei. Sie stutzten, haben uns angesehen, nichts getan und sind dann weiter gezogen. Irgendwie haben sie auch gefühlt: Ja, die sind doch in ihrem „Ausland". Ausland ist hier selbstverständlich im übertragenen Sinn verstanden.

1938 war ein Schicksalsjahr. In diesem Jahr war ich Zeuge von zwei dramatischen Ereignissen. Ende Oktober drang mitten in der Nacht die Gestapo mit Gepolter in unser Schülerheim ein. Sie kamen mit einer vorbereiteten Liste. Wir Kinder standen zitternd in unseren Nachthemden. Auf der Liste standen fünf Namen von unseren Jungen. Sie wurden an den Hauptbahnhof gebracht und von dort ohne ihre Eltern an die polnische Grenze abgeschoben. Vom ersten Moment an verstand ich, dass es um die Ostjuden ging. So war ich sicher, dass auch wir drei Brüder als ostjüdische Kinder ebenfalls auf der Liste stehen würden. Es stellte sich aber heraus, dass unsere Staatenlosigkeit (wir hatten keine Staatsangehörigkeit, da mein Vater nicht polnischer Soldat sein wollte, und hatten einen Fremdenpass) sich damals als Vorteil erwies.

Zwei Wochen später kam der zweite Schlag, die sogenannte „Reichskristallnacht". Der Leiter des Heims und sein Sohn wurden arretiert, in die zynisch so genannte „Schutzhaft" genommen und in ein KZ eingeliefert. Wir wurden von der Schule nach Hause geschickt, und ich sah die Flammen. Das waren die Synagogen, die schönen Synagogen Frankfurts. Aber dass mehr als die Synagogen in Flammen standen, verstand ich schon damals.

Damit endete meine Frankfurter Periode. Ich fuhr nach Hause. Meine zwei Brüder blieben in Frankfurt, und ich als ältester Sohn musste der gebrochenen Mutter beistehen, nachdem mein Vater verhaftet worden war. Als vierzehnjähriger jüdischer Junge wurde ich über Nacht „uralt". Ich musste meine Mutter aufrichten, das Geschäft verkaufen und das Wichtigste: mit der Gestapo verhandeln, um einen Weg zu finden, den Vater aus dem Lager zu befreien. Es gelang mir, da ich mit viel Mühe für ihn ein Aufenthaltsvisum in England für ein Jahr erreichte. Leider versagte ich bei dem Versuch, ein solches Visum auch für meine Mutter und die kleine Schwester von acht Jahren zu erhalten, da nach den Worten des englischen Konsuls „Frauen und Kinder nicht gefährdet" seien. Damals war man naiv genug, um es zu glauben. Mein Vater ist im August 1939 nach England ausgewandert. Meine Mutter und Schwester sollten ein Jahr später nachkommen. Leider sind sie 1942 deportiert worden und in Auschwitz umgekommen.

Das Schülerheim in Frankfurt wurde aufgelöst, und meine zwei Brüder kamen ins Frankfurter Jüdische Waisenhaus und von dort mit einer von Baron Rothschild patronierten Kinderalijagruppe nach Palästina. Drei Wochen früher, am 3.4.1939, war ich bereits mit der Jugendalija nach Palästina gekommen. Bis heute klingen in meinen Ohren die Worte der kleinen Schwester nach: „Fahr nicht ohne mich!"...

Auf dem Schiff „Galil", das Kinder und Jugendliche aus dem Frankfurter Waisenhaus im März 1939 von Triest nach Haifa brachte

Wer war Herschel Grynszpan?

Lutz van Dick

Herschel Grynszpan wird am 28. März 1921 als sechstes Kind des jüdischen Schneiders Sendel Grynszpan und seiner Ehefrau Riwka in armen Verhältnissen in Hannover in der Burgstraße 36 geboren. Der Vater war als 25jähriger Mann mit seiner Frau 1911 aus dem zaristischen Russland geflohen, um den dortigen Judenverfolgungen zu entgehen. Der Geburtsort des Vaters, Dmenin in Russland, wird später polnisches Staatsgebiet, sodass die Familie fortan die polnische Staatsangehörigkeit besitzt.

Herschel wird Ostern 1927 in die öffentliche Volksschule I, Burgstraße 22, eingeschult. Diese Schule, die in seiner unmittelbaren Nachbarschaft liegt, besucht er bis Ostern 1935. Er muss sie am Ende der vorletzten Klasse ohne Volksschulabschluss verlassen. Seine Lehrer geben dafür später bei der Vernehmung durch die Geheime Staatspolizei (Gestapo) als Grund an, dass „zu wenig Fleiß und Disziplin“ ausschlaggebend gewesen seien. Von seinen Mitschülern hätte er wegen häufiger Schlägereien den Spitznamen „Makkabäer“ erhalten. Trotzdem berichten die Lehrer, dass er „hinsichtlich seiner Intelligenz über dem Klassendurchschnitt“ gelegen und eine „leichte Auffassungsgabe“ besessen hätte. Darüber hinaus war bekannt, dass Familie Grynszpan als fromm galt und die jüdischen Gebote, wie unter anderem die Einhaltung des Schabbat, beachtete.

So entschließt sich Herschel am 9. Mai 1935 zum Besuch einer Rabbinischen Lehranstalt, in der in fünf Jahren auf die Tätigkeit eines jüdischen Religionspädagogen vorbereitet wird. Herschel findet Aufnahme in der Rabbinischen Lehranstalt „Jeschiwa“ in der Frankfurter Theobald Christ-Straße 6. Er hat sich mit dem Besuch dieser Schule vermutlich zu viel vorgenommen. Seine Volksschulbildung reicht trotz allen Interesses für die Unterrichtsanforderungen nicht aus, um erfolgreich in der Klasse mitarbeiten zu können. Er gibt nach einem Jahr auf und kehrt am 15. April 1936, kurz nach seinem 15. Geburtstag, zu seinen Eltern nach Hannover zurück.

Der zwei Jahre ältere Bruder Markus absolviert zu der Zeit bereits eine Klempnerlehre; die Schwester Berta arbeitet als Verkäuferin. Doch Herschel kann in den folgenden Wochen keine Arbeit finden. Es entsteht bei ihm, wie bei vielen jüdischen Altersgenossen jener Zeit, der Wunsch, Deutschland mit seiner zunehmend antijüdischen Stimmung zu verlassen und nach Palästina auszuwandern in der Hoffnung, dort ein besseres Leben führen zu können. Deshalb beantragt er am 9. Juli 1936 bei der Polizei in Hannover unter Vorlage seines polnischen Passes einen „Sichtvermerk“ zur Wiedereinreise nach Deutschland für eine geplante Fahrt nach Brüssel. Dieser „Sichtvermerk“ ist Voraussetzung, um ein Einreisevisum für Belgien zu erhalten, in dessen Hauptstadt Verwandte von ihm wohnen. Bei diesen Verwandten will er auf seine Einreiseerlaubnis für Palästina warten, um dann in den Nahen Osten, in das „Gelobte Land“ per Schiff reisen zu können. Bereits Mitte Juli 1936 fährt er mit gültigen Papieren nach Brüssel. Er kann dort jedoch nicht bleiben, da die Verwandten ziemlich kühl reagieren, als sie feststellen, dass er ohne eigenes Geld eingetroffen ist. So muss er sich bald nach einer anderen Unterkunft umsehen. Dabei fällt ihm sein Onkel Abraham Grynszpan ein, der jüngere Bruder seines Vaters, der in Paris mit seiner Frau Chawa lebt und dort ein Geschäft für Damenkonfektion betreibt.

Daher entschließt er sich, nachdem ihn seine Verwandten in Brüssel bereits vor die Tür gesetzt haben und er gerade noch befristete Aufnahme bei einem Nachbarn dieser Verwandten gefunden hatte, an einem Tag im August 1936 bei Valencienne illegal über die belgisch-französische Grenze zu gehen und sich auf schnellstem Wege bei seinem Onkel Abraham in Paris zu melden. Abraham Grynszpan nimmt, obwohl er sich damit strafbar macht, seinen illegalen Neffen in seiner Pariser Wohnung am Boulevard Richard Lenoir 23 auf, und gemeinsam bemühen sich beide umgehend um eine Aufenthaltsgenehmigung.

Am 20. Februar 1937 erhält Herschel endlich eine vorläufige Aufenthaltsgenehmigung für Frankreich. Doch dafür erlischt am 1. April 1937 der deutsche „Sichtvermerk“ für Brüssel und damit auch die Möglichkeit der Wiedereinreise nach Deutschland. Herschel bedrückt dies zuerst nicht, denn nach Deutschland will er zunächst nicht mehr und in Frankreich will er nur so lange bleiben, bis er eine Möglichkeit findet, nach Palästina reisen zu können. Doch dieses Vorhaben stellt sich komplizierter dar, als ursprünglich angenommen. Es sind nicht nur die finanziellen Mittel, die Herschel für so eine weite Reise fehlen. Auch lässt die britische Mandatsregierung für Palästina zunehmend weniger Juden einreisen.

Herschel hilft seinem Onkel ab und zu durch Botengänge im Geschäft und erhält dafür ein Taschengeld von 30 bis 40 Francs pro Woche. Er bemüht sich nicht darum, einen Beruf zu erlernen. Nach der harten Zeit in Hannover und Frankfurt entdeckt der inzwischen Sechzehnjährige die Vergnügungsmöglichkeiten in Paris und geht, so oft es sein knapper Geldbeutel zulässt, zu Sport- und Tanzveranstaltungen oder ins Kino. Er befreundet sich mit Nathan Kaufmann, einem jüdischen Nachbarjungen, und gemeinsam ziehen die beiden los. Sie gehen mehrmals in der Woche in den jüdischen Sportklub „Club Sportif de l’Aurore“ in der Rue Vielle du Temple 110. Manchmal werden sie auch in den Lokalen „Eldorado“ und „Tout va bien“ am Boulevard St. Denis gesehen, die als Treffpunkte homosexueller Männer bekannt sind.

Doch als Herschel über Wochen weder eine Einreisemöglichkeit nach Palästina noch eine ständige Aufenthaltsgenehmigung für Frankreich erhält, bekommt er allmählich Heimweh nach seiner Familie in Hannover. Im September 1937 stellt er einen Antrag bei der deutschen Botschaft in Paris, ihm einen neuen „Sichtvermerk“ zur Wiedereinreise nach Deutschland zu erteilen. Er gibt dabei an, seinen inzwischen ungültig gewordenen polnischen Pass verloren zu haben. Auf Anfrage der Botschaft beim Polizeipräsidenten in Hannover lehnt dieser die Einreiseerlaubnis ab. Auch ein zweiter Antrag seines Vaters Sendel Grynszpan, den dieser von Hannover aus am 8. Januar 1938 stellt, wird

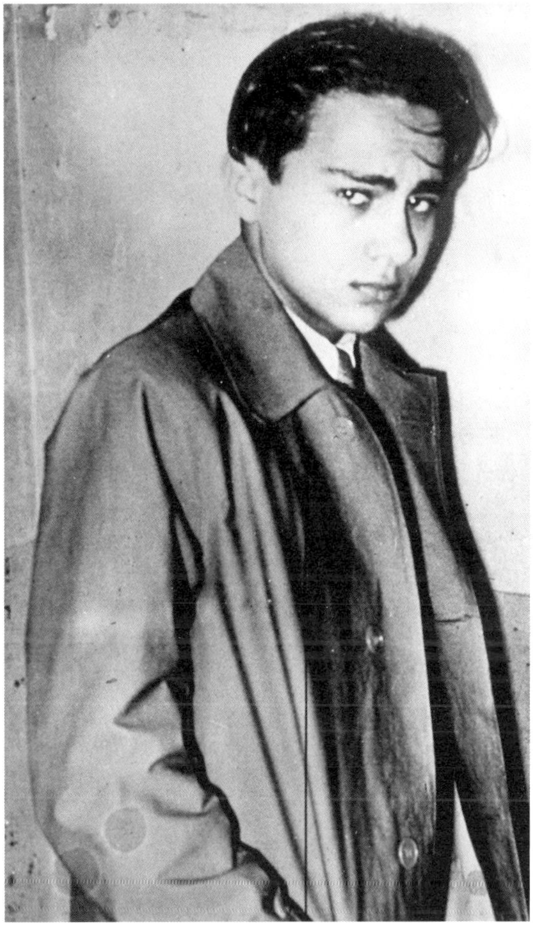

Herschel Grynszpan nach seiner Verhaftung am 7. November 1938 in Paris

abschlägig beschieden. Die Lage spitzt sich zu, als er schließlich am 11. August 1938 vom französischen Innenministerium den Bescheid erhält, dass sein Antrag auf Aufenthaltserlaubnis nicht genehmigt worden sei und er binnen vier Tagen, das heißt bis zum 15. August 1938, Frankreich zu verlassen habe. Damit ist Herschel als Ausländer ohne gültige Papiere, aber auch ohne die Möglichkeit in ein anderes Land reisen zu können, in eine schier ausweglose Lage geraten. Sein Onkel Abraham erlaubt ihm erneut, zunächst bei ihm zu bleiben, um sich weiter um eine legale Existenz bemühen zu können.

Am 3. November erhält Herschel eine Karte seiner Schwester Berta, die ihn darüber informiert, was inzwischen Eltern und Geschwistern Schreckliches in Hannover widerfahren ist: „Lieber Herschel, Du hast gewiß von unserem großen Unglück gehört. Ich gebe dir eine Beschreibung der Vorgänge. Donnerstagabend liefen Gerüchte umher, alle polnischen Juden einer Stadt seien ausgewiesen worden. Allerdings weigerten wir uns, es zu glauben. Donnerstagabend um 21 Uhr ist ein Schupo zu uns gekommen und hat uns erklärt, wir müßten ins Polizeirevier kommen und unsere Pässe mitbringen. So wie wir waren, gingen wir alle zusammen in Begleitung des Schupos zum Polizeirevier. Dort war bereits fast unser ganzes Viertel versammelt. Ein Polizeiwagen hat uns sofort alle ins Rathaus gefahren. Alle wurden dorthin gebracht. Man hatte uns noch nicht gesagt, worum es sich handelt, aber wir hatten gesehen, daß es um uns geschehen war. Man steckte jedem von uns einen Ausweisungsbefehl in die Hand. Wir sollten Deutschland vor dem 29. Oktober verlassen. Man hatte uns nicht mehr erlaubt nach Hause zu gehen. Ich hatte gebeten, man lasse mich in die Wohnung zurück, um wenigstens einige Sachen zu holen. Ich bin dann in Begleitung eines Schupos heimgegangen und hatte die notwendigsten Kleider in einen Koffer gepackt. Und das ist alles, was ich gerettet habe. Wir haben keinen Pfennig. Könntest Du uns nicht etwas nach Lodz schicken? Küsse von uns allen.   Berta.“

Der politische Hintergrund dieser sogenannten „Polen-Aktion“ besteht in folgendem: Während die Nazi-Regierung seit 1933 systematisch daran gegangen war, den deutschen Juden das Leben im Reich so schwer wie irgend möglich zu machen, um sie zum Verlassen des Landes zu treiben, gab es gegenüber Juden mit ausländischer Staatsangehörigkeit doch zunächst noch eine gewisse Zurückhaltung. In dem Maße, in dem nun tatsächlich mehr und mehr jüdische Bürger sich um Aufnahme in anderen Ländern oder um Rückkehr in ihre Heimatländer bemühten, wurden die Aufnahmebestimmungen der Nachbarländer immer rigider. Besonders schwierig war die Situation der etwa 50.000 Juden polnischer Staatsangehörigkeit, nicht nur weil sie aufgrund ihrer orthodoxen religiösen Haltung als besonders „rückständig“ galten, sondern auch weil die sogenannten „Ostjuden“, die, wie Familie Grynszpan, häufig zu Beginn des Jahrhunderts vor zaristischen Pogromen fliehend arm und mittellos nach Deutschland gekommen waren, zu den wenig angesehenen Gesellschaftsschichten gehörten.

Als sich die außenpolitischen Spannungen zwischen der deutschen und der polnischen Regierung zusehends verschärften, benutzten schließlich beide Regierungen die jüdischen Menschen als Spielball ihrer Politik. Auch um der befürchteten Ausweisung der in Deutschland lebenden polnischen Juden zuvorzukommen, erließ die polnische Regierung am 9. Oktober 1938 eine Verordnung zu einem Dekret über die Aberkennung der polnischen Staatsbürgerschaft, nach dem alle Pässe von Polen, die länger als fünf Jahre außerhalb des polnischen Staatsgebietes lebten und keine „Verbindungen“ mehr zu Polen nachweisen könnten, nun ohne ein entsprechendes Sondervisum ungültig werden würden. Die deutsche Regierung verlangte umgehend eine

Zurücknahme dieser Verordnung, da sie fürchtete, dann die polnischen Juden nicht mehr legal aus Deutschland abschieben zu können. Als die polnische Regierung dies am 27. Oktober 1938 verweigerte, erteilt die Gestapo noch am gleichen Tag den Befehl, sofort den betroffenen Personenkreis im Reich zu verhaften und umgehend in Sonderzügen über die polnische Grenze zu fahren und dort auszusetzen.

So werden am 28. Oktober 1938 15–17.000 Juden – Männer, Frauen und Kinder – vor allem in den Großstädten Hamburg, Hannover, Berlin, Essen, Köln und Stuttgart zusammengetrieben und in bewachten und verriegelten Eisenbahnwaggons an die polnische Grenze gefahren. Die polnischen Grenzposten sind völlig überrascht von der „Aktion“ und geben zunächst Warnschüsse ab, um zu verhindern, dass die Menschen auf polnisches Staatsgebiet kommen. So irren sie einige Zeit im Niemandsland zwischen Neu-Bentschen auf deutscher Seite und Zbaszyn (Alt- Bentschen) auf polnischer Seite hin und her. Doch die deutschen Wachmannschaften lassen niemanden zurück. Wer nicht freiwillig geht, wird über die Grenze geprügelt. Die polnischen Grenzbeamten lassen die Ausgewiesenen in einem Wäldchen in der Nähe von Zbaszyn einige Stunden im Regen sitzen, bevor sie ihnen schließlich die Einreise in den kleinen Ort genehmigen. Sie schlafen in Scheunen, Schuppen und Zelten, die schnell von jüdischen Hilfsorganisationen herbeigeschafft werden. Es dauert einige Tage, bis die Formalitäten aufgenommen und erledigt werden. Unter den 484 ausgewiesenen polnischen Juden aus Hannover befinden sich auch die Eltern und beiden Geschwister von Herschel.

Nachdem Herschel von diesen Ereignissen zuerst durch die Karte seiner Schwester, dann auch durch die internationale Presse erfahren hat, kümmert ihn das eigene Schicksal kaum noch. Er ist zutiefst erschüttert und will unbedingt etwas unternehmen, um ein Zeichen gegen das offenkundige Unrecht zu setzen. Er denkt in diesen schweren Stunden auch über Selbstmord nach, macht sich dann aber klar, dass in dieser Zeit wohl kaum etwas durch den freiwilligen Tod eines armen jüdischen Jungen bewegt werden würde. Am Donnerstag, dem 3. November 1938, hat Herschel die Karte seiner Schwester erhalten. Am Sonntag, dem 6. November 1938, beschließt er zu handeln.

Wie geschah die Tat?

An diesem 6. November 1938 hält sich Herschel tagsüber gemeinsam mit Onkel und Tante in deren Wohnung auf. Gegen 15 Uhr verlässt er sie, um zum „Club Sportif de l'Aurore“ zu gehen. Seine gesamten Ersparnisse in Höhe von 320 Francs nimmt er mit und kehrt nicht heim in die Wohnung seines Onkels, sondern mietet sich im „Hotel de Suez“ am Boulevard de Strasbourg 17 ein Zimmer unter dem Namen Heinrich Halter aus Hannover. Er gibt an, sein Gepäck und seine Papiere noch am Bahnhof zu haben, und zahlt für die Nacht mit Frühstück 22,50 Francs im Voraus. Danach macht er noch einen kleinen Spaziergang zum Lokal „Tout va bien“ am Boulevard St. Denis, wobei ihn der Weg an dem Stahlwarengeschäft „A La Fine Lame“ („Zur guten Klinge“) vorbeiführt, in dessen Schaufenster Schusswaffen zum Verkauf angeboten werden. Bereits gegen 20 Uhr ist er im Hotel zurück und verlässt sein Zimmer nicht mehr bis zum nächsten Morgen. Während dieser Stunden im Hotel schreibt er an seine Eltern eine Abschiedskarte, die später von der Polizei gefunden wird:

„Meine lieben Eltern! Ich konnte nicht anders tun, soll G'tt mir verzeihen, das Herz blutet mir, wenn ich von eurer Tragödie und 12000 anderer Juden hören muß. Ich muß protestieren, das die ganze Welt meinen Protest erhört, und das werde ich tun, entschuldigt mir. Hermann“

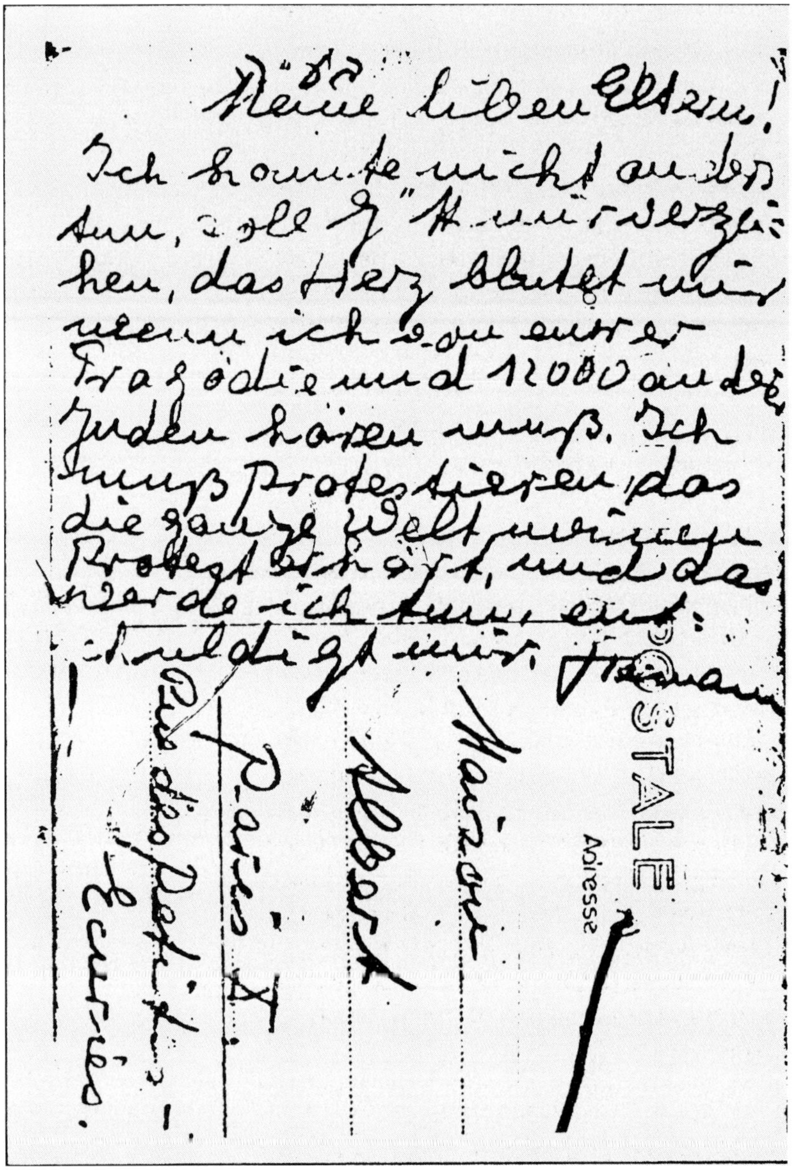

Meine lieben Eltern! Ich konnte nicht anders tun, soll G"tt mir verzeihen, das Herz blutet mir, wenn ich von eurer Tragödie und 12000 andere Juden hören muß. Ich muß protestieren, das die ganze Welt meinen Protest hört, und das werde ich tun. Entschuldigt mir. Hermann

Adresse

Abschiedskarte Herschels an seine Eltern, geschrieben am 6. oder 7. November 1938

Am Montag, dem 7. November 1938, erscheint Herschel bereits um 7.30 Uhr im Frühstücksraum des Hotels, das er gegen 8 Uhr verlässt. Um 8.35 Uhr betritt er den Laden „A La Fine Lame“ in der Rue du Faubourg Saint-Martin 61 und kauft dort einen 6,35 mm-Trommelrevolver sowie Patronen für insgesamt 245 Francs. Der Ladenbesitzer erklärt ihm ausführlich die Funktionsweise der Waffe. Von dort geht er um 8.55 Uhr in das Lokal „Tout va bien“, auf dessen Toilette er den Revolver lädt und in seine innere linke Jackentasche steckt. Dann fährt er mit der Metro bis zur Station Solferino, die ganz in der Nähe der deutschen Botschaft in der Rue de Lille 78 liegt.

Vor der Botschaft zögert Herschel einzutreten. Da eilt ein älterer Herr sicheren Schrittes an ihm vorbei zum Eingang. Herschel spricht diesen Herrn an und fragt ihn, wie man zum Botschafter gelangen könne. Der Herr verweist ihn zur Pförtnerloge und verschwindet selbst in der Botschaft. Dieser Herr war der Botschafter Graf Welczek persönlich, dem es unangenehm war, direkt angesprochen zu werden und der deshalb den jungen Mann auf den „Dienstweg“ verwies, ohne sich zu erkennen zu geben. Herschel wendet sich nun zur Pförtnerloge. Der Pförtner ist jedoch gerade nicht da, weil er sich nach dem morgendlichen Heizen in seinen Privaträumen umzieht. Seine Ehefrau schickt den jungen Mann, der angibt, ein Dokument persönlich dem Botschafter übergeben zu müssen, weiter zum Amtsdiener Nagorka. Damit war Herschel ohne sich ausweisen zu müssen, wie sonst üblich, innerhalb der Botschaft.

Der Amtsdiener bietet nun an, das Dokument an den Botschafter weiterzuleiten. Doch Herschel beharrt darauf, dass er dies persönlich tun müsse, weil dazu einige mündliche Erklärungen erforderlich seien. Der Amtsdiener bittet daraufhin Herschel in einen Warteraum und begibt sich zum Zimmer des zuständigen Vertreters des Botschafters, des Gesandtschaftssekretärs Ernst Achenbach. Doch dieser ist zufällig wegen einer Verspätung noch nicht zum Dienst erschienen. So fragt der Amtsdiener den 2. Vertreter, den Legationsrat Ernst vom Rath, ob er die Sache für Herrn Achenbach übernehmen könne. Ernst vom Rath bittet den Amtsdiener, den jungen Mann in sein Zimmer zu führen. Über den genauen Ablauf der Tat gibt Herschel nach seiner Verhaftung, die er widerstandslos unmittelbar nach der Tat über sich ergehen lässt, gegenüber der Polizei zu Protokoll:

„Ich wurde ... von einem Attaché empfangen, der mir einen Sessel links von ihm anbot. Er erkundigte sich nach den Gründen meines Besuchs. Ich sagte ihm: 'Sie sind ein schmutziger Deutscher (sale boche), und nun übergebe ich Ihnen im Namen von 12.000 schikanierten Juden das Dokument.' Ich zog den Revolver, den ich in der Innentasche meines Rockes versteckt hatte, und schoß; im Augenblick, wo ich die Waffe zog, erhob sich der Attaché von seinem Sessel. Ich feuerte jedoch alle Kugeln ab. Ich zielte in die Mitte des Körpers. Mein Opfer versetzte mir einen Faustschlag und verließ hilferufend das Zimmer. Ich blieb im Büro, wo ich einige Augenblicke später verhaftet wurde... Die Postkarte [der Schwester Berta] ... habe ich am Donnerstag [3.November] bekommen, und von diesem Augenblick habe ich beschlossen, aus Protest ein Mitglied der Botschaft zu töten. Aus den Zeitungen wußte ich von der Unterdrückung meiner Glaubensgenossen. Das ist der einzige Grund, der meinen Schritt veranlaßt hat..."

Von den von Herschel abgefeuerten fünf Schüssen trafen zwei den Botschaftsbeamten. Er wurde sofort in die Klinik der L'Alma in der Rue de l'Université 166 gebracht und dort operiert: Die Milz musste entfernt und die durchschossene Magenwand zwei Mal genäht werden.

Als Hitler von dem Attentat erfuhr, beförderte er Ernst vom Rath zum Gesandtschaftsrat und sandte seinen Leibarzt Dr. Karl Brandt nach Paris, der am 8. November 1938 den Zustand des Patienten als ernst bezeichnete. Am Vormittag des 9. November 1938 trat eine weitere Verschlechterung ein. Um 16.30 Uhr des gleichen Tages mussten die Ärzte den Tod konstatieren.

In München wurden zu der Zeit die jährlichen Feierlichkeiten aller wichtigen Parteiführer und NS-Gauleiter aus Anlass der Wiederkehr des von Hitler mit seinen „alten Kampfgenossen" am 9. November 1923 versuchten Putsches vorbereitet. Hitler selbst befand sich zur Todesstunde Ernst vom Raths bereits auf dem Weg nach München und erfuhr erst kurz vor dem traditionellen Abendessen davon. Er verließ die Veranstaltung ungewöhnlich früh, nicht ohne mit seinem Propagandaminister Joseph Goebbels einige Absprachen getroffen zu haben.

Goebbels hielt kurz darauf eine Rede, in der er alle Anwesenden über den Tod informierte und schärfste Vergeltung forderte. Unmittelbar nach dem Abendessen telefonierten die Gruppenführer der SA in ihre jeweiligen Heimatbereiche und gaben Anweisung für Aktionen zur „Rache für den Mord an vom Rath": „Sämtliche jüdische Geschäfte sind sofort von Männern in SA-Uniform zu zerstören ... Bei Widerstand sofort über den Haufen schießen." Der Chef der gesamten Sicherheitspolizei, Reinhard Heydrich, vereinheitlichte diese Maßnahmen in einem Rundschreiben an alle Staatspolizeileitstellen im ganzen Reich, das noch in der Nacht vom 9. auf den 10. November 1938 um 1.20 Uhr durchgegeben wurde und in dem das Verhalten bei Synagogenbränden u. a. im Detail erläutert wurde.

Warum kam es nie zu einem Gerichtsprozess?

Bereits am 8. November 1938 hat der französische Untersuchungsrichter Tesnière Herschel Grynszpan des Mordversuchs angeklagt. Nach dem Tode Ernst vom Raths lautet die Anklage „Mord mit Vorbedacht". Der

Untersuchungsrichter beantragt ein psychiatrisches Gutachten, dessen Ergebnis lautet, dass Herschel als „vollverantwortlich" für die Tat anzusehen sei.

Da nach geltendem französischen wie deutschen Recht die deutsche Regierung keine Auslieferung eines Ausländers bei einem im Ausland begangenen Verbrechen verlangen kann, bemüht sie sich nun ihrerseits, die Vertreter der französischen Anklage durch sogenannte deutsche „Sonderbeauftragte" zu beeinflussen, damit der Prozess nicht etwa nur einen verzweifelten jüdischen Jungen zum Tode verurteilt, sondern politisch-propagandistisch die „Schuld des Weltjudentums" in der Öffentlichkeit herausstellt. Der Jura-Professor Friedrich Grimm ist einer der wichtigsten „Sonderbeauftragten" in Paris.

Am 1. September 1939 überfällt die deutsche Wehrmacht schließlich, nachdem die Konflikte immer mehr angeheizt worden waren, Polen. Damit beginnt der 2. Weltkrieg. England und Frankreich erklären wegen dieses Überfalls Deutschland den Krieg. Friedrich Grimm und andere „Sonderbeauftragte" müssen Paris verlassen. Herschel ist zu diesem Zeitpunkt über 17 Monate im Untersuchungsgefängnis Frèsnes bei Paris – ein bisher nie dagewesener Fall in der französischen Justiz.

Am 1. Juni 1940, zwei Wochen vor dem Einzug der deutschen Truppen in Paris am 14. Juni 1940, beschließen die französischen Behörden, die Insassen der Pariser Gefängnisse zu evakuieren. Auch Herschel wird mit einem Transport von insgesamt 96 Mitgefangenen von Frèsnes in Richtung Süden zu Fuß in Bewegung gesetzt. Am 17. Juni 1940 wird er im Gefängnis von Bourges eingeliefert, doch vorerst nicht registriert, weil der Oberaufseher unsicher ist, wie er mit diesem prominenten jungen Gefangenen verfahren soll. Auf Empfehlung des zuständigen Staatsanwalts Ribeyre wird Herschel am 18. Juni 1940 vor den Toren des Stadtgefängnisses von Bourges „freigesetzt". Er versucht nun, sich allein weiter zur nächstgrößten südlichen Stadt – nach Toulouse – durchzuschlagen.

Bereits in den frühen Morgenstunden des 19. Juni 1940 erscheinen deutsche Offiziere im Gefängnis von Bourges und verlangen die Auslieferung des „Verbrechers Grünspan". Der Oberaufseher erklärt, dass er diesen Häftling nie in Bourges gesehen habe. Aber durch einen Zeugen gelingt es den deutschen Offizieren schnell, die Wahrheit herauszubekommen. Der Staatsanwalt Ribeyre wird verhaftet und nach Paris in eine Dunkelzelle verbracht. Als es nicht gelingt, die weitere Fährte Herschels zu ermitteln, wird dem Staatsanwalt am 11. Juli 1940 eröffnet, dass er in Kürze mit seiner Hinrichtung zu rechnen habe.

Herschel war inzwischen mehr als 2 Wochen durch Toulouse geirrt, das zu der Zeit, im unbesetzten Frankreich liegend, von Flüchtlingen, vor allem aus Paris, förmlich überquoll. Ohne Geld, ohne Kontakte und durch die zermürbend lange Untersuchungshaft wohl auch nervlich am Ende hat er nicht mehr die Kraft, illegal zu leben. Er bittet schließlich beim Gefängnis von Toulouse um Aufnahme.

So kommt es, dass die deutschen Fahnder schließlich doch erfahren, dass Herschel in Toulouse einsitzt. Umgehend wird die französische Marionetten-Regierung von Vichy unter Marschall Henri Philippe Pétain aufgefordert, den „Verbrecher Grünspan" an der Demarkationslinie zum besetzten Frankreich auszuliefern. Die Vichy-Regierung willigt unter der Bedingung ein, dass der angesehene und beliebte Staatsanwalt Ribeyre dafür freigelassen würde. Und so geschieht es: Am 18. Juli 1940 wird Herschel entgegen internationalem Asylrecht den Nazis ausgeliefert und noch am gleichen Tag ins Gestapo-Gefängnis nach Berlin gebracht. Vom 18.

Aus Deutschland abgeschobene polnische Juden im Grenzlager Zbaszyn, November 1938

Januar 1941 bis zum Sommer 1941 wird Herschel als Häftling Nr. 35181 im KZ Sachsenhausen eingesperrt, um von da ab wieder in Berlin, dieses Mal im Untersuchungsgefängnis in Alt-Moabit, für den nun zum zweiten Mal geplanten Schau-Prozess zur Verfügung zu stehen.

Nach mehrfachen Verschiebungen des Prozess-Beginns wird dieser schließlich auf den 11. Mai 1942 vor dem Volksgerichtshof in Berlin festgesetzt. Mit der Vorbereitung ist u.a. erneut der Jura-Professor Friedrich Grimm betraut, der sich mit der Anregung hervortut, doch auch den ehemaligen französischen Außenminister Georges Bonnet die These bestätigen zu lassen, dass die „dauernden aggressiven Handlungen des Weltjudentums die deutsche Regierung in den 2. Weltkrieg gezwungen" hätten. Herschels Tat wäre dafür der Auftakt in Frankreich gewesen. Gemäß dieser neuen propagandistischen Sichtweisen wird der Prozess auf sieben Tage festgelegt. Alle wesentlichen Aussagen stehen vorher, zum großen Teil schriftlich niedergelegt, fest. Dabei sollen nur die ersten beiden Prozesstage der Person Herschels und seiner Familie, im Wesentlichen dem „kriminellen Potential der Mischpoke Grünspan" gewidmet sein. Die übrigen fünf Tage geht es um die „niederträchtige Rolle des Weltjudentums", das verantwortlich gemacht werden soll für alle Verbrechen – vom Attentat auf den Botschaftsangehörigen bis zum „Ausbruch" des 2. Weltkriegs.

Herschel wird während seiner gesamten Haftzeit – er ist inzwischen 21 Jahre alt – sowohl in Sachsenhausen als auch in Berlin im Vergleich zu den brutalen Foltermethoden gegenüber anderen Mitgefangenen relativ „normal" behandelt. Es ist zu vermuten, dass die Nazis den international geplanten Schau-Prozess nicht mit medizinisch-nachweisbaren Folterspuren belasten wollten. Und das Urteil – die Hinrichtung in Berlin-Plötzensee – scheint ohnehin außer Frage zu stehen.

Eine entscheidende Wendung des vorprogrammierten Ablaufs gibt Anfang 1942 für alle Beteiligten völlig unerwartet Herschel selbst: Gegenüber seinem Pflichtverteidiger gibt er zu verstehen, dass er in der Hauptverhandlung – sobald ihm das Wort erteilt würde – behaupten würde, dass er zu Ernst vom Rath homosexuelle Beziehungen gehabt habe und darin ein zusätzlicher Anlass für das Attentat gelegen habe. Auch wenn es für diese Behauptung kaum logische Belege gibt – er hatte schließlich den Botschafter töten wollen und nicht Ernst vom Rath, als er in die Botschaft kam – so schockiert er mit dieser Aussage doch die mit der Dramaturgie des Prozesses beauftragten deutschen Juristen und Politiker zutiefst. Propagandaminister Joseph Goebbels notiert am 24. Januar 1942 in sein Tagebuch: „Der Mordprozeß Grünspan steht nun wieder zur Debatte. Grünspan hat das freche Argument gefunden, daß er mit dem erschossenen Legationsrat vom Rath ein homosexuelles Verhältnis gehabt habe. Das ist natürlich eine unverschämte Lüge, immerhin aber ist sie geschickt erdacht, und sie würde, wenn sie im öffentlichen Prozeß vorgebracht würde, sicherlich das Hauptargument der ganzen gegnerischen Propaganda werden. Ich lasse deshalb Vorsorge treffen, daß nur ein Teil der Prozeßverhandlung öffentlich vor sich geht, der andere Teil soll hinter verschlossenen Türen stattfinden."

Doch mit einer bloßen Umänderung der Kulissen lässt sich dieses „Problem" offenkundig nicht lösen: Es kommt zu Konkurrenzen zwischen Beamten des Propaganda-Ministeriums, des Auswärtigen Amtes, des Reichssicherheitshauptamtes und schließlich des Volksgerichtshofes, die alle in unterschiedlich akzentuierter Weise den Prozess gegen Herschel Grynszpan für ihre Zwecke nutzen wollen. Mehrfach wird angefragt, ob Hitler auch genügend über den „homosexuellen Komplex" informiert worden sei und ob er „tatsächlich" seine Zustimmung zum Prozessbeginn gegeben habe. Während Hitler und seine „Kampfgenossen" nicht vor den obszönsten Quälereien unschuldiger Menschen zurückschrecken, während zur gleichen Zeit – am 20. Januar 1942 – in der sogenannten „Wannsee-Konferenz“ mit der „Endlösung der Judenfrage“ die Ermordung von 11 Millionen jüdischer Menschen beschlossen wird, sind sie gleichzeitig zutiefst verunsichert und verklemmt, was die öffentliche Diskussion über ein mögliches, nach den Fakten eher unwahrscheinliches sexuelles Verhältnis zwischen zwei Männern angeht. Der Prozess wird also erst einmal erneut verschoben. Aber bereits zwei Tage nach dem ursprünglich geplanten Prozessbeginn ordnet Hitler am 13. Mai 1942 an, dass der Prozess „einstweilen nicht zu führen“ sei und er sich „die Bestimmung des Zeitpunktes selbst“ vorbehalte. Der gerade zum Präsidenten des Volksgerichtshofes ernannte Roland Freisler notiert am 16. Oktober 1942 abschließend: „Der Grynspan-Prozeß dagegen wird nach dem Befehl des Führers bis auf weiteres nicht bearbeitet.“

Über das weitere Schicksal Herschel Grynszpans gibt es unterschiedliche Aussagen, die jedoch alle bis heute weder bewiesen noch widerlegt werden konnten. Während seine Angehörigen ihn am 1. Juni 1960 vom Amtsgericht Hannover unter dem Aktenzeichen 88 II 309/59 für tot erklären lassen und der israelische Generalstaatsanwalt Gideon Hausner davon ausgeht, dass Herschel doch noch im KZ Sachsenhausen umgekommen ist, verstummt bis heute die Vermutung nicht, nach der er nach der Befreiung 1945 durch die Alliierten nach Paris zurückgekehrt sei und dort unter falschem Namen bis heute lebe.

Der vorliegende Beitrag ist eine gekürzte Fassung der Broschüre: *Lutz van Dick, Wer war Herschel Grynszpan? Die Geschichte des jugendlichen Attentäters (Neue Deutsche Schule Verlagsgesellschaft mbH, Essen, 1988, vgl. auch: Lutz van Dick, Der Attentäter. Herschel Grynszpan und die Vorgänge um die „Kristallnacht“, Reinbek bei Hamburg, 1988).*

Zwischen Hoffnung und Enttäuschung – Familie Freund auf der Suche nach einer Auswanderungsmöglichkeit

Moshe Ayalon
Helga Krohn

Die Familie Freund, Felix und seine Frau Minni mit zwei Kindern, Martin und Ruth, wohnte im Frankfurter Ostend, zunächst im Oberen Atzemer 6, seit 1937 in dem modernen, zweistöckigen Haus Sandweg 15. Bei der zweiten großen Deportation aus Frankfurt wurden das Ehepaar und Martin aus ihrer späteren Wohnung Pfingstweidstraße 10 in das Ghetto Minsk verschleppt und dort umgebracht. Die Tochter Ruth gelangte als Elfjährige mit einem Kindertransport nach England, damals in der sicheren Erwartung, die Eltern und den Bruder bald wieder zu sehen.

Im Central Archives for the History of the Jewish People[1] in Jerusalem liegen Briefe und Dokumente dieser Familie aus den Jahren 1938 bis 1941. Es handelt sich ausschließlich um persönliche Unterlagen, die möglicherweise noch nach der Deportation in der Wohnung waren oder die vorher Nachbarn oder Bekannten übergeben wurden. Der Weg der Unterlagen nach Jerusalem lässt sich nicht rekonstruieren. Akten im Hessischen Hauptstaatsarchiv in den Beständen Devisenakten und Entschädigungs- und Rückerstattungsakten[2] ergänzen die Jerusalemer Unterlagen und tragen wesentlich dazu bei, ein Bild von der Lebenssituation und den Auswanderungsbemühungen dieser Familie herauszuarbeiten. Fotografien konnten nicht gefunden werden. Die Tochter schickte uns ein Bild der Mutter und des Bruders.

Familie Freund war wohlhabend, und sie hatte Kontakte in die USA. Dennoch ist ihr die Rettung aus Deutschland nicht gelungen, weil sie kein Einreisevisum in die USA erlangte. Die gefundenen Unterlagen machen die Auswanderungsbemühungen und -hindernisse deutlich. Damit steht diese Familie für Tausende Frankfurter, die hätten gerettet werden können, wenn andere Länder bereit gewesen wären, sie aufzunehmen und wenn die USA ihre Einwanderungsbedingungen geändert oder weiter ausgelegt hätten. Diese Feststellung verringert nicht die Verantwortung der Deutschen für die Deportation und Ermordung dieser und anderer Familien.

„Freund ist berechtigt im Hof eine Laubhütte aufzustellen“

Die biographischen Angaben über die Familie sind spärlich, sie stammen überwiegend aus den Berichten von

Minni Freund, etwa 1925. Von Felix Freund konnte kein Foto gefunden werden

Ruth Freund für die Entschädigungsverfahren. Felix Freund wurde 1891 in Breslau geboren. Dort besuchte er die Volksschule und die höhere Schule, später auch die Universität. Anschließend absolvierte er eine kaufmännische Lehre bei der Firma Adler-Schuhfabrik in Bad Brückenau. Im Jahr 1921 heiratete er Minni Löbenstein, und beide zogen nach Frankfurt. 1925 wurde der

[1] Central Archives for the History of the Jewish People, Jerusalem, File No. Inv./1446.

[2] Hessisches Hauptstaatsarchiv Wiesbaden Devisenakten JS 2597; Abt. 518/ 11454 und 519/ 14364N.

Sohn Martin, 1927 die Tochter Ruth geboren. Bei der großen und bedeutenden Schuhfabrik I&C.A. Schneider, Mainzer Landstraße 281, erhielt Felix Freund eine gut dotierte Stelle als Vertreter. Er arbeitete mit festem Grundgehalt auf Provisionsbasis und hatte arbeitsrechtlich den Status eines selbstständigen Vertreters. Diese Firma hat Felix Freund bis Ende November 1938 beschäftigt und ihm bei seinem Ausscheiden eine Abfindung von 5.000 RM und die Provisionen für Aufträge, die er für das Jahr 1939 bereits aufgenommen hatte, gezahlt. I&C.A Schneider galt wegen ihrer Inhaber Lothar und Fritz Adler als „jüdische Firma". Trotz eines Umsatzrückgangs nach 1933 lief die Firma erfolgreich weiter. Am 20. November 1938 meldete das Frankfurter Volksblatt, das „amtliche Organ der NSDAP für den Gau Hessen-Nassau", die „Arisierung" des mit über 2.000 Arbeitern und Angestellten größten jüdischen Privatbetriebes im Gau Hessen-Nassau. Mit dem Prozess der „Arisierung" hing die Kündigung von Felix Freund zusammen, die sicher noch von den Inhabern Adler geregelt worden war. Beide Inhaber Adler konnten in die USA auswandern, nachdem ihnen der größte Teil ihres Vermögens entzogen worden war.[3] Die „arisierte" Schuhfabrik behielt den Namen bei und bewahrte auch die Firmenunterlagen auf, sodass sie in den 60er Jahren in dem Entschädigungsverfahren die hohen Bezuge von Felix Freund bestätigen konnte.

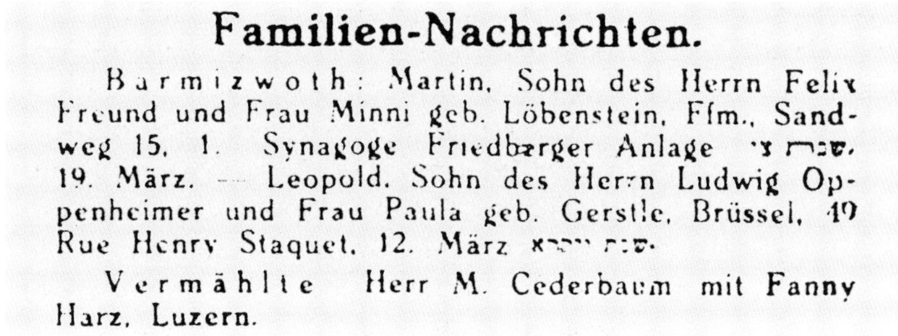

Familien-Nachrichten.

Barmizwoth: Martin, Sohn des Herrn Felix Freund und Frau Minni geb. Löbenstein, Ffm., Sandweg 15, 1. Synagoge Friedberger Anlage [illegible] 19. März. — Leopold, Sohn des Herrn Ludwig Oppenheimer und Frau Paula geb. Gerstle, Brüssel, 19 Rue Henry Staquet, 12. März [illegible]

Vermählte Herr M. Cederbaum mit Fanny Harz, Luzern.

Bekanntmachung in der orthodoxen Zeitung Der Israelit, Nr. 10, 10. März 1938

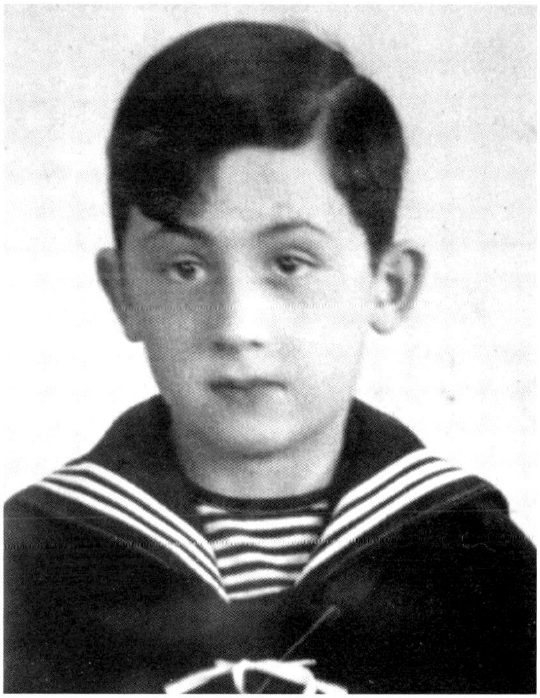

Martin Freund, 1931 an seinem ersten Schultag

Dem verhältnismäßig hohen Einkommen entsprach die große Fünfzimmerwohnung, die aus einem Speisezimmer, einem Herrenzimmer, einem Schlafzimmer, Wohnzimmer, Kinderzimmer, Küche und Bad bestand und mit wertvollen Möbeln eingerichtet war. Eine Bibliothek mit einem Bestand von etwa 4.500 Büchern war im Herrenzimmer untergebracht. Eine Briefmarkensammlung, Rosenthal Kaffee- und Essservice, Tafelsilber, Perserteppiche und Gemälde gehörten zum Hausstand. Die Mutter hatte einen Persianer-Mantel und wertvollen Schmuck. Reisen wurden gemacht, und die Kinder besuchten Privatschulen.

Dass Felix Freund seinen Arbeitsplatz in der Zeit der Naziherrschaft behielt und sein Einkommen sich sogar noch wesentlich steigerte, hat sicher dazu beigetragen, dass die Familie sich vor dem November 1938 nicht um die Auswanderung aus Deutschland bemühte.

[3] Institut für Stadtgeschichte, S3/R 3073.

Felix Freund war Mitglied der Israelitischen Religionsgesellschaft, also der orthodoxen Austrittsgemeinde. Wie wichtig ihm die Religionsausübung war, zeigt ein Zusatz in dem 1937 abgeschlossenen „Deutschen Einheits-Mietvertrag“: „Freund ist berechtigt im Hof eine Laubhütte aufzustellen“. In seinen verschiedenen Bilanzaufstellungen sind immer wieder Spenden für die Jüdische Wohlfahrt und den Hilfsverein verzeichnet. Aus dem Herbst 1940 sind Unterlagen erhalten, die belegen, dass Felix Freund in der orthodoxen Synagoge am Hermesweg eine bedeutende Rolle einnahm. Es war damals – nach der Zerstörung der Synagogen in der sog. Kristallnacht – der einzige noch existierende Synagogenraum für Orthodoxe.

Am 19. März 1938 feierte der Sohn Martin in der Synagoge Friedberger Anlage seine Bar Mizwa. Bei der anschließenden Festtafel waren viele Verwandte und Freunde. In einem lustigen 12-seitigen Tischlied ist von den Sorgen um die Zunkunft nichts zu spüren. Es wurden weitere Familienfeste angekündigt, denn am Ende heißt es: „Beschwerden, Wünsche und Anregungen werden rechtzeitig vor dem nächsten Familienfest erbeten! Also vor der Barmizwoh von Fredi Lewin oder vor der nächsten Bris Miloh bei Arthur Loebenstein!“[4].

Etwa acht Monate später hat sich die Lage einschneidend geändert: Das Pogrom im November 1938 bedroht das Leben und Eigentum der Juden, es soll sie zur Auswanderung zwingen und leitet ihre Enteignung und finanzielle Beraubung ein.

„Mister Freund since three weeks absent...“

Freunds hatten sich früh im Amerikanischen Konsulat für ein Einreisevisum registrieren lassen, aber zunächst keine eigenen Anstrengungen zur Auswanderung unternommen. Möglicherweise hängt es mit dem Attentat von Herschel Grynszpan auf den Diplomaten Ernst vom Rath in Paris und der sofort einsetzenden Hetze gegen die Juden zusammen, dass Felix Freund am 9. November 1938 einem Richter in Pennsylvania schrieb, dem ihm unbekannten Cousin einer Familienfreundin, und ihn um eine Bürgschaft – ein Affidavit – für die Auswanderung der Familie in die USA bat. Er schrieb in seinem ungeübten Englisch: „I presume you are well aware of your [gemeint ist sicher our] position in this country. After an 18 years' activity in one of the largest Shoe Factories of Europe I have to leave this situation. Therefore I am forced to start in a new country. The only possibility of getting out is to emigrate to U.S.A. I should be very much obliged to you, if you would help me in a constructive manner and furnish an affidavit for me and my family (my wife as well as my 13 years' old son and my 10 years' old daughter).“ Eine ausreichende Bürgschaft eines amerikanischen Bürgers war Voraussetzung für die Ausstellung eines Visums zur Einreise in die USA. Die Höhe der möglichen Bürgschaft hing von den Einkommens- und Vermögensverhältnissen ab und musste amtlich bestätigt werden. Es sollte damit sichergestellt werden, dass Einwanderer in die USA ausreichend versorgt werden und in keiner Weise dem Staat zur Last fallen.

Einen Tag nach seinem Brief an Rosen wurde Felix Freund verhaftet, mit den anderen Verhafteten in die Festhalle gebracht und am 14. November zusammen mit einigen hundert Frankfurter Juden in das Konzentrationslager Dachau eingeliefert.[5] Minni Freund führte die Korrespondenz wegen der Auswanderung weiter, am 4. Dezember teilte sie Herrn Rosen mit, dass ihr Mann bereits seit drei Wochen abwesend sei und bestätigte diese im Ausland verständliche Mitteilung drei Tage später in einem Telegramm: „Mister Freund since three weeks absent...“ Eine zusagende Anwort Rosens traf in Form eines Telegramms am 15. Dezember ein: „Sending Affidavit=Rosen“. Am nächsten Tag

[4] Bris Miloh heißt Beschneidung. Dr. Arthur Loebenstein, ein Arzt, war der Bruder der Mutter. Auch ihm gelang nicht die Einreise in die USA und er, seine Frau und fünf Kinder wurden deportiert und ermordet.

[5] Dazu Monica Kingreen, Von Frankfurt in das KZ Dachau, S. 71. 534 Frankfurter wurden im November 1938 nach Dachau verschleppt und als „Schutzhäftlinge“ eingeliefert.

konnte Felix Freund selbst sich in einem Telegramm bedanken, denn am 14. war er aus dem Konzentrationslager Dachau entlassen worden, weil er „Frontsoldat“ im Ersten Weltkrieg gewesen war. Über seinen Aufenthalt dort erfahren wir nichts. Wir müssen davon ausgehen, dass er wie die anderen aus Dachau und Buchenwald Entlassenen sich regelmäßig auf der zuständigen Polizeistation zu melden hatte und seine Bemühungen um Auswanderung nachweisen musste.

In den kommenden Wochen herrschte intensiver Telegramm- und Briefverkehr zwischen Rosen, dem amerikanischen Konsulat und dem Ehepaar Freund. Frau Freund schickte den Rosens von Zeit zu Zeit kleine Aufmerksamkeiten, so z.B. Süßigkeiten und ein gesticktes Deckchen; es entwickelte sich eine freundschaftliche Beziehung. Rosen hatte dem für Frankfurt zuständigen amerikanischen Konsulat in Stuttgart seine Personalien mitgeteilt, seine Einkünfte als Richter auf Lebenszeit offengelegt und sich einverstanden erklärt, die Bürgschaft für die vierköpfige Familie zu übernehmen. Als die Bürgschaft für die Familie eintraf, fuhr Freund sofort nach Stuttgart. Diese Reise war vergebens, weil das Konsulat bis Ende Januar geschlossen blieb. Die USA änderten ihre auf Quoten beruhende Einwanderungspolitik nicht, auch nicht als nach dem Novemberpogrom bekannt wurde, dass die Verschleppung der Männer in Konzentrationslager sowie die den Juden aufgebürdeten „Sühneleistungen“ als Druck zur Beschleunigung der Auswanderung gemeint waren. Das Konsulat in Stuttgart arbeitete langsam, die Familie Freund war mit der Nummer 7627 registriert, was bedeutete, dass noch viele vor ihr auf die Erteilung eines Visums warteten.

Ende April bestätigte ein Richterkollege von Rosen dessen jährliches Einkommen von 14.000 Dollar und überdurchschnittliches Vermögen sowie seine Zuverlässigkeit und die verantwortungsvolle Wahrnehmung seiner Bürgerpflichten. Dennoch aber verlangte das Konsulat weitere Auskunft über den Bürgen: „Folgende zusätzliche Auskunft sollte von Ihrem Bürgen beigebracht werden“, heißt es in einem Formschreiben vom 5. Mai 1939: „A. Gründe, die ihn veranlassen, Ihren Lebensunterhalt zu sichern. B. Eidliche Angaben über das Ausmaß der Verpflichtungen, die er Ihnen gegenüber übernehmen wird, sowie über die Vorkehrungen, die er zur Sicherstellung Ihres Lebensunterhalts auf unbestimmte Zeit getroffen hat ... D. Namen und Adressen von Personen, für die er bereits gebürgt hat (Art der Bürgschaften, ob die Personen bereits dort sind und ob sie noch von ihm abhänging sind, falls sie Beschäftigung haben, Nachweise der Arbeitgeber)“.[6]

Freunds müssen damit gerechnet haben, bald das Visum für die Vereinigten Staaten zu erhalten, denn am 1. April 1939 stellten sie einen Antrag an die Finanzbehörde zur Ausstellung einer steuerlichen Unbedenklichkeitsbescheinigung. Diese war Voraussetzung für die Ausstellung eines Reisepasses und einer Ausreisegenehmigung. Andererseits müssen sie durch die Haltung des amerikanischen Konsuls auch unsicher geworden sein, ob und wann die Auswanderung der ganzen Familie zu erreichen sei. Deshalb ließen sie die 11jährige Tochter Ruth Anfang 1939 mit einer Kindergruppe, einem sogenannten Kindertransport, nach England reisen. Die Regierung von Großbritannien hatte Ende November 1938 beschlossen, Kinder unter 16 Jahren aus Deutschland und Österreich aufzunehmen unter der Voraussetzung, dass Hilfsorganisationen oder Privatpersonen die gesamten Reise-, Aufenthalts- und Ausbildungskosten übernehmen, und britischen Organisationen gelang so in Zusammenarbeit mit dem Hilfsverein der Juden in Deutschland die Rettung von etwa 10.000 Kindern. Am 21. Mai schrieb die Tochter Ruth zum Geburtstag des Vaters eine ihr mitgegebene Antwortkarte: „Lieber Papa! Ich gratuliere Dir bestens zum Geburtstage. Es tut mir nur leid das ich Dir nicht münd-

[6] Die Angaben befinden sich auf einem in englischer Sprache abgefassten Formblatt.

Absender: Ruth Freund
92, Cazenove Road
Stoke Newington
London N 16
Stamford Hill.

Viele herzliche
Grüße
Ruth

Postkarte (Antwort)
Carte postale — réponse

Deutsches Reich

22 MAY 1939

Hr.
Felix Freund,
Frankfurt/M. 1.
Sandweg 15 I.
Germany.

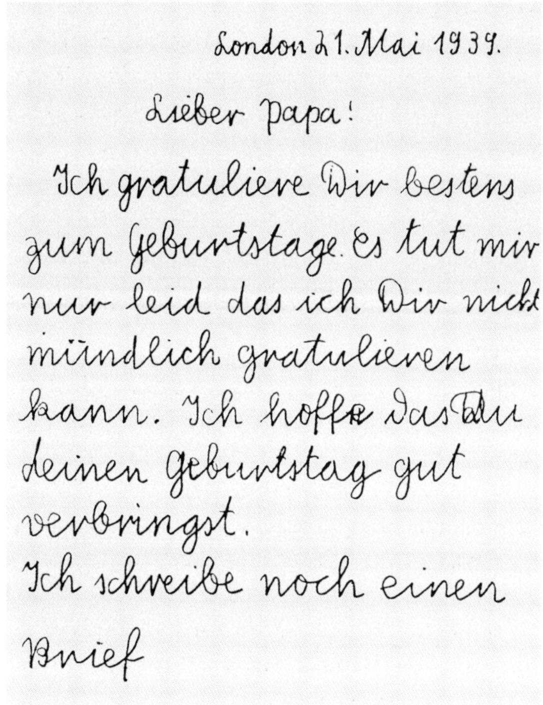

London 21. Mai 1939.

Lieber Papa!

Ich gratuliere Dir bestens zum Geburtstage. Es tut mir nur leid das ich Dir nicht mündlich gratulieren kann. Ich hoffe das Du deinen Geburtstag gut verbringst.
Ich schreibe noch einen Brief

Erste Nachricht von Ruth aus London

lich gratulieren kann. Ich hoffe das Du deinen Geburtstag gut verbringst. Ich schreibe noch einen Brief. Viele herzliche Grüße Ruth."

Dem amerikanischen Konsul in Stuttgart genügten die von einem gut situierten Richter eingereichten und mit der Referenz durch einen Richterkollegen versehenen Unterlagen nicht. „Die von Ihnen angegebenen Gründe zur Übernahme der Unterhaltsverpflichtungen sind nach Ansicht des Konsulats nicht überzeugend genug… besonders da er aus keinen verwandtschaftlichen Gründen dazu verpflichtet ist", heißt es in einem der folgenden an Freund gerichteten Briefe des Konsulats. Freund erhielt zusätzliche Bürgschaften von Verwandten, aber das Konsulat fand immer neue Gründe, das Visum zu verweigern. Der Konsul war in dieser Hinsicht durchaus souverän und keiner höheren Instanz verantwortlich.

Wegen der Verzögerungen in Stuttgart bemühte sich Freund um eine Einreisegenehmigung (Permit) nach England für den Sohn Martin über dortige Verwandte. Für Kinder unter 16 Jahren war es möglich, im Rahmen der schon erwähnten Kindertransporte eine Einreisegenehmigung zu erhalten, wenn eine Familie in England für alle Kosten aufkam. Aber die eingeschalteten englischen Hilfsorganisationen waren überhäuft mit Anträgen, und die Wartezeiten für Kinder und Jugendliche wurden im Laufe des Jahres 1939 immer länger. Einer der angeschriebenen Verwandten antwortete am 25. Juni 1939, dass es sehr schwer sei, eine Einreisegenehmigung zu erhalten. Aussicht bestehe nur, wenn Felix Freund sofort darlegen würde, „aus welchen triftigen Gründen der Sohn jetzt gerade und schnell auswandern muß". „Triftige Gründe, die ein sofortiges Permit erforderlich machen", erwiderte Freund drei Tage später, liegen G.L. [Gottlob] nicht vor. Lediglich der Wunsch ihm hierzu zu verhelfen…" Der Brief der

Verwandten aus England lässt sich als Aufforderung verstehen, triftige Gründe „zu finden", zu formulieren. Aber Felix Freund war zu bescheiden und zu ehrlich, er wollte nichts erfinden. Dennoch konnten Einreisepapiere für Martin beschafft werden, die aber in der Post verloren gingen und Frankfurt nicht erreichten.

„Bürgschaft Rosen ungenügend"

Herr Rosen bemühte sich weiter um die Einreise der Familie Freund. In Washington erfuhr er, dass der Konsul in Stuttgart die Anweisung erhalten habe, die Bürgschaft als hinreichend anzuerkennen. Trotzdem erhielt Freund am 19.9.1939 die Mitteilung: „Bürgschaft Rosen ungenügend, Simon [Zusatzbürgschaft eines Cousins] unvollständig..." In seiner Not wandte Felix Freund sich an den Hilfsverein der Juden in Deutschland, der für alle Auswanderungsangelegenheiten zuständig war. Dieser musste ihm bestätigen, dass der Konsul sich die Entscheidung für jeden einzelnen Fall vorbehalte.

Die Familie Freund war gegenüber anderen, die nach den Ereignissen im November 1938 Deutschland so schnell als möglich verlassen wollten, zumindest noch in einer finanziell verhältnismäßig guten Lage. Trotz der nach der Kristallnacht erhobenen „Sühneleistung" von 20, später 25 Prozent des Vermögens, betrug das Vermögen der Freunds im März 1939 noch mehr als 60.000 Mark. Für die bevorstehende Auswanderung berechnete das Finanzamt eine Reichsfluchtsteuer von über 12.000 RM. Die Jüdische Gemeinde berechnete ihre Steuer auf 1.865 RM. Zwei vorhandene Bescheinigungen belegen, dass Freunds gemäß der „Dritten Verordnung auf Grund der Verordnung über Anmeldung des Vermögens von Juden" Silber, Gold und Platingegenstände „verkauften". Für Uhren, Ketten, Ringe, Manschettenknöpfe erhielten sie von der Darlehensanstalt Frankfurt (Öffentliche Ankaufsstelle auf Grund der Verordnung über den Einsatz des jüdischen Vermögens) den Verkaufserlös von 89.30 RM, für 810 gr. Silber 18.20 RM, also etwas mehr als 2 Pfg. pro Gramm. Für seine große Briefmarkensammlung erhielt Felix Freund 65.- RM abzüglich 10.- für das Gutachten. Von diesen Belastungen ist in den Briefen keine Rede, nur immer wieder von der Hoffnung auf baldige Auswanderung. Dabei nahmen die gegen Juden gerichteten Verordnungen zu und damit auch Erschwernisse für die Auswanderung. Am 17. Nov. 1939 erhielt Felix Freund – wie alle Juden um diese Zeit – die sogenannte Sicherungsanordnung, die ihn zwang, ein Sicherheitskonto einzurichten, über das er nicht mehr frei verfügen konnte. Sein Konto wurde bei der Bank B. Metzler seel. Sohn & Co geführt. Sein Vermögen betrug damals noch 30.000 RM, d. h. die Hälfte des ein halbes Jahr früher angegebenen. 300 Mark pro Monat sollte der Familie als freier Verfügungsbetrag überlassen werden. Freund reagierte auf diesen Bescheid der Oberfinanzbehörde über die Bank: „Ich bitte ergebenst, den Freibetrag auf monatliche M 600.– zu erhöhen, da ich diese Summe zum Lebensunterhalt für mich und meine Familie dringendst benötige und von einem Freibetrag von M 300.– meine Ausgaben nicht bestreiten kann. Meine Frau ist körperlich behindert – Hüftgelenkverrenkung – und hat eine Hilfe im Haushalt nötig. Meine mittellose Mutter unterstütze ich seit mehr als 25 Jahren..." Für den dreiköpfigen Haushalt macht er an Ausgaben 806 Mark geltend: Wohnungsmiete, Heizung, Gas 143 Mark, Lebensunterhalt 500 Mark, Hausangestellte 33 Mark, Unterstützung Mutter + Schwester 85 RM, Winterhilfe 20 Mark, Zuwendungen umgelegt pro Monat 25 M. 600 Mark monatlicher Freibetrag wurden bewilligt. Alle Sonderausgaben wie Arztgebühren und Fahrgeld nach Stuttgart mussten gesondert beantragt werden.

Im Oktober erhielt der Sohn Martin, zusammen mit 12 weiteren Kindern aus Frankfurt, die Möglichkeit,

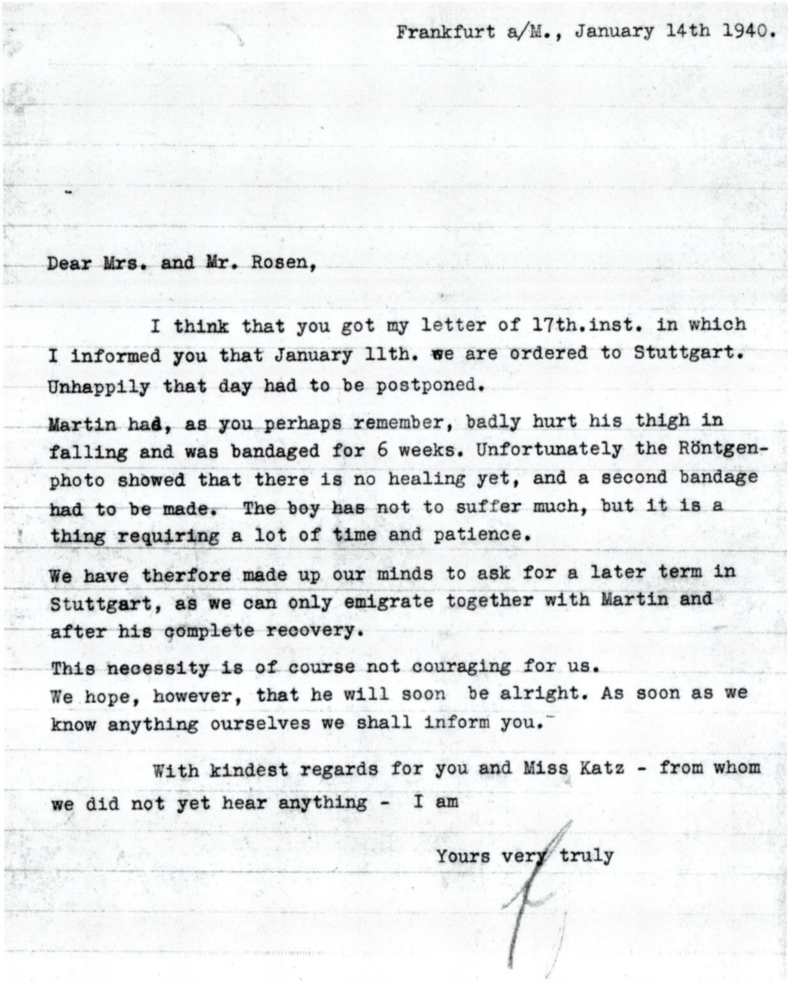

Frankfurt a/M., January 14th 1940.

Dear Mrs. and Mr. Rosen,

I think that you got my letter of 17th.inst. in which I informed you that January 11th. we are ordered to Stuttgart. Unhappily that day had to be postponed.

Martin had, as you perhaps remember, badly hurt his thigh in falling and was bandaged for 6 weeks. Unfortunately the Röntgen-photo showed that there is no healing yet, and a second bandage had to be made. The boy has not to suffer much, but it is a thing requiring a lot of time and patience.

We have therfore made up our minds to ask for a later term in Stuttgart, as we can only emigrate together with Martin and after his complete recovery.

This necessity is of course not couraging for us.
We hope, however, that he will soon be alright. As soon as we know anything ourselves we shall inform you.

With kindest regards for you and Miss Katz - from whom we did not yet hear anything - I am

Yours very truly

über ein Sonderaffidavit des Labour Department in Washington und die Vermittlung der Quäker[7] in die USA einzureisen. Sofort wurden wieder die notwendigen Bescheinigungen der Finanzbehörde und der Jüdischen Gemeinde beantragt und ausgestellt. Für den 29. November 1939 wurde Martin gemeinsam mit den anderen Kindern wegen seines Visumsantrags zum amerikanischen Konsulat geladen, für den 8. Dezember war die Abreise organisiert. Damit war die Auswanderung des zweiten Kindes in greifbare Nähe gerückt und dadurch auch die Auswanderung der Eltern wieder leichter geworden. Hocherfreut schrieb Felix Freund am 14. November seinem Bürgen Rosen: „Ich freue mich, Ihnen mitteilen zu können, daß unser Martin für 28. cr. seine Vorladung zum Konsulat nach Stuttgart erhalten hat. Die Quaker haben nämlich in großherziger Weise eine Hilfsaktion eingeleitet für Kinder, deren elterliches Affidavit als nicht in Ordnung übergangen wurde... So entfällt für Martin das Risiko Ihrer Bürgschaft, und ich hoffe, daß dadurch dieselbe leichter in Ordnung kommt.“ Im Allgemeinen benötigte man eine Bürgschaft von 5.000 Dollar für eine vierköpfige Familie. Ohne Martin müssten die von Rosen bereit gestellten 2.500 Dollar für zwei Personen ausreichen. Anfang November wurde eine weitere Bürgschaft von dem Cousin Simon eingereicht. Die Familie Freund notierte sich verschiedene Speditionsgesellschaften, weil sie die Abreise vorbereiten wollte.

Als alles sehr hoffnungsvoll aussah, stürzte Martin und zog sich eine schwere Verletzung am Oberschenkel zu. Felix Freund bat sofort um Verschiebung des Termins in Stuttgart. Er rechnete mit einer längeren Behandlungszeit, aber am 14. Dezember konnte er zuversichtlich nach Amerika mitteilen, dass sie [die Eltern] für den 11. Januar eine Vorladung nach Stuttgart erhalten haben, und Martin wegen seines Visums mitkommen solle: „Nun wird mit G.H.[Gottes Hilfe] alles gut werden. Hoffentlich ist dann Martin bis zu unserer Ausreise vollkommen wieder hergestellt, daß wir ihn mitnehmen können. Die Ladung haben wir für uns beide, Minni und mich, erhalten. Für Martin bleibt ja die Kommittee-Bürgschaft reserviert... Wir hoffen also in spätestens vier Monaten bei Euch zu sein.“

Aber Martin war im Januar noch nicht gesund. Die Eltern wollten nur mit ihm zusammen auswandern und nahmen deshalb den Termin am 11. Januar im

[7] Die Quäker, deren eigentlicher Name Society of Friends – Gesellschaft der Freunde – lautet, sind eine religiöse Gemeinschaft, die pazifistisch orientiert ist und sich in verschiedenen Teilen der Welt in sozialen Projekten und bei der Versorgung von Kriegsopfern, Flüchtlingen und Verfolgten engagiert.

amerikanischen Konsulat nicht wahr. Nur langsam besserte sich Martins Zustand, er musste einige Male ins Krankenhaus, bekam Höhenbestrahlungen und erhielt im März einen Gehapparat. Felix schrieb über die guten Fortschritte in die USA. Am 3. Mai 1940 konnte Martin mit den Eltern zu einer Vorladung nach Stuttgart fahren. Auf einer Antwortkarte an Freund schrieb am 19. April ein Herr Adolf Schäfer, dass er ein Zimmer reserviert habe, und er bat, Brotkarten und Zucker mitzubringen.

Im Stuttgarter Konsulat verweigerte man wieder das Visum, angeblich aus gesundheitlichen Gründen. Martin und Minni Freund wurden ärztlich untersucht. Minni hatte eine angeborene Hüftgelenkverrenkung, die sie aber nach ihren Angaben im Alltag überhaupt nicht behinderte. Der Konsul anerkannte nicht die Zusatzbürgschaft von Hugo Simon, verweigerte aber auch die Auskunft über die Höhe der benötigten Bürgschaft. Nach dem Besuch in Stuttgart schrieb Minni Freund an die Verwandten in New York: „...Ich kann Euch nur sagen wir sind untröstlich, besonders war es ein Schlag für Martin... bei all dem Mißgeschick sind wir froh, daß er so weit ist und nach Ansicht unserer Ärzte hier sowohl als auch des Stuttgarter Arztes mit einer vollkommenen Heilung rechnen können." Die Zuversicht überwog immer noch, dies ist ein Merkmal von frommen und g'ttesgläubigen Juden.

Mitte Mai musste Freund sich auf Verlangen des Konsuls erneut mit einer Bitte an Rosen wenden: Er benötigte einen „letter of credentials", d. h. Empfehlungsbrief, wahrscheinlich seitens der Bank. Freund entschuldigte sich für dieses Verlangen, das er wohl selber als Zumutung empfand. Eine Antwort von Rosen ist nicht bei den Unterlagen. Unter dem Datum vom 29. Mai liegt ein von Freund geschriebener Bericht vor, möglicherweise die Grundlage für eine Beratung durch die Auswanderungsberatungsstelle des Jüdischen Hilfsvereins. Die bisherigen Probleme der Auswanderung sind sorgfältig chronologisch zusammengestellt: die Entwicklung der Bürgschaften, die Vorladung zum Konsulat nach Stuttgart, die Verletzung und die Behandlungen des Sohnes Martin und ebenso die letzte Forderung des Konsuls nach einer Erhöhung der Bürgschaft oder einer weiteren Bürgschaft. Am Ende stehen Fragen, daneben handgeschriebene Antworten (hier kursiv):

„1. Was ist zu tun? 31.5.40 *Frl. Schwarz (Hilfsverein Frankfurt)*

2. Gilt die Bürgschaft Rosen gar nichts mehr, da der Konsul sie überhaupt nicht erwähnte. *Gilt wohl noch.*

3. Wie hoch muß evtl. das geforderte Akkreditiv sein? *$ 4,500, also noch $ 2000 zu den 2,500*

4. Kann der Bruder m[einer] Frau, der im Januar 1939 ausgewandert ist, evtl. eine Zusatzbürgschaft geben? *Ja; ferner weitere Bürgschaften besorgen. Martin muß bis 9.3. 41 in USA sein; die Comittee-Bürgschaft gilt nur bis zum 16. Lebensjahr.*"

Über die gesamte immer schwieriger werdende Lebenssituation enthalten die Briefe nur wenige Bemerkungen. Das ganze Interesse in der Korrespondenz – die selbstverständlich auch der Zensur unterlag, jeder ausgehende Brief musste persönlich bei der Post abgegeben werden – ist auf die Auswanderung gerichtet. Nur selten fallen Bemerkungen wie „Wir haben lauter unangenehme Dinge. Es ist schrecklich" von Minni Freund.

Brief von Felix Freund an den Bürgen Rosen, 14. Jan. 1940

„Mit unserer Auswanderung dauert es nun doch etwas länger"

Für den 15. Juni 1940 wurde der Familie Freund die Wohnung im Sandweg 15 gekündigt. Der Hausbesitzer hätte ihnen schon längst kündigen können, da Juden möglichst nur noch in Häusern von Juden leben sollten. So wurde es für Juden immer schwieriger, geeig-

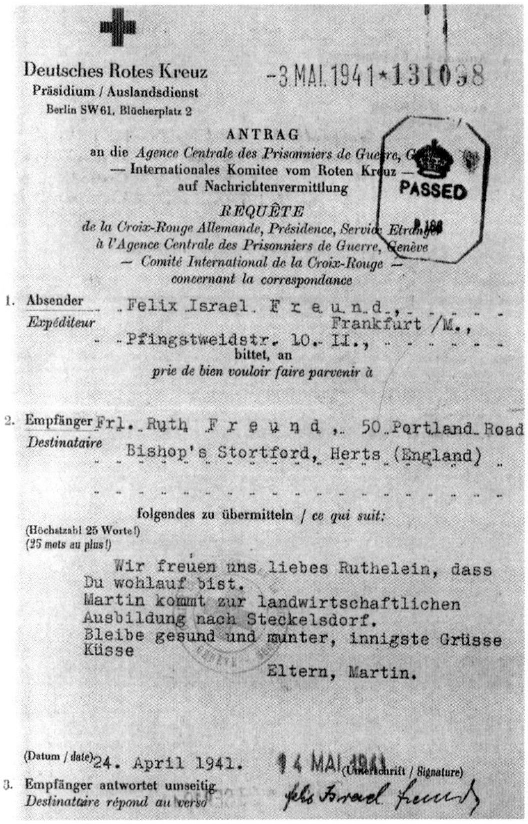

Deutsches Rotes Kreuz
Präsidium / Auslandsdienst
Berlin SW 61, Blücherplatz 2

-3 MAI 1941 * 131098

ANTRAG
an die *Agence Centrale des Prisonniers de Guerre,* G[enève]
— Internationales Komitee vom Roten Kreuz —
auf Nachrichtenvermittlung

REQUÊTE
de la Croix-Rouge Allemande, Présidence, Service Etranger
à l'Agence Centrale des Prisonniers de Guerre, Genève
— Comité International de la Croix-Rouge —
concernant la correspondance

PASSED

1. Absender / *Expéditeur*: Felix Israel Freund, Frankfurt /M., Pfingstweidstr. 10. II.,
bittet, an
prie de bien vouloir faire parvenir à

2. Empfänger / *Destinataire*: Frl. Ruth Freund, 50 Portland Road Bishop's Stortford, Herts (England)

folgendes zu übermitteln / *ce qui suit:*
(Höchstzahl 25 Worte!)
(25 mots au plus!)

Wir freuen uns liebes Ruthelein, dass
Du wohlauf bist.
Martin kommt zur landwirtschaftlichen
Ausbildung nach Steckelsdorf.
Bleibe gesund und munter, innigste Grüsse
Küsse
Eltern, Martin.

(Datum / date) 24. April 1941. 14 MAI 1941 (Unterschrift / Signature) Felix Israel Freund

3. Empfänger antwortet umseitig
Destinataire répond au verso

Brief von Minni und Felix Freund an die Tochter über das Rote Kreuz, 3. Mai 1941

neten Wohnraum zu finden. Freunds kamen provisorisch für sechs Wochen in der Straße Eiserne Hand 5 unter, zum 1. August bezogen sie eine Wohnung in der Pfingstweidstr. 10. Darüber schrieben die Eltern der Tochter Ruth. „Du wirst Dich nicht wenig wundern, wenn Du hörst, daß wir diese Woche umgezogen sind. Wir wohnen jetzt für 6 Wochen an der Eisernen Hand und haben hier 2 möblierte Zimmer und eine kleine Küche. ...Mit unserer Auswanderung dauert es nun doch etwa länger als wir erwarteten. Es ist schwierig und man muß Geduld haben...“ Nach dem Umzug in die Pfingstweidstraße schrieben sie: „...Wir haben keine Heizung aber einen guten Ofen... Dadurch haben wir sowohl im Wohn- als auch im Schlafzimmer warm. Das Wohnzimmer ist so groß, daß fast alle Möbel darin untergebracht sind, die Bücherschränke, Schreibtisch, der Schrank mit dem Porzellan, das frühere Wohnzimmer, der Nußbaumschrank aus Deinem Zimmer, Martin's Klappbett und die Nähmaschine. Der weiße Kleiderschrank & Schuhschrank stehen im Korridor & unser Schlafzimmer ist wie früher. Du siehst, es geht alles ganz gut...“ Ein Zusatz des Bruders Martin informiert über eine neue Hoffnung: „Ich komme jetzt sicher bald nach Steckelsdorf. Ich freue mich schon darauf. Mein Bein ist jetzt wieder ganz gesund. Ich habe jetzt Turnstunden...“

Wenn man diesen Brief liest, gewinnt man den Eindruck, dass die Familie nicht mehr mit einer baldigen Auswanderung rechnete, vielleicht, weil die immer noch als aussichtsreich angesehene Zusage von Rosen im Sommer 1940 hinfällig wurde, als dieser im 44. Lebensjahr plötzlich infolge einer Lungenentzündung starb. Die anderen Verwandten informierten Freund darüber und berichteten von ausführlichen Nachrufen in Zeitungen über diesen außergewöhnlichen Menschen.

Die Korrespondenz mit den Verwandten in den USA lief weiter. Trotz Hoffnungsbekundungen wie „Doch wir geben die Hoffnung nicht auf, daß es doch noch einmal klappt,“ wurden die pessimistischen Töne lauter und der Ton drängender. „Ja, Du hast recht, Frau Sorge begleitet uns ständig,“ heißt es in einem Brief, in einem anderen: „Du [Julius] kannst Dir doch lebhaft vorstellen, wie sehr wir auf eine baldige Ausreise hoffen, und Du wirst auch begreifen können, wenn wir deshalb drängen.“ Später heißt es verzweifelt: „Also, Julius, ich bitte Dich wiederholt, alles zu tun, was in Deinen Kräften steht, unsere Sache in Ordnung zu bringen, und ich bitte Dich nicht mehr lange damit zu warten, es könnte sonst zu spät sein.“ „...und unsere Lage drängt mich immer und immer wieder, Euch alles so dringend ans Herz zu legen"; „Ihr scheint noch immer nicht begriffen zu haben wie dringend dies ist…" Freunds bitten dringend um eine neue Bürgschaft und ein Akkreditiv, eine Art Bankverpflichtung für den Klienten, auch wenn diese niedrig sei. Immer wieder wird in den Briefen erwähnt, wie viele andere bereits auswandern konnten und wie sehr sich die Reihen lichteten. Die Verwandten in den USA versuchten ihr Bestes, weitere Bürgschaften zu erreichen. Die 1939 eingewanderten Löbensteins stellten selbst eine Bürgschaft von 2.500 $, die aber dem Konsul nicht genügte. Die Verzweiflung wuchs.

Besonders bedrückend war die Situation von Martin, der vor seinem 16. Geburtstag ausreisen musste. Am 21. 1. 1941 schrieb Felix: „Die Sache mit M[artin] kommt nicht zum klappen…schon vor einem halben Jahr sollte er ausreisen. Aber G.L. [gottlob] ist er völlig gesund." Martin wurde für ein Vorbereitungslager des Palästinaamts in Steckelsdorf angemeldet, eine landwirtschaftliche Einrichtung der Jugend-Alija, die sich darum bemühte, Jugendliche nach Palästina zu bringen. Im Sommer 1940 brachte er im Brief an seine Schwester bereits die Hoffnung zum Ausdruck, bald dorthin zu kommen; erst im Mai 1941 konnte er dort aufgenommen werden. Das war bereits nach seinem 16. Geburtstag, mit dem die Committeebürgschaft erloschen war. Die „German-Jewish Children's Aid, Inc." in New York schrieb am 24. März 1941an das Konsulat in Stuttgart: „Unter dem 17. Oktober 1939 sandten wir Ihnen Affidavits in zweifacher Ausfertigung für Martin Freund, Frankfurt a/Main. Von auswärts ist uns mitgeteilt worden, daß des Jungen's Antrag für ein Visum verweigert wurde, wollen Sie deshalb so gut sein und die oben erwähnten Affidavits zurückzusenden? Vielen Dank." Auch in Bezug auf Martin musste nun wieder alles in die eigene Hand genommen werden bzw. setzte man als weitere Möglichkeit Hoffnung in die Jugend-Alija.

Seit Kriegsbeginn kam als zusätzliche Sorge hinzu, dass die Korrespondenz mit der Tochter in England reduziert war auf Rote-Kreuz-Briefe mit erlaubten 25 Worten. Die Eltern konnten also nur das Notwendigste mitteilen. Dennoch fragten sie im Juni 1941 besorgt, wie alle Eltern ihre heranwachsenden Töchter fragen: „Passen Dir noch Kleider, Schuhe?…".

Am 9. Juni 1941 füllte Freund einen Fragebogen aus, der Einsicht in seine allgemeinen Verhältnisse ermöglichte. Da nur der Durchschlag existiert, wissen wir nicht, für wen er bestimmt war. Er schrieb zu einzelnen Punkten:

„1. Vermögen 5.524.–
2. Bargeld: 181,88
12. Schmuckstücke: 2 Trauringe, 6 Silberlöffel, 5 silberne Kaffeelöffel.
13. Zeitungen: Jüdisches Nachrichtenblatt, Neueste Zeitung
15. Möbel: Schlafzimmer, Eigentum des Möbelhauses Hemel
24. Versicherungen: Wohnungsinventar, Haftpflichtversicherung
30. Kinder [bekannt]. Geschwister: Marta Sarah Manasse, Breslau; Selma Sarah Eschwege, Ffm. Thüringerstr. 23; Bruno Israel Freund, Berlin; Paul Israel Freund, Shanghai. 2 Brüder und eine Schwester der Frau
32. Arbeitsplatz: Gartenbaubetrieb Emil Steiner, Ffm. Bonames, Homburger Landstraße
34. Franz Ott, Ffm. Rhönstr. 29[8]
35. Auswanderung. Ich wurde in der Auswanderung durch einen Unglücksfall meines Jungen behindert, habe bereits neue Papiere für USA erhalten bezw. angefordert."

Während die Bemühungen um Auswanderung noch liefen, waren alle Anstrengungen bereits vergeblich. Am

[8] F. Ott war laut Adressbuch der für die Häuser Pfingstweidstraße 8 und 10, die einer Erbengemeinschaft gehörten, eingesetzte Verwalter.

26. Februar wurde in einer Geheimanordnung die Auswanderung nur noch für Frauen und Kinder erlaubt. Ab 11. Juni endete die Ausgabe von Visa nach USA, und das Stuttgarter Amerikanische Konsulat, wie auch alle anderen Amerikanischen Konsulate in Deutschland, schloss seine Türen, nachdem deutsche Diplomaten aus den USA ausgewiesen wurden. Ab 23. Oktober 1941 wurde ein (geheimes) allgemeines Auswanderungsverbot für Juden erlassen. Zu dem Zeitpunkt hatten die Deportationen begonnen.

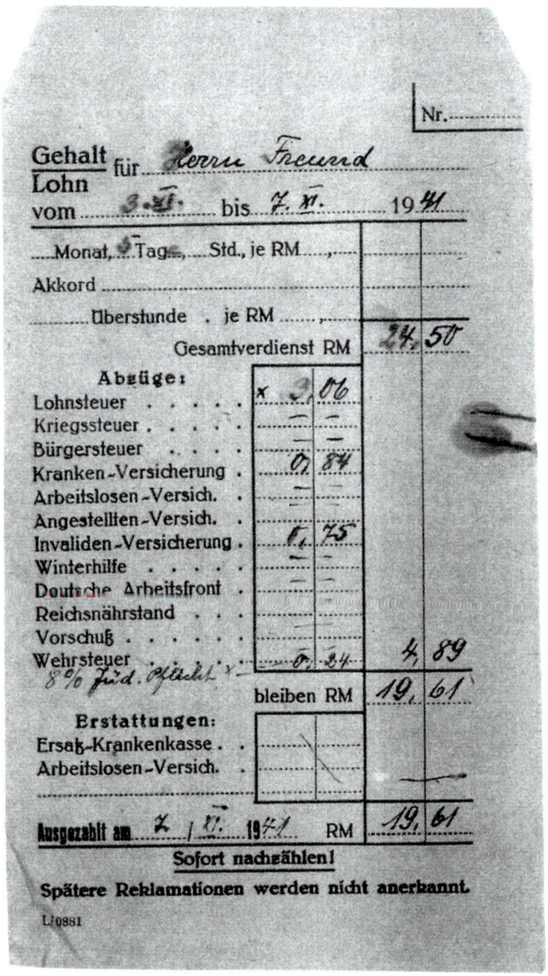
Nr.
Gehalt / Lohn für Herrn Freund
vom 3.XI. bis 7.XI. 1941
Monat, 5 Tage, Std., je RM
Akkord
Überstunde . je RM
Gesamtverdienst RM 24,50
Abzüge:
Lohnsteuer . . . . . x 3,06
Kriegssteuer . . . . – –
Bürgersteuer . . . . – –
Kranken-Versicherung . 0,84
Arbeitslosen-Versich. . –
Angestellten-Versich. . –
Invaliden-Versicherung . 0,75
Winterhilfe . . . . . –
Deutsche Arbeitsfront . –
Reichsnährstand . . .
Vorschuß . . . . .
Wehrsteuer
8% Jüd. Pflicht x 0,24 4,89
bleiben RM 19,61
Erstattungen:
Ersatz-Krankenkasse . .
Arbeitslosen-Versich. .
Ausgezahlt am 7.XI.1941 RM 19,61
Sofort nachzählen!
Spätere Reklamationen werden nicht anerkannt.
L/0881

Lohnabrechnung für fünf Tage Arbeit bei dem Gartenbaubetrieb Emil Steiner

Die letzte Lohntüte

Dem Auswanderungsverbot für Männer entsprach die Verpflichtung zum Arbeitseinsatz. Zwischen den Papieren von Felix Freund in Jerusalem liegt ein nicht ausgefülltes Formular des Instituts der NSDAP zur Erforschung der Judenfrage, mit dem dort Angestellte erklären, keine Schulden zu haben bzw. sie ihre Schulden auflisten. Dieses Institut war eine Einrichtung der Partei mit der Aufgabe „spezielle Forschung über die Grundlage der Judenfrage und wissenschaftliche Materialsammlung zum Zwecke des politischen Einsatzes". Nach Beginn des Krieges wurden Hunderte von Kisten mit Büchern und Dokumenten aus Paris und Amsterdam, Saloniki und Belgrad, Wilna, Kiew usw. angeliefert.[9] Das Institut beschäftigte auch Juden, wahrscheinlich als Sachverständige. Wir haben keinen Hinweis, dass Freund in dem im März 1941 eröffneten Institut angestellt war, aber vielleicht wurde seine Mitarbeit dort gefordert?

Aus dem eben zitierten Fragebogen geht hervor, dass Felix Freund zur Zwangsarbeit eingesetzt war bei dem Gartenbaubetrieb Emil Steiner in Bonames, der mehrere Juden beschäftigte und diese „relativ gut behandelte", wie Interviewaussagen belegen. Erhalten sind seine Lohntüten vom 30. Mai bis 17. Oktober 1941. Sie weisen einen wöchentlichen Lohn von 14.85 Mark Brutto (Netto 11.42 Mark) bis 27.50 Brutto (Netto 19.61 Mark) aus. Abzüge werden für Lohnsteuer, Krankenversicherung, Invalidenversicherung und Jüdische Pflicht[10] erhoben, insgesamt etwa 30 Prozent. Was konnte eine Familie mit diesem Lohn anfangen? Familie Freund musste davon nicht leben, noch lag Geld auf dem Sicherungskonto und stand dem Ehepaar (ohne Martin) weiterhin ein Freibetrag von 400 Mark, ab August von 300 Mark pro Monat zu. Eine letzte Lohntüte ist für den 3. bis 7. November ausgestellt, am folgenden Tag erhielten Martin, Minni und Felix

[9] Dieter Schiefelbein, Das „Institut zur Erforschung der Judenfrage Frankfurt am Main", Vorgeschichte und Gründung 1935–1939, Frankfurt o.J., Fritz Bauer Institut, Materialien Nr. 9.

[10] „Jüdische Pflicht" hießen die Hilfsabgaben der Juden im Sommer, vergleichbar der „Jüdischen Winterhilfe" im Winter.

Freund die Benachrichtigung, dass sie sich am 11. an der Großmarkthalle einzufinden hatten, der Sammelstelle für die Deportationen. Der Deportationszug fuhr nach Minsk. Sowohl Minni mit der angeborenen Hüftgelenkverrenkung wie auch der Sohn Martin nach seinem Unfall, die beide als nicht gesund genug für die Aufnahme in die USA gehalten wurden, wurden nicht als transportunfähig erklärt. Freunds waren die Einzigen aus dem Haus Pfingstweidstraße 10, die am 11. November 1941 deportiert wurden. Aus dem Nachbarhaus Nr. 12 wurden zwanzig Personen geholt. Weitere 26 Menschen wurden aus beiden Häusern bei den folgenden Deportationen verschleppt.

Am 17. November traf der Transport aus Frankfurt in Minsk ein. Die Zustände dort waren fürchterlich, da in den Tagen vor der Ankunft Tausende von weißrussischen Juden dort ermordet worden waren.[11] Über das Schicksal der mehr als 1000 aus Frankfurt verschleppten Personen gibt es nur wenige Informationen. In den ersten Monaten starben etwa 100 an Krankheit, Hunger und Verzweiflung, mindestens 100 weitere in der folgenden Zeit an Krankheit, etwa 400 wurden bei „Aktionen" im Ghetto getötet oder in Gaswagen weggebracht oder kamen von ihren Arbeitskommandos nicht zurück. 270 wurden bei der Auflösung des Ghettos getötet, etwa 30 Männer wurden im April 1943 in andere Lager abgeschoben, weitere 80 Männer und 30 Frauen im September 1943. Neun Frankfurter aus diesem Transport erlebten die Befreiung.[12] Weitere Befunde über das Schicksal von Martin, Minni und Felix Freund sind nicht bekannt. Mit Wirkung zum 31.12.1945 wurden alle drei nachträglich für tot erklärt.

Wie bei allen Deportierten wurde in Frankfurt ein behördlicher Schlusspunkt gesetzt. Am 12. Dezember 1941 teilte der Oberfinanzpräsident dem Bankhaus B. Metzler seel. Sohn & Co mit: „Betr.: Vermögen von nach dem Osten evakuierten Juden. JS-Anordnung 2597 vom 17.11.39. Ich mache darauf aufmerksam, daß das Vermögen nachgenannter Personen zugunsten des Deutschen Reiches eingezogen ist..." Das waren einschließlich der zurückgestellten Reichsfluchtsteuer immerhin noch gut 16.000 Mark. Auf der Aktenmappe wurde der Vermerk „Evakuiert" eingetragen.

Was aus dem Hausrat, den Möbeln, der Bibliothek wurde, ist nicht bekannt. Es wurde laut Aussage der Deutschen Bank kein Versteigerungserlös aus diesem Haushalt dem dafür eingerichteten Konto der Gestapo zugeführt. Die Deportationslisten geben die Auskunft, dass das Haus mit weiteren Juden belegt wurde, die möglicherweise in die möblierten Räume eingewiesen wurden.

Die Tochter Ruth, die in England überlebte und 1947 zum Bruder der Mutter in die USA ging, hat gemäß dem Gesetz über Rückerstattung und Entschädigung Anträge gestellt auf „Kapitalentschädigung für Schaden an beruflichem Fortkommen", weil der Vater „wegen seiner jüdischen Glaubenszugehörigkeit aus seiner selbständigen Erwerbstätigkeit verdrängt worden ist"; wegen „Schadens an Freiheit", weil beide Eltern den Judenstern tragen mussten und in ein Lager deportiert wurden; wegen Schädigung an Versicherungen, die vorzeitig gekündigt werden mussten; „wegen Hausrat, d. h. Wohnungseinrichtung, Teppiche, Briefmarkensammlung usw". Während die ersten Anträge verhältnismäßig glatt zur Entscheidung kamen, gab es wegen des Hausrats erhebliche und langjährige Schwierigkeiten, weil die Entschädigungsbehörde immer wieder in Zweifel zog, dass die Wohnungseinrichtung wirklich vollständig zurückgelassen werden musste und nicht bereits vorher verschenkt oder verkauft worden war. Erst 1968 erfolgte durch einen Gerichtsbeschluss ein positiver Entscheid auf Entschädigung.

Erinnerungstafeln in der Gedenkmauer am Börneplatz

[11] Monica Kingreen, Gewaltsam verschleppt aus Frankfurt. Die Deportationen der Juden in den Jahren 1941–1945. Seite 357–402.

[12] Kingreen, Gewaltsam verschleppt, S. 367f.

Am Schützenbrunnen 13

Angelika Rieber

Die Adresse Am Schützenbrunnen 13 gibt es nicht mehr. Es ist die frühere Bezeichnung des Alfred-Brehm-Platzes im Frankfurter Ostend, der sich vor dem Eingang zum Zoo befindet, dort, wo das Zoo-Gesellschaftshaus steht. Viele Häuser an diesem Platz wurden durch die Bombenangriffe während des Zweiten Weltkrieges zerstört. Zwar beschädigt, aber dennoch in der Substanz weitgehend erhalten, überstanden die Häuser 11 - 15 den Krieg, das Schwesternhaus des Rot-Kreuz-Krankenhauses ebenso wie das Haus Nr. 13, das bis 1953 der Familie Griesheimer gehörte.

Die folgende Geschichte des Hauses Am Schützenbrunnen 13 und seiner Bewohner soll einen exemplarischen Eindruck vom Leben der Juden in diesem Stadtteil vermitteln. Die Bewohner erlebten Arbeitsplatzverlust, die Zerstörung ihrer Wohnungen, Verhaftung der Männer am 10. November 1938, vergebliche und erfolgreiche Auswanderungsbemühungen, illegale Flucht, Zwangsarbeit, Deportation oder auch Überleben im Versteck.

Im Mittelpunkt unserer Betrachtung steht die Familie Griesheimer, in deren Besitz sich das Haus seit 1910 befand. Neben den Eigentümern lebten auch verschiedene Mitglieder der weit verzweigten Familie zeitweise in dem Haus Am Schützenbrunnen.

Über zwei weitere Familien, die Ecksteins aus Heldenbergen und die Schönfelds aus Dörnigheim, die für kurze Zeit Mieter in diesem Haus waren, konnte ebenfalls umfangreiches Material gesammelt werden, das von Monica Kingreen vorgestellt wird. Über die vielen anderen Menschen, die für kürzere oder längere Zeit in dem Haus im Ostend wohnten, haben wir nur geringe Informationen, kennen zum Teil lediglich ihre Namen. Sie werden dennoch genannt, einerseits, um an sie zu erinnern, aber auch, um damit weitere Nachforschungen über ihr Schicksal anzuregen.

Babette und David Griesheimer kauften das Haus Am Schützenbrunnen im Jahre 1910. Sie kamen mit ihren sieben Kindern um die Jahrhundertwende nach Frankfurt. Ursprünglich stammte die Familie aus dem Badischen, aus Bruchsal. Ein Familienfoto von 1920 zeigt die Besitzer des Hauses mit ihren Kindern Sofie, Frieda, Cilli und Josef. Die Mitglieder der Familie waren orthodoxe Juden und gehörten der Israelitischen Religionsgesellschaft an. In ihrem alltäglichen Leben spielte die Religion sowie die Einhaltung der religiösen Vorschriften eine wichtige Rolle. Auf einem Bild sieht man Babette und David Griesheimer während des Sukkot-Festes in der Laubhütte auf dem Balkon ihres Hauses.

Babette und David Griesheimer auf dem Balkon ihres Hauses, um 1925

David Griesheimer gelang es, in der Mainmetropole beruflich Fuß zu fassen. Er baute einen erfolgreichen Handel mit Werkzeugen auf. Anfang der 20er Jahre zog er sich aus dem geschäftlichen Leben zurück und übergab den Betrieb den beiden Söhnen Josef Harry und Ludwig. Nach der Emigration des Bruders nach Südafrika und dem Tod des Vaters im Jahre 1928 führte Josef Harry die Firma „Lugri Spezial Feilenwerk" bis zur Liquidierung des Betriebs 1941 alleine weiter. Als einziges in Frankfurt verbliebenes Mitglied der großen Familie lebte der Kaufmann mit seiner Frau Thekla, geborene Hess, noch bis zur Deportation im Jahre 1942 in dem Haus Am Schützenbrunnen.

Ihre Tochter Dorothy wurde 1923, dem Jahr der großen Inflation geboren. „Ich war ein teures Kind und kostete Millionen", beschreibt Dorothy die Zeit, in die sie hineingeboren wurde. Als die Tochter 8 Jahre alt war, zog die Familie in das Haus Am Schützenbrunnen 13. „Das war ganz gemütlich. Wir waren im Parterre, meine Großmutter im ersten Stock, eine fremde Partie im zweiten und eine Tante im dritten Stock,"[1] so beschreibt sie die neue Hausgemeinschaft. „Wir", damit waren Dorothy, Josef Harry und Thekla Griesheimer gemeint. Im ersten Stock lebte Babette Griesheimer, deren Mann 1928 gestorben war. Den dritten Stock bewohnte deren Tochter Frieda Rosenbusch mit ihrem Mann Max und dem Sohn Ferdinand.

Mieterwechsel unter dem Druck nationalsozialistischer Herrschaft

Der Machtantritt der Nationalsozialisten im Januar 1933 beendete die von Dorothy beschriebene Gemütlichkeit. Die darauf folgenden politischen Veränderungen beeinflussten die Atmosphäre und die Lebenssituation der Bewohner des Hauses auf vielfältige Weise. Dorothy, damals gerade 10 Jahre alt, erinnert sich daran, dass sich die Gespräche der Erwachsenen ständig mit der veränderten politischen Situation und deren Auswirkungen beschäftigten. „Es wurde nur noch politisiert."

Babette und David Griesheimer mit ihren Kindern, rechts Josef Harry, daneben Sofie, links Frieda verheiratete Rosenbusch, 1920

Josef Harry Griesheimer hielt die Hoffnung aufrecht, dass sich die politische Situation bald ändern würde. Er ging davon aus, dass England, Frankreich und Amerika eine antidemokratische Entwicklung in Deutschland nicht zulassen und rechtzeitig eingreifen würden. Von seiner Tochter wird Josef Harry Griesheimer als „sehr deutsch" bezeichnet. Als Frontkämpfer in Russland während des Ersten Weltkrieges war er für seine Verdienste mit dem Eisernen Kreuz ausgezeichnet worden. Sein Kriegseinsatz als Soldat muss dem Frankfurter viel bedeutet haben, denn er gab Dorothy, die 1939 mit einem Kindertransport nach England entkommen konnte, nicht nur eine Haggada von 1893, die ihn während des Krieges begleitet hatte, sondern auch seine Feldtasche mit auf den Weg. Auch seine nach dem Machtantritt der Nazis fortbestehenden beruflichen wie privaten Kontakte mit nichtjüdischen Kameraden und Geschäftspartnern beeinflussten die politische Hal-

[1] Alle Zitate wurden den 1990–92 durchgeführten Interviews mit Dorothy Baer (geb. Griesheimer) und Marianne Porath (geb. Maier) entnommen, in deren Besitz auch die private Korrespondenz und die Fotografien sind. Hinzugezogen wurden Devisen- und Entschädigungsakten im Hessischen Hauptstaatsarchiv Wiesbaden.

tung des Frankfurters. Josef Harry Griesheimer konnte sich nicht vorstellen, das Land, für das er gekämpft hatte, zu verlassen.

Während er seine Feilen- und Werkzeughandlung weiterführen konnte, waren sein Schwager Max Rosenbusch und dessen Sohn Ferdinand unmittelbar von den Folgen der Diskriminierungsmaßnahmen betroffen, was auch die Entscheidung zur Emigration aus Deutschland beeinflusste. Max Rosenbusch verlor seine Stellung als Verkäufer bei dem Warenhaus Fuhrländer auf der Zeil, wo er 25 Jahre lang beschäftigt gewesen war. Sein Sohn Ferdinand, 1933 gerade 22 Jahre alt, arbeitete als Lehrling im Schlachthof. Mit einer überstürzten Flucht ins Ausland reagierte er auf die antisemitische Stimmung. Er emigrierte nach Amerika, wo er sich später Fred Rosen nannte. Seine Eltern folgten ihm Anfang 1937 nach New York. Den deutschen Behörden gab Max Rosenbusch an, er beabsichtige einen einjährigen Aufenthalt in Amerika. Max und Frieda Rosenbusch hatten offensichtlich nicht die Absicht zurückzukehren, denn sie lösten vor ihrer Abreise den Haushalt im Haus Am Schützenbrunnen auf. Die Tatsache, dass Max Rosenbusch nach Ablauf des Jahres nicht nach Deutschland zurückkehrte, veranlasste das Finanzamt daraufhin, ein Strafverfahren gegen Max Rosenbusch einzuleiten mit dem Resultat, dass dieser nach dem Arbeitsplatz auch seinen Rentenanspruch verlor. Die antisemitischen Diskriminierungsmaßnahmen hinterließen deutliche Spuren im Leben der Bewohner des Hauses Am Schützenbrunnen 13.

In die durch Rosenbuschs Auszug frei gewordene Wohnung zogen Verwandte ein, Hans Maier, ein Enkel von Babette Griesheimer, mit seiner Frau Anni und der Tochter Marianne. Hans Maier, sein ursprünglicher Vorname war Sally, lebte in sogenannter „Mischehe“. Seine Frau war zum Judentum übergetreten und wurde deshalb als „Geltungsjüdin“ bezeichnet. Die 1929 geborene Tochter Marianne galt als „Mischling“.

Durch eine Kündigung war die Familie gezwungen in die kleine Mansardenwohnung im Haus „Am Schützenbrunnen“ zu ziehen. Eigentlich hatte Hans Maier Anfang der dreißiger Jahre mit dem Bau eines Zweifamilienhauses am Dornbusch begonnen, musste das Haus jedoch verkaufen, weil ihm die Banken die zur Fortsetzung des Baus notwendigen Hypotheken verweigerten. Dennoch konnte die Familie zunächst als Mieter im Haus bleiben, musste dann allerdings aufgrund der Kündigung 1937 wieder ausziehen. Neben dem erzwungenen Umzug ins Ostend musste Hans Maier auch noch den Verlust seines Geschäftes hinnehmen. Zuletzt hatte der Kaufmann die Vertretung der Großhandelsfirma Benedikt Klein geleitet. Auf Anordnung der Gauleitung vom Januar 1938 musste er zum 30. April 1938 das Geschäft schließen. Obwohl der Inhaber der Firma versucht hatte, Hans Maier zu halten, musste er sich doch unter dem „immer stärker werdenden Druck und den drohenden Forderungen des Betriebsrates sowie in Anbetracht der sich allgemein immer stärker zuspitzenden Verhältnisse in der Judenfrage“ von seinem Mitarbeiter trennen. In seinem Arbeitszeugnis wird das Ausscheiden des Kauf-

Sofie, Hans, Frieda und Anni Maier, Am Schützenbrunnen

manns als ein Verlust für die Firma gewertet. „In der Zeit unserer Zusammenarbeit haben wir Herrn Maier als hervorragenden Kaufmann kennen und schätzen gelernt. Er zählte zu unseren besten Mitarbeitern und hat sich durch beste Fachkenntnisse und intensive Arbeitsweise ausgezeichnet. Herr Maier war sehr tüchtig, korrekt und seriös und hat die Interessen unseres Hauses nachhaltigst vertreten. Sein Weggang bedeutet einen Verlust für uns."

Die veränderten Lebensbedingungen wirkten sich auch auf die Tochter Marianne aus. Zunächst besuchte das Mädchen die Holzhausenschule, die sie aber 1938 verlassen und ins Philanthropin wechseln musste. Durch den Schul- und Wohnungswechsel verlor Marianne viele Freundinnen, vor allem die nichtjüdischen, und kam in eine ihr eher fremde, jüdisch geprägte Umgebung. Wie Dorothy erinnert sie sich an die vielen Gespräche über die immer einschneidender werdenden Diskriminierungsmaßnahmen. Völlig verunsichert fühlte sich das Mädchen durch die Auflage, niemandem etwas über den Inhalt der Gespräche zu erzählen. Sie wusste nicht mehr, was sie überhaupt noch sagen durfte.

Im Gegensatz zu Marianne, die durch die äußeren Umstände aus ihrem Freundeskreis und Lebensumfeld herausgerissen wurde, wuchs Dorothy in einer relativ geschützten Atmosphäre auf. Sie besuchte eine jüdische Schule, die in direkter Nachbarschaft liegende Samson Raphael Hirsch-Schule, gehörte dem Schild an, einem jüdischen Sportverein, und hatte überwiegend jüdische Freundinnen, mit denen sie gemeinsam ihre Freizeit verbrachte. So spürte sie nicht in selbem Maße die Auswirkungen von Diskriminierung und Ausschluss. Die Eltern bemühten sich zudem, ihrer Tochter das Gefühl von Geborgenheit zu geben und versuchten ihr den Eindruck von Normalität zu vermitteln. Fotos zeigen einen fröhlichen Teenager mit

Dorothy mit Freundinnen in dem ausschließlich für Juden zugelassenen Schwimmbad in Niederrad

Freunden im Schwimmbad in Niederrad, beim Wandern mit den Eltern im Taunus, bei Ausflügen mit ihrer Klasse oder bei Schulaufführungen.

Neben der Familie Maier gab es noch einen weiteren Mieterwechsel. Die Familie Eckstein aus Heldenbergen zog in den 3. Stock des Hauses, wo sie zwei Jahre lang wohnte. Wie viele andere Familien floh sie vom Land in die Stadt, weil sie sich dort einen größeren Schutz erhoffte oder auf eine Möglichkeit zur Auswanderung wartete.

Die Gestapo kommt ins Haus

Die Ereignisse des Jahres 1938 brachten einschneidende Veränderungen im Leben der Bewohner des Hauses. Neben der ständigen Verschlechterung der Lebensbedingungen häuften sich Versuche der Gestapo die jüdische Bevölkerung zu kriminalisieren. Auch ein Bewohner des Hauses „Am Schützenbrunnen" war davon betroffen. Im Juni 1938 wurde der Handelsvertreter Daniel Reiß im Zuge einer Massenverhaftung von 1.500 Juden in ganz Deutschland ins Konzentrationslager Buchenwald eingeliefert. Laut Informationen der Gedenkstätte wurde er dort am 27. Juli 1938 erschossen. Nach der Überweisung von 3 Mark an die „Hauptkasse Weimar, Abt. Friedhof, Aschenversand“ wurde seine Urne nach Frankfurt geschickt.[2]

Eine frühere Nachbarin, die damals 18jährige Lilly Eckstein, erinnert sich an Daniel Reiß und dessen Schicksal. „Schlimm war, als der Mann unserer Nachbarin Am Schützenbrunnen verhaftet wurde. Er war Jude, sie eine Christin. Der Mann war schon längere Zeit fort. Eines Tages schellte es bei ihr. Ein Mann stand vor der Tür und hielt ihr einen Behälter hin mit den Worten: ‘Hier ist die Asche ihres Mannes’. Die Frau brach zusammen.“

Die sogenannte Kristallnacht am 9./10. November 1938 bewirkt dann einen noch radikaleren Einschnitt. Während sich das Leben im Haus und in der Familie bis zu diesem Zeitpunkt noch in einem relativ geschützten privaten Raum abspielte, veränderte das Eindringen der Gestapo in das Haus die Lebensbedingungen der Menschen auf dramatische Weise. Unter den Bewohnern des Hauses Am Schützenbrunnen 13 verbreiteten sich am 10. November Angst und Schrecken. Drei Überlebende des Hauses, damals zwischen 10 und 18 Jahren alt, erinnern sich an die furchtbaren Ereignisse an diesem Tag.

Dorothy berichtet vom Überfall auf die Wohnung der Familie. „Und dann kam der 10. November 1938. Ich war 15. Jetzt muss man sich vorstellen, dass es damals kein Fernsehen gab. Wir hatten noch nicht mal ein Radio. Nachrichten konnte man nur am nächsten Tag in der Zeitung lesen oder durch einen Telefonanruf. Der Tag fing normal an. Ich bin zum Uhrtürmchen gelaufen, zur Trambahn. Es war eine unheimliche Stille, und irgendwie, ich weiß es heute noch nicht warum, bin ich nicht weiter gegangen, sondern wieder zurück nach Hause. Der Schrecken für uns fing am Abend an, als einige Kerle unsere Wohnungstür aufbrachen und systematisch die Wohnung zerstörten. Mein Vater lag zu Bett an diesem Tag und meine Mutter betreute ihn. Und während der Zerstörung dieser Wohnung hatte ich nur einen Gedanken, dass diese Kerle nicht in das Schlafzimmer meines Vaters kommen. Und was das für meine Eltern bedeutete, dieses junge Mädchen alleine mit diesen fürchterlichen Menschen zu lassen, das kann ich mir erst heute vorstellen, wo ich eine Tochter habe. Jedenfalls fingen sie in der Küche an. Sie haben einfach alles umgeschmissen und die Teller, Tassen auf die Steinböden der Küche geworfen. Jeder Spiegel war zerschlagen, jedes Gemälde mit dem Messer zerschnitten, jedes Polstermöbel aufgeschnitten.“

Der Vater wurde nicht verhaftet. Aus Angst vor weiteren Ausschreitungen nahmen Thekla und Dorothy Griesheimer einen Revolver aus der Nachttischschublade, den Harrry Griesheimer vermutlich seit seinem Einsatz als Soldat im Ersten Weltkrieg besaß, gingen aus dem Haus und „verloren“ die Waffe in der Anlage.

Auch die Familie Maier blieb nicht verschont. Marianne erinnert sich, dass ein christlicher Nachbar im Dachgeschoss den Vater in seiner Wohnung versteckte, um ihn vor den randalierenden Horden zu schützen. Als diese Stunden später wieder zurück kamen, fanden sie den Vater schließlich doch. Ein Gestapo-Mann vergriff sich an dem Mädchen und zwang sie zu behaupten, ihr Vater würde sich an ihr vergehen. Den durch diese Unterstellung vermeintlich erkauften Schutz des Vaters konnte das Kind nicht erreichen. Einige Stunden später wurde Hans Maier verhaftet und in die Festhalle gebracht. Mit Hilfe eines SA-Mannes, den die Maiers von früher kannten, wurde er jedoch wieder freigelassen, allerdings unter der Bedingung, dass er umgehend seine Auswanderung vorbereite. Täglich musste er sich bei der Frankfurter Gestapo melden und seine Auswanderungsbemühungen belegen.

[2] Stadtarchiv Weimar, Stadtverwaltung 1919–1945, 6-66-78, Bd. 1.

Betroffen war auch Familie Eckstein. Am Mittag des 10. November kam ein erster Trupp ins Haus, der Gustav Eckstein verhaftete.[3] Er wurde in die Festhalle gebracht. Nach zwei Tagen wurde er wieder entlassen, weil seine Frau die eilig beschafften Papiere zur Auswanderung nach Swasiland im Süden Afrikas vorweisen konnte. Die Tochter hat noch vor Augen, wie sich der Vater nach seiner Rückkehr im Zimmer einschloss und kein Wort sprechen konnte. Täglich musste er sich in den folgenden Wochen bei der Polizei melden. Am 28. Dezember 1938 konnte die Familie schließlich Deutschland verlassen. Auch Gustav Eckstein gelang es noch, rechtzeitig aus Deutschland zu fliehen.

Während Josef Harry Griesheimer und sein Neffe Hans Maier vor einer Verschleppung in ein Konzentrationslager bewahrt blieben, wurde Leopold Rosenstock, ein weiterer Bewohner des Hauses, verhaftet und am 16. 11. 1938 nach Dachau gebracht.

Fluchtwege

Fieberhaft bemühten sich die jüdischen Bewohner des Hauses um die Emigration aus Deutschland. Während die Ecksteins im Dezember 1938 gemeinsam auswandern konnten, wurden die anderen Familien auseinander gerissen. Briefe zwischen den einzelnen Familienmitgliedern waren das einzige Band zwischen den voneinander getrennten Menschen.

Hans Maier bemühte sich nach seiner Verhaftung am 10. November 1938 hektisch um die Auswanderung nach Amerika bzw. nach Südafrika. Bereits am 17. August 1938 hatte er sich unter der Nummer 13227 in die Warteliste der Visumantragsteller eintragen lassen. Übergangsweise versuchte er die Einreisebewilligung für England zu erwirken, um dort auf die Erteilung des Visums zu warten. Er fand einen weiteren kostspieligen Weg, mit dem er seine Auswanderungsbereitschaft gegenüber den Behörden belegte. Er buchte Schiffspassagen nach Trinidad oder Durban, die er mit Verlust stornieren musste, da er in der Zwischenzeit kein legales Visum erhalten konnte.

Seiner in der Schweiz lebenden Mutter, Sofie Maier, eine weitere Tochter von Babette Griesheimer, gelang es schließlich, für ihre drei Söhne Einreisevisa zu erhalten, deren Gültigkeit auf drei Monate begrenzt war, jedoch noch um weitere drei Monate verlängert werden konnten. Die Flucht in die Schweiz brachte eine weitere bittere Erfahrung. An der Grenze wurde Sofie Maier mit einem ihrer Söhne unter dem Vorwurf eines

Marianne während ihres illegalen Besuchs in der Schweiz, um Ostern 1939

Devisenvergehens verhaftet und für einige Wochen nach Freiburg ins Gefängnis gebracht. Nach ihrer Freilassung gelang es ihnen in die Schweiz zu entkommen. Der andere Sohn, Hans Maier, durfte sofort in die

[3] Zu den näheren Umständen der Verhaftung s. u., S. 204.

Schweiz einreisen, von wo er unermüdlich seine Auswanderungsbemühungen fortsetzte, die letztlich erfolglos blieben. Seine Tochter Marianne wollte ihn während der Osterferien 1938 besuchen. Da in ihrem Pass ein „J" eingetragen war, konnte sie aber nicht mehr in die Schweiz einreisen. Sie wurde deshalb von einem Schweizer Freund als dessen angebliche Tochter illegal über die Grenze und auch wieder zurück gebracht. Da sie kein Schweizerdeutsch sprach, war es ihr streng verboten, auch nur ein Wort zu reden.

Nachdem die Aufenthaltserlaubnis in der Schweiz abgelaufen war, floh Hans Maier mit seinen Brüdern illegal nach Frankreich, wo sie erneut verhaftet wurden. Die jüdische Gemeinde in Mühlhausen bemühte sich sehr um die Freilassung der Maiers. Anni Maier reiste ihrem Mann nach, um ihm Beistand zu leisten, konnte dann aufgrund des Kriegsbeginns mit Frankreich nicht mehr nach Deutschland zurückkehren. Nun war Marianne alleine in Frankfurt. Sie verließ die elterliche Wohnung „Am Schützenbrunnen" und wohnte bei ihrer christlichen Großmutter.

Auch die Familie Griesheimer versuchte vergeblich, Papiere zur gemeinsamen Auswanderung nach Amerika oder nach Südafrika zu ergattern, wo bereits Geschwister von Harry Griesheimer lebten. Um wenigstens der Tochter Dorothy ein Leben in Freiheit zu ermöglichen, schickten sie das Mädchen am 28. Juli 1939 mit einem Kindertransport nach England. Es wurde ein Abschied für immer. „Sie haben mir den Abschied leicht gemacht. Was sie sich gedacht haben, das kann ich mir überhaupt nicht vorstellen. Ein einziges Kind in die Fremde zu schicken, ohne zu wissen, wie sie es wiedersehen. Sie haben mir gesagt, geh du nach England und lerne Englisch. Wir wickeln hier unsere Geschäfte ab, holen dich in England ab und gehen dann zusammen nach Amerika oder Südafrika. Und das habe ich auch geglaubt."

Eltern und Tochter litten unter der Trennung. Von besonderer Bedeutung ist für Dorothy ein von einem Fotografen aufgenommenes Bild, das ihr die Eltern nach England schickten. Das Foto zeigt die Eltern, „mit den traurigsten Augen, die ich je gesehen habe." Die Briefe der Eltern Thekla und Harry Josef Griesheimer bezeugen, wie sehr die Eltern unter der Trennung von ihrer einzigen Tochter gelitten haben. Im Alter von 16 Jahren war Dorothy in London auf sich alleine gestellt. Sie suchte Ablenkung und Rückzug aus dem Alltag durch die Bindung an einen Freund, den sie bereits aus Frankfurt kannte. Sorgen bereitete den Eltern die berufliche Zukunft der Tochter. Dorothy fand eine Stelle, die sie zwang, am Samstag zu arbeiten. Schriftlich bat sie ihre orthodox eingestellten Eltern um Rat, ob sie diese Stelle annehmen solle. Für die Eltern stellte die langsame Loslösung der Tochter von der traditionellen Lebensweise ein großes Problem dar. Sie schlugen ihr vor, zu versuchen „durch eine Mehrleistung von 1 Stunde täglich den Samstag aufzuholen". Nur im äußersten Notfall würden sie der Annahme der Stelle zustimmen. „Wenn Dir alle Möglichkeiten sonst verschlossen scheinen, willigen wir sehr schweren Herzens ein, daß Du Schabbat arbeitest, damit wir nicht den Vorwurf hören, jetzt eine Arbeit in einer Fabrik annehmen zu müssen, bei der keine richtige Lehre für Dich herauskommt."

Schließlich belegte Dorothy mit finanzieller Unterstützung ihrer Tante aus Südafrika einen Kursus für Stenographie und Schreibmaschine. Die Eltern belastete die Tatsache, dass sie ihrer Tochter nicht genügend zur Seite stehen konnten. Wie sehr Thea Griesheimer darunter litt, drückte sie in einem Brief an ihre Verwandten in London aus: „Ihr seid meinem armen Wurm die einzige Hilfe in seinen Nöten. Daß Ihr es nicht verlaßt, ist unsere einzige Beruhigung, wenn man diese beständigen Gedanken so nennen kann."

Ihr Mann hielt sich im selben Brief an der Hoffnung fest, dass die Trennung bald ein Ende haben würde. „In der Zwischenzeit hatten wir 2 Briefe von unserem Dorle, deren Nöte und Wünsche Euch bekannt sind. Es ist für uns außerordentlich bedrückend, daß wir dem Kinde nicht so zur Seite stehen können, wie wir möchten und es auch notwendig wäre, und daß es Euch um Hilfe angehen muß, die wir zu leisten imstande wären, und so gerne täten. Aber wir trösten uns in dem Gedanken, daß Ihr es gerne tut, und daß wir so G. w. nicht mehr allzu lange voneinander getrennt sein mögen."

Für die junge Frau war es nicht leicht, das Leben alleine zu meistern. Das Jahr in London empfindet sie im Rückblick als eine sehr schwierige und belastende Zeit. Durch glückliche Umstände gelang es Dorothy 1940 nach Amerika zu emigrieren, wo bereits viele Verwandte lebten. Nach dem Kriegseintritt der USA 1941 konnte sie die Korrespondenz mit den Eltern nur noch über den Umweg über ihre Tante in der neutralen Schweiz führen.

Die Briefe des Ehepaars in Frankfurt mit den in vielen Ländern verstreut lebenden Verwandten zeigen die verzweifelten Bemühungen, eine Möglichkeit zu finden, legal nach Südafrika auszuwandern. Harry Josef Griesheimer legte in diesem Zusammenhang größten Wert auf Korrektheit. Er wies die Verwandten darauf hin, „daß wir jeden Versuch einer illegalen nicht absolut sicheren Handlung ablehnen und daß auch Ihr keinerlei Schritte unternehmen würdet, deren Weg und Ziel nicht dem einer durchaus korrekten Form entspräche". Es gelang dem Ehepaar nicht mehr rechtzeitig zu entkommen.

Mieter und Vermieter

Nachdem es einigen Mitgliedern der Familie gelungen war, ins Ausland zu fliehen, wohnten nur noch Harry Josef und Thekla sowie die über 90jährige Babette Griesheimer im Haus „Am Schützenbrunnen". Trotz der „Arisierungs"drohung blieb Babette Griesheimer Eigentümerin des Hauses. Die zunehmenden staatlichen Repressionen veränderten jedoch das Klima zwischen den nichtjüdischen Mietern und den wenigen, noch verbliebenen, jüdischen Hausbesitzern. Der staatliche Terror ermunterte einige Mieter, die jüdischen Eigentümer durch gezielte Provokationen zu schikanieren, was sich auch im Verhalten des Ehepaars H. gegenüber Babette Griesheimer zeigte.

1937 zog der Reichsbahnangestellte H. mit seiner Familie in das Haus „Am Schützenbrunnen" ein. Seit Sommer 1939 weigerte sich das Ehepaar H., die Miete zu zahlen. Babette Griesheimer reichte darauf hin am 2. Dezember 1939 eine Klage auf Zahlung der Mietrückstände und Räumung der Wohnung ein. Es gelang ihr die Mietrückstände gerichtlich einzuklagen. Auch wenn Babette Griesheimer noch als Hausbesitzerin galt, war ihre Verfügungsgewalt über das Eigentum durch die sogenannte Sicherungsanordnung erheblich eingeschränkt. Seit dem 26. April 1938 waren Juden verpflichtet, ihr Vermögen anzumelden, das auf einem „beschränkt verfügbaren Sicherungskonto" festgelegt wurde. Die Finanzbehörden führten die entsprechenden Verfügungen und Korrespondenzen in sogenannten Devisenakten. Laut „Devisenakte" vom 4.6.1940 erhielt Babette Griesheimer aus ihrem eigenen Vermögen einen von der Behörde festgesetzten monatlichen Betrag zur Bestreitung des Lebensunterhalts. Selbst Mietzahlungen durfte die Hausbesitzerin nicht mehr direkt entgegennehmen.

Nach dem Tod von Babette Griesheimer am 12. Oktober 1940 übernahm ihr Sohn Harry, der als einziger der sieben Geschwister noch in Frankfurt lebte, die Verwaltung des Hauses. Zu diesem Zeitpunkt bewohnten Hilde Flörsheim, Ida, Betty und Klara Henoch,

Josef Harry, Thekla und Dorothy Griesheimer vor ihrem Haus Am Schützenbrunnen 13, 1935

Leopold Katz, Josephine Maier, Levi Oppenheim und Siegfried Strauß das Haus. Ab September des gleichen Jahres wurden zusätzlich die Familie Schönfeld sowie Leopold Kaufmann als Mieter genannt. Im Mai 1941 zog Friedrich Katz in die Wohnung von Levi Oppenheim, dem noch im Jahre 1941 die Auswanderung gelang.

Mit Ausnahme von Josefine Maier lebten zu diesem Zeitpunkt nur noch jüdische Mieter im Haus „Am Schützenbrunnen“. Die antisemitische Politik der Separierung der jüdischen Bevölkerung von den übrigen Bürgern spiegelte sich somit auch in den Mietverhältnissen des Hauses wider. Der durch Abwanderung und Umzüge häufige Wechsel von Mietern machte Harry Josef Griesheimer sehr zu schaffen.

„Evakuiert“: Deportationen 1941/42

Was diejenigen erleiden mussten, die nicht mehr rechtzeitig fliehen konnten und später ermordet wurden, können wir in den meisten Fällen nur erahnen. Wenige Quellen geben einen Einblick in die verzweifelte Situation dieser Menschen. Durch private Dokumente sind bruchstückhafte Informationen über diese Zeit überliefert. Sie geben kaum die bedrückende Stimmung wieder, die durch zahlreiche Erlasse entstanden sein mag: durch die Schwierigkeiten bei der Beschaffung von Lebensmitteln und Brennmaterial, durch Verordnungen wie dem Verbot, ein Telefon zu besitzen oder öffentliche Verkehrsmittel benutzen zu dürfen, und der ab dem 19. September geltenden Auflage, einen gelben Stern tragen zu müssen. Wir erfahren aber etwas von der zunehmenden Vereinsamung der Menschen, für die Besuche von Verwandten und Freunden oder Briefe von Angehörigen Lichtblicke im deprimierenden Alltag darstellten. Neben der Sorge um die Tochter und den eigenen Bemühungen, aus Deutschland auszuwandern, trugen Thekla und Harry Josef Griesheimer noch die Last, den Eltern in Frankfurt zur Seite zu stehen.

Seit 1939 lebte Thekla Griesheimers Vater, Samuel Hess, ein angesehenes Mitglied in der Israelitischen Religionsgesellschaft, im Haus der Tochter. Offensichtlich war er gesundheitlich stark angegriffen, denn am 6.9.1940 schrieb Harry Griesheimer seiner Schwester, Vater Hess sei – vermutlich nach einem Krankenhausaufenthalt – wieder zu Hause. „Da kannst Du wieder am besten sehen, was der Mensch alles ertragen und überstehen kann.“ Anfang Oktober des selben Jahres nahm sich Samuel Hess das Leben. Auszüge aus Beileidsschreiben schickten die Griesheimers über Sofie Maier in der Schweiz an die Verwandten in den USA und Südafrika.

Vierzehn Tage später war auch Babette Griesheimer tot. „Ja, meine Lieben, es ist für uns alle ein harter Verlust, unsere Mutter nicht mehr unter uns zu haben, und nachdem wir auch vor 14 Tagen unseren Vater verloren, so sind wir beide hier jetzt ganz verwaist.“ So beschrieb das Ehepaar den Verwandten in Südafrika seine Gefühle in einem Brief vom 28. November 1940. Jetzt hätten sie nur noch einen Wunsch, „so rasch als möglich herauszukommen“.

Lediglich eine Verwandte, Josephine Maier, wohnte noch bis November 1941 im Haus. Fine, wie sie genannt wurde, war Christin und mit einem Bruder von Hans Maier verheiratet. Auch nach dem Wegzug stattete Josephine Maier dem Ehepaar regelmäßige Besuche ab. „F(ini) ist nach wie vor uns gegenüber unverändert & kommt 2 x wöchentlich“, schrieb Thea Griesheimer in einem Brief vom 12. Dezember 1941. Die Besuche von Fini und von Marianne hatten für die Griesheimers große Bedeutung und finden in den Briefen immer wieder Erwähnung. Auch Marianne hatte noch bis zur Deportation des Ehepaars im Mai 1942 Kontakt mit ihren Verwandten im Haus Am Schützenbrunnen. Allerdings war sie nicht sehr oft dort, weil die Großmutter, bei der sie lebte, Angst um ihre Enkelin hatte.

Am 19. Oktober 1941 begannen die Deportationen aus Frankfurt. Während die erste Deportation nach Lodz überwiegend Personen aus dem Westend, das nach den Plänen der Nazis „judenfrei" werden sollte, umfasste, betraf der zweite Transport am 9. November vor allem Familien mit Kindern. Unter den 922 namentlich erfassten Personen, die nach Riga deportiert wurden, befanden sich 13 Bewohner des Hauses Am Schützenbrunnen, darunter auch Mitglieder der Familie Schönfeld, die im August 1940 von Dörnigheim nach Frankfurt gekommen war.

Aufgewühlt durch diese Ereignisse wurde Harry Griesheimer daraufhin in mehrere Richtungen aktiv. Beunruhigt über den „Wegzug" von Mietern informierte er seine Schwester in der Schweiz über folgenden Schritt: „Damit im Falle einer Veränderung bei uns in der Verwaltungssache keine Stockung eintritt, habe ich Herrn Ried eine notariell beglaubigte Vollmacht erteilt, ebenso ... die genauen Adressen der Erbengemeinschaft."

Neben Erteilung dieser Vollmacht bereitete sich Harry Griesheimer mit weiteren Schritten auf mögliche „Veränderungen" vor. Eine von Harry und Thekla Griesheimer als Miterben unterschriebene „Sonderanmerkung" zum Erbschein der verstorbenen Babette Griesheimer vom 2. November 1941 enthält folgende Bestimmung: „Bei irgend welchen Vorkommnissen, die unsere Handlungsfähigkeit beeinträchtigen oder gar unmöglich machen, sind alle diesbezüglichen Belange an unseren Generalbevollmächtigten und gleichzeitigen Vormund unserer minderjährigen Tochter Dorothy ... zu richten."

Verzweiflung und Hoffnungslosigkeit drücken sich auch in den Briefen der Beiden an die Familie aus. Im Dezember 1941 dankte Josef Griesheimer seiner Schwester Sofie für die Glückwünsche zu seinem Geburtstag am 6.12.1941. „Der Tag ging sehr still & besorgt vorüber und enthielt nur einen Wunsch, daß das neue Lebensjahr Frieden bringen möge allen Menschen auf Erden & wir wieder vereint sein mögen mit Kind & Geschwistern."

Im Gegensatz zu ihrem Mann wirkt Thekla Griesheimer im selben Brief psychisch und physisch angegriffen und schreibt, dass es ihnen gesundheitlich „hundsmiserabel" gehe. „Sonntag auf Montag ist Jahrzeitstag für Euren l. Vater. Ich hätte gar nichts dagegen einzuwenden, wenn meiner auch bald wäre. Harry hat G.L. mehr Mut, ob er aber etwas nützt, glaube ich kaum." Nach der endgültigen Aufgabe seiner Firma engagierte sich Josef Griesheimer in der Gemeindearbeit und unterstützte die Anlernwerkstatt mit der Lieferung von Werkzeugen. Ablenkung verschaffte den beiden außerdem ein Mädchen, die 13-jährige Erika Simon, die im August 1941 von dem Ehepaar aufgenommen wurde. Nachdem keine finanziellen Mittel mehr zur Aufrechterhaltung jüdischer Kinderheime vorhanden waren, hatten sich Thekla und Josef Griesheimer bereit erklärt, das Mädchen kostenlos bei sich aufzunehmen. Marianne und Erika gingen gemeinsam in die Schule. Was mit dem Mädchen geschah, ist leider nicht bekannt.

Die Briefe aus Frankfurt schwanken zwischen Verzweiflung und Hoffnung, zwischen Offenheit und Rücksichtnahme oder Verschlüsselung. Zum 19. Geburtstag der Tochter im Februar 1942 schickten die Eltern noch eine letzte direkte Mitteilung an Dorothy über das Rote Kreuz. „Beide unverändert gesund zufrieden. Erhoffen Gleiches von Dir und Emmerichs. Fünfzehnten und neunzehnten Februar in Sehnsucht und Liebe gedacht. Schreiben stets Sofie. Grüsse Küsse".

Am 11.5.1942 erwähnt Thekla Griesheimer in dem vermutlich vorletzten Brief an ihre Schwägerin Sofie in der Schweiz die Auswirkungen der Deportation, indem sie beschreibt, wie eine Familie nach der anderen „fort geht". Die Verzweiflung kann man zwischen den Zeilen lesen, aber auch, mit welch ungeheurer Kraft sich die Menschen gegenseitig Mut zu machen suchten. „Sofie C. hat uns verlassen, ebenso Cilli B. Ich war in der letzten Nacht noch bei Sofie, die aber gefaßt war. Ich kann und will Dir keine Schilderung von all dem Leid, den Tränen und dem Schmerz geben, sondern Dir nur sagen, daß wir noch soweit wohlauf sind, sofern uns die Aufregungen nicht zerrütten." Im selben Brief ist es Harry Josef Griesheimer, der seiner Schwester völlig mutlos schreibt: „Liebe Sofie! Ich sitze jetzt schon bald 1/4 Stunde vor diesem Briefbogen & ich weiß nicht, was ich Dir schreiben soll, denn unsere Gedanken sind so voller Sorgen & Überlegungen, daß man gar nicht mehr denken kann. Seit 10 Tagen haben wir so viel erlebt, daß man sich fragt, ist ein solches Leben noch lebenswert. Nur die Hoffnungen halten einen vor einem unaussprechlichen Entschluß zurück."

Seine ehrenamtlichen Tätigkeiten sorgten wenigstens für einige Stunden für Zerstreuung, doch konnten sie die düsteren Ahnungen nicht beseitigen. „Wir sind bange, daß damit noch nicht Alles beendet ist. Je kleiner der Kreis wird, desto gefährlicher ist die Sicherheit der darin befindlichen."

Am Vorabend der Deportation, am 28.5.1942, schrieb Thekla Griesheimer den vermutlich letzten Brief an ihre Schwägerin in der Schweiz. „Meine liebe Sofie! Die lange besprochene Fahrt kommt nun zur Ausführung. Harry und ich sind so ruhig und vernünftig, wie man eben solchen Ungeheuerlichkeiten begegnen muß. Wenn der Allmächtige uns Kraft und Gesundheit verleiht, wollen wir nicht verzagen, denn der Gedanke, unser Kind einmal wiederzusehen, schwebt uns als leuchtendes Ziel vor Augen und was an uns liegt, soll geschehen, damit es verwirklicht werden kann. Alle sonstigen Mitteilungen sind im Augenblick belanglos, gemessen an dem, was uns bevorsteht, und es müssten neue Worte erfunden werden, um auszudrücken, was wir empfinden. Ich grüße und küsse Dich meine liebe Sofie... Deine Thea."

Wenige Tage später informierte Sofie Maier ihren Schwager Alex Reis in Johannisburg, „unser lb. Joe & Thea (sind) am 28.5. von Frankfurt abtransportiert worden & konnte bis heute nicht erfahren, wo sie hinverschleppt worden sind." An welchem Ort und unter welchen Umständen die beiden zu Tode kamen, konnte nicht festgestellt werden. Nach der Deportation von Thekla und Harry Josef Griesheimer wurden aus dem Haus Am Schützenbrunnen 13 im Mai/Juni des Jahres auch Lilly Schönfeld sowie im August 1942 Klara Henoch verschleppt. Am 15.9.1942 wurde erneut eine größere Zahl von Hausbewohnern mit einem Transport nach Theresienstadt verbracht. Neun Bewohner des Hauses waren davon betroffen. Am 24.9.1942 wurde auch Betty Goldbach mit einem Transport „nach dem Osten" verschleppt.

Das Haus nach der Deportation des Besitzers

Was nach der Deportation von Harry Griesheimer mit dem Haus Am Schützenbrunnen 13 geschah, konnte bisher nur bruckstückhaft geklärt werden. Das letzte Blatt der Devisenakte vom 12.6.1942 gibt Auskunft darüber, dass das Vermögen der „nach dem Osten evakuierten Juden", in diesem Fall von Josef Harry Griesheimer und seiner Frau Thekla, zugunsten des Reiches eingezogen wurde. Das Haus selbst war davon erstaunlicherweise nicht betroffen, was vielleicht daran gelegen haben mag, dass die übrigen Besitzer noch legal das Land verlassen hatten und dadurch möglicherweise keine Rechtsgrundlage für eine Einziehung der Liegenschaft bestand.

Überleben im Versteck

Nach den Deportationen in den Jahren 1941/1942 lebten nur noch wenige Juden in Frankfurt. Überwiegend handelte es sich um sogenannte Mischehepartner, die zumindest teilweise durch ihre nichtjüdischen Ehepartner geschützt waren, und um „Mischlinge", zu denen auch Marianne Maier gehörte. Drei Jahre lang konnte das Mädchen seine Mutter, die mit ihrem Mann in Frankreich ständig auf der Flucht vor den Deutschen war, nicht sehen. Anni und Hans Maier gelang es, bei einem Bauern unterzukommen. Hans Maier half bei der landwirtschaftlichen Arbeit, seine Frau nähte für die Bauern. Über seine Mutter in der Schweiz konnte das Ehepaar Kontakt mit der Tochter halten, die bei der Großmutter in Frankfurt lebte. In zahlreichen Briefen klingt die Verzweiflung der Familie durch die ständige Verfolgung an. Im August 1942 wurden Hans Maier und seine Brüder verhaftet und nach Auschwitz gebracht.

Neben der Angst um ihren Mann war Anni Maier auch in großer Sorge um ihre Tochter, nachdem Marianne durch die Schließung des Philanthropin der weitere Schulbesuch verwehrt worden war. „Es ist aber auch zum Verrückt werden. Wenn ich nur das liebe Kind bei mir hätte. Wer weiß, wie alles noch kommt. Jetzt kann es schon in keine Schule mehr." Dies schrieb sie im August 1942 an ihre Schwiegermutter in Basel. Wenige Tage später fragt sie ihre Mutter in einem Brief vom 10.8.1942 besorgt: „Glaubst Du, das Mariannchen wäre in Gefahr? Wenn es nur einen Weg gäbe, daß das lb. Kind zu uns käme." Sie überlegte sogar, ob eine Adoption durch einen Schweizer Bürger das Kind schützen könnte. „Wir sind kollosal beunruhigt und kopflos".

Hans Maier (rechts) in Südfrankreich, Juli 1942

Nach der Verhaftung ihres Mannes kehrte Anni Maier zu ihrer Tochter nach Frankfurt zurück. Sie ließ sich scheiden, um so wenigstens Marianne zu schützen. „Im Namen des Deutschen Volkes" wurde ihre Ehe durch ein Urteil des Frankfurter Landgerichtes im Juni 1943 aufgehoben. Obgleich Hans Maier zu diesem Zeitpunkt bereits in Haft war, enthält die Urteilsbegründung den Hinweis, der Beklagte hätte dem Prozess nicht beigewohnt, obwohl er durch öffentliche Zustellung ordnungsgemäß geladen worden sei. Ungeachtet der Tatsache, dass diese Scheidung in einer Zwangslage erfolgte, wurde das Urteil nach dem Krieg nicht wieder aufgehoben. Hans und Anni Maier mussten erneut heiraten.

Seit dem 1. September 1941 war Marianne verpflichtet den gelben Stern zu tragen. Da sie in einem Haus mit christlichen Bewohnern lebte, fühlte sich das Mädchen nur in Begleitung der Großmutter sicher. Rückblickend erinnert sich Marianne besonders daran, dass sie in dieser Zeit ständig Abschied nehmen musste, wenn wieder eine Freundin eine Aufforderung zum Transport erhalten hatte. Nach Schließung der Schule musste die 14jährige Marianne Zwangsarbeit bei der Firma Osterrieth im Gallusviertel leisten. Dorthin

Der von Marianne getragene Gelbe Stern

musste sie täglich von Bornheim aus zu Fuß gehen, da ihr die Benutzung öffentlicher Verkehrsmittel verboten war. Später arbeitete sie bei der Firma Biko-Pharm, wo sie die Arbeit angenehmer fand.

Benachrichtigung zur Deportation, 8. Februar 1945

Zwischen Ende 1944 und Anfang 1945 begann man auch die sogenannten Mischlinge zu deportieren. Marianne, die nach den „Nürnberger Gesetzen“ als „Mischling 1. Grades“ galt, erhielt im Februar 1945 eine Aufforderung, sich „zum geschlossenen Arbeitseinsatz nach außerhalb“ einzufinden, einem der letzten Transporte, die von Frankfurt aus nach Theresienstadt abgehen sollten.

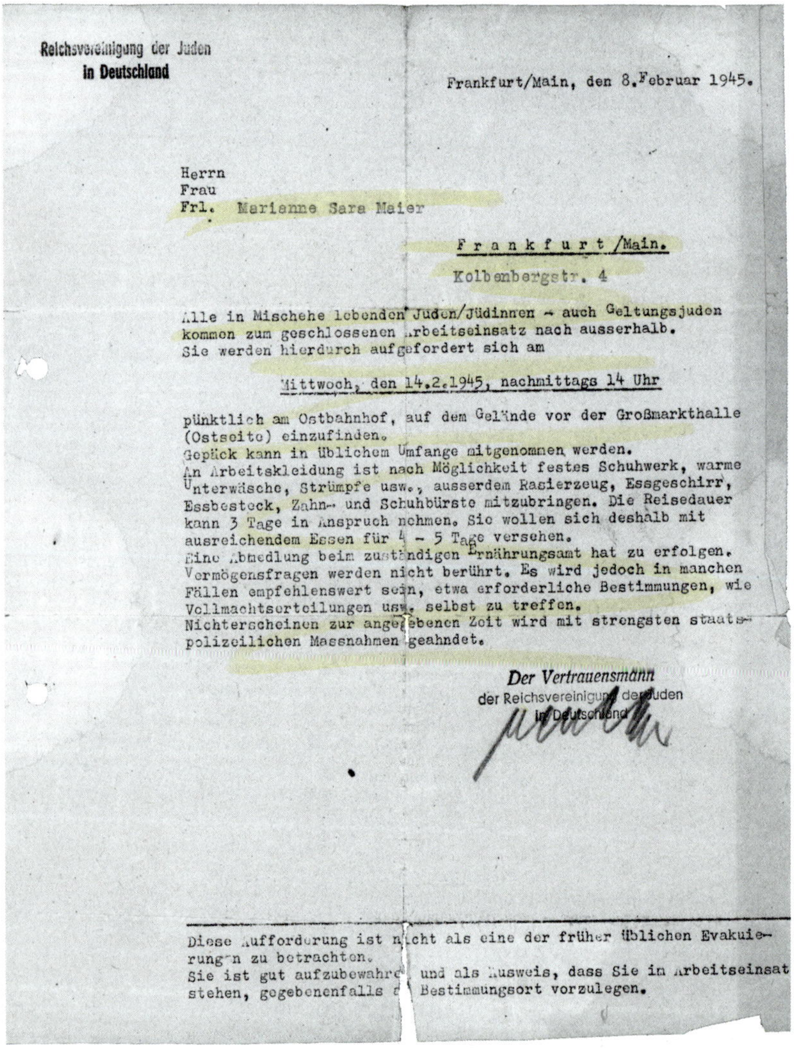

Reichsvereinigung der Juden
in Deutschland

Frankfurt/Main, den 8.Februar 1945.

Herrn
Frau
Frl. Marianne Sara Maier

Frankfurt/Main.

Kolbenbergstr. 4

Alle in Mischehe lebenden Juden/Jüdinnen – auch Geltungsjuden kommen zum geschlossenen Arbeitseinsatz nach ausserhalb.
Sie werden hierdurch aufgefordert sich am

Mittwoch, den 14.2.1945, nachmittags 14 Uhr

pünktlich am Ostbahnhof, auf dem Gelände vor der Großmarkthalle (Ostseite) einzufinden.
Gepäck kann in üblichem Umfange mitgenommen werden.
An Arbeitskleidung ist nach Möglichkeit festes Schuhwerk, warme Unterwäsche, Strümpfe usw., ausserdem Rasierzeug, Essgeschirr, Essbesteck, Zahn- und Schuhbürste mitzubringen. Die Reisedauer kann 3 Tage in Anspruch nehmen. Sie wollen sich deshalb mit ausreichendem Essen für 4 – 5 Tage versehen.
Eine Abmedlung beim zuständigen Ernährungsamt hat zu erfolgen.
Vermögensfragen werden nicht berührt. Es wird jedoch in manchen Fällen empfehlenswert sein, etwa erforderliche Bestimmungen, wie Vollmachtserteilungen usw. selbst zu treffen.
Nichterscheinen zur angegebenen Zeit wird mit strengsten staatspolizeilichen Massnahmen geahndet.

Der Vertrauensmann
der Reichsvereinigung der Juden
in Deutschland

Diese Aufforderung ist nicht als eine der früher üblichen Evakuierungen zu betrachten.
Sie ist gut aufzubewahre und als Ausweis, dass Sie im Arbeitseinsat stehen, gegebenenfalls a Bestimmungsort vorzulegen.

Nachdem die junge Frau diesen Brief erhalten hatte, kam die Verwandtschaft zusammen, um über die Lage zu beraten. Verschiedene Vorschläge wurden gemacht. Die einen wollten Marianne als krank und nicht transportfähig erklären, die anderen rieten ihr, sich zu verstecken, was sie aus Angst um die Mutter zunächst ablehnte. Sie folgte deshalb der Aufforderung und ging mit ihrer Mutter zur Sammelstelle auf dem Gelände der Großmarkthalle. Wegen eines Fliegeralarms waren die Straßen leer. Ein Mann mit Ledermantel und Hut, der aussah wie ein Gestapo-Mann, fing sie vorher ab. Es war Mariannes Onkel Karl, der das Mädchen anflehte, mit ihm zu kommen und sich zu verstecken. Karl Zängerles Einsatz hatte Erfolg. Mutter und Tochter verbargen sich daraufhin bis zum Einbruch der

Dunkelheit im Isenburger Wald, um dann dem Onkel nach Langen zu folgen. Dort wurden die beiden bis zur Befreiung Langens durch die Amerikaner im April 1945 versteckt.

Marianne hat am 8. Mai Geburtstag. Sie erinnert sich noch an das wunderbare Gefühl, als der Krieg an diesem Tag 1945 mit der Kapitulation Deutschlands zu Ende ging. Zunächst wusste sie nicht, ob der Vater noch lebte. Das letzte Lebenszeichen hatten sie im Herbst 1944 erhalten. Über einen Vetter, Emil Carlebach, der als politischer Gefangener jahrelang im Konzentrationslager Buchenwald saß, fand die Familie wieder zusammen. Im April 1945 wurde Hans Maier in Buchenwald, wohin er mit einem Todesmarsch gekommen war, befreit. Am 23. Mai 1945 kehrte er elend und abgemagert wieder in seine Heimatstadt zurück. Verkraftet hat er die Verfolgung nie. Hans Maier überlebte als einziger der drei Brüder. Seine Mutter in der Schweiz konnte die Rückkehr des Sohnes aus dem Lager nicht mehr erleben. Sie starb im März 1945.

In einer kleinen Wohnung am Dornbusch fand die Familie nach jahrelanger Trennung wieder zusammen. Hans Maier blieb in Deutschland, denn er wollte nicht in ein Land gehen, das ihn während der Zeit der Verfolgung nicht aufnehmen wollte. Zudem gelang es ihm, seine frühere Tätigkeit in Frankfurt aufzunehmen. Im Gegensatz zu ihrem Vater wäre Marianne lieber nach Amerika ausgewandert, fand aber nach der langen Trennungsphase nicht die Kraft, Deutschland alleine zu verlassen. Einen Einfluss auf die Entscheidung, in Deutschland zu bleiben, hatte für Hans Maier sicherlich auch die Tatsache, dass es Menschen gegeben hatte, die bereit waren zu helfen.

Gleich nach seiner Rückkehr schrieb er einen bewegenden Brief an seinen Schwager in Langen. „Lieber Karl & Mariechen! Nach jahrelangem Aufenthalt im Konzentrationslager in Auschwitz und Buchenwald komme ich zurück und höre, welch großes Opfer Ihr für meine Frau und mein Kind gebracht habt. Ich möchte nicht versäumen, Euch meinen beiden Lieben meinen innigsten Dank abzustatten und dürft Ihr versichert sein, daß ich Euch dies nie vergessen werde und jederzeit, wenn Ihr mich brauchen solltet, für Euch da bin. Ich weiß, in welche Gefahr Ihr Euch damit begeben habt und daß Euer Leben auf dem Spiele stand. Besonders möchte ich nochmals auf die letzte große Tat von Dir, lieber Karl, zurückkehren, wo Du unter Einsatz Deines Lebens mein Kind vor den Augen der Gestapo von der Sammelstelle am 14. Februar d. Jhrs. weggeholt hast und der Transport nach einem ungewissen Konzentrationslager abgehen sollte, und Du die schwere Zeit über bis zum Befreiungstage meine Frau und mein Kind vor der Gestapo versteckt hieltest und mit Lebensmitteln versorgtest, was bei der herrschenden Versorgungslage für Dich und Deine Familie weitere Entbehrungen brachte.

Ich persönlich habe doch nur all dies Leid und die Qualen in den Konzentrationslagern durchgehalten in Gedanken an meine Frau und mein Kind und Dir lieber Karl habe ich es zu verdanken, daß ich beide lebend und gesund wieder angetroffen habe. Ich stehe derart tief in Deiner Schuld und werde Dir dies nie vergessen. Dein Hans".

Leider konnte Karl Zängerle nicht mehr erleben, wie seine Frau Marie für diese mutige Tat des Ehepaars im Jahre 1994 mit der Johanna Kirchner-Medaille ausgezeichnet wurde.

Die Erben verkaufen das Haus

Nach dem Ende des Zweiten Weltkrieges unterlag das Haus dem Gesetz Nr. 52 der Militärregierung, das eine

Sperre und Beaufsichtigung von Vermögen durch die Besatzungsmächte vorschrieb. Wilhelm Ried, der das Haus bis zu diesem Zeitpunkt verwaltet hatte, wurde auf Grundlage dieses Gesetzes am 11.1.1947 als Treuhänder eingesetzt. Alle drei Monate musste er mit einem Finanzbericht eine Abrechnung seiner Verwaltungsarbeit vorlegen.

Diese Akten des Amtes für Vermögenskontrolle geben einen kleinen Einblick in die Lebenssituation nach dem Krieg und die angespannte Atmosphäre zwischen den Mietern sowie zwischen Mietern und dem Verwalter. Die Akten belegen Klagen der Bewohner über fehlende oder zögerliche Beseitigung der durch Bombenangriffe verursachten Schäden im Haus, während der Verwalter monierte, dass seine Arbeit durch Mietrückstände bei gleichzeitig nur beschränkt zur Verfügung stehenden Mitteln erschwert würde. Außerdem lasse die Moral der Hausbewohner bei der Unterstützung der notwendigen Aufräumarbeiten zu wünschen übrig. „Ich kann nicht Amizigaretten auf Kosten des Hauses kaufen zur Erledigung dieser Arbeiten, die überall von den männlichen Bewohnern eines Hauses zeitentsprechend durchgeführt werden", klagte er. Ried verwaltete die Liegenschaft noch bis zur Freigabe durch das Amt für Vermögenskontrolle am 30.8.1949. Das Vermögen wurde allerdings noch weiterhin unter sogenannter Sperrkontrolle geführt, wonach Rechtsgeschäfte der Genehmigung bedurften.

Dorothy Griesheimer, nun verheiratete Baer, die von der Annahme ausging, dass das Haus nach der Deportation der Eltern vom Staat eingezogen worden war, stellte 1951 einen Antrag zur Rückerstattung des Familieneigentums. Im Verlauf dieses Prozesses stellte es sich heraus, dass die Liegenschaft juristisch noch immer im Besitz der Familie war, was ihr die Möglichkeit gab, 1954 das Haus „Am Schützenbrunnen 13" zu verkaufen.

Zuflucht aus dem Umland ins Haus „Am Schützenbrunnen 13"

Monica Kingreen

Von zwei Familien, die aus dem Umland nach Frankfurt in das Haus gezogen waren, wissen wir mehr: Die Familie Eckstein lebte von März 1937 bis zu ihrer Flucht in das 10.000 Kilometer entfernt liegende Swasiland in Afrika im Dezember 1938 im Haus, während die Familie Schönfeld von August 1940 bis zur gewaltsamen Verschleppung aller Familienmitglieder in den Jahren 1941/42 in dem Haus Am Schützenbrunnen 13 lebte.

Zwischenstation Am Schützenbrunnen: Familie Eckstein aus Heldenbergen

Im März 1937 zogen in den 3. Stock des Hauses die Ecksteins aus Heldenbergen ein: Gustav Eckstein, 49 Jahre, und seine Frau Bertha, 47 Jahre, mit den beiden jugendlichen Kindern Lilli und Ernst im Alter von 17 und 15 Jahren.[4] Lilli hatte zu dieser Zeit in der Schneiderwerkstatt Irma Gans in der Schleidenstraße 26 eine Ausbildung begonnen, während ihr Bruder Ernst eine Lehre als Konditor machte. Ebenfalls zur Familie gehörte die taubstumme Schwester von Frau Eckstein, Paula Speier, 46 Jahre. In Heldenbergen hatte die Familie eine Bäckerei mit Café betrieben. „Wenn die Mama nicht gewesen wäre," erzählte Lilli Eckstein 1988 bei der Einladung in ihrem früheren Heimatdorf Heldenbergen, „wären wir alle nicht mehr da. Meine Mutter hat darauf gedrungen, dass wir weggehen aus Deutschland. Sie hat gedrängt, und sie hat es auch geschafft mit dem Mann, der sich nicht von seiner Heimat losmachen konnte.

[4] Dieser Text beruht auf einem Gespräch von Monica Kingreen und Bernd Salzmann mit Lilli und Ernst Eckstein im Juni 1988 und Recherchen von Monica Kingreen, veröffentlicht in: Monica Kingreen, Jüdisches Landleben in Windecken, Ostheim und Heldenbergen. Hanau 1995, 2. Auflage, S. 373–377 und S. 413–415.

Meine Mutter war eine sehr kluge Frau, sie hat gesehen, was sich da tut. Wir haben eine wunderschöne Kinderzeit in Heldenbergen gehabt, es hat uns an nichts gefehlt, wir waren verwöhnt. Wir waren fröhlich, haben gerne mit meinem Vater gesungen. Wir waren alle sehr beliebt in Heldenbergen. Dann kam Hitler. Solange wir in der Schule waren, war es noch nicht so schlimm, aber manche waren dabei, die uns zugesetzt haben. Wenn einer 'Dreckjud' zu mir gesagt hab, das habe ich mir nicht gefallen lassen, da habe ich ihn geschlagen. Die Mädchen konnte ich an den Zöpfen ziehen, ich hatte ja immer kurze Haare. Ich habe mich gewehrt. 1936 wurde uns gesagt, dass wir nicht weiter zur Schule gehen können. Unsere Freunde kamen nicht mehr, hatten Angst, als hätten wir die Pest."

Die Geschwister Lilli und Ernst Eckstein, 1937 in Frankfurt

Mit der zunehmenden Verfolgung beschloss die Familie, das Geschäft und ihr Haus zu verkaufen. Sie zogen nach Frankfurt, in der Hoffnung, von dort dann ins Ausland entkommen zu können. „Im März 1937 hatten wir unser Haus verkauft, das Geld, das wir bekommen hatten, war beschlagnahmt auf einem Konto, an das wir nicht heran kamen. Man hat uns in dieser Zeit von unserem Konto 600 RM im Monat zugebilligt, von unserem eigenen Geld, davon mussten wir Miete bezahlen und alle Lebensmittel. In unserer kleinen Wohnung Am Schützenbrunnen 13 haben Tante Paula und ich in einem Zimmer geschlafen, mein Bruder Ernst im Wohnzimmer und die Eltern im Schlafzimmer. Wir hatten auch ein kleines Bad. In dieser Zeit im Schützenbrunnen war es für meinen Bruder und mich wichtig, dass unsere Eltern abends einfach öfter mal weggingen. Meine Mutter hat Kuchen gebacken und uns gesagt: 'Bringt nur all Eure Freunde her und amüsiert Euch!' Meine Eltern wollten nicht, dass wir im Kino oder sonstwo den Nazis ausgeliefert waren. In den Cafes oder Kinos haben sie 'Juden raus' gerufen. Schlimm war, als der Mann unserer Nachbarin im Schützenbrunnen verhaftet wurde, er war Jude, sie eine Christin. Der Mann war schon längere Zeit fort. Eines Tages schellte es bei ihr, ein Mann stand vor der Tür, hielt ihr einen Behälter hin mit den Worten: 'Hier ist die Asche Ihres Mannes.' Die Frau brach zusammen. Das war sehr traurig. Meine Mutter hat darauf gedrängt, dass vor allem mein Bruder aus Deutschland raus kam. 'Der Bub muss weg!' sagte sie immer wieder. Mit einem Besuchervisum fuhr er einfach im Oktober mit dem Schiff von Hamburg nach Johannesburg in Südafrika und von dort nach Rhodesien, später nach Mosambik. 1944 ging er dann nach Palästina.

Die ganzen Papiere für unsere Auswanderung haben meine Mutter und ich besorgt. Meine Eltern haben gesagt: 'Wir gehen in kein Land, wo wir die Paula nicht mitnehmen können', das war meine taubstumme Tante. So waren uns viele Länder verschlossen. Mit einem Nachtzug musste ich mit noch einem Mädchen nach Hamburg fahren, ich hatte Pässe von 17 Personen dabei, die ein Visum für Mosambik wollten. Zwei Soldaten, die waren anständig, sie haben ihre Mäntel ins Abteil gehängt, dass es besetzt aussah, und haben die ganze Nacht draußen auf dem Gang gestanden und uns allein gelassen. Für eine Erlaubnis zur Einreise nach Swasiland musste ich zum englischen Konsul. Dann brauchten wir noch einen besonderen Ausweis, das hat etwas länger gedauert, aber dann sagte er: 'Wer zu mir kommt, bekommt ein Visum, ich stempel all eure Pässe, damit ihr heraus könnt.'

Im November 1938 wurde in dem Haus Am Schützenbrunnen allerhand zerstört. Die kleine Erna, ein blondes Mädchen mit blauen Augen ist die Treppe heruntergekommen und wurde gefragt: 'Wohnen da noch mehr Juden?' Glücklicherweise antwortete sie mit 'Nein'. Unsere Wohnung wurde also nicht zerstört. Das war gegen Mittag. In der Nacht sind dann fünf Männer in die Wohnung gekommen, wir mussten mitten in der Nacht aufmachen. Sie hatten Revolver. Meine Mutter musste im Bett liegen mit Händen hoch, einer hat mit dem Revolver vor ihr gestanden. Meinem Vater hatten sie inzwischen gesagt, er solle sich anziehen. Einer von den Männern tastete meinen Körper ab und fragte, ob ich Waffen habe. Sie suchten überall nach Waffen. Alle Türen mussten wir aufmachen, sogar die Toilette. 'Mach den Stinkkasten zu! Du Saujud' hieß es. Ein Mann war dabei, der hat gesagt, es tue ihm schrecklich leid, dass er uns so behandeln muss. Mein Vater wurde in die Festhalle geschafft. Irgendwie ist es uns gelungen, dort mitzuteilen, dass mein Vater bereits Papiere für die Auswanderung nach Swasiland hatte. Er kam dann am nächsten Tag heim. Er hat sich im Zimmer eingeschlossen, konnte nicht ein Wort sprechen. Er musste sich dann täglich bei der Polizei melden.

Am 20. Dezember 1938 konnten wir Deutschland endlich verlassen, meine Eltern, meine Tante Paula und ich. Genau einen Monat später kamen wir in Kapstadt an. Weiter ging die Fahrt dann über Port Elisabeth, East London, Burbon und dann kamen wir nach Mosambik: Laurentio Marques. Dort gingen wir von Bord. In einer Nachtfahrt durch den Urwald nach Mbane in Swasiland. Wir kamen an und schauten uns um und fragten uns achselzuckend: 'Wo ist unser Dach?' Da war nichts – absolut nichts. Drei oder vier Läden, eine Metzgerei und die Administration: Regierungshaus, Gefängnis, Busstation, Krankenstation. Dann konnten wir keine Wohnung kriegen, wir hatten ja kein Geld. In Kapstadt hatten wir ein paar Sachen verkauft, um etwas Geld für die lange Reise hierher zu bekommen.

Wir haben dann ein Farmhaus gefunden, etwa 25 Kilometer von Mbane. Da waren nur Eingeborene um uns herum. Dort war eine alte Asbestmine, die nicht mehr bearbeitet wurde. Wir waren drei Familien in einem Haus. Wir haben auf der Erde geschlafen, auf dem Koffer gesessen, auf den anderen Koffer hatten wir eine Tischdecke gelegt, dann gab es Brot und Gelee. Wir haben im Geschäft der Eingeborenen eingekauft. Die Eingeborenen waren wirklich sehr nett zu uns, die waren alle sehr nett. Englisch haben sie nicht gesprochen, aber mit Händen und Füßen gezeigt, ob sie uns helfen können. ... Die Menschen waren anständig, aber an diesem Platz war es die Hölle für uns. Es war keiner da, man konnte mit niemandem reden. Urwald, nur Urwald um uns herum. ...

Erst nach längerer Zeit haben wir erfahren, dass unser gesamtes Gepäck aus Deutschland, was mit einem anderen Schiff kommen sollte, verloren gegangen war, und wir nichts mehr von unseren Sachen hatten... Nach einer Zeit haben wir dann in der Stadt Mbane eine Garage gefunden, in der 'Hauptstadt'. Wir haben in der Garage gewohnt, der Herd hat draußen gestanden, es war kein Platz in der Garage. Den Herd hatten sich meine Eltern geliehen oder gebaut und haben dann

Bisquits gebacken. Das ging so lange, bis ein Bäcker sie angezeigt hat. Da war noch eine Familie aus Alzenau, die lebten im Hühnerstall. Ich hatte dann für sechs Wochen eine Aufenthaltsgenehmigung für Johannesburg, keine Arbeitserlaubnis. In Swasiland heiratete ich, damit ich einen ständigen Aufenthalt für Südafrika bekam. Dann habe ich gesehen, wie gut es war, dass meine Mutter mich gezwungen hatte, in Heldenbergen nähen zu lernen. Ich hab dann auch verdient und das wenige noch an meine Eltern geschickt. Es waren schreckliche Zustände in Swasiland, Krieg, die Männer waren weg, aber es fielen keine Bomben. Es war alles so knapp. Das besserte sich erst etwa 1943. Eine jüdische Hilfsorganisation baute dann eine Fabrik, in der meine Mutter Arbeit gefunden hatte. Der Bruder von unserem früheren Hausbesitzer Josef Griesheimer aus Frankfurt schnitt Haare, der Metzger stellte noch einige Leute ein, so schlug sich jeder irgendwie durch. Dann starb der Bäcker in Mbane, mein Vater wollte Geld besorgen und die Bäckerei kaufen, das ging aber nicht, weil der Krieg inzwischen ausgebrochen war und wir als feindliche Ausländer betrachtet wurden. Er wurde dann dort angestellt und gut bezahlt. Dann brauchten wir nichts mehr zu schicken aus Kapstadt. Meine Eltern waren neun Jahre in Swasiland." Lillis Vater erkrankte an Krebs und musste mehrere Male operiert werden, 1954 starb er. Seelisch hatte er das, was er erlebt hatte, nicht verkraftet. Die Mutter zog zu Lilli nach Kapstadt, wo sie 1972 starb. Lilli lebt heute in Südafrika, ihr Bruder Ernst in Palästina.

Flucht vom Lande, aber keine Rettung: Familie Schönfeld aus Dörnigheim

In eine kleine Wohnung im ersten Stock des Hauses zogen am 1. August 1940 die Schönfelds ein: der vierzigjährige Hermann Schönfeld mit seiner um ein Jahr jüngeren Frau Rosie und den beiden Jungen Horst und Gerhard, 10 und 9 Jahre alt.[5] Weiter gehörten noch die ältere Schwester von Hermann Schönfeld, die Tante Lilli, und der Vater von Hermann Schönfeld, der 79-jährige Witwer Isaak Schönfeld zur Familie.

Sie kamen aus Dörnigheim, wo Isaac Schönfeld ein bekanntes Textilwarengeschäft betrieb. Ganze Generationen von Dörnigheimer Familien hatte er mit Arbeitskleidung, Konfirmationsanzügen und Festtagskleidung versehen. Stoffe, die man bei ihm erwarb, wurden gleich in der hauseigenen Schneiderei zu Kleidungsstücken verarbeitet. Vier Töchter hatten geheiratet und das Haus verlassen. Der einzige Sohn Hermann hatte als Soldat im Krieg kämpfen müssen, studierte dann zu Beginn der zwanziger Jahre Elektrotechnik am Friedberger Polytechnikum. Er arbeitete in Frankfurt, wohnte aber mit seiner Familie im elterlichen Haus. Die unverheiratete Tochter Lilli blieb ebenfalls im Elternhaus wohnen und arbeitete in Frankfurt.

Nach 1933 wurde die beliebte, in verschiedenen Vereinen aktive Familie schnell ausgeschlossen und isoliert. Ihr Geschäft wurde boykottiert, immer weniger Kunden kamen, nur noch wenige kauften gegen Abend am Hintereingang des Hauses. Seit Sommer 1938 war sie die einzige jüdische Familie am Ort. Während der „Kristallnacht" war Hermann Schönfeld in seinem Dörnigheimer Haus verhaftet und für einige entwürdigende Wochen in das Konzentrationslager Buchenwald bei Weimar verschleppt worden. Den Vater Isaak hatte man wegen seines Alters verschont. Nachdem Hermann aus Buchenwald gegen das Versprechen, Deutschland so schnell wie möglich zu verlassen, entlassen worden war, bemühte er sich um Auswanderung nach Amerika für die ganze Familie. Ihm fehlten dazu aber die Bürgschaft eines Amerikaners und vor allem die finanziellen Mittel. Die Familie war in den zurückliegenden Jahren der NS-Diktatur immer mehr verarmt. Als sie nach dem Novemberpogrom 1938 die sogenannte Judenvermö-

Bertha und Gustav Eckstein, 1938 vor der Auswanderung nach Swasiland

[5] Der Text basiert wesentlich auf den Recherchen von Bernd Salzmann, veröffentlicht in: Bernd Salzmann, Wilfried Voigt, „Keiner will es gewesen sein". Dörnigheim im Nationalsozialismus. Maintal 1991, S.161–168 und auf einem Gespräch von Monica Kingreen mit Irma Schwulera im Februar 2000.

Familie Schönfeld, 1936 in Dörnigheim. In der Mitte Isaak Schönfeld, unter seinen Enkeln Gerd und Horst, hinten von links: Irma Schwulera, Rosi, Hermann, Lilli Schönfeld, Rosa Knieling

gensabgabe in Höhe von einem Viertel des gesamten Vermögens zahlen musste, waren Schönfelds gezwungen, Hypotheken auf ihren Hausbesitz aufzunehmen. Der nationalsozialistische Bürgermeister verfolgte die Absicht, ihr Haus in den Besitz der Gemeinde zu bringen, was ihm im Sommer 1939 gelang. Ein Jahr blieb die Familie Schönfeld als Mieter in ihrem eigenen Haus, dann zog sie nach Frankfurt. Der Hanauer Anzeiger berichtete wenige Tage nach ihrem Wegzug: „Die Gemeinde judenfrei! Die hiesige Gemeinde ist endlich judenrein geworden, nachdem nunmehr auch der letzte hier ansässig gewesene Jude seinen Auszug gehalten.

Hanauer Anzeiger, 9. August 1940

Dörnigheim, 9. Aug. Die Gemeinde judenfrei! Die hiesige Gemeinde ist jetzt endlich judenrein geworden, nachdem nunmehr auch der letzte hier ansässig gewesene Jude seinen Auszug gehalten. Das in seinem Besitze befindliche Anwesen ist in das Eigentum der Gemeinde übergegangen.

Das in seinem Besitze befindliche Anwesen ist in das Eigentum der Gemeinde übergegangen."

Der frühere Arbeitgeber von Hermann Schönfeld, Josef Griesheimer, hatte den Schönfelds eine Wohnung vermietet, und so zogen sie mit sechs Personen in das Haus Am Schützenbrunnen 13. Von ihrem täglichen Leben in der beengten Wohnung dort ist nur wenig bekannt. Sie mussten sich viel dort aufhalten, existierte doch ein Ausgangsverbot ab abends 8 Uhr bis morgens früh, im Sommer ab 9 Uhr. Lilli Schönfeld ging es häufig schlecht, sodass die beiden Jungen einen Brief an ihre Tante in Hanau schrieben. „Liebe Tante Rosa!, die Tante Lilli ißt nichts, weil sie so aufgeregt ist...kannst Du etwas tun?"

Seit dem 19. September 1941 mussten alle Schönfelds den gelben Stern auf der Kleidung tragen, ihre Lebensmittelkarten waren schon lange zuvor mit dem großen „J" gestempelt, ihr Radio hatte man ihnen bereits in Dörnigheim abgenommen. Ab September 1941 durften sie nicht mehr ihren Wohnort verlassen. Innerhalb Frankfurts durften die Jungen auf dem Weg zur Schule, ins Philanthropin, auch nicht mehr die Straßenbahn benutzen.

Zwei bis drei Tage vor der dritten Deportation, die für den 22. November 1941 vorgesehen war, erhielten Hermann und Rosi mit den beiden Kindern über die Jüdische Gemeinde eine Aufforderung der Gestapo, dass sie in den Osten „evakuiert" würden. Von den bereits deportierten 2.000 Menschen hatte es bis zu dieser Zeit keinerlei Lebenszeichen gegeben. Die verzweifelten Gefühle des Ehepaares mit den beiden Kindern können wir nur ahnen. Rosi Schönfeld konnte sich nicht von ihren alten Eltern, die seit einigen Monaten in dem Jüdischen Altersheim in Bad Nauheim lebten, verabschieden, weil kein Jude seine Wohngemeinde verlassen durfte, auch die Benutzung öffentlicher Fernspre-

Mutter + Tochter Rheinke 15.9.

Gast vor 80. Geb. Klaus (1)

Frau Semmel

---

4 x Schönfeld Ehepaar + Söhne Klaus (4)

15.9.

Isaak Schö Mani/Fri

Willi Schönfeld Mani/Fri

Seefeld Els.

Vollwaise, 69 Jahre 15.9.

Herr

Mindestens

Datebank 9.10.27

Kinder 19.10.27

: Altehause

VZ 9.10.1927

Th. Je. S. 647 9.10.

ab 8/42 (38) 80 jähr. Frau Behringer

Essen bei Rheinstein → 15.9.

Frau Flörsheim Kranas (?)

Frau Goldbach 24.9

Herr + ~~Frau~~ Freiheiser 24. Mai

Frau Heimann 15.9.

Betty Herod ~~+ Frau~~ + 5j Kind Kranas (2)

Klara Herod ~~[illegible]~~ 18.8

Ehepaar Katz + 2 ~~Söhne~~ ~~Kinder~~ Krana (5)
aus Sobel? seit 38 + Tante
19 + 13

Ehepaar Kaufmann 64) Kranas (2)

---

altes Ehepaar Kaufmann 15.9

---

2 jähr. Kind Denny Loewenstein Kranas
+ Eltern + 6 Monate Baby (4)

cher war verboten. Es gelang ihnen, sofort eine Nachricht an ihre Verwandte Irma in Hanau, zu schicken, die als sogenannter Mischling den Stern nicht zu tragen brauchte und sich bei Einkäufen in Frankfurt freier bewegen konnte. Sie kam und half bei den Vorbereitungen, brachte Schuhe zum Schuster und kaufte Medikamente in der Apotheke. An das letzte Zusammensein mit dieser Familie kann sich Irma heute noch immer nur mit Tränen erinnern. Sie wollte aus Verzweiflung am liebsten einfach aus dem Haus wegrennen, schnell und unbemerkt, ohne Umarmung, ohne Kuss. „Doch als ich raus wollte, kam Hermann gerade in die Wohnung rein. Es war herzzerreißend. Wir wussten genau, dass wir uns nicht wiedersehen. Wie so ein Dieb bin ich dann aus dem Haus. Der kleine 10-jährige Gerd rief mir noch im Treppenhaus über das Geländer gebeugt hinter her: 'Ich komme wieder, ich nehme eine Karte mit und laufe zu Fuß zurück!' Die Kinder haben mir noch nachgewunken."

Am vorgesehenen Tag wurden die Schönfelds aus ihrer Wohnung von Schutzpolizisten und Gestapo geholt. In ihrem Wohnviertel wurde Familie Schönfeld mit anderen jüdischen Menschen unter Bewachung gesammelt und zu Fuß zum Sammellager in der Großmarkthalle geführt. Ihr gesamter Besitz war beschlagnahmt worden, ihr Zimmer von der Gestapo versiegelt. Nach einem oder vermutlich sogar nach zwei Tagen wurden die Schönfelds gemeinsam mit 882 Menschen aus Frankfurt in einem Personenzug nach Kaunas im besetzten Litauen transportiert, wo sie nach einigen Tagen eintrafen. Das gesamte Gepäck wurde am Bahnhof zurückbehalten, während die aus Frankfurt verschleppten Menschen zu Fuß durch die Innenstadt von Kaunas, am Rande des jüdischen Ghettos entlang sechs Kilometer weit in das Fort IX, einen Festungsbau aus der Zarenzeit, geführt wurden. Nach einer Nacht in den Gefängniszellen wurden alle aus Frankfurt Verschleppten – ohne jede Ausnahme – in Gruppen auf freies Gelände geführt und dort in hinter Hügeln verborgenen ausgehobenen Massengräbern bekleidet erschossen. Ein Jahr später wurden alle Leichen ausgegraben und verbrannt.

Zurück in das Haus Am Schützenbrunnen 13: Der alte Isaak Schönfeld und seine Tochter Lilli waren allein zurückgeblieben in der Wohnung. Lilli sorgte weiter für den Vater. Wenige Monate später, im Mai 1942, stand auch ihre Deportation „in den Osten" bevor. Von Lilli gab es kein Lebenszeichen. Es ist anzunehmen, dass sie am 8. Mai 1942 mit mehr als 1.000 Menschen nach Izbica in der Nähe von Lublin in das dortige Ghetto verschleppt wurde und nach einiger Zeit im Vernichtungslager Sobibor vergast wurde.

Isaak Schönfeld war nun ganz allein in der Wohnung. Seine Tochter aus Hanau, die mit einem Christen verheiratet war und deshalb zu dieser Zeit vor einer Deportation geschützt war, kam, so oft es ihr möglich war, und brachte dem alten Vater Lebensmittel, die sie von ihrer kargen Ration abzweigen konnte. Sie konnte den Vater nicht zu sich nehmen, da Umzüge nicht genehmigt worden wären. Nachbarn im Haus kümmerten sich wohl um ihn, kauften ein und kochten für ihn. Im August 1942 begannen die gewaltsamen Verschleppungen der über 65-jährigen Menschen. Isaak Schönfeld gehörte erst zu der dritten Deportation nach Theresienstadt am 15. September. Er wurde aus der Wohnung geholt und in das Sammellager im Jüdischen Altersheim im Rechneigraben gebracht, wo er zwei Tage und zwei Nächte verbringen musste, bevor er mit mehr als 1.300 Menschen in das Ghetto nach Theresienstadt bei Prag transportiert wurde. Dort traf er Verwandte; in den Armen eines Neffen starb Isaak Schönfeld sieben Monate nach seiner Verschleppung aus Frankfurt am 27. April 1943 im Alter von 82 Jahren.

Herbert Stein. Bookseller, Jerusalem.
Von der Battonnstraße zur King George Street – Eine Erinnerung

Wolf von Wolzogen

Kaum ein Israelreisender kannte ihn nicht, auch der Unkundige, dem nicht der Ratschlag, ihn zu besuchen, mitgegeben worden war, betrat irgendwann auf der Suche nach deutschsprachiger Literatur den Laden von „Stein“ in der Jerusalemer King George Street, direkt neben der großen Hauptsynagoge gelegen. In einem jener Gebäude aus der englischen Kolonialzeit, drei- bzw. vierstöckige Wohnhäuser mit den typischen Jerusalemer Steinquadern im Sockelgeschoss, halbrunden, kleinen und größeren Fenstern und schmalen Veranden. Direkt zur geschäftigen King George gelegen, weisen zwei symmetrisch angeordnete Schaufenster auf „Stein Books“ hin, linksseitig in englischer Sprache und in Hebräisch im rechten Rundbogen. Das linke Schaufenster schien seit langem schon nicht mehr neu dekoriert worden zu sein, der feine Sand des Chamzin tat ein Übriges, den Blick in die Schaufenster immer leicht zu verschleiern, sodass man seine Trouvaillen nur im Antiquariat selbst finden konnte.

H. STEIN — ה. שטיין
Bookseller — ממכר ספרים
Tel. 247877 .טל
HEBRAICA-JUDAICA — הבראיקה-יודאיקה
Old and New — ישנים גם חדשים
52, KING GEORGE AVE. — רח' המלך ג'ורג' 52
JERUSALEM — ירושלים

Visitenkarte von Herbert Stein

Eng war es dort: Drei oder vier hohe Bücherregale, die unter der starken Last von viel zu viel Büchern jede Sekunde zusammenzubrechen drohten, ein Blick nach links zum kleinen Schreibtisch mit Kasse, vor dem verschlossenen Durchgang zum Nebenraum, das war der Ort von Herbert Stein, Bookseller in Jerusalem. Hier saß er, rauchend zumeist, mit wenigen Worten den Kunden die mitunter sehr hohen Preise vorzulegen, ruhig und eindringlich. Ein kurzes Erkennen des Besuchers aus Deutschland und, als käme man täglich vorbei, setzte wie selbstverständlich das Gespräch ein, gefolgt von einer trocken-humorigen Einladung zum Kaffee im Hotel oder in der Windmühle um die Ecke. Herbert Stein war eine Institution in Jerusalem, ein Begriff, nicht mehr wegzudenken für alle, die auf der Suche waren. Wonach? Nach Bibeln, hebräischen, englischen und deutschen, vielleicht. Jeschiwoth-Studenten, nicht selten US-Amerikaner, aber auch katholische und protestantische Reisende und Studenten und nicht zuletzt die vielen deutschsprachigen Studenten und Forscher, die sich mit der Geschichte der Shoah beschäftigen und hier eine unverzichtbare Quelle gefunden hatten. Ihnen hatten es nicht zuletzt die beiden Wandregale angetan, wo die deutsche Literatur und Philosophie in älteren Ausgaben wartete, Bücher aus

„Stein Books“, Jerusalem, Depot deutscher Bücher im Obergeschoss

jüdischen Verlagen der zwanziger und dreißiger Jahre und aus Exilverlagen: Der Jüdische Verlag, Schocken, Querido.

Jede Geschichte hat ihren Anfang, so auch die Beziehung zu Herbert Stein. Schon Dietrich Andernacht, der ehemalige Leiter des Stadtarchivs Frankfurt, hatte mich auf ihn als wichtigen Zeitzeugen für eine Ausstellung des Historischen Museums „Die Synagogen brennen!“ – Die Zerstörung Frankfurts als jüdische Lebenswelt hingewiesen. Den eigentlichen Anfang machte aber die Bemerkung einer Freundin, die ich zufällig im Laden getroffen hatte, dass nämlich jener Herr mit den faltigen Gesichtszügen der Herbert Stein sei. Ob ich wisse, dass Herr Stein aus Frankfurt stamme? ... Seitdem schien Jerusalem ohne Herbert Stein nicht mehr vorstellbar.

Herbert Stein war ein Mensch, der immer mit einer Geschichte, einer Anekdote oder einem Gleichnis aufwartete; über den bewunderten Gershom Scholem zum Beispiel, der oft und gern seinen Laden besuchte, worauf dann gewöhnlich der Laden schnell verschlossen wurde und man um die Ecke zum Kaffee verschwand.

Herkunft und Kindheit

An Geschichte(n) zur eigenen Familie und zu deren Herkunft indes blieb Herbert Stein immer sehr zurückhaltend. Sein Vater David, so konnte man erfahren, stammte aus Klein-Krotzenburg bei Aschaffenburg, ob aber auch sein Großvater väterlicherseits dort gebürtig sei, entziehe sich seiner Kenntnis. Er wisse nur, dass die Großmutter eine geborene Kahn aus der Gegend von Babenhausen war. Seine Mutter Recha stammte aus Hamburg. Ihre Familie ist seit dem 17. Jahrhundert bei Hamburg ansässig. Sehr stolz ist er auf die mütterliche Verwandtschaft mit Glückl von Hameln. 1911 hatten die Eltern geheiratet und Vater David konnte sich als Bäckermeister selbstständig machen. 1912 kommt Herbert zur Welt. Wann immer der kleine Herbert etwas zur Familiengeschichte erfahren wollte, ging er zu einer Tante, um von ihr zu hören. Sie, die viel später weit über 90-jährig in Argentinien starb, habe dann erzählt – wenn aber der Onkel Julius, der ältere Bruder des Vaters, noch leben würde, dann würde er die richtigen Antworten bekommen.

„Die Bäckerei war in der Stoltzestraße 12, das ist ein Eckhaus zur Battonnstraße 34, wo wir im 1. Stock wohnten. Dort kam ich sozusagen zur Welt. Mit einem Wort: direkt gegenüber dem alten jüdischen Friedhof und der Synagoge am Börneplatz. Aber meine Eltern gingen nicht dorthin, sondern in die Synagoge der Israelitischen Religionsgesellschaft an der Friedberger Anlage“[1], denn sie waren, so unterstreicht Herbert Stein die religiöse Ausrichtung seiner Eltern, streng orthodox unter Beachtung „all“ der Gesetze. Orthodoxie verstand sich ganz im Sinne des Begründers der Austrittsorthodoxie, Samson Raphael Hirsch: „tora im derech-erez“, nach der sich das Torastudium und die genaue Befolgung der Gebote und die Ausübung eines weltlichen Berufes, sowie Aufgeschlossenheit gegenüber dem nichtjüdischen Umfeld harmonisch ergänzen sollten. Dies sollte auch die weitere Entwicklung von Herbert Stein beeinflussen. Die Kontakte zum nichtjüdischen Umfeld indes waren gering: Gefragt, ob er denn je mit nichtjüdischen Kindern oder Schulkameraden zusammenkam, verneinte Herbert Stein. Schon der Kindergarten der Sarah Kohn (Tante Sarah) und der Estella Pineas (Tante Estella) in der Uhlandstraße war rein jüdisch und auch die Schule war von streng orthodoxer Observanz. 1918 wurde Herbert Stein in die Israelitische Volksschule im Röderbergweg 29 eingeschult. 1922 kam er dann zwangsläufig in die Realschule der Israelitischen Religionsgesellschaft (später: Samson Raphael Hirsch-Schule) Am Tiergarten 8,

[1] Interview mit Herbert Stein vom 11. Oktober 1987, 31. Mai 1988, 1. Juni 1988, 4. September 1988, wie alle im Weiteren nicht näher bezeichneten Zitate.

Kindergarten in der Uhlandstraße 1917/18. Herbert steht in der 1. Reihe, 3. v. r., daneben sitzend sein Bruder Ruben

direkt gegenüber dem Zoo. Den Ruf als strikt orthodoxe Schule gleichsam als Gegengewicht zum liberalen Philanthropin in der Hebelstraße sieht Herbert Stein schon dadurch bestätigt, dass zwei Klassenkameraden, die Brüder F. von ihren Eltern aus Jerusalem, eben deswegen auf diese Realschule geschickt wurden, „weil sie hier an der wahren Stätte des Judentums ausgebildet werden sollten". Eine Arbeitsgruppe der Schule ist Herbert Stein sehr genau erinnerlich geblieben, sie nannte sich „Kunst und Leben". Hier übten die Schüler Theaterstücke, auch Sketche ein; es versteht sich, dass in der Zeit des Purimfestes immer ein handfestes Stück mit viel Verkleidung und lustigen Anspielungen einstudiert worden ist. Auch Kulturfilme wurden gezeigt. Die Veranstaltungen fanden dann zumeist in der Aula des direkt nebenan befindlichen Kaiser Friedrichs-Gymnasiums (heute: Heinrich-von-Gagern-Gymnasium) statt. Einer seiner früheren Mitschüler war Emil C., der, als Kommunist, von den Nationalsozialisten schon sehr früh in das Konzentrationslager Buchenwald „verbracht" worden war. Dort sollten sie sich 1938 wiedertreffen.

Auch über die Schule hinaus gab es für ihn so gut wie keine Berührungen mit Nichtjuden in diesen Jahren. Erst später, in der kaufmännischen Berufsschule, habe er sich allenthalben auch mit nichtjüdischen Kameraden unterhalten, „vielleicht haben wir auch den einen oder anderen besucht, vielleicht! Ich würde aber nicht sagen, dass es da starke Berührungen gegeben hat."

Selbst das Verhältnis zu den anderen jüdischen Gruppierungen, der Jüdischen Gemeinde, der Austrittsgemeinde und den mehr oder weniger im Umkreis der Synagogen und Betstuben des Ostends angesiedelten osteuropäischen Juden sei, so Herbert Stein, eher kühl gewesen. Allenfalls Geldspenden für die armen Schichten habe es gegeben. Für ihn war das „gelebtes Leben", wo eine gewisse Elite Superiorität demonstriert habe. Auch die zionistische Richtung habe in Frankfurt keine wesentliche Bedeutung gehabt. Zwar wollte sein Vater, nachdem er tief deprimiert als Frontsoldat aus dem ersten Weltkrieg zurückkehrte, kurzzeitig nach Palästina auswandern, doch sollte es bis 1938 zunächst bei dieser kurzen Willensbekundung bleiben.

Die nationalsozialistische „Machtergreifung" in Frankfurt

Die antijüdischen Maßnahmen der Nationalsozialisten betrafen auch den Bäckermeister David Stein. Doch zunächst scheinen die Eltern und auch der gerade volljährig gewordene Herbert noch nicht unmittelbar betroffen; wie viele, die ihre Heimat in Frankfurt sahen und ihre Fronterfahrungen als Soldat für das deutsche Vaterland nicht missen wollten. Daran hatten bis dahin auch leidvolle Erfahrungen wie die des Onkel Gabriel, Bruder des Klein-Krotzenburger Großvaters, nichts geändert, der einmal mit einem befreundeten Bauern in das Restaurant des Hotels „Kölner Hof" am Hauptbahnhof eingekehrt war. Ein Kellner sei mit einer Karte an ihren Tisch getreten und hätte sie zum sofortigen Verlassen des Lokals aufgefordert: „Jüdischer Besuch verbeten!" Herbert Stein erinnert sich dabei an eine

Samson Raphael Hirsch-Schule. Festkommers beim Schulabschluss 1929

häufig verteilte Fahrkarte mit dem Aufdruck „Freifahrt nach Jerusalem hin, aber nicht zurück". Der Hotelier Hermann Laaß, Besitzer des „Kölner Hofs", hatte bereits vor der Jahrhundertwende gleichsam mit kaufmännischem Kalkül für die in der Bevölkerung verbreitete antisemitische Grundstimmung, damit geworben, einziges „judenfreies" Hotel in der Stadt zu sein. Als einziger völkischer Antisemit war es ihm 1904 gelungen, Mitglied der Stadtverordnetenversammlung zu werden. Zeitweiliges Mitglied des „Deutschen Vereins", einer der antisemitischen „Christlich-Sozialen Partei" nahestehenden Vereinigung, zeichnete er verantwortlich für die antisemitische Politik, die in Frankfurt mit der – vergeblichen – Bekämpfung des Heinedenkmals 1912 hervortrat, um danach in der Versenkung zu verschwinden.

Eine tiefe Skepsis, so Herbert Stein rückblickend, hatte sich indes schon zu Beginn der 30er Jahre entwickelt. Nur: Als „politischer Mensch" hatte sich Herbert Stein nie verstanden. „Ich habe die Dinge einfach nur betrach-

„Fahrkarte", ausgegeben vom Hotel Kölner Hof

tet, sie hingenommen und meine Schlüsse gezogen". Natürlich habe er sich nach 1933 mit Kameraden – zu der Zeit also, als er Gruppenleiter in der Jüdischen Handwerkervereinigung geworden war – vor die Stürmerkästen im Ostend gestellt und die Hetzparolen verstohlen betrachtet. Auch hätten sie sich die Fensterauslagen der Buchhandlung Boehle in der Braubachstraße, Ecke Domstraße sehr genau angesehen.[2] „Was so läuft, haben wir genau realisiert, daraus Folgerungen zu ziehen, dazu waren wir vielleicht nicht politisch genug; aber was gespielt wurde, wussten wir genau." Als junge Juden fühlten sie sich direkt betroffen, mochte es auch Stimmen gegeben haben, die allen Ernstes der Überzeugung waren, Hitler meine nicht die in Deutschland geborenen Juden, sondern nur die Ostjuden. Für ihn gab es da keine Unterscheidung. Sie alle waren gemeint. So habe ein Mann ihm (Herbert) nach dem 30. Januar 1933 zu verstehen gegeben, dass alles nicht so heiß gegessen werde, wie es gekocht wird; das gehe vielleicht so bis Pessach, also bis Anfang April, spätestens. Dann sei der Spuk vorbei. Sein Kommentar sei damals nur gewesen: „Ich gebe ihm noch einen Monat mehr Zeit und sag' ihnen heute, er (Hitler) ist auch dann noch da!"

Die „Machtergreifung" der Nationalsozialisten fällt in die letzten Ausbildungsjahre Herberts. Eigentlich hatte er gerne Jura studieren wollen, aber der Vater meinte, er solle besser die Bäckerei übernehmen und dazu brauche man heute unbedingt kaufmännische Kenntnisse. So begann er nach 1928/29 mit einer kaufmännischen Lehre bei der Getreidegroßhandlung „Gebr. Birnbaum", Zeil 10. „Gelernt hab' ich nichts, aber zu Hause habe ich die ganze Buchführung gemacht, mich mit der Einkommensteuer herumgeschlagen und mit dem Getreidewirtschaftsverband auseinandergesetzt. 1930 hatte der Vater den alten Standort der Bäckerei in der Battonnstraße aufgegeben und das Haus Hanauer Landstraße 30 mit modernerem Zuschnitt für das Geschäft gekauft. Zugleich wurde eine Wohnung in der Rückertstraße 18, quasi auf der Rückseite der Bäckerei gelegen, angemietet. Der Ortswechsel fiel damit in die Zeit, als durch die neue von Martin Elsässer konzipierte Großmarkthalle 1928 der direkt benachbarte alte Wochenmarkt an der Börneplatzsynagoge weggefallen war und mit ihm auch die Belebtheit des Ortes der Vergangenheit angehörte.

Um die Jahreswende 1929/1930, einhergehend mit der Weltwirtschaftskrise und dem Erstarken der NSDAP, begann die öffentliche Auseinandersetzung um die

[2] Die Buchhandlung Boehle war die erste nationalsozialistische Buchhandlung in Frankfurt. Sie vertrieb bereits seit Bestehen der NSDAP in den 20er Jahren Kampfschriften und Pamphlete und war immer wieder Ort politischer Demonstrationen.

Stellung der Juden in der deutschen Gesellschaft einen entschiedeneren Ton anzunehmen. Bis ins „Frankfurter Jüdische Gemeindeblatt“ drangen die Streitgespräche der zionistischen auf Hachschara, d. h. auf Auswanderung und Besiedlung von Erez Israel bedachten Gruppen, wie etwa die „Werkleute“ („Anschluss an die Geschichte und Gegenwart des Judentums“), der Zeire Misrachi (Unter der Devise „Tora weavodah“: der Aufbau Palästinas) oder aber der orthodoxe Jüdische Jugendbund „Esra“ („Erziehung der jüdischen Jugend im Geist der Tradition“), die Revisionistische Jugendgruppe „Herzliah“ („Zusammenfassung der jüdischen Jugend auf dem Boden des Herzl'schen Judenstaatszionismus“) oder der „Brith Trumpeldor“ („Erziehung zu Pionieren für Palästina“).[3] Die Jugendbeilagen geben auch in den Folgejahren ein beredtes Zeugnis von der Schärfe der innerjüdischen Debatten. Jetzt wurde das Jüdische Jugendheim in der Eschersheimer Landstraße 65 ein zunehmend wichtiger Treffpunkt. Nach 1933 war es nahezu der einzige Ort, wo es Juden erlaubt war, sich zu jüdischen Themen zu treffen.

„Nach den Versammlungen“, erinnert sich Herbert Stein, „trafen wir jungen Juden aus den verschiedenen Kreisen uns auf der Straße vor dem Jüdischen Jugendheim, um zu diskutieren.“ Mithin kristallisierte sich das Jugendheim zu einem lebensweltlichen Fixpunkt, zumal nach dem Verbot von Jugendorganisationen. Jüdische Jugendgruppen und Bünde waren jetzt im „Reichsausschuss der Jüdischen Jugendverbände“ zusammengeschlossen, wollten sie denn weiterhin tätig sein. Der Zwangszusammenschluss zwang auch zu neuen Verhaltensweisen im Umgang miteinander. Eine wichtige Rolle spielten auch die Vorlesungen des Jüdischen Lehrhauses, das nach seinem Scheitern in den 20er Jahren von Martin Buber am 19. November 1933 mit einem Vortrag über die Aufgaben jüdischer Volkserziehung wieder eröffnet worden war. „Keine Ablösung vom Deutschtum, sondern die einige jüdische Zukunft“, das war es, was nach Buber aus der Krisenhaftigkeit jüdischer Emanzipation erwachsen sei. Die Not, so Buber, habe in der Geschichte des jüdischen Volkes immer etwas Erweckendes gehabt. Not an sich sei nicht schlimm, „es kommt darauf an, daß wir einen Segen daraus machen.“[4]

Jüdische Geschichte, Totalität und Säkularisation im Judentum, Die Angst in der Seele der Juden oder Das Judenproblem im Wandel der Staatsformen waren die beherrschenden Themen des ersten Arbeitsplans 1933. Trotzdem, so erinnert sich Herbert Stein, trotz des allmählich erstarkenden Nationalsozialismus und einer für ihn evidenten Judenfeindlichkeit, habe es bei den Eltern keinen unbedingten Druck zur Auswanderung gegeben. Auch nicht nach offensichtlichen Schikanen seitens der Steuerbehörden oder der Handwerkskammer. Eines Tages konfrontierte der Vater Herbert Stein mit der Tatsache, dass die Teigknetmaschine gepfändet werden sollte. Damit die Angestellten diese offenkundige Schande nicht sehen sollten, schmierte er etwas Teig über den „Kuckuck“. Dass am Ende sein Beschwerdeschreiben Erfolg hatte, bringt Herbert Stein nicht zuletzt damit in Zusammenhang, dass der zuständige Verwaltungsinspektor D. ihnen die strukturellen Bedingungen in einer Weise verdeutlicht hatte, dass sie in geeigneter Form reagieren konnten. Das Ganze sei deswegen erfolgt, „weil sie Juden waren“.

Die nach 1933 einsetzenden Sanktionen gegen Juden, so Herbert Stein, betrafen die Familie noch nicht direkt. Man habe zwar wohl nicht die gleichen Kontingente an Mehl erhalten wie christliche Bäcker, doch schien es möglich, über schwarze Kanäle noch Mehl dazu zu kaufen. „Irgendwie hat es immer geklappt. Zweimal in der Woche bin ich mit unserem Opel mit Brot in die Ortschaften außerhalb Frankfurts bis Aschaffenburg gefahren, am Freitag kamen noch die in Frankfurt Datscher genannten Challe dazu“, also die zum Schabbat-

[3] Ein gemeinsamer Aufruf der jüdischen Jugendorganisationen im „Israelitischen Gemeindeblatt“, Nr. 10, Juni 1933, vereinte 22 politisch und religiös sehr unterschiedliche Gruppen, die in der Bekundung ihres jüdischen Selbstverständnisses trotz aller bestehenden Besonderheiten ein Mehr an Miteinander einforderten.

[4] Ausstellungskatalog „Die Synagogen brennen!“ – Die Zerstörung Frankfurts als jüdische Lebenswelt, Jürgen Steen/Wolf von Wolzogen, Kl. Schriften des Historischen Museums Frankfurt, 1988, S. 105.

beginn unverzichtbaren Weißbrote. Nach wie vor war der Vater Mitglied der Bäckerinnung, regelmäßig kam die Fachzeitung ins Haus. Auch die „Frankfurter Zeitung" war abonniert. Doch zwangen die vielfältigen Verordnungen immer mehr „jüdische" Geschäfte zur Aufgabe, so auch die Firma Gebr. Birnbaum, bei der Herbert beschäftigt war. „Ich weiß, dass wir sogar einen Prozess führen mussten, weil von unbekannter Seite behauptet worden war, aus der Bäcker-Innungskasse seien Gelder zweckentfremdet 'jüdischen' Kollegen zur Verfügung gestellt. Das betraf ganz konkret auch die Firma Gebr. Birnbaum, die bislang bis in die Pfalz ihre Waren ausgeliefert hatte, der nun in Folge der antijüdischen Maßnahmen die Kunden wegblieben und die Pleite bevorstand. Jetzt kam ein Liquidator, der die Außenstände eintreiben sollte, auch zu uns. So habe ich vor Gericht versucht, uns vor falschen Anschuldigungen zu wehren und habe behauptet, dass wir uns jetzt einen neuen Lieferanten suchen müssten, was unter den gegebenen Bedingungen fast unmöglich war. Bei der Firma Birnbaum hätten wir Kredit auf jeweils die nächstfolgende Mehlsendung gehabt. Uns war dabei besonders wichtig, dass aus der Anklage der Vorwurf verschwand, 'jüdische' Bäcker zu unterstützen, sondern es nur noch hieß, 'notleidende Bäcker'. An die genauen Einzelheiten indes konnte sich Herbert Stein nicht mehr erinnern, doch schien es für die Bäckerei Stein gerade noch einmal glimpflich abgegangen zu sein.

Die „Machtergreifung" war für Herbert Stein, so erinnert er sich, keine historisch tief greifende Zäsur: „Es ging weiter". In diesem Zusammenhang erinnert er sich eines Kameraden aus dem Handwerkerverein, der nach der Sprachregelung der Nazis ein „Halbjude" gewesen war. Der Vater habe, nachdem ihm nahegelegt worden war, sich von seiner jüdischen Frau scheiden zu lassen, Selbstmord verübt. Dieser Freund sei es auch gewesen, der ihm eines Tages prophezeit habe, dass alle Juden noch einmal „rankämen". Obgleich seine Eltern seine pessimistische Haltung immer zu beschwichtigen suchten, war er bei seinem Gefühl geblieben, dass der „Pessimismus" ganz real sei, gleichsam „in der Luft liege". Dieser Freund emigrierte später mit Mutter und Schwester nach Shanghai.

Trotz aller Selbstbeschwichtigung wurde die Frage der Auswanderung auch in der Familie Stein immer drängender. So hatten die Eltern ein Affidavit für die Vereinigten Staaten von Amerika für sich und die beiden Söhne beantragt, mit einer so hohen Nummer allerdings, dass sie Jahre warten mussten, sodass eine Auswanderung immer weniger wahrscheinlich wurde, bis sie am Ende gar nicht mehr in die Tat umzusetzen war. Auch der um anderthalb Jahre jüngere, streng orthodoxe Bruder habe, als es an die Unterschrift ging, nicht mehr gewollt. „Hätte er gewusst, was nachher kommt, hätte er mit beiden Händen unterschrieben!"

Allen Schilderungen, die wir von Herbert Stein erfahren, haftet eine Spur von Sarkasmus an, der wohl nicht zuletzt seinen Erfahrungen in der Folge des Novemberpogroms vom 10. Novembers 1938 geschuldet ist, gemischt mit einer großen Verschmitztheit und lebenszugewandten Kommunikationsfreude und einer nicht zu stillenden Neugierde auf Menschen, für die er eine sehr genaue Beobachtungsgabe besaß. Sein Buchladen wurde so zu einem Ort des Dialogs.

Der Novemberpogrom

Ende Oktober 1938 wurden auch in Frankfurt alle Juden mit polnischer Staatsangehörigkeit in einer Blitzaktion zusammengetrieben und in zwei Sammeltransporten über die polnische Grenze abgeschoben. Einer dieser Züge wurde an der polnischen Grenze zurückgewiesen und kehrte zurück. Hans Pomeranz, der für die Zionistische Vereinigung für Deutschland in Frankfurt tätig war, berichtete, dass an diesem Tag, als die polnischen Juden wieder am Hauptbahnhof, dem Ausgangspunkt ihrer bedrückenden Irrfahrt ankamen, die ansonsten traditionell bestehenden Vorbehalte und gesellschaftlichen Schranken zwischen assimilierten Juden und Ostjuden gefallen waren und eine seltene Solidarität geherrscht habe. Pomeranz hob insbesondere den Reichsbund Jüdischer Frontsoldaten hervor, der für seine ablehnende Haltung gegenüber den Ostjuden bekannt war.[5] Auch David Stein, der Vater von Herbert, war dort Mitglied des Reichsbunds, und Herbert erinnert sich, wie schnell es sich herumgesprochen habe, dass man helfen müsse: „Ich hatte ein Auto zur Verfügung und bin pausenlos hin und her gefahren, um die Leute unterzubringen und zu ihren jeweiligen Adressen zu bringen."

Unter den ins Niemandsland deportierten Ostjuden war auch die Familie von Herschel Grynszpan. Grynszpan war zuvor 1935/36 Schüler der Rabbinischen Lehranstalt Jeschiwa e.V. des orthodoxen Gemeinderabbiners der Börneplatz-Synagoge, Jakob Hoffmann, in der Theobald Christ-Straße 6, um dort Hebräisch zu lernen und sich auf seine Auswanderung nach Palästina vorzubereiten. Schüler wie Herschel Grynszpan hatten sich in den Pausen bei der fast gegenüber der Jeschiwa gelegenen Bäckerei Stein etwas zu essen geholt. Die Presse stellte die Verhaftung Grynszpans propagandistisch in den Mittelpunkt ihrer Berichterstattung, erwähnte allerdings mit keinem Wort seinen früheren Aufenthalt in Frankfurt. So hatte auch Herbert Stein von diesem Zusammenhang erst später erfahren.

„Was den 10. November anbetraf, so hatten wir zu Hause nichts davon mitbekommen, bis auch hier ein Trupp SA gröhlend vorbeizog. Plötzlich ein Riesenlärm, als auch das Schaufenster unseres Geschäfts eingeschlagen wurde. In die Backstube selbst sind sie nicht reingekommen." Den Vater habe das so sehr aufgeregt, dass er sich mit einer Darmgrippe ins Bett legen musste. „Kurz darauf wurde mein Bruder von zwei Gestapobeamten verhaftet und zunächst ins nahegelegene Polizeirevier gebracht. Mein Bruder hätte direkt lachen mögen als er dort hörte, 'sollte es nicht der Alte sein, das ist doch ein ganz Junger?'" Offensichtlich eine Verwechselung. Aber sie hatten dann auch ihn auf ihrer Liste gefunden, den Führer der „Agudas Jisroel"-Jugendgruppe.

„Ich und wahrscheinlich die ganze Familie war in der Annahme, das Ganze sei eine rein lokale Angelegenheit,[6] und ich beschloss daher, mir eine Fahrkarte nach Köln zu lösen, um dann zu sehen, wie man nach Holland kommen könnte zu einem Onkel. Auf dem Weg zum Bahnhof habe ich unseren Anwalt aufgesucht und ihm davon berichtet, dass mein Bruder verhaftet worden sei. Der hatte auch keine Ahnung, was passiert war! Bei Cook's Reisebüro löste ich dann eine Fahrkarte in der Annahme, der Bahnhof sei schon umstellt und man suche nach Juden. Die Kaiserstraße war übersät von Glasscherben, wie andere Straßen auch, an denen ich vorüberging. Im Hauptbahnhof marschierte ich sofort auf den Bahnsteig zum Zug Basel – Amsterdam, der etwas Verspätung haben sollte. Plötzlich steht ein Mann vor mir, klappt sein Mantelrevers nach vorne (Gestapo), fragt mich, wohin ich reise. – Köln. – Warum Köln? – Um Fragen der Auswanderung zu besprechen. – Wo sind Sie beschäftigt? – Bei meinem Vater. – Ist das Geschäft ihres Vaters heute geschlossen? – Jawohl. – Kommen sie mit, sie können mit dem nächsten Zug fahren... Dann kam ich ins Bahnhofs-Polizeirevier."

In Erinnerung an seine Verhaftung kommt Herbert Stein plötzlich eine Begebenheit vor Augen, die sich bei seinem ersten Besuch in Frankfurt nach 1945 ereignete. „Am 10. November 1969, einem Sonntag, war ich in Frankfurt auf dem Hauptbahnhof gewesen. Ich sah die offene Tür der Polizeiwache dort und geh' rein. Fragt ein junger Polizeibeamter, was ich denn hier suche.

[5] Hans Pomeranz, Zionistische Arbeit in Frankfurt am Main von 1932 bis 1939, 11. November 1960, Brief 3.

[6] Vergleiche Günther Gillesen, Die Benennung des Fürchterlichen. „Reichskristallnacht" oder Pogrom? Auswärtige Berichte, Frankfurter Allgemeine Zeitung vom 6. November 1999. Durch die gezielte Beschränkung der Berichterstattung durch die Anweisungen des Reichspropagandaministeriums auf die Ereignisse vor Ort erhielten Berichte aus anderen Städten den Charakter des „Gerüchts".

– Ich wollte nur mal sehen, wie es hier aussieht. Heute vor genau 31 Jahren war ich hier verhaftet worden. – Was haben sie denn angestellt? – Jude! – Nein, das war nicht hier, das war auf der anderen Seite. – Ein junger Beamter, am 10. November 1969! Der war vielleicht noch nicht einmal auf der Welt gewesen. Aber es war nicht hier gewesen!"

Von der völlig überfüllten Polizeizelle wurden die Inhaftierten am Abend direkt zur Festhalle transportiert. Dort sollte Herbert Stein Vater und Bruder und auch den Anwalt wiedersehen! „Das erste, was ich gesehen habe, war ein Mann, der Purzelbäume schlagen musste; ein anderer, der Papiere aufsammeln sollte. Es war eine einzige Schikane. Wir mussten stundenlang strammstehen. Essen hat es nicht gegeben. Wer zu Trinken haben wollte, musste zur Toilette gehen, wenn es die SA-Männer für richtig gehalten hatten. Ein Mann wurde gefragt, wie er heiße. 'Adolf', erwiderte der. 'Wie schreibt man das?' – 'ph'. Wenn das kein Galgenhumor ist! Genau so, wie Dr. Moses Breuer, der mit meinem Bruder zusammen in der Zelle gesessen hatte, er sei vielleicht wegen Brandstiftung verhaftet worden! Oder wie der HNO-Arzt Dr. Mayer, der im gleichen LKW wie ich auf dem Weg zum Südbahnhof saß, der angesichts der Ungeheuerlichkeiten vor sich hin sprach: 'Was nützt mich mein schöner Wagen, wenn andere mich spazieren fahren!'"

Der liberale Gemeinderabbiner der Westend-Synagoge, Georg Salzberger, dessen Wohnhaus in der Eschersheimer Landstrasse 67 dem Jüdischen Jugendheim, in dem Herbert Stein ein- und ausgegangen war, direkt benachbart lag, wurde am 13. November verhaftet und ebenfalls in die Festhalle transportiert. Seine in der Emigration verfassten Erinnerungen enthalten einen Bericht dieser Pogromtage in Frankfurt, der von der Fassungslosigkeit eines zutiefst von humanistischen Idealen erfüllten liberalen Menschen geprägt war. Eine Passage war es, die auch für Herbert Stein den deutlichsten Ausdruck der Menschenverachtung der Nationalsozialisten symbolisierte: „Auf einmal hieß es 'Stille!' Und vom Balkon der Halle erscholl die Stimme eines Sängers. Er sang die Arie aus Mozarts 'Zauberflöte': 'In diesen heiligen Hallen kennt man die Rache nicht'... Später erzählte Erl mir, an jenem Sonntag in der Festhalle, sei der Obersturmbannführer an ihn herangetreten mit der Frage: 'Wo haben Sie sich denn diesen Wanst angefressen?' 'Was sind Sie von Beruf?' Opernsänger'. 'An welcher Oper?' 'An der hiesigen.' 'Dann habe ich Sie dort gehört. Gehen Sie mal hinauf auf den Balkon und singen Sie die Arie des Sarastro aus der Zauberflöte. Sie können sich freisingen.'"[7] Tatsächlich hat sich Erl damals frei gesungen, aber nur, um später doch nach Auschwitz gebracht zu werden."

Herbert Stein hatte diese Szenen nicht mehr erlebt, er war schon auf dem Weg nach Buchenwald. Aber dazu befragt, sinnierte er: „Festhalle – heil'ge Hallen. Wer gut genug war für die Oper, war auch gut für die Festhalle... Heute kann man sich beim besten Willen keine Vorstellung machen, wie die Situation von den Betroffenen erlebt wurde. Das Grauen im Nacken, die seelische Spannung im Inferno wird vielleicht in einer Redensart von damals verständlich: 'lieber ein Ende mit Schrecken als ein Schrecken ohne Ende'." Er hatte das ganze Ausmaß der Verwüstungen nur andeutungsweise wahrgenommen. Die nicht gleichgeschaltete „Frankfurter Zeitung" druckte in ihrem Stadtblatt vom 11. November die Presseerklärung des Nationalsozialistischen Gaudienstes Hessen-Nassau „Gegen jüdische Mordhetzer" kommentarlos ab, weil jede faktische Berichterstattung gegen die offizielle NS-Lesart gerichtet sein musste. So konnte man aber davon ausgehen, dass die abstrusen Verdrehungen des Textes, wer für den Pogrom verantwortlich sei, sich selbst am besten widerlegten. Die Zeitung habe er nicht mehr zur Kenntnis nehmen können, kommentierte Herbert

[7] Georg Salzberger, Leben und Lehre, Frankfurt a. M., 1982, S. 115.

Stein, da habe er schon von Buchenwald auf einer vorgefertigten Karte nach Hause geschrieben: „Ich sitze hier ein, mir geht es gut!"

Seit den frühen Morgenstunden des 10. November wurden allein in Frankfurt über 2.000 männliche Juden zwischen 16 und 65 Jahren aus ihren Betten gezerrt, vom Arbeitsplatz weg verhaftet oder bei Straßenrazzien festgenommen und zur Festhalle deportiert. Die Verhaftungswelle sollte bis zum 17. November andauern. Herbert Stein gehörte mit zu den ersten Gruppen, die jeweils am Abend auf offenen LKW's verfrachtet zum Südbahnhof gebracht werden sollten, um von hier aus mit Sonderzügen der Reichsbahn nach Weimar-Buchenwald und ein kleinerer Teil nach Dachau und Sachsenhausen deportiert zu werden. Wie Herbert Stein sich erinnert, geschah alles in vollster Öffentlichkeit. Schon vor den Toren der Festhalle waren „Volksgenossen" versammelt, die den so auf LKW's gepferchten Juden einen wüsten Empfang boten und ihre Fahrt zum Südbahnhof zum Spießrutenlaufen werden ließen. Ein riesiges Gejohle setzte ein, die Zusammengetriebenen wurden bespuckt, verhöhnt, wer seinen Kopf über die Ladeluke des offenen LKW hinausstreckte, bekam Schläge auf den Kopf. Herbert Stein erschien die schreiende und geifernde Menschenmenge vor der Festhalle und dem Südbahnhof noch recht glimpflich gegenüber dem, was bei ihrer Ankunft in Weimar erfolgen sollte: „Als wir nach Buchenwald kamen, hat man uns zuerst in Weimar mit dem Kopf zur Wand... hat man so stehen müssen. Darauf ich zu mir: Ach, der Geist von Weimar!, und habe auf Kugelspuren in der Wand geguckt."

Instinktiv habe man mitbekommen, wie man sich verhalten müsse, jede Verstandesüberlegung musste ausgeklammert werden, um zu überleben. Er spielte damit auf einen Sportlehrer an, der auf dem Weg nach Buchenwald den jüngeren unter ihnen noch Hoffnungen gemacht habe: „'Stellt Euch nur hinter mich, denn solche Leute wie mich braucht man dort'. Der meinte allen Ernstes, das sei dort ein Freiübungsgelände. Er war dann einer der ersten, der an den elenden Zuständen zugrunde ging!"

Auswandern – Wohin?

Ein Monat kann eine ganze Ewigkeit bedeuten. So lange war Herbert Stein in Buchenwald, sein Bruder war zeitweilig zu Schwerstarbeiten im Steinbruch eingesetzt. Hilfe konnte nur von außen kommen. Herbert Stein betont immer wieder, seine Mutter habe, gleich den anderen Tausenden Müttern, um ihre Freilassung gekämpft. „Um uns aus Buchenwald rauszuholen, hat sie für uns gekämpft wie eine Löwin. Mit welchen Nerven sie das gemacht hat, weiß ich nicht, eine Heldin!" Definitiv befreit werden konnte man nur, wenn man ein gültiges Ausreisezertifikat vorweisen konnte. Sofort nach der Deportation von Mann und Söhnen schrieb Recha Stein an den in Amsterdam lebenden Bruder Ruben und berichtete, dass alle drei „verreist" seien. Zeitungsberichte offenbarten schnell, was „verreist" bedeutete. Durch seine Vermittlung erhalten sie schon am 14. November 1938 eine vorläufige Bescheinigung für ein Einreisezertifikat nach Kolumbien, vorbehaltlich der zu erfüllenden Voraussetzungen, zu denen ein gültiger Pass, Führungs-, Gesundheits- und Impfzeugnis gehörten. Bedingung ist persönliches Erscheinen in der kolumbianischen Botschaft in Amsterdam! Als Herbert Stein Mitte Dezember 1938 zusammen mit Vater und Bruder aus Buchenwald zurückkehrte, meinte er, das ganze Zertifikat sei nichts wert, weil sie kein Einreisevisum nach Holland erhalten würden. Zumindest aber hatte die Mutter in der Zwischenzeit bei der Gestapo Pässe beantragen können, das war die zwingende Voraussetzung zur Entlassung gewesen. Dazu

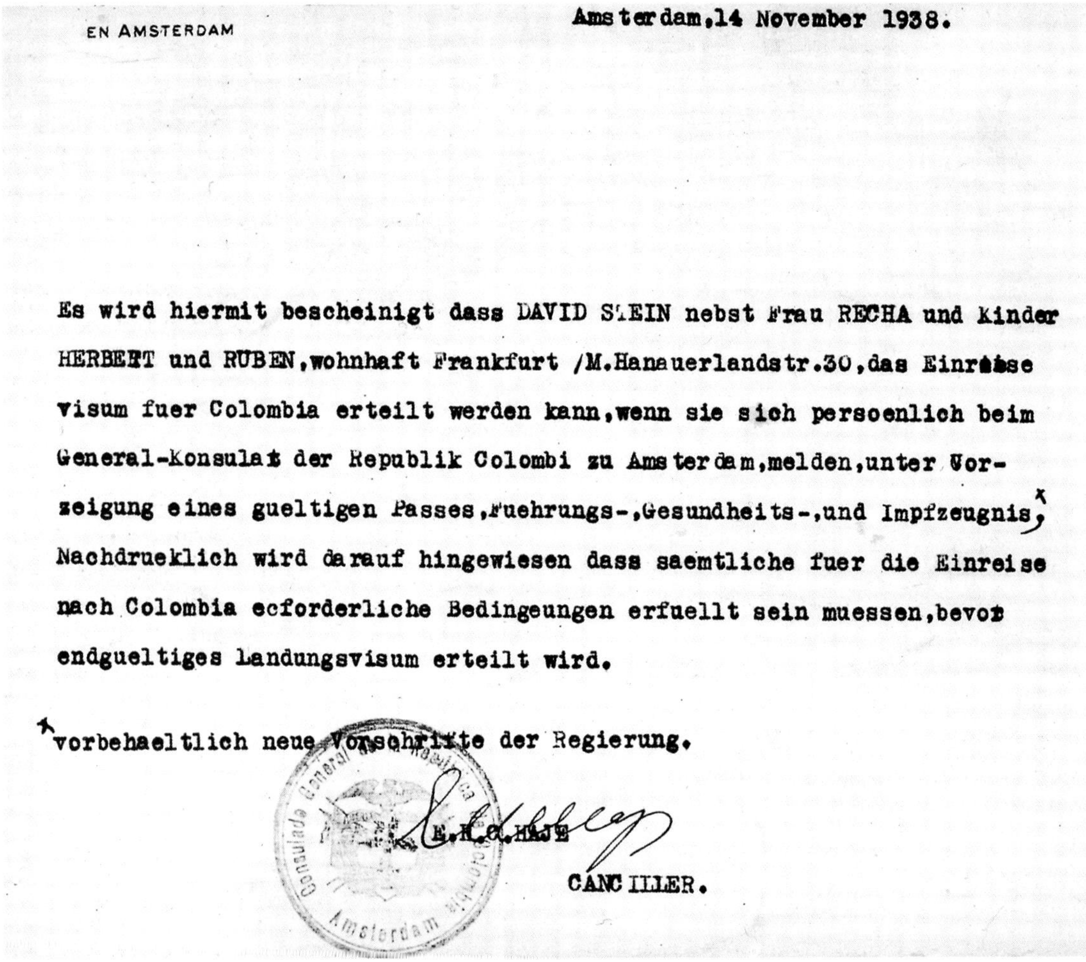

EN AMSTERDAM

Amsterdam,14 November 1938.

Es wird hiermit bescheinigt dass DAVID STEIN nebst Frau RECHA und Kinder HERBERT und RUBEN,wohnhaft Frankfurt /M.Hanauerlandstr.30,das Einreise visum fuer Colombia erteilt werden kann,wenn sie sich persoenlich beim General-Konsulat der Republik Colombi zu Amsterdam,melden,unter Vorzeigung eines gueltigen Passes,Fuehrungs-,Gesundheits-,und Impfzeugnis,*

Nachdrueklich wird darauf hingewiesen dass saemtliche fuer die Einreise nach Colombia ecforderliche Bedingeungen erfuellt sein muessen,bevor endgueltiges Landungsvisum erteilt wird.

*vorbehaeltlich neue Vorschriftte der Regierung.

Consulado General ... Amsterdam

E.H.C.HAJE

CANCILLER.

Bescheinigung über ein möglisches Einreisevisum nach Kolumbien

musste sie immer wieder in der Gutleutstraße in einer langen Warteschlange anstehen. Von einem Plakat berichtete die Mutter später, das unübersehbar an einem Schalter angebracht war: „Vor Aburteilung des Mörders von Herrn vom Rath wird an Juden keine Auskunft erteilt!"

Wie alle anderen Häftlinge musste auch Herbert Stein bei seiner Entlassung Stillschweigen über seinen Aufenthalt in Buchenwald geloben. Er konnte sich auch später an alle Einzelheiten seiner Qual sehr genau erinnern, ganz im Gegensatz zu seinem Bruder, den er nach unserem ersten Interview fragen wollte, was er noch erinnern würde und erfahren musste, dass dieser überhaupt keine Erinnerungsspuren mehr hatte. „Vergessen oder verdrängt, obwohl er im Steinbruch arbeiten musste, einer Arbeit bis auf den Tod!" Zurückgekehrt erfahren sie, dass sie bis zum 31. Dezember 1938 Deutschland zu verlassen haben. Die wirtschaftlichen Bedingungen machen es ihnen zusätzlich unmöglich, weiterhin ihre Existenz in Deutschland zu fristen. Die „Verordnung zur Ausschaltung der Juden aus dem deutschen Wirtschaftsleben" vom 12. November 1938 stellte in § 1 unter anderem unmissverständlich fest, dass es Juden ab sofort untersagt war, einen selbstständigen Betrieb zu führen, noch ein Handwerk zu betreiben; „jüdische Gewerbebetriebe", also auch ihre Bäckerei, waren fortan verboten. Durch Petitionen erreichten sie immer wieder einen gewissen Aufschub, bis Herbert zusammen mit seinem Bruder Ruben auf dessen endlich eingetroffenem Studentenzertifikat als Führungsmitglied der Agudas Jisroel die Einreisegenehmigung nach Palästina erhalten hatten. Von hier auf gleich machen sie sich auf, mit der Eisenbahn über München nach Triest zu reisen, um dort – Mitte März 1939 – das Schiff „Jerusalemme" Richtung Palästina zu besteigen. 10 Mark war die ganze Barschaft und eine Holzkiste mit persönlichen Habseligkeiten, die die Brüder mitnehmen durften.

Die Eltern bleiben zurück. Sie haben kein Ausreisezertifikat. Sie wurden nach Theresienstadt deportiert, um Anfang 1945 nach der Schweiz ausgetauscht zu werden. „Auf dem Weg dorthin wussten sie nicht, ob die Richtung 'nach der Schweiz' eine Lüge war. Erst dort angekommen, wussten sie, es war die Schweiz." Von dort gingen sie nach Paris, bis sie die Möglichkeit hatten, in den soeben gegründeten Staat Israel einzuwandern.

Palästina

Jerusalem war für Herbert Stein, aber auch für Bruder Ruben Ort der Rettung geworden, allerdings mit harter Arbeit erkämpft. „Es gab zur Zeit der englischen Mandatsmacht eine kleine Münze, das war ein Schilling, der 20. Teil eines englischen Pfund Sterling. Das war die Summe, die ich nach ein paar Tagen verdiente. Ich klopfte Teppiche, die aber trotz all meinem Bemühen nicht so sauber werden wollten, wie gewünscht. So habe ich mich nur von Fisch ernähren können, der ein Schilling kostete. Aber ich habe auch Brot ausgetragen und Zeitungen und nicht zuletzt für einen Kiosk Dinge angeliefert, die Kinder gerne gegessen haben, Süßigkeiten etwa und habe von der Provision gelebt. Da habe ich vielleicht 15 palästinensische Pfund verdient. Dann kam ein Bekannter und hat mir von einem Stand für Zeitungen berichtet. Die damaligen Betreiber habe ich dann gefragt, was sie verdienten. 23 palästinensische Pfund. Das sei ja schon sehr rentabel, aber was wollten sie denn als Abstand haben. – 100 Pfund. Nur, der eigentliche Besitzer wollte 150 Pfund. – Die hatte ich nun nicht. Ich gehe also zu dem Besitzer und aufgrund einer fehlenden Lizenz konnte ich ihn runterhandeln. Nur: Der Kiosk wurde abgebrochen und so verkaufte ich während der englischen Mandatszeit und in der Zeit der Befreiungskriege meine Zeitungen unter freiem Himmel. Dann hat es dort noch gegeben: Spielzeuge, Abziehbilder, Luftballons und Kreide für Kinder, aber auch Zigaretten." Das war genau an dem Platz an der King George Street, wo zuerst die Knesseth tagte und später nach deren Neubau die Tourist Information residierte.

Die Idee, Bücher zu verkaufen, gar ein Antiquariat zu betreiben, kam Herbert Stein erst nach längerer Zeit, als er als Ort bereits eine Institution geworden war. Nur: Normale Bücher oder Pocketbooks erschienen ihm wenig lukrativ. „So spezialisierte ich mich nach und nach auf Judaica und Bücher der Wissenschaft des Judentums. Damit habe ich mir einen Namen gemacht." Buchhändler aus Deutschland sind zunehmend wichtige Kunden geworden, die bei „Stein" ungeahnte Entdeckungen machen konnten. Es sind dies die unzähligen Bücher aus den Bibliotheken des deutsch-jüdischen Bildungsbürgertums, die nach Palästina gerettet werden konnten und nun, da deren Besitzer gestorben sind und die Erben vielleicht noch Deutsch verstehen, aber nicht mehr lesen können, oder eben kein Deutsch sprechen, diese gleichen Bücher, so makaber es klingt, wieder ihren Rückweg nach Deutschland antreten.

Herbert Stein im Mai 1988 vor dem Haus Battonnstraße 34

Blicke zurück nach vorn

Im Mai 1988 ist Herbert Stein auf Einladung der Stadt Frankfurt am Main einer der Gäste aus aller Welt des alljährlichen Besuchsprogramms für ehemalige Frankfurter Juden. Wir begleiten ihn bei seinem Weg ins Frankfurter Ostend auf der Suche nach den Spuren seiner Kindheit und Jugend und den Orten seiner Familie, die ihn überdies nach Klein-Krotzenburg, heute ein Ortsteil von Hainburg, führten. Hier war es sein besonderes Anliegen, die seit Jahren verwahrloste und als Schuppen missbrauchte ehemalige Synagoge nicht allein ins Bewusstsein der Menschen zu rücken, sondern mit dazu beizutragen, dass sie vor dem Verfall bewahrt und nach ihrer Restaurierung einer neuen Nutzung zugeführt würde. Damit sei die Erinnerung an die kleine ehemalige jüdische Gemeinde und damit auch an seine Vorfahren am ehesten gewährleistet. Nur: Der Weg dorthin schien mit vielen Beschwernissen gepflastert. Erst 1997 sollte die einzige ehemalige Synagoge im Kreis Offenbach im Besitz der öffentlichen Hand nach dem Willen der Gemeindevertretung „nach Jahren der Vernachlässigung" restauriert und für künftige Autorenlesungen, Kammerkonzerte oder Ausstellungen zur Verfügung gestellt werden und eben auch als Gedenkstätte dienen.

Mit Herbert Stein gehen wir zunächst in die Battonnstraße. Es kostet ihn ganz offensichtlich seine ganze Selbstbeherrschung, das unversehrte Haus zunächst von der Straße aus ansehen, dann sogar zu klingeln und ins Treppenhaus zu treten. Zuerst war die heute dort wohnende ausländische Familie zögerlich, für einen Fremden die Türe zu öffnen, doch als sie hören, dass Herbert Stein vor 58 Jahren hier mit seiner Familie gewohnt hat und nur einen kurzen Blick in die alte Wohnung und einen Blick aus dem Erkerfenster auf den Platz werfen wolle, lassen sie uns ein. „Hier rauften wir immer, ... und hier unten war die Backstube."

Weiter im Ostend auf der Höhe der Hanauer Landstraße 30: Neue Häuser allenthalben, keine Spuren der Vergangenheit, nur Ahnungen. Allein die Straßenschilder, wie Rückert-, Hölderlin-, Uhland-, Grüne-, Ostend-, Theobald Christ- und Obermainstraße sind ihm „Heimat“, sie erinnern ihn an vertraute jüdische Einrichtungen von einst. So an die „Israelitische Suppenanstalt“, die „ISUPA“ in der Theobald Christ-Straße 5, natürlich an die Hoffmann'sche Jeschiwa in der Nr. 6 gegenüber, an das Kinderhospital daneben oder an das Jüdische Lehrlingsheim bzw. Mädchenstift in der Rückertstr. 49 schräg gegenüber ihrer Wohnung oder an die Schneider'sche Jeschiwa in der Ostendstraße 18. All diese Orte, die nun vor Herbert Steins inneren Augen auftauchten, waren für ihn starker Ausdruck jüdischer Kultur in seiner direkten Umgebung gewesen. Angesichts des heutigen gesichtslosen Hauses Hanauer Landstraße 30 konstatierte er nur: „Kein einziger jüdischer Name dabei“.[8]

1995 stirbt Herbert Stein in Jerusalem.

Heute besorgt Daniel Stein, ein Enkel, das Antiquariatsgeschäft. Für die deutschsprachige Literatur hat er einen Mitarbeiter, der ihm für eine kleine Filiale unweit des alten Standortes die Neuaufstellung bearbeitet. Er versteht kein Deutsch. Deutsch-jüdische Traditionslinien haben bei ihm keine Spuren hinterlassen.

Herbert Stein, bookseller in Jerusalem, ist Geschichte geworden.

An dem Platz der Synagoge Friedberger Anlage vor dem Bunker, Mai 1988

[8] Vergleiche den 1988 vom Hessischen Rundfunk produzierten filmischen Essay „Die Hanauer Landstraße“ von Peter de Leuw. Herbert Stein war hier als Zeitzeuge im Ostend an den ehemaligen Orten der jüdischen Lebenswelt unterwegs.

„Alte Frankfurter gibt es hier sehr wenig ..." Die Jüdische Gemeinde nach Kriegsende

Cilly Kugelmann

Das „jüdische" Frankfurt gibt es heute nicht mehr. Touristen, die sich auf die Suche nach den materiellen Resten der alten jüdischen Gemeinde machen, finden außer den Friedhöfen, dem Philanthropin und der Westendsynagoge fast nicht mehr von dem vor, was es bis 1939 gegeben hat. Die nationalsozialistische Stadtverwaltung hat nachhaltig dafür gesorgt, dass ihre jüdischen Bürger ermordet und vertrieben wurden. Mit ihnen verschwanden die Synagogen, die Betstuben, die Schulen, die Fürsorgeeinrichtungen, das Krankenhaus und die zahlreichen religiösen und säkularen Einrichtungen der Frankfurter Juden. In der Nacht vom neunten auf den zehnten November 1938 wurden die Büroräume der Gemeinde mitsamt dem Archiv zerstört. Unwiederbringliche Dokumente gingen für immer verloren, was das Studium der Geschichte der Juden in dieser Stadt sehr erschwert.

Zurück blieb nach Kriegsende eine zerstörte Stadt mit etwa 300.000 Einwohnern. Die gravierendsten Bombenschäden waren in der Altstadt und im Ostend zu beklagen, wo fast 70% der Bausubstanz entweder vollständig verwüstet oder schwer beschädigt war. Die Wohnungsnot, die im weiteren Verlauf die Unterbringung der aus den Konzentrationslagern zurückkehrenden Häftlinge zu einem großen Problem werden lassen sollte, wurde noch durch eine Verordnung der US-Armee verstärkt, die die Aufnahme von 150.000 deutschen Flüchtlingen aus den ehemaligen Ostgebieten verfügte. Zur Wohnungsnot kam die Arbeitslosigkeit hinzu. Bis Jahresende 1945 gab es 19.000 Arbeitslose und 11.000 offene Stellen. Im August wurde eine Zuzugssperre verfügt, nach der nur mehr Zuwanderer mit gesuchten Berufen, wie Ärzte, Krankenschwestern, Verwaltungsexperten und Textil- und Bauarbeiter in die Stadt gelassen wurden. Ein früherer Wohnsitz in Frankfurt zählte nicht zu den Aufnahmekriterien. Ebenfalls im August erschien die erste Ausgabe einer von der US-Armee herausgegebenen Zeitung, das „Frankfurter Volksblatt". Die erste, wenig erfolgreiche Konfrontation mit der Massenvernichtung fand im Herbst in dem Bornheimer Kino „Schaumburg" statt, wo der Film „Die Todesmühlen" aufgeführt wurde, den damals vermutlich kaum ein Frankfurter gesehen haben dürfte.

Bei Kriegsende befanden sich noch etwa 150 Juden in der Stadt, die in sechs sogenannten Judenhäusern im Ostend konzentriert waren, meist Menschen, die in Mischehen lebten oder in der Terminologie der Nazis als Mischlinge galten. Bis zum 29. März, dem Tag, an dem die US-Armee die Stadt einnahm, lebten sie als rechtlose Subjekte in Angst vor der drohenden Deportation. Im Laufe der ersten Nachkriegsmonate wurden die antisemitischen Erlasse und Verordnungen auf dem Rechtsweg zurückgenommen: die Aufhebung der Staatsbürgerschaft und Renten für Beamte und Angehörige des öffentlichen Dienstes, die Zwangsvornamen Sara und Israel, das Verbot, öffentliche Verkehrsmittel benutzen zu dürfen, die Streichung von Kleiderkarten und das Verbot des Erwerbs vieler Lebensmittel.

Mit der Durchsetzung der Interessen dieser Gruppe von „Nichtariern" wurde August Adelsberger betraut, der von den Amerikanern in den „Engeren Rat" berufen wurde, einem Gremium, das den ersten Nachkriegsbürgermeistern Wilhelm Holbach und Kurt Blaum zur Seite gestellt wurde. Die Zusammensetzung dieser Kommission spiegelte die von den Nazis diskriminierten gesellschaftlichen Gruppen wider. Neben einem Kommunisten und mehreren Pfarrern gehörte August Adelsberger als „rassisch Verfolgter" diesem Ausschuss an. Adelsberger, ein Mann jüdischer Abkunft, der mit einer Christin verheiratet war und vor der Verfolgung keiner jüdischen Gemeinde angehörte, repräsentierte mit seiner Lebensgeschichte die überwiegende Mehrheit der bis zum Sommer 1945 in Frankfurt lebenden Juden.

Auf Adelsbergers Initiative hin wurde eine „Abteilung für Sonderfälle“ beim Frankfurter Fürsorgeamt eingerichtet, die ausschließlich für rassisch, politisch und religiös Verfolgte zuständig war. In dem Rechenschaftsbericht, den Adelsberger am 16. Juli 1945 für seinen Vorgesetzten Oberst Criswell verfasste, schildert er die Schwierigkeiten, mit denen er in den gut drei Monaten seiner ehrenamtlichen Tätigkeit konfrontiert war. Eines seiner größten Probleme war die Rückführung der Häftlinge aus Theresienstadt, die wegen fehlender Fahrzeuge erst ab Juni nach Frankfurt gebracht werden konnten. Von den ehemaligen Liegenschaften der jüdischen Gemeinde stellte ihm die Stadt drei Häuser im Sandweg 7, Baumweg 5–7 sowie das frühere Krankenhaus in der Gagernstraße zur Verfügung, das als erster Aufenthaltsort für die ehemaligen Häftlinge genutzt und später als Durchgangslager für osteuropäische Überlebende verwendet wurde, von denen man annahm, dass sie alle nach Palästina auswandern würden.

Die Frage der Rückgabe des ehemaligen Gemeindebesitzes an die Nachkriegsgemeinde konnte endgültig erst am 24. Mai 1954 geklärt werden. Nach einem Vergleich zwischen der Jüdischen Gemeinde und der Jewish Restitution Successor Organization (JRSO) wurden der neuen Jüdischen Gemeinde fünf Liegenschaften überlassen: die Westendsynagoge in der Freiherr-vom-Stein-Straße, der Baumweg 5–7, die Gagernstr. 34–36, das Philanthropin in der Hebelstr. 15–17 und das Gebäude Röderbergweg 29.

Mittelbau des ehemaligen Krankenhauses der Israelitischen Gemeinde nach dem Wiederaufbau und Umbau 1952. Damals als Speisesaal des Altersheims und Kindergarten der Jüdischen Gemeinde genutzt.

Der vormalige Oppenheimer'sche Kindergarten im Baumweg, der schwer beschädigt war, konnte ohne größeren Aufwand renoviert werden und wurde nach der Instandsetzung als Gemeindehaus mit Synagoge genutzt. Der Standort für das „Haus der Gemeinde" und die integrierte Synagoge wurde durchaus mit den Erinnerungen aus der Vorkriegszeit begründet, wie man einem Beitrag des ersten Gemeinderabbiners nach Kriegsende, Leopold Neuhaus, im „Mitteilungsblatt der jüdischen Gemeinde- und Betreuungsstelle" vom 4. Dezember 1945 entnehmen kann, in dem es heißt: „Mitbestimmend war auch der Wunsch, aus Tradition im Osten Frankfurts, an Stelle der zerstörten drei großen Synagogen, einen Betsaal einzurichten, um so rasch wie möglich nach den langen Jahren der Unterbindung jeglicher Religionsausübung zur Abhaltung von Gottesdiensten Gelegenheit zu geben." In der Gagernstr. 36, dem ehemaligen Krankenhaus der Israelitischen Gemeinde, wurde am 14. September 1945 ein Alters- und Siechenheim eingerichtet. Den Zustand des Gebäudes, von dem nur noch die ehemalige urologische Abteilung nutzbar war, kommentierte Neuhaus in dem gleichen Beitrag: „So erfreulich der gute Zustand der nicht durch Bomben zerstörten Gebäude, der baldige Reparatur und Verwendungsmöglichkeit versprach, war, so empörend war die vandalistische Zerstörung, Verschmutzung und Beraubung der Innenräume, Ausstattung und Einrichtung." Der Röderbergweg 29, die ehemalige jüdische Volksschule, diente vor Kriegsende als Kaserne. Nach der Rückgabe wurde das Haus als Unterkunft für Durchreisende genutzt. Es bot Übernachtungsmöglichkeiten für 100 –150 meist aus Osteuropa stammende durchreisende Juden. Das Haus im Sandweg 7 diente 1943 als „Altersheim", in das Juden von der Gestapo eingewiesen wurden. Im Frühjahr 1945 wurde es der jüdischen Betreuungsstelle überlassen, die dort ebenfalls ein Durchgangslager einrichtete. Nachdem Ende 1945 die Bewohner in die Gagernstr. 36 verlegt wurden, richteten das American Joint Distribution Committee (kurz „Joint"), eine amerikanisch-jüdische Hilforganisation, und das osteuropäische jüdische Komitee ihre Büros dort ein. Im Laufe des Jahres 1946 erhielt die Gemeinde noch das Gebäude des Philanthropin zurück, das bis zum Beginn des gleichen Jahres als Lazarett verwendet wurde. Bis zum Verkauf an die Stadt Frankfurt in den siebziger Jahren unterhielten dort mehrere regionale und internationale jüdische Organisationen ihre Büros, wurden Veranstaltungen, Feste und Filmvorführungen für Gemeindemitglieder veranstaltet.

Nach der am 2. Juli 1945 erfolgten Rückkehr von Leopold Neuhaus, der 1942 mit weiteren 1.020 Juden nach Theresienstadt deportiert worden war, wurde die Betreuung der Juden und „Nichtarier" umstrukturiert. Neuhaus übernahm die „Abteilung für Sonderfälle" und begann damit, das religiöse Leben wieder zu organisieren. Er sorgte dafür, dass der erste Gottesdienst für die Hohen Feiertage in der ausgebrannten Westendsynagoge in der Freiherr-vom-Stein-Straße stattfinden konnte, den er gemeinsam mit dem amerikanischen Feldkaplan George Vida gestaltete.

Nachdem Neuhaus seine Tätigkeit aufnahm, wurde der „Abteilung für Sonderfälle" eine „jüdische Betreuungsstelle" untergeordnet, ebenfalls eine städtische Einrichtung, die nicht identisch war mit der Jüdischen Gemeinde, die Neuhaus wieder aufzubauen hoffte. Neuhaus, der eine Wohnung in dem Gebäudekomplex der Westendsynagoge in der Friedrichstr. 29 bezog, richtete im gleichen Haus die Büros der Betreuungsstelle und der Jüdischen Gemeinde ein. Diese Häufung von Anlaufstellen für verschiedene Personengruppen unter einem Dach, für Mitglieder der Synagogengemeinde und für die ehemaligen „Nichtarier", die Anspruch auf besondere Unterstützung hatten, führte zu Missverständnissen, Neid und Verdäch-

Tamara Mandel aus der Mousonstraße am ersten Schultag, 1953

tigungen. Neuhaus sah sich mehrmals gezwungen, Vorwürfe wegen ungerechter Verteilung der raren Güter zurückzuweisen.

Eine weiteres Problem stellte eine anwachsende Gruppe von polnischen Juden dar, die mit den nach Frankfurt zurückkehrenden Konzentrationslagerhäftlingen in die Stadt gelangten. Für sie war nicht die Stadtverwaltung, sondern die United Nations Relief and Rehabilitation Administration zuständig, eine UN-Organisation, die mit der Verwaltung und Versorgung der Displaced Persons beauftragt war. Was sich zunächst als kleines Problem darstellte, weitete sich zu einer ernsthaften Erschwernis aus, als nach der Zuzugssperre immer mehr osteuropäische Überlebende nach Frankfurt kamen. Trotz der Verfügung der Militärregierung aus dem Sommer 1945, dass sich alle ausländischen Juden in speziellen Lagern aufhalten müssten – für Frankfurt war das DP-Lager Zeilsheim zuständig –, blieben hunderte von osteuropäischen Juden in der Stadt, für die sich niemand zuständig fühlte. Ab dem Spätsommer 1945 wurden sie vom „Joint“ versorgt, auf dessen Initiative hin auch eine neue organisatorische Struktur für die DP's geschaffen wurde. Um als Kollektiv betreut zu werden, konstituierten sie sich als Ortsverband des „Komitees für die befreiten Juden in der amerikanischen Zone“, das den Hauptsitz in München hatte. Die verschiedenen Zuständigkeiten für die jüdischen Überlebenden führten kurioserweise dazu, dass mit dem DP-Lager in Zeilsheim, der Neuhaus-Gemeinde und dem Jüdischen Komitee für eine kurze Zeit drei jüdische Gemeinden in Frankfurt nebeneinander existierten. Die veritable Neugründung der Frankfurter Nachkriegsgemeinde fand erst nach der Auflösung des DP-Lagers und durch die Fusion der Jüdischen Gemeinde mit dem polnischen Komitee im Jahre 1949 statt.

Hatten die „Männer der ersten Stunde“, wie Neuhaus, sein Nachfolger als Leiter der Gemeinde, Wilhelm Stern

und andere Frankfurter Juden noch geglaubt und gehofft, sie könnten mit einer Restgemeinde wieder an die Zeit vor 1933 anknüpfen, so sollte es sich bald herausstellen, dass dies nicht der Fall sein sollte. Aus der Emigration kehrten wenige in ihre Heimatstadt zurück, und viele, die aus den Konzentrationslagern in die Stadt zurückkamen, wanderten zwischen 1946 und 1950 in die USA oder nach Palästina aus, unter ihnen auch Neuhaus und sein Nachfolger Wilhelm Weinberg. Die zahlreichen Informationen zu Fragen der Auswanderung und die Informationen über Sprachkurse für Englisch und Hebräisch, die im „Mitteilungsblatt der jüdischen Gemeinde- und Betreuungsstelle" publiziert wurden, zeugen von dieser Orientierung. Osteuropäische Juden befanden sich in den ersten fünf Nachkriegsjahren auf einer wahren Odyssee, die sie über DP-Lager und mehrere deutsche Städte zu ihren Emigra- tionszielen brachte, die nicht wenige nach einigen Jahren wieder verließen.

Als Sitz des Hauptquartiers der amerikanischen Militärregierung wurde Frankfurt nicht nur zu einem politischen Zentrum des Westteils des geteilten Deutschlands, sondern auch zu einem Anziehungspunkt und Durchgangslager für jüdische Überlebende aus allen Besatzungszonen der Nachkriegsjahre. Viele international operierende jüdische und zionistische Organisationen richteten ihren Hauptsitz in Frankfurt ein, wie beispielsweise die „Zentralwohlfahrtsstelle der Juden in Deutschland", die „Jewish Agency" oder die „Zionistische Vereinigung". Überlebende aus Osteuropa, die in Frankfurt gestrandet waren, zogen Freunde und Bekannte nach, die Anfang der fünfziger Jahre, nach wenigen erfolglosen Jahren in der Emigration, aus dem Ausland in die Stadt kamen. Polnische, ungarische und rumänische Juden richteten sich allmählich hier ein, stellten ein eigenes soziales Milieu her und schufen sich eine kleine kulturelle Infrastruktur mit Betstuben, in denen sie die religiösen Traditionen ihrer Heimat pflegten.

1949 entstand in Frankfurt eine kleine jüdische Gemeinde[1] mit etwa 2.000 Mitgliedern, von denen etwa ein Drittel (meist ältere) deutsche und zwei Drittel (meist jüngere) ausländische Juden waren, die als Staatenlose eine Aufenthaltserlaubnis in Deutschland bekamen. Die Fluktuation durch Zu- und Abwanderung war hoch, was bedeutete, dass dem kleinsten Teil der Mitglieder die Bürde der Kontinuität auferlegt war. Gegen Ende der fünfziger Jahre wurden die Einwohner des letzten bayerischen DP-Lagers Föhrenwald, das 1956 aufgelöst wurde, auf mehrere Städte in der Bundesrepublik verteilt. Frankfurt nahm 194 Personen auf, die in einer gerade fertig gestellten neuen Siedlung in der Waldschmidtstraße untergebracht wurden. Ein bis zwei Jahre später kam eine kleine Einwanderungswelle von deutschen Juden hinzu, die in den dreißiger Jahren nach Palästina ausgewandert waren. Sie nutzten die neue Wiedergutmachungsgesetzgebung, die eine Antragsabwicklung vor Ort günstig erscheinen ließ, um ein ökonomisch schwieriges Emigrationsland zu verlassen. Mit diesen deutschen Israelis kamen zionistische Emissäre nach Frankfurt, die 1959 die „Zionistische Jugend Deutschlands" gründeten, um wenigstens die Kinder dieser Rückwanderer und der übrigen Gemeindemitglieder für eine Zukunft in Israel zu „retten". Weitere kleine Einwanderungswellen aus Ungarn, der Tschechoslowakei, Polen, dem Iran, der Sowjetunion und Israel trugen zu dem bunten Bild der demographischen Zusammensetzung der Jüdischen Gemeinde bei, für die das Frankfurt der Nachkriegszeit nichts gemein hatte mit der Tradition der Frankfurter Juden aus der Vorkriegszeit.

In den vergangenen fünfzig Jahren vollzog sich unter den Frankfurter Juden das schon seit dem Ende des 19. Jahrhunderts bekannte Phänomen, dass wohlhabende Bürger den Ostteil der Stadt verlassen und ins Westend ziehen. Dieser Trend wurde nicht zuletzt durch den Umstand gefördert, dass als einziger jüdischer Sakralbau die Westendsynagoge übrig blieb, in dem ab Beginn der sechziger Jahre regelmäßig und nicht nur zu den Hohen Feiertagen Gottesdienst gehalten wurde. 1986 wurde das neue Gemeindezentrum in der Savignystraße eröffnet und damit das Gemeindeleben endgültig vom Osten in den Westen der Stadt verlagert. Im Baumweg wohnen heute die neuen Einwanderer aus der ehemaligen Sowjetunion, die kleine osteuropäische Betstube in der Gagernstraße überlebte bislang alle Modernisierungstendenzen, das jüdische Altersheim auf dem Gelände des ehemaligen Israelitischen Krankenhauses ist zu einer großen Anlage ausgebaut worden und von den drei koscheren Metzgereien, die auch im Laufe der Jahre verschwunden sind, blieb nur mehr ein bescheidener Selbstbedienungsladen mit koscheren Lebensmitteln, Gebetbüchern und rituellen Alltagsgegenständen in der Hanauer Landstraße zurück. Die Zuwanderung von Juden aus den Staaten der ehemaligen Sowjetunion, die die Mitgliederzahl der Jüdischen Gemeinde in Frankfurt nahezu verdoppelt hat, wird eine neue Ära der Juden in Frankfurt einleiten, für die die Jahre zwischen 1949 und 1990 ebenso fremd sein wird, wie der Nachkriegsgemeinde die Jahrhunderte zuvor.

Feier zu Simchat Tora im Gemeindezentrum Baumweg 5–7, 1958

[1] Ausführlich zu diesem Thema: „Wer ein Haus baut, will bleiben". 50 Jahre Jüdische Gemeinde Frankfurt am Main. Anfänge und Gegenwart. Begleitbuch zur gleichnamigen Ausstellung des Jüdischen Museums der Stadt Frankfurt am Main, Frankfurt a. M. 1998.

Neubeginn nach der Zerstörung. Zur Lebenssituation einer jüdischen Familie im Frankfurter Ostend nach 1945

Carola Seiz

Eleonore de Jong kam im Oktober 1945 zusammen mit ihrem Ehemann nach Frankfurt. Beide hatten sich 1942 im Konzentrationslager Peterswaldau in Schlesien kennengelernt und im August 1945 geheiratet. Frau de Jong wurde 1921 in Rybnik/Oberschlesien geboren. Ihr Mann stammte aus den Niederlanden, lebte aber bereits in der Vorkriegszeit in Frankfurt am Main und gründete hier seine erste Familie. Bis 1938 führte er die Notstandsküche in der Königswarter Straße. Sowohl seine erste Frau als auch seine drei Söhne wurden in Auschwitz ermordet.

Als Basis für diesen Beitrag diente ein Interview, das Susanna Keval am 26.10.1999 mit Frau de Jong führte.

Auf die Frage wie Frankfurt ausgesehen habe, antwortet Frau De Jong: „Zerbombt. Ich habe Frankfurt ja nicht gekannt. Ich habe mich besser zurecht gefunden als mein Mann." Das Ehepaar de Jong lebte nach seiner Ankunft in verschiedenen Unterkünften. „Damals, als die Leute aus Theresienstadt zurückgekommen sind, gab es ein provisorisches Altersheim im Sandweg 7. Dort bekamen wir eine Mansarde. Ich weiß noch, wie die Überlebenden aus Theresienstadt in die Gagernstraße zogen, nachdem der Rundbau des ehemaligen jüdischen Krankenhauses soweit wiederhergestellt war und als Altersheim genutzt werden konnte. Wir blieben dann alleine im Sandweg. Damals gab es kein Koks und keine Zentralheizung. Aufgrund des strengen Winters platzten die Heizungsrohre. Einige Zeit später zogen wir unten im ersten Stock in ein Zimmer mit einem kleinen Kanonenofen."

Auch dieses war nur eine Übergangslösung. „Zu jener Zeit bekamen wir ein Wohnungsangebot in der Königswarter Straße. Mein Mann kannte im Sandweg einen Friseur, der früher für die jüdischen Frauen die Perücken angefertigt hat. Dieser hatte ein Haus in der Königswarter Straße, und eine der Wohnungen war bewohnt von einem Nazi, der jedoch geflüchtet war. Die Wohnung wurde dann versiegelt, und man wusste nicht, wo der Nazi war. Man wollte uns diese Wohnung geben, aber das erlaubte das Wohnungsamt nicht, weil der Vormieter verschwunden war und die Wohnung deshalb nicht freigegeben wurde. Wir haben stattdessen im Baumweg 5 wieder eine Mansarde bekommen. Da hat es zwar hineingeregnet, aber man konnte ja sonst nichts bekommen. Herr Stein, der ebenfalls im Baumweg wohnte, sagte uns damals, die Mansarde sei noch frei, aber das Dach sei nicht so dicht. Aber wir waren trotzdem froh, dass wir sie bekamen."

Im Baumweg 5 kamen ihre beiden Söhne zur Welt. Kurz vor der Geburt des ersten Kindes wandte Frau de Jong sich an einen befreundeten Lebensmittelhändler, der ein Telefon besaß. „Ich habe ihm gesagt, ich müsse meinen Mann anrufen, damit er die Hebamme benachrichtigt. Seine Tochter fragte mich dann, wie ich ausgestattet sei. Ich habe geantwortet, ich hätte nichts, nur einige Windeln hatte ich aus alten Kopfkissenbezügen angefertigt, die wir im Bunker bekommen hatten. Da sagte sie, ihre Kinder seien zwar Kriegskinder, sie besäße auch nicht viel. Trotzdem gab sie mir Hemdchen und Jäckchen." [...]

„Und sobald das erste Kind geboren war, brauchte man ja Bezugsscheine. Man hatte zwar eine Säuglingskarte, aber wenn man damit ins Geschäft ging, hieß es oft, es seien keine Waren vorhanden. [...] Einmal ging ich auf das zuständige Amt, um mir einen Bezugsschein für eine Kinderbadewanne zu holen. Da wurde mir gesagt, es gäbe erst beim zweiten Kind einen Anspruch darauf. Aber auch nach meiner zweiten Geburt bekam ich keine Wanne. So war das damals nach dem Krieg, und so ging es allen."

Sobald das Altersheim in der Gagernstrasse bezogen war, übernahm Herr de Jong die Leitung sowohl des Heims als auch der Küche: „Meinem Mann wurde die

Stelle als Leiter und als Koch in der Küche angeboten. Er war ja Koch von Beruf und führte dann dort die Aufsicht über die Einhaltung der Kaschrut. Alle Lebensmittel waren aber knapp und die Menschen, die aus den Lagern hierher kamen, hatten auch nichts. Vor dem Krieg hatte er als Koch in der Notstandsküche in der Königswarterstraße gearbeitet, die damals von Frau Professor Freimann[1] geleitet wurde. Ihm gelang es, wieder Kontakt zu ihr aufzunehmen. Er hat an sie nach Amerika geschrieben und eine sehr gute Verbindung zu ihr gehabt. Es gab zum Beispiel in Frankfurt zu Pessach keine Mazze, sie hat dann dem Altersheim Maz-

Koschere Metzgerei Albert Stern im Sandweg, Ecke Königswarter Straße, 50er Jahre

[1] Therese Freimann, geb. 16.11.1882 in Frankfurt a. M., gest. 4.5.1965 in New York, Sozialfürsorgerin; leitete die Jüdische Notstandsküche bis sie im April 1939 mit ihrem Mann, Prof. Aron Freimann, in die USA auswanderte.

zot geschickt und auch Kaffee. Anfangs nach dem Krieg bekam man nur dunkles Mehl, kein helles Mehl, das schickte sie ebenfalls aus Amerika. Mein Mann hat dieses Mehl in der zuständigen Bäckerei selber verbacken, weil er Angst hatte, der Bäcker könnte es gegen andere Waren tauschen. Ich weiß heute nicht mehr, ob Frau Professor Freimann die Lebensmittel über das Militär geschickt hat. Jedenfalls hatte die Gemeinde kein Geld und die Heimbewohner ebenfalls nicht."

Obwohl sie nicht bei der Jüdischen Gemeinde angestellt war, half Frau de Jong in der Küche des Altenheims aus. „Auch für uns gab es Lebensmittelkarten und es hat lange gedauert, bis wir es durchsetzen konnten, eine Gemeinschaftsvertretungskarte zugeteilt zu bekommen. Um Lebensmittel einzukaufen, wurden die Karten aller Bewohner eingesammelt, ich musste dann die einzelnen Abschnitte auf einen Bogen kleben, um damit auf dem Amt eine Gemeinschaftskarte zu beantragen."

Herr und Frau de Jong arbeiteten auch in der notdürftig hergerichteten Volksküche im Gebäude der ehemaligen Israelitischen Suppenanstalt in der Theobald-Christ-Straße. „Da ein so großer Mangel an Lebensmitteln herrschte, waren wir froh, Kontakte zu dem amerikanischen Offizierskasino zu haben. Ein Herr Levitus hat dort gearbeitet und wir wussten, dass immer viel Essen im Kasino übrigblieb. Die Amerikaner haben das meistens weggeworfen. Herrn Levitus ist es dann gelungen, die Amerikaner zu überreden, das Essen der Küche in der Theobald-Christ-Straße zu überlassen. Es wurde dann abgeholt und wir haben es dort ausgegeben. Die Leute sind zu uns gekommen, haben sich die entsprechenden Gefäße mitgebracht und das Essen mit nach Hause genommen. [...] Als das DP-Lager in Zeilsheim aufgelöst wurde, gab es ja in Frankfurt das Jüdische Komitee, das ebenfalls wegen der vielen Bedürftigen eine Küche einrichtete, in der Essen gekocht und verkauft wurde. Ich weiß noch, dass man damals meinen Mann fragte, ob er nicht bereit sei, dort ebenfalls zu arbeiten. Da hat er ihnen gesagt, er sei bei der Gemeinde angestellt und wolle sie nicht verlassen. Diese Küche wurde ja dann später auch aufgelöst, als die meisten Mitglieder des Komitees Deutschland verließen."

Frau de Jong beschreibt weiter die Gründung von Einrichtungen, die vor allem aus der Sicht frommer Juden unerlässlich sind. „Die erste koschere Metzgerei, meine ich, war ebenfalls in der Theobald-Christ-Strasse. Sie wurde von zwei Brüdern geführt, die aus der näheren Umgebung stammten. Später wurde eine weitere im Sandweg an der Ecke zur Königswarterstraße eröffnet."

Das Haus Röderbergweg 29, in dem vor dem Krieg eine Schule untergebracht war, diente vielen Überlebenden als Notunterkunft. Dort lebte u.a. die Rabbinerfamilie Bluth, die ebenso wie viele andere Juden in Frankfurt zu bestimmten Zeiten die dortige Mikwe aufsuchten. „Die erste Mikwe befand sich im Röderbergweg. Da gab es noch aus der Vorkriegszeit im Keller ein Schwimmbad, das dann zu einer Mikwe umfunktioniert wurde. Deshalb war diese Mikwe auch verhältnismässig groß. Sie wurde ziemlich lange benutzt, mindestens bis eine weitere Mikwe im Baumweg eingerichtet wurde. Dort gab es eine Vorrichtung auf dem Dach, um das Regenwasser aufzufangen. Aber auch im Baumweg bestand das Wasser nur zum Teil aus Naturwasser."

Den ersten Religionsunterricht erhielten viele jüdische Kinder bei dem damaligen amerikanischen Militärrabbiner in der Elsa-Brandström-Straße. „Die Kinder sind dort gerne hingegangen, auch deshalb, weil sie dort etwas zu Essen bekamen. Es gab dort zum Beispiel Bagel mit Weißkäse und Lachs. Und die Hausmeisterin musste immer die Bagel backen, weil der Rabbiner keinen Bäcker fand, der sie herstellen konnte. Das musste ein ganz fester Teig sein, aus dem dann die Kringel geformt wurden."

Das Haus im Baumweg 5, in dem Frau de Jong ihre Familie gründete, diente auch der Jüdischen Gemeinde, zunächst als Sitz der Gemeindeverwaltung. Dort fanden nach dem Krieg die ersten Gottesdienste statt, an denen auch der amerikanische Militärrabbiner teilnahm. Frau de Jong bestätigt, dieser habe dort gelaint [jidd. für lesen], aus der Tora vorgelesen.

Zerstörtes Gebäude der ehemaligen Israelitischen Volksschule, Röderbergweg 29

Glossar

Alija – Hebr.: Aufstieg, speziell die Einwanderung von Juden ins Heilige Land.

Arba Kanfot – Viereckiges ärmelloses Kleidungsstück orthodoxer Männer, das Brust und Rücken bedeckt und an den Ecken die nach Numeri 15, 37–41 geforderten geknoteten Schaufäden hat.

Aron hakodesch – Erhöhter Schrein an der Ostwand der Synagoge, in dem die Torarollen aufbewahrt werden.

Bachurim – Hebr.: junge unverheiratete Männer, speziell auch Talmudstudenten.

Bar Mizwa – Hebr.: Sohn der Pflicht; d. i. der mit 13 Jahren religionsmündige Junge und auch der feierliche Gottesdienst, bei dem dieser zum ersten Mal zur öffentlichen Toralesung aufgerufen wird.

Benschen – Jiddisch für das Sprechen des Segensspruchs, der Broche oder Bracha.

Beshamidrasch – Aschkenasische Aussprache des hebr. Beit Hamidrasch = Lehrhaus; auch Bezeichnung für die Synagoge , insbesondere aber für die Betstube, wo sich die Männer zum religiösen Studium versammeln.

Bris Miloh – Aschkenasische Aussprache des hebr. Brit Mila = Beschneidung.

Broche – Aschkenasische Aussprache des hebr. Bracha = Segen, Segensspruch.

Chanukka – Achttägiges Fest zur Erinnerung an die Wiedereinweihung des Tempels in Jerusalem nach dem Sieg der Makkabäer über die hellenistisch-syrische Besatzungsmacht im Jahre 164 v. Chr.

Chassidismus – mystisch-religiöse Bewegung, die Mitte des 18. Jahrhunderts in Osteuropa entstand und bis heute eine starke Strömung der Orthodoxie darstellt.

Chason – Aschkenasische Aussprache des hebr. Chasan = Vorbeter.

Chometz – Aschkenasische Aussprache des hebr. Chametz = Gesäuertes, dessen Genuss während des Pessachfestes verboten ist.

Dawenen – Jiddisch für beten.

Durchomern – Jiddisch und deutsch für das Zählen der 49 Omer-Tage anhand eines Omer-Kalenders. Die Omer-Zeit liegt in den sieben Wochen zwischen Pessach und Schawuot, dem Fest, an dem Getreidegarben (= Omarim, Sg. Omer) dargebracht wurden.

Eruw – Symbolische Umgrenzung eines Wohnbezirks oder einer Stadt, wodurch Erleichterungen bezüglich der für Schabbat und Feiertage geltenden Verbote, z. B. des Tragens, ermöglicht werden.

Esra – Der an Erez Israel orientierte, aber nicht zionistische, religiöse Jugendbund „Esra" ging 1886 aus dem in Berlin ansässigen „Verein zur Unterstützung ackerbautreibender Juden in Palästina und Syrien" hervor.

Essrog, Pl.: **Essrogim.** – Aschkenasische Aussprache des hebr. Etrog, Pl. Etrogim; eine Zitrusfrucht, die zum Feststrauß des Laubhüttenfests gehört, der aus vier verschiedenen Pflanzengattungen besteht; neben dem Etrog noch aus einem Palmzweig (Lulaw), drei Myrtenzweigen (Hadassim) und zwei Bachweidenzweigen (Arawot).

Goj, Pl. **Gojim** – Nichtjude, nichtjüdische Bevölkerung.

Hachschara – Vorbereitung der zionistischen Pioniere auf die Einwanderung nach Palästina, besonders auf landwirtschaftlichen Musterfarmen.

Haggada (schel Pessach) – Die „Erzählung" vom Auszug aus Ägypten; wird am Sederabend vorgetragen.

Hawdole – Aschkenasische Aussprache des hebr. Hawdala, die Zeremonie, mit der am Samstagabend das Ende des Schabbat gefeiert wird.

Jeschiwa – Talmudhochschule.

Jomim Nauroim – Aschkenasische Aussprache des hebr. Jamim Noraim = „ehrfurchtgebietende Tage", die zehn Bußtage zwischen Neujahr und Versöhnungstag.

Jom Kippur – Versöhnungstag, heiligster Tag des jüdisch-religiösen Jahres, der mit strengem Fasten und Beten begangen wird.

Jontof – Jiddische Bezeichnung für Feiertag, abgeleitet aus hebr. Jom tow = Festtag.

Kaschern – Religionsgesetzlich brauchbar machen, besonders Geschirr oder Besteck, das einmal zur Bereitung oder zum Verzehr von religionsgesetzlich verbotener Speise benutzt wurde.

Kaschrut – Sammelbegriff für die religionsgesetzlichen Bestimmungen der Speisevorschriften.

Kiddusch – Gebet und Segensspruch über den Wein, u. a. Bestandteil der Schabbat-Zeremonie.

Mazze – Aschkenasische Aussprache des hebr. Mazza = ungesäuertes Brot, das während der acht Pessach-Tage gegessen wird.

Megillot – Sg: **Megilla** = ein als Buchrolle vorliegender Text, z.B. die Ester-Rolle.

Mincha – Nachmittagsgebet, das oft mit dem Abendgebet „Maariv" vereinigt wird.

Mischna – Sammlung der Lehrsätze des mündlich überlieferten jüdischen Gesetzes vom Ende des 2. Jahrhunderts; Grundlage des Talmud.

Moaus Zur – Aschkenasische Aussprache des hebr. Maos Zur, ein mittelalterliches Chanukka-Lied, das nach dem Anzünden der Kerzen gesungen wird.

Nig(g)ens – Sg. **Niggen**. Jiddische Umformung des hebr. Niggun = Melodie, wird auch als Bezeichnung für religiösen Gesang beim Gebetsvortrag verwendet.

Pessach – Achttägiges „Fest der ungesäuerten Brote", das am 15. des Frühlingsmonats Nissan beginnt und zur Erinnerung an den Auszug aus Ägypten gefeiert wird.

Purim – Fest, das zur Erinnerung an die Errettung der Juden im Reich des Perserkönigs Ahasverus am 14. des Monats Adar gefeiert wird.

Seder – Hebr. „Ordnung", bezeichnet die feierliche Mahlzeit, die am ersten (und in der Diaspora auch am zweiten) Pessachabend nach den in der Pessach-Haggada niedergelegten Vorschriften begangen wird.

Siddur – Gebetbuch für die Wochentage und den Schabbat.

Simchat Tora – Fest der Torafreude, an dem der jährliche Toralesezyklus beendet und neu begonnen wird.

Sukka – Laubhütte, in der gesetzestreue Juden während des Laubhüttenfestes sich aufhalten, insbesondere ihre

Mahlzeiten einnehmen. Sie muss unter freiem Himmel stehen.

Sukkot – Das achtägige Laubhüttenfest wird zur Erinnerung an die 40jährige Wüstenwanderung der Israeliten gefeiert und beginnt zwei Wochen nach dem Neujahrsfest, am 15. des Monats Tischri.

Schames – Jiddisch, abgeleitet aus hebr. Schammasch = Diener. Bezeichnung für den Synagogendiener, der das Synagogengebäude betreut und zu bestimmten Anlässen die Gläubigen zum Gebet ruft.

Schawuot – Wochenfest, das sieben Wochen nach Pessach beginnt, in Israel einen Tag, in der Diaspora zwei Tage gefeiert wird. Einerseits ein Erntefest, erinnert es auch daran, wie Moses die Zehn Gebote erhielt.

Schidduch – Heiratsvermittlung; galt und gilt als eine fromme, gottgewollte Tat, als eine Mizwa.

Schlachmones – Jiddisch für das hebr. Mischloach Manot (Übersendung von Anteilen), der Brauch, an Purim Bedürftigen und Freunden kleinere Geschenke, insbesondere Süßigkeiten, zu überbringen.

Schochet – „Schächter", der die vorschriftsmäßige Schlachtung (Schechita) der zum Genuss erlaubten Säugetiere und Vögel durchführt. Die Art des Schlachtens besteht in einem Halsschnitt, der ohne die leiseste Unterbrechung in einem Zuge mit einem scharfen, glatten, schartenfreien Messer auszuführen ist.

Schofar – Widderhorn, das besonders an Neujahr und am Ausgang des Versöhnungstags geblasen wird.

Tallit – Gebetsschal mit blauen, manchmal auch schwarzen Streifen und den geknoteten Schaufäden an den vier Enden, der von Männern. besonders während des Morgengottesdienstes und an Feiertagen, getragen wird.

Talmud – Sammlung der Gesetze und religiösen Überlieferungen des nachbiblischen Judentums, bestehend aus zwei Teilen: der Mischna und der diese erörternden Gemara.

Tefillin – Gebetsriemen, an denen lederne Kapseln für Toraabschnitte befestigt sind. Sie werden beim Morgengebet um den linken Arm und die Stirn angelegt.

Tora – Sammelbezeichnung für die fünf Bücher Moses, für den synagogalen Gebrauch als Torarolle auf Pergament geschrieben. Auch Bezeichnung für die jüdische Lehre insgesamt.

Literaturhinweise

Arnsberg, Paul, Bilder aus dem jüdischen Leben im alten Frankfurt, Frankfurt a. M. 1970

Arnsberg, Paul, Die Geschichte der Frankfurter Juden seit der Französischen Revolution, 3 Bände, Darmstadt 1983

Barkai, Avrahem, Jüdische Minderheit und Industrialisierung. Demographie, Berufe, Einkommen der Juden in Westdeutschland 1850 – 1914, Tübingen 1988

Bonavita, Petra, Die jüdischen Schüler am Kaiser-Friedrichs-Gymnasium, Frankfurt a. M. 2000

Breuer, Mordechai, Jüdische Orthodoxie im Deutschen Reich 1871 – 1918. Die Sozialgeschichte einer religiösen Minderheit, Frankfurt a. M. 1986

Dokumente zur Geschichte der Frankfurter Juden. Herausgegeben von der Kommission zur Erforschung der Geschichte der Frankfurter Juden, Frankfurt a. M. 1963

Gley, Werner, Grundriß und Wachstum der Stadt Frankfurt am Main. Eine stadtgeographische und statistische Untersuchung. In: Festschrift zur Hundertjahrfeier des Vereins für Geographie und Statistik in Frankfurt am Main, 1836 – 1936, Frankfurt a. M. 1936

Heuberger, Rachel; Krohn, Helga, Hinaus aus dem Ghetto..., Juden in Frankfurt am Main 1800 – 1950, Frankfurt a. M. 1988

Historisches Museum (Hg.), Die Synagogen brennen. Die Zerstörung Frankfurts als jüdische Lebenswelt, Frankfurt a. M. 1988

Kingreen, Monica, Jüdisches Landleben in Windecken, Ostheim und Heldenbergen, Hanau 1994

Kingreen, Monica (Hg.), Nach der Kristallnacht, Jüdisches Leben und antijüdische Politik in Frankfurt am Main 1938 – 1945, Frankfurt a. M., New York 1999

Kingreen, Monica, Von Frankfurt in das KZ Dachau. Die Namen der im November 1938 deportierten Männer. In: Kingreen, Monica (Hg.), Nach der Kristallnacht ... (s. o.), S. 55 – 89.

Kingreen, Monica, Gewaltsam verschleppt aus Frankfurt. Die Deportationen der Juden in den Jahren 1941 – 1945. In: Kingreen, Monica (Hg.), Nach der Kristallnacht ... (s. o.), S. 357 – 402

Klugmann, Eliyahu Meir, Rabbi Samson Raphael Hirsch, Brooklyn, NY, 3. Aufl. 1998

Köhler, Jörg R., Städtebaupolitik und Stadtpolitik im Wilhelminischen Frankfurt. Eine Sozialgeschichte, Studien zur Frankfurter Geschichte 37, Frankfurt a. M. 1995

Lustiger, Arno (Hg.), Die jüdischen Stiftungen in Frankfurt a. M., Frankfurt a. M. 1988

Maurer, Trude, Ostjuden in Deutschland, 1918 – 1933, Hamburg 1986

Morgenstern, Matthias, Von Frankfurt nach Jerusalem, Isaac Breuer und die Geschichte des „Austrittsstreits" in der deutsch-jüdischen Orthodoxie, Tübingen 1995

Orte der Erinnerung, Juden in Frankfurt. Frankfurt a. M. 1995

Rebentisch, Dieter, Industrialisierung, Bevölkerungswachstum und Eingemeindungen. Das Beispiel Frankfurt am Main 1870 – 1914. In: Reulecken, Jürgen (Hg.), Die deutsche Stadt im Industriezeitalter, Beiträge zur modernen Sozialgeschichte, Wuppertal 1978, S. 90 – 113

Rödel, Volker, Fabrikarchitektur in Frankfurt am Main 1774 – 1924. Die Geschichte der Industrialisierung im 19. Jahrhundert, Frankfurt a. M., 1984

Schwarz, Hans-Peter (Hg.), Architektur der Synagoge, Frankfurt a. M., Stuttgart 1988

Spier, Selma, Vor 1914, Erinnerungen an Frankfurt, geschrieben in Israel, Frankfurt a. M. 1968

Stein, Harry, Das Sonderlager im Konzentrationslager Buchenwald nach den Pogromen 1938. In: Kingreen, Monica (Hg.), Nach der Kristallnacht (s. o.), S. 19 – 54

Stern, Baruch, 50 Jahre Israelitische Volksschule Frankfurt a.M., Frankfurt a. M. 1932

Sulzbach, A, Zur Geschichte der Schulanstalten der Israelitischen Religionsgesellschaft zu Frankfurt a. M. In: Festschrift zur Jubiläums-Feier des 50jährigen Bestehens der Unterrichtsanstalten der Israelitischen Religionsgesellschaft zu Frankfurt a. M., Frankfurt a. M. 1903

Thiel, Hans, Die jüdischen Lehrer und Schüler der Frankfurter Helmholtzschule 1912 – 1936, Frankfurt a. M. 1994

Wertheimer, Jack, Unwelcome Strangers. East European Jews in Imperial Germany, New York, Oxford 1987

Wippermann, Wolfgang, Das Leben in Frankfurt zur NS-Zeit, Bd 1: Die nationalsozialistische Judenverfolgung, Darstellung, Dokumente und didaktische Hinweise, Frankfurt a. M. 1986

Zur, Yaakov, Rabbi Dr. Jacob Hoffman. The Man And His Era, Jerusalem 1999

Zeitungen, Zeitschriften und Jahresberichte

Der Israelit, Ein Zentralorgan für das orthodoxe Judentum, Mainz und Frankfurt 1860 – 1938

Gemeindeblatt der Israelitischen Gemeinde Frankfurt a. M. (Frankfurter Israelitisches Gemeindeblatt, Jüdisches Gemeindeblatt für die Israelitische Gemeinde zu Frankfurt am Main) 1922/23 – 1938

Israelitisches Familienblatt, Hamburg 1898 – 1938

Jüdisches Nachrichtenblatt, Berlin 1938 – 1942

Jahresberichte der Realschule der Israelitischen Religionsgesellschaft Frankfurt am Main, 1891ff

Frankfurter Jüdische Haushaltungsschule, Jahresberichte 1897 ff

Beiträge zur Statistik der Stadt Frankfurt 1866 ff

Statistisches Handbuch der Stadt Frankfurt /M, 1906 und 1928

Fotonachweis

Central Archives for the History of the Jewish People, Jerusalem – S. 159, 180, 182, 184, 186
Denkmalamt Frankfurt am Main – S. 144, 162
Dr. Arthur-Pfungst-Stiftung, Frankfurt am Main – S. 150
Hessisches Hauptstaatsarchiv Wiesbaden – S. 111
Historisches Museum Frankfurt am Main – S. 14, 15, 20, 135, 149, 218
Institut für Stadtgeschichte Frankfurt am Main – S. 10, 15, 18, 23, 54, 93, 138, 145, 146, 147, 148, 151, 152, 156, 158, 160
Institute of Contemporary History and Wiener Library, London – S. 117, 172
Jüdisches Museum Frankfurt am Main – S. 33, 42, 44, 45, 46, 47, 48, 50,51, 52, 53, 56, 57, 66, 70, 71, 73, 74, 76, 77, 106, 126, 130, 131, 132, 133, 134, 140, 141, 143, 159, 161, 165, 167, 187, 212, 223, 226, 229, 231
Stadtarchiv Offenbach – S. 92
Stadt- und Universitätsbibliothek Frankfurt am Main – S. 43, 94, 125, 127, 128
Yad Vashem, Jerusalem – S. 170
Yeshiva University Museum, New York – S. 21

Ruth Awner, New York – S. 26, 36, 37, 40
Dorothy Baer, Yonkers NY – S. 188, 189, 191, 195
Lisa Bär – S. 65
Dr. Paul Birnbaum, Nethania – S. 100, 102, 116, 122
Dieter Church, Frankfurt am Main – S. 12, 16, 18, 27, 137, 147
Edith Fraenkel, Frankfurt am Main – S. 75, 164
Tilly Kaldeck, Zürich – S. 79, 80, 81, 82, 85, 88, 89
Monica Kingreen, Windecken – S. 203, 205
Bronja Kreisler – S. 67
Tamara Mandel, Frankfurt am Main – S. 225
Michael Maynard – S. 69, 163
Israel Nir, Jerusalem – S. 59, 63
Marianne Porath, Frankfurt am Main – S. 190, 193, 199, 200
Ruth Izhak Risch, Haifa – S. 210, 211
Naftali Schimmel, Ramat Gan – S.90
Ruth Schimmel, Tamarac-Florida – S. 176, 177
Irma Schwulera, Hannover – S. 206
Walter Sommers, Rancho Mirage-Kalifornien – S. 153
Wolf von Wolzogen, Potsdam – S. 208, 220, 221

Friedbergerstr.
Milit. Reitbahn
Judenmarkt
Brückenquai
Schöne Aussicht
Stadt Bibliothek